新时代
绿色经济与可持续发展报告

REPORT ON GREEN ECONOMY AND SUSTAINABLE DEVELOPMENT

主　编　王辉耀

副主编　李起铨　余津娴

社会科学文献出版社
SOCIAL SCIENCES ACADEMIC PRESS (CHINA)

序

同筑生态文明之基，同走绿色发展之路。“绿色发展”是中国“十三五”规划所提出的“创新、协调、绿色、开放、共享”五大发展理念之一，国家主席习近平在G20峰会主旨讲演中特别强调“共同构建绿色低碳的全球能源治理格局”与“坚持绿色低碳循环发展，坚持节约资源和保护环境的基本国策”，绿色发展理念已经成为指导我国生态文明建设与实现经济可持续发展的重要观念。

新思想引领新时代，新时代呼唤新作为。中国特色社会主义进入新时代，人们对生态文化建设的需求达到了更高的层次，为深入学习领会习近平总书记关于绿色发展的重要思想，全面落实党中央关于新时代生态文明建设和绿色发展的新要求与新任务，西南财经大学发展研究院特别组织编写《新时代绿色经济与可持续发展报告》，在新时代中国特色社会主义思想的指引下，深入研究谋划如何加强生态环境保护、提高生态文明水平、筑牢国家生态安全与促进经济可持续发展。

西南财经大学发展研究院（Institute of Development Studies）是西南财经大学四个学科特区之一，成立于2009年9月12日，着力于研究经济社会发展中具有全局性、战略性、前瞻性的重大理论和实践问题，以不断增强西南财经大学服务社会的能力。研究院自成立以来以《中国绿色发展指数报告》为研究纽带，以西南财经大学绿色经济与可持续发展研究基地为聚合平台，扎实推进科学研究、人才培养、社会服务等方面的工作，已经集聚了一批校内外志同道合的专家学者，形成了一批有影响力的研究成果。发展研究院始终围绕影响国家发展的战略选择问题，发挥学科集成研究优势，为国家宏观管理决策以及西部经济发展提供有效支撑，并在此过程中形成了一支完整的研究团队，完成了传帮带和新老交接的任务。

值此建院十年之际，我们联合诸多学界同仁共同编写完成了《新时代绿色经济与可持续发展报告》，希望在西南财经大学和地方社会各界间架起沟通的桥梁，在社会大众间传递绿色发展理念，并促进学者专家在本领域进行深入交流，最后为政策制定者建言献策，为我国生态文明建设和绿色发展贡献智慧，为新时代绿色经济与可持续发展提供智力支持。

李晓西

西南财经大学发展研究院名誉院长

2019 年 11 月

摘　要

《新时代绿色经济与可持续发展报告》由绿色经济与可持续发展研究、环境保护与绿色发展研究、自然资源与绿色发展研究及气候变迁、再生能源与低碳政策研究四个部分组成。

绿色经济与可持续发展研究包括四个部分：一是关于我国绿色技术创新的研究，分析当前绿色技术创新面临的制度障碍和政策体系建设；二是区域绿色创新综合评价研究，通过 DPSIR 方法从驱动力、压力、状态、影响及响应五个方面建立评价我国省域绿色创新能力的指标体系；三是关于我国减税降费的绿色经济增长效应研究，从整体和区域两个层面比较政府各类税费收入对绿色经济增长的作用，并据此评价我国减税降费政策的绿色增长效应；四是国际油价冲击、政策不确定与宏观经济波动研究，分析导致国际油价波动的因素，以及经济政策不确定性对我国宏观经济的影响。

环境保护与绿色发展研究包括四个部分：一是以《全国资源型城市可持续发展规划（2013～2020年）》为例，分析其对资源型城市经济发展的影响；二是关于区域大气污染防治的研究，从全要素生产率分解视角，对大气环境绩效进行测算，并对生产率的变化进行要素和根源分解；三是关于生物碳利用与其农业经济效益的研究，以环鄱阳湖生态经济区为研究对象，分析将生物碳作为土壤改良剂的净经济与环境效益；四是以农户为中心的农业面源污染教育引导机制研究，基于陕西省调查问卷数据，采用倾向评分匹配方法估计测土配方施肥和中英项目对农户减少化肥使用的影响效果。

自然资源与绿色发展研究包括四个部分：一是关于浙江嘉兴环境治理运动后果的实证研究，分析 2013 年嘉兴市执行浙江省“三改一拆”政策对城市水环境和农民收入的影响；二是关于我国“南水北调”城市用水效率的分析，从全要素视角寻求南水北调东线及中线城市提升城市用水绩效的优化措施；三是以还乡河为例，探索京津冀协同发展背景下流域的跨区域综合治理问题；四是关于洱海流域的可持续性评估，了解洱海流域自然生态系统和社会经济系统的状态和关系，识别影响流域可持续发展的关键因素。

气候变迁、再生能源与低碳政策研究包括五个部分：一是非政府组织在我国气候变化治理中的作用研究，分析非政府组织在气候治理中扮演的角色；二是关于我国环境规制工具实现节能减排的路径研究，分析节能目标考核压力下两种规制工具实现节能减排的作用机制，并找出实现单位国内生产总值能耗和二氧化碳排放下降的主要作用路径；三是关于页岩气产业发展的风险利益感知与态度研究，通过开采地实地调研与网络调查方式，分别了解页岩气开采地居民与能源专家对我国页岩气项目发展的态度以及开采页岩气的风险与利益感知；四是我国制造业碳排放的经验分解与达峰路径研究，采用广义迪氏指数分解和动态情景分析，考察制造业碳排放演变的驱动因素，并比较碳排放达峰过程中相关因素的贡献差异；五是关于我国电力行业低碳发展的激励政策研究，回顾在规制和政策框架内推进电力行业低碳发展的激励性措施，并提出制定低碳政策的建议。

Abstract

This book is composed of four parts, includinggreen economy and sustainable development, environmental protection and green development, national resources and green development, as well as climate change, renewable energy, and low carbon policies.

The first group of papers takes issue with green economy and sustainable development. Four papers were selected in this area. The first paper is about green technological innovation in China. This paper reviews the evolution of green technological innovation and puts forward the institutional barrier and policy system faced by green technological innovation. The second paper conducts a comprehensive evaluation of the regional green innovation capacity in China on the basis of the DPSIR system (driving force, pressure, state, influence and response). The third paper studies the green economic growth effect of tax cuts and fee reductions in China. From the overall and regional perspectives, this paper compares the impact of different government tax variables on green economic growth, and then evaluates the green growth effects of tax cuts and fee reductions policy. The fourth paper investigates the dynamic relationship between oil price shocks, economic policy uncertainty and China's macro-economy. This paper distinguishes between two different types of oil price shocks, supply-side shocks and oil specific demand shocks depending on the virtue of their origin and compares their impact on the economy.

The second group of studies takes issue with environmental protection and green development. Four papers were selected in this area. The first paper is about the evaluation on the implementation effect of resource-based cities' transformation policy. The second paper studies the key paths for mitigating air pollution following the paths of the source control and end-of-pipe control. From the perspective of the total factor productivity change decomposition, this paper assess the atmosphere environment performance and decompose the Luenberger productivity indicator with regards to input/output variables and productivity change sources. The third paper is about the biochar utilization and its benefits in China. This paper examines and quantifies the net economic and environmental benefits by utilizing biochar as a soil amendment in Poyang Lake Eco-Economic Zone. The fourth paper is a research on the farmer-centered education mechanism of controlling agricultural non-point source pollution based. Based on the data of questionnaires in Shaanxi Province, this paper uses propensity score matching method to estimate the effect of soil testing and fertilization and Chinese and English projects on farmers' reduction of chemical fertilizer use.

The third group of papers takes issue with national resources and green development. Four papers were selected in this area. The first paper is an empirical study on consequences of environmental cleaning campaign in Jiaxing city of Zhejiang province. The paper studies the impact of "three rectifications and one demolition" on water environment and farmer income. The second paper is about water-use performance in the cities along China's South-North Water Transfer Project. Based on Luenberger productivity indicator and its decomposition, this paper tries to identify the optimal paths and measures for improving the water-use performance. The third paper, taking Huanxiang River as an example, studies the inter-regional comprehensive governance for the river basin in the context of Collaborative Development of Jing – Jin – Ji. The fourth paper is about emergy-based sustainability assessment of Erhai Lake Basin. This paper tries to understand the relationship between natural ecosystem and socioeconomic system and identifies the key factors which influence the sustainable development of Erhai Lake Basin.

The fourth group of papers takes issue with climate change, renewable energy, and low carbon policies. Five papers were selected in this area. The first paper is about the role of NGOs in China's climate change governance. The second paper conducts a path analysis of transmission mechanism among environmental regulations and energy consumption and CO2 emissions. This paper examines the energy conservation and emission reduction effects of command and control and market-based regulations, focusing on the analysis of the mechanism of energy-saving and emission reduction of two regulatory tools under the pressure of energy conservation target. The third paper is about risk and benefit perception and attitude of shale gas industry development. This paper conducts both a field study on local residents and an online survey on energy experts to understand their attitudes toward shale gas exploitation and associated perceived risks and benefits. The fourth paper conducts the empirical decomposition and peaking pathway of carbon dioxide emissions of the manufacturing sector in China. This paper employs the generalized Divisia index method to investigate determinants of CO2 emission changes of manufacturing sector, and then conduct a dynamic scenario analysis on potential trajectories of CO2 emissions of manufacturing sector. The fifth paper is a research on regulatory incentives for a low-carbon electricity sector in China. This paper reviews the incentives for pursuing a low-carbon electricity sector that are embedded in China's regulatory and policy framework.

目　录

Ⅰ　绿色经济与可持续发展研究

Ⅱ　环境保护与绿色发展研究

Ⅲ 自然资源与绿色发展研究

Ⅳ 气候变迁、再生能源与低碳政策研究

| 绿色经济与可持续发展研究 |

绿色技术创新：制度障碍与政策体系*

张江雪　张力小　李　丁**

摘　要： 绿色经济对传统技术创新提出了新的挑战，积极探索当前绿色技术创新面临的制度障碍和政策体系建设对实现绿色发展具有重大意义。本文梳理了从技术创新到绿色技术创新的演变脉络并提出绿色技术创新的内涵和制度约束；比较了中国绿色技术创新的国际差距，剖析其面临的制度障碍；并从绿色专利保护、战略规划与法律法规、财政金融、政府绿色采购和公众绿色消费五个方面构建了绿色技术创新的政策体系，以期为中国制定绿色技术创新政策提供支持。

关键词： 绿色技术创新　制度障碍　政策体系

技术进步是推动经济增长的动力源泉，但也可能给资源、环境和社会生活带来一定的危害。绿色技术创新是绿色发展理念对传统技术创新提出的新要求，积极探索中国绿色技术创新面临的制度障碍和政策体系建设是实现绿色发展的关键。本文分析了从技术创新到绿色技术创新的演变史，比较了中国绿色技术创新的国际差距，剖析其面临的制度障碍，并从绿色专利保护、

* 本文发表于《中国行政管理》2018 年第 2 期。入选本书时内容有所调整。

** 张江雪，北京师范大学经济与资源管理研究院副教授、博士生导师，主要从事绿色经济、技术创新等研究；张力小，北京师范大学环境学院，教授、博士生导师、副院长，主要从事环境经济等研究；李丁，西南财经大学发展研究院，副教授、副院长，主要从事可持续发展、微观数据与政策分析等研究。李丁为通讯作者。

战略规划与法律法规、财政金融政策、政府绿色采购和公众绿色消费五个方面构建了绿色技术创新的政策体系，以期为中国制定绿色技术创新政策提供参考。

一　从技术创新到绿色技术创新

历史上的四次工业革命都与科技革命相伴而生，技术创新作为经济增长的推动力，不仅带来经济发展质的改善，也促使经济增长量的剧增。熊彼特（Schumpeter）认为经济发展是不断创新的结果[①]，罗默（Romer）[②]、克鲁格曼（Grossman）和赫尔普曼（Helpman）等[③]把研发作为企业的决策行为，将技术创新在经济增长中的作用内生化。当前绿色发展已成为中国五大发展理念之一，“十三五”规划纲要也提出“绿色发展”“创新驱动”的发展战略。技术创新在促进经济增长的同时，可能对绿色经济产生一定的负面影响。不可否认，有些绿色产品的应用是绿色的，但其生产过程存在高污染、高排放的问题。比如，太阳能光伏发电是绿色电力的重要来源，但光伏板的制造对环境有很大威胁，会排放大量废水、废气[④]。

绿色技术创新把技术创新与生态系统融合起来，突破了传统技术创新“高投入、高消耗”的发展模式框架[⑤]，是实现绿色低碳发展和提高自然资源效率的核心推动力[⑥]。相比于“绿色技术创新”，学术界有时也会使用

---

① Schumpeter, J. A., *The Theory of Economic Development*, *First published in 1912*, *English translation published in 1934*, *Cambridge*, MA: Harvard University Press, 1934.

② Romer, P. M., “Endogenous Technological Change,” *Journal of Political Economy*, 1990, 98 (5): 71 - 102.

③ Grossman, G. M. & Helpman, E., “Quality Ladders in the Theory of Economic Growth,” *The Review of Economic Studies*, 1991, 58: 43 - 61.

④ Yao, Y., Chang, Y. & Masanet, E., “A Hybrid Life - cycle Inventory for Multi - crystalline Silicon PV Module Manufacturing in China,” *Environmental Research Letters*, 2014, 9 (11).

⑤ 张江雪：《基于绿色经济的中国技术创新绩效研究》，经济日报出版社，2015。

⑥ Miao, C., Fang, D. & Sun, L., “Natural Resources Utilization Efficiency under the Influence of Green Technological Innovation,” *Resources*, *Conservation and Recycling*, 2017, 126: 153 - 161.

“环境技术创新”① 和 “生态技术创新”②。这几个概念在很多时候被交替使用，Bernauer 等③指出“绿色技术创新”（green innovation）等同于“环境技术创新”（environmental innovation）、“生态技术创新”（eco-innovation）。

绿色技术创新有狭义、广义之分，狭义的绿色技术创新指的是某项具体技术，包括能源高效利用和节约技术、绿色建筑技术、绿色制造技术、资源综合利用技术等有利于节约资源、避免或减少环境污染的技术创新；广义的绿色技术创新是指管理层面的技术创新，目的在于建立经济、资源、环境相协调的管理模式与调控机制，促使企业生产经营活动与生态环境相协调，保证整个社会的经济发展与生态环境、资源之间的关系相互协调。绿色技术创新具有“双重外部性”④，在为企业带来经济效益的同时还有一定的环境效益和社会效益。外部性、公共物品属性会导致市场失灵，有必要在全社会制定或形成有利于绿色技术创新的制度体系，包括鼓励、推动和保障绿色技术创新的各种引导性、规范性和约束性规定及准则。本文主要从绿色专利制度、战略规划与法律法规制度、财政金融激励制度、政府绿色采购制度和公众绿色消费参与制度等方面进行分析。

二　中国绿色技术创新的现状与制度障碍

（一）绿色技术创新现状

下面通过节能环保产业的专利量来分析中国绿色技术创新状况。

---

① Huber, J., “Pioneer Countries and the Global Diffusion of Environmental Innovations: Theses from the Viewpoint of Ecological Modernisation Theory,” *Global Environmental Change*, 2008, 18 (3): 360－367.

② Fussler, C. & James, P. *Driving Eco－innovation: A Break Thorough Discipline for Innovation and Sustainability*, London: Pitman Publishing, 1996; Reid, A. & Miedzinski, M., “Eco－Innovation: Final Report for Sectoral Innovation Watch,” *Technical Report*, 2008.

③ Bernauer, T., Engels, S., Kammerer, D. & Seijas, J., “Explaining Green Innovation: Ten Years after Porter's Win－Win Proposition: How to Study the Effects of Regulation on Corporate Environmental Innovation?” *Politische Vierteljahresschrift*, 2007, 39: 323－341.

④ Rennings, K., “Redefining Innovation－Eco－Innovation Research and the Contribution from Ecological Economics,” *Ecological Economics*, 2000, 32 (2): 319－332.

1. 节能环保产业专利申请量持续增长，但技术水平偏低

2007年以来，中国节能环保产业专利申请量一直保持世界第一位，2014年专利申请达到164107件，远超日本（6364件）和美国（3868件）[①]，这与《国务院关于加快培育和发展战略性新兴产业的决定》《"十二五"节能环保产业发展规划》等一系列政策的出台密不可分。但是，中国节能环保产业的专利申请中，发明专利申请仅占56%；节能环保产业专利在华申请，国内申请人的发明专利申请占其申请总量的47%，国外申请人则占91%，反映了中国绿色技术水平偏低，关键、核心技术较少。

2. 主要原创国和市场国由日本变为中国，但全球专利申请以日本企业为主

节能环保产业专利主要原创国有中国、日本和美国，原创量分别占总量的37%、26%和13%；主要市场国有中国、日本及美国，申请量分别占总量的29%、20%和13%[②]。以前，中国这两项指标都落后于日本和美国，但在"十二五"期间远超日美，排名跃居首位。但是，节能环保产业全球专利申请量排在前10位的申请人集中在日本、韩国及德国，其中排名前三位的申请人分别为松下电器、丰田汽车及株式会社东芝。不论是节能环保整体产业，还是高效节能子产业、先进环保子产业以及资源循环利用子产业，中国的申请人在全球中的排名都未进入前10位。

（二）绿色技术创新面临的制度障碍

1. 绿色专利制度不完善

现行的《中华人民共和国专利法》自1984年颁布以来，分别于1992年、2000年和2008年进行了三次修订，第四次修订草案已被列入《国务院2017年立法工作计划》，但没有涉及绿色技术或绿色专利领域；在《中华人民共和国专利实施细则》《专利实施强制许可办法》等相关配套法规中也缺

① 国家知识产权局规划发展司：《节能环保产业专利技术动向分析报告（上）》，《专利统计简报》2016年第7期。

② 国家知识产权局规划发展司：《节能环保产业专利技术动向分析报告（下）》，《专利统计简报》2016年第8期。

乏绿色专利的相关内容。

2017 年 6 月，国家知识产权局发布了《专利优先审查管理办法》，明确“涉及节能环保、新一代信息技术、生物、高端装备制造、新能源、新材料、新能源汽车、智能制造等国家重点发展产业”的专利申请可以请求优先审查。不可否认，该办法的实施标志着中国在 2012 年《发明专利申请优先审查管理办法》的基础上又迈出了重要一步。但是，“十二五”期间中国节能环保产业专利申请高达 448592 件①，如果每件专利申请都采用优先审查程序，会导致审查过程混乱，有必要对审查标准进行细分，明确绿色专利的领域和范围。

2. 战略规划与法律法规制度不完善

目前中国缺乏针对绿色技术创新发展的战略规划，无法从国家层面对绿色技术创新的发展目标、技术路线和整体布局进行战略部署。绿色技术涉及的领域较多，绿色产业的交叉面比较广，导致绿色技术创新相关领域的工作分散在多个部门和机构，容易出现多头管理、资金分散、重复建设的问题，各部门政策之间缺乏系统性规划，无法有效发挥政策的协同作用。

虽然中国出台了一些与绿色技术创新相关的法律法规，但是其立法体系仍有待完善。中国环境基本法《中华人民共和国环境保护法》没有专门的绿色技术创新领域的条款；虽然各地方政府也制定了多项环保法规条例，但可操作性差，环保部门执法力度不够，执法手段单一，无法为绿色技术创新提供有效的法律保障。

3. 财政、金融激励制度效果欠佳

绿色技术创新需要大量的资金支持，中国当前绿色技术创新项目主要靠政府财政支出，但支持力度不够。2016 年，中国的国家财政节能环保支出占 GDP 的比重仅为 0.64%；相比之下，20 世纪 70 年代美国的环保支出就已占 GDP 的 2%，德国该比例为 2.1%，日本也在 2% ~3%②。

---

① 国家知识产权局规划发展司：《节能环保产业专利技术动向分析报告（下）》，《专利统计简报》2016 年第 8 期。

② 张伟、李虎林：《建设“美丽中国”面临的环境难题与绿色技术创新战略》，《理论学刊》2013 年第 1 期。

中国绿色技术创新的税收优惠政策比较分散，包含在与企业环境保护、技术创新相关的政策中，政策之间也缺乏必要的协调；且偏重于基础研究和技术研发，对技术创新成果转化和应用的支持力度不够；缺乏鼓励对绿色技术创新项目进行风险投资的税收优惠政策，容易导致投资经营中承担的风险无法得到相应的保障，影响企业投资积极性。

另外，绿色技术创新企业技术入股的比例比较大，由于难以对绿色技术创新企业的技术及发展前景进行准确评估，而绿色技术创新项目投资周期较长、风险性较大，因此商业银行投资的主动性和积极性不够。风险投资公司也多倾向于成熟期的项目，对早期的绿色技术创新项目支持不足。由于缺乏对周期长、规模大的绿色技术创新项目的债券、信托基金、私募基金、社会捐赠等的管理和开发，绿色资本市场投资主体的市场化与规模化发展受到了制约，直接影响了绿色技术创新的投融资。

4. 政府绿色采购制度不健全

20 世纪 90 年代以来，中国政府绿色采购体系逐渐建立，出台了《中华人民共和国政府采购法》《清洁生产促进法》《节能产品政府采购实施意见》《关于环境标志产品政府采购实施的意见》等政策法规，并公布了“节能产品政府采购清单”和“环境标志产品政府采购清单”。当前中国政府采购以政府办公产品与公共设施为主，对绿色技术创新的支持不足，据统计，2016 年中国政府绿色采购占政府采购的比例约为 11%，占 GDP 的比例还不到 0.4%，规模和比例都远不如发达国家。政府采购标准也需要进一步完善，比如，制定节能环保产品清单时，对产品的生产过程是否节能环保关注不足。另外，《中华人民共和国政府采购法》中已有促进技术创新的相关规定，但缺乏实施细则法案和配套的法规，也缺乏对绿色技术创新产品的政策优惠。事实上，受资金节约率等评价标准的限制，很多科技含量高的绿色创新产品或服务会由于缺乏价格优势而难以中标。

5. 公众绿色消费需求拉动不足

社会公众对于绿色技术创新的推广有利于其在社会系统中的扩散①，但

① 曹霞、张路蓬：《企业绿色技术创新扩散的演化博弈分析》，《中国人口·资源与环境》2015 年第 7 期。

当公众对绿色创新产品的认知度较低时，会降低绿色技术创新的研发与扩散效率。当前，中国公众的绿色生态意识不断增强，对环境要求也越来越高，但消费层面仍停留于高碳生活模式，很少主动购买绿色产品。当前，中国既没有推动绿色消费的基本法，也缺乏相关实施细则，缺乏违反绿色消费的法律责任规定；尚未建立权威的绿色产品合格标准和认证；消费者协会对绿色产品的宣传力度和深度不够，这些都限制了公众绿色消费需求的提高。

三　绿色技术创新政策体系建设

（一）推进专利保护政策的绿色化

基于绿色的发展理念探索中国专利法律制度，有必要在《中华人民共和国专利法》中增加鼓励绿色技术创新的一般条款，在专利“三性”标准（新颖性、实用性和创造性）的基础上，增加“绿色性”审查标准，可采用环境影响评价方法来确定不同行业某项技术的绿色系数，据此判定申请专利的技术是否满足“绿色性”的标准。

同时，制定明晰详尽的绿色技术列举和分类。国家知识产权局已启动相关研究，初步明确了“绿色专利”内涵、划分了专利技术领域、确定了“绿色专利”对照标准，提出了中国在“绿色专利”方面将进行重点统计和监测的28个技术领域，以及涉及的990个专利分类号。在此基础上，有必要建立和完善绿色专利数据库以及相关专利检索系统，实现绿色专利信息共享，避免企业和个人进行绿色技术重复研发，提高绿色专利的质量。

（二）强化战略规划与法律法规体系

从顶层设计层面制定出台绿色技术创新的国家战略规划，并将绿色技术创新及其应用纳入政府考核体系。2016年底出台的《绿色发展指标体系》《生态文明建设考核目标体系》将绿色发展指标用于地方政府政绩考核，该项改革有利于绿色政府考评体系的建立，各地方政府可基于此建立绿色责任制和责任追究制度，选择有利于绿色技术创新的长期战略决策。

政府相关部门或产业发展规划会直接影响绿色技术创新的重点方向和领域。政府有必要构建绿色环保产业的基本框架，并在每个行业中探索绿色技术创新的标准，并促进绿色技术的推广与应用，充分发挥绿色经济政策体系的导向作用。

此外，政府有必要完善绿色技术创新的相关法律法规，把绿色技术评估办法和绿色创新成果保护等内容纳入法律范畴，并为绿色技术项目评估及其成果转化等提供制度保障，规范绿色技术创新的市场秩序；加强执法监管力度，健全执法体系，尤其是在推动企业绿色生产和改造的过程中，严格执行资源节约和环境保护的法律法规，提高执法水平，加大对未达标企业的惩罚力度。

（三）加强财政金融政策的绿色导向

绿色技术创新需要政府给予更多的财政支持。一是加大对绿色技术创新项目的投资和补贴，尤其是风险高、周期长、生态效益大的绿色共性技术，将其纳入国家财政预算，并通过建立绿色技术创新的补贴制度，引导和激励企业进行绿色技术产品研发；二是设立国家和区域绿色技术创新专项基金，重点支持绿色经济关键技术的自主创新研究、应用示范和产业化发展等，制定绿色技术创新规划，并加强对政府财政科技拨款的使用监督，保证专款专用，致力于绿色技术的研发；三是制定有利于绿色技术创新的税收政策，税收优惠对象应当是企业的绿色创新项目或活动，而不是行业。比如，对支持节能、可再生能源、绿色技术的产品进行节能评级和测试，并制定合理的标准对绿色技术的开发、转让、引进和使用的企业进行减税鼓励；对企业用于购置环境保护型设备的绿色投资实行一定比例的税额抵免。

建立和完善企业绿色技术创新的风险投融资政策体系。一是提供信贷优惠，通过政策性银行和经过授权的商业银行对绿色技术创新项目提供低息或无息贷款，为创新主体提供筹资保障；二是建立担保机制，政府提供担保，为创新主体的融资提供信用保障；或通过设立商业担保机构、互助性质的担保基金等担保机构，给予一定的政策优惠，为创新主体进行绿色技术创新提供融资渠道，促使绿色技术创新项目吸引更多的资金；三是完善风险投资体系，加快建设风险投资退出机制，制定创新主体进行绿色技术创新风险投资的原则。

（四）完善政府绿色采购政策

在绿色技术创新的研究成果转向市场、产品缺乏市场竞争力之际，政府亟须购买绿色产品和服务，这样既能有效弥补市场机制的不足，还具有引导和示范作用，促使企业和科研院校加大绿色技术的研发与投资。为此，有必要制定《绿色采购法》，明确绿色采购标准、绿色采购清单等；建立完善绿色采购评价体系，对绿色产品整个生命周期进行评价；分产品、分行业制定统一的绿色采购标准和绿色采购清单，并构建全国绿色采购网络系统，涵盖绿色采购资格申请认证、产品环境信息披露、政策法规及产品标准咨询等多项服务，提升整个社会的绿色生产和消费理念。

（五）建立公众绿色消费导向体系

“十三五”规划提出“倡导合理消费，力戒奢侈消费”，公众绿色消费导向体系的建立为绿色产品的研发营造了良好的社会氛围。

一是加强资源回收利用体系建设。政府应加强对废弃资源的回收再利用，建立便捷安全的废弃物收集系统和回收网络、完善不同类别的废弃物回收利用污染控制技术规范、建设再生资源高效利用的加工基地等。以城市垃圾处理为例，按照循环经济模式加强垃圾的资源化和再利用，有利于提高城镇生活垃圾终端处理的效果。

二是完善对绿色消费产品的市场监管和政策支持。加强对绿色产品生产销售的监管，严厉打击违法行为；运用税收优惠和补贴等政策加强对绿色产品消费者的引导，并给予完备的配套设施，以电动汽车为例，政府除了对公众购买电动汽车进行补贴外，也要不断规划便利的充电设施。

三是进一步宣传引导绿色消费，加强对绿色产品识别的宣传，减少一次性用品的使用，鼓励节能节水认证产品的消费。根据不同年龄的消费者进行差别化引导，比如老年人生活比较节俭，可进行节水、节电等宣传；中年人是绿色产品的消费主体，可宣传使用节能环保产品，防止过度消费。充分发挥消费者协会的作用，多提供绿色产品信息和咨询服务，并有效解决绿色消费的相关投诉，依法维护消费者权益。

Institutional Barrier and Policy System of Green Technological Innovation in China

Zhang Jiangxue, Zhang Lixiao, Li Ding

Abstract: Green economy puts forward new challenges to traditional technological innovation. It is of great significance for realizing green development to explore the institutional barrier and policy system faced by green technological innovation. This paper reviews the evolution from technological innovation to green technological innovation and puts forward the connotation and institutional constraints of green technological innovation; compares the current development difference of green technological innovation in China with international level, and analyzes its institutional barrier; constructs the policy system for green technological innovation from five aspects of green patent protection, strategic plans and laws, financial and monetary policies, green government procurement and green consumption, in order to provide references for the development of China's green technological innovation policy.

Keywords: Green Technological Innovation; Institutional Barrier; Policy System

基于 DPSIR - ENTROPY - TOPSIS 模型的区域绿色创新综合评价研究

——基于省际异质性的经验证据

彭　薇*

摘　要： 在当前“绿色发展”与“创新引领”的新阶段，绿色创新对经济社会发展的支撑和引领作用越来越得到凸显。本文在总结绿色创新内涵及其评价指标相关研究的基础上，通过DPSIR方法从驱动力、压力、状态、影响及响应五个方面建立评价我国省域绿色创新能力的指标体系；运用ENTROPY方法建立评价指标的权重；通过TOPSIS逼近理想排序法得到绿色创新水平的综合分析与评价。研究发现，我国各省绿色技术创新能力存在较大的时间与空间差异。2007~2016年，区域的绿色创新能力整体表现为东部绿色创新能力强于其他三个地区。

关键词： DPSIR - ENTROPY - TOPSIS 模型　绿色技术创新　省际异质性

一　引言

近30多年来，我国社会经济发展取得了巨大成就。然而，经济高速增

* 彭薇，北京师范大学珠海分校管理学院副教授，主要从事区域经济研究。

长的背后是生态环境被破坏的沉重代价，“高投入、高能耗、低产出”的粗放式发展模式不断挑战资源环境承载极限，成为困扰中国经济可持续发展的难题。资源与环境约束的严峻现实，对中国经济增长提出了从资源投入粗放型向创新驱动集约型转型的要求。在此背景下，中国整体经济绿色转型成为迫切选择，而绿色转型的本质是提升以创新驱动为主的绿色创新能力。近年来，中国政府一直高度关注绿色创新能力的培养与应用，《中共中央关于制定国民经济和社会发展第十三个五年规划的建议》中提出，“破解发展难题，厚植发展优势，必须牢固树立创新、协调、绿色、开放、共享的发展理念……创新是引领发展的第一动力……绿色是永续发展的必要条件和人民对美好生活追求的重要体现”，明确了创新驱动与绿色发展在我国发展全局中的重大现实意义和深远历史意义。在当前“绿色发展”与“创新引领”的新阶段，绿色创新对经济社会发展的支撑和引领作用越来越得到凸显。同时，随着经济全球化日益向纵深发展，经济的区域性特征也越来越明显。资源、资金、技术、人力资源在不同区域内集中，经济竞争正逐渐演化为区域间的竞争。在这样的宏观经济环境下，区域经济发展对区域竞争力的提升提出了更高的要求。区域绿色创新是区域得益于新技术范式的窗口，它既是衡量区域发展潜力的重要指标，也是实现区域经济可持续发展、不断提升区域综合竞争实力的关键。绿色创新作为创新引领与绿色发展两大国家发展理念的结合点，在区域经济发展的新常态下将起到至关重要的作用。因此，从国家发展与区域发展的战略视角来看，对区域绿色创新能力进行科学评估，并考察区域间绿色创新能力的相互作用与影响，对实现科技经济与绿色生态的协调发展都具有重要的学术价值与现实意义。

二　文献综述

现有的对绿色创新的研究，主要集中在以下几个方面。一是从不同视角阐释绿色创新内涵。由于均以实现经济可持续发展为目标，绿色创新也常被称为“生态创新”“环境创新”“可持续创新”等①。而造成绿色创新称谓多样性的原因主要是研究视角的多样性，同时亦佐证了绿色创新内涵的广泛性与丰富性②。基于企业微观视角，李香菊、贺娜③认为，企业绿色技术创新不仅仅是一个技术概念，更多的是强调技术创新的“绿色观念”，通过对绿色产品和绿色工艺的研发与应用，实现产品整个生命周期的绿色化，同时实现经济效益与环境效益。Kemp、Pearson④ 则将生态创新看成一种产品、生产过程、服务、管理或经营方式的产生、采用或研发，它对于企业组织来说是创新性的，并可以减少环境风险、污染或其他因能源使用而带来的负面效应。基于中观产业动态视角，Andersen⑤ 以综合演化理论及资源经济学为基础将绿色创新定义为能吸引市场绿色租金的创新，这一创新活动包含了产业组织、学习过程、策略战略以及动态市场过程。宏观层面有代表性的研究有中国环境与发展国际合作委员会（CCICED）环境创新课题组发布了《机制创新与和谐发展》的报告⑥，将环境创新的概念扩展到社会和制度的创新等领域，同时还强调国家层面的公共环境技术创新的重要性。亦有学者从“动机—过程—结果”的维度将绿色创新划分为资源节约型、环境友好型以及混合型创新。李旭②指出环境友好与资源利用的形式、状态和过程紧密相关，须合理地拟定政策方案、建立政策模型、分析政策过程，这是一个复杂

① Bernauer, T., Engel, S. & Kammerer, D., “Explaining Green Innovation: Ten Years after Porter's Win - Win Proposition: How to Study the Effects of Regulation on Corporate Environmental Innovation?” *Center for Comparative and International Studies*, 2006; Karakaya, E., Hidalgo, A. & Nuur, C., “Diffusion of Eco - innovations: A Review,” *Renewable and Sustainable Energy Reviews*, 2014, 33: 392 - 399.

② 李旭:《绿色创新相关研究的梳理与展望》,《研究与发展管理》2015 年第 2 期，第 1 ~ 11 页。

③ 李香菊、贺娜:《地区竞争下环境税对企业绿色技术创新的影响研究》,《中国人口·资源与环境》2018 年第 9 期，第 73 ~ 81 页。

④ Kemp, R. & Pearson, P., Final Report of the MEI Project Measuring Eco - Innovation, *UM MERIT*, 2007.

⑤ Andersen, M. M., “Eco - innovation Towards a Taxonomy and a Theory, In Proceedings of the 25th DRUID Conference 2008 on Entrepreneurship and Innovation - Organizations,” Institutions, *Systems and Regions*, 2008.

⑥ CCICED:《机制创新与和谐发展：中国环境与发展国际合作委员会年度政策报告》, 2009。

的系统工程。因此，第二类与第三类创新通常需要社会制度和经济机制等宏观环境的支撑。

二是尝试建立绿色创新能力或效率的评价指标体系并对其进行判断。当前国内外学术界主要使用的评估方法和手段主要有三类。第一类是参数方法，第二类是非参数方法，第三类是其他方法。参数方法以随机前沿分析（SFA）为代表，该方法由 Aigner 等①，Meeusen 和 Van Den Broeck② 各自独立提出，此后 SFA 分析法得到了广泛运用。董莹、穆月英③采用了 PSM－SFA 两阶段模型，考虑到农业生产对土地及其他自然资源依赖性的特点，在测算技术采用农业生产创新无偏效果基础上，着重分析农业生产创新效果，并据此探究保障农业可持续发展的有效途径。高新才、朱泽钢④的研究强调资源依赖对高新技术产业创新的影响，从突破资源瓶颈、实现经济增长方式转变的视角引用资源依赖影响产业创新的中介变量，来评估高新技术产业创新效率。非参数方法以 Charnes 等提出的数据包络分析 DEA 法为代表。由于传统的 DEA 模型没有考虑要素“松弛”和无法合理解决非期望产出存在条件下的效率评价问题，后来的学者多在传统的 DEA 模型上进行了扩展，具体包括 SBM－DEA 法⑤、Hybrid－DEA 法⑥、Global Malmquist－

① Aigner, D., Lovell, C. A., Knox & Schmidt, P., "Formulation and estimation of stochastic frontier production function models," *Journal of Econometrics*, 1977, 06 (1): 21－37.

② Meeusen, W. & Van Den Broeck, "J. Efficiency Estimation from Cobb－Douglas Production Functions with Composed Error," *Int Econ Rev*, 1977, 18: 435－444.

③ 董莹、穆月英：《基于 PSM－SFA 两阶段模型的农业生产创新——来自北京市示范户与非示范户的实证》，《北京理工大学学报》（社会科学版）2016 年第 6 期，第 106～113 页。

④ 高新才、朱泽钢：《资源依赖与高技术产业技术创新效率——基于 SFA 与中介变量法的研究》，《西北大学学报》（哲学社会科学版）2017 年第 1 期，第 106～113 页。

⑤ 牛彤、彭树远、牛冲槐、陈新国、杜弼云：《基于 SBM－DEA 四阶段方法的山西省工业企业绿色创新效率研究》，《科技管理研究》2015 年第 10 期，第 244～249 页；冯志军：《中国工业企业绿色创新效率研究》，《中国科技论坛》2013 年第 2 期，第 82～88 页。

⑥ Lu, C. C., Chiu, Y. H. & Shyu, M. K., "Measuring CO_2 Emission Efficiency in OECD Countries: Application of the Hybrid Efficiency Model," *Economic Modelling*, 2013, 32: 130－135；沈能、周晶晶：《技术异质性视角下的我国绿色创新效率及关键因素作用机制研究：基于 Hybrid DEA 和结构化方程模型》，《管理工程学报》2018 年第 4 期，第 46～53 页。

Luenberger 指数法①。除参数法与非参数法之外，其他有学者采用多样的评估方法度量绿色创新能力或效率。例如，Mirata 等②用系统生物网络法评估环境创新能力；张爱美等③结合主客观赋权法的优点综合确定复合权重，建立复合权重 - TOPSIS 综合评价方法，对所选化工企业样本环境创新绩效进行评价排序；孙丽文等④基于 DPSIR 模型，从驱动力、压力、状态、影响、响应五个方面，构建了工业绿色转型综合评价指标体系。

三是对绿色创新的影响因素的研究。影响绿色创新能力与效率的因素有很多，环境规制是学者讨论较多的因素之一。传统观点认为环境规制是政府施加给企业的额外成本，不利于企业的技术创新。Porter 首先对上述观点展开挑战，他认为从短期看，严厉的环境保护政策虽然使企业成本有所提高，但从长期看适当设计的环境规制将刺激企业进行相关的技术创新活动。Porter 的研究之后，亦出现了“创新无效论”、“创新制约论”、“创新推动论”以及“创新 U 型效用论”等研究。⑤ 此外，跨国公司的技术转移对企

① 齐亚伟、陶长琪：《我国区域环境全要素生产率增长的测度与分解——基于 Global Malmquist - Luenberger 指数》，《上海经济研究》2012 年第 10 期，第 3～13 页、36 页；Emrouznejad，A. & Yang，G. L.，“CO_2 Emissions Reduction of Chinese Light Manufacturing Industries：A Novel RAM - based Global Malmquist - Luenberger Productivity Index，” *Energy Policy*，2016，Vol96：397 - 410.

② Mirata，M. & Ran，T. E.，“Industrial Symbiosis Networks and the Contribution to Environmental Innovation：The Case of the Landskrona Industrial Symbiosis Programme，” *Journal of Cleaner Production*，2005，13（10）：993 - 1002.

③ 张爱美、董雅静、吴卫红、李文瑜：《基于复合权重 - TOPSIS 法的我国化工企业环境绩效评价研究》，《科技管理研究》2014 年第 18 期，第 48～52 页、55 页。

④ 孙丽文、曹璐、吕静韦：《基于 DPSIR 模型的工业绿色转型评价研究——以河北省为例》，《经济与管理评论》2017 年第 4 期，第 120～127 页。

⑤ Nakano，M.，Can Environment Regulation Improve Technology and Efficiency，Working Paper，2002；Abate，T. G.，Nielsen，R. & Tveteras，R.，“Stringency of Environmental Regulation and Aquaculture Growth：A Cross - country Analysis，” *Aquaculture Economics & Management*，2016，Vol20（2）：201 - 221；Campbell，N.，“Does Trade Liberalization Make the Porter Hypothesis Less Relevent，” *International Journal of Business and Economics*，2003，02；Yuan，B. L.，Ren，S. G. & Chen，X. H.，“Can Environmental Regulation Promote the Coordinated Development of （转下页注）

业绿色创新的影响也受到了广泛关注。跨国公司技术转移对企业绿色创新绩效影响的研究是跨国公司技术转移对企业整体绩效影响研究的一个重要而新兴的组成部分。因此，研究中通常会考虑跨国公司技术转移过程中跨国公司技术溢出、绿色创新社会资本以及绿色创新吸收能力的中介作用①。

综合上述，现有文献在绿色创新的研究领域已取得了大量研究成果，为绿色创新的释义及评价研究奠定了丰厚的基础。同时，通过对现有研究文献的考察，我们也发现无论是对绿色创新的释义还是对创新能力的评价，学术界都没有统一的标准，这既源于研究视角的多样性，同时亦佐证了绿色创新的广泛性与丰富性。本文试图做的研究尝试是，在充分考虑区域绿色创新要实现“经济效益、环境效益和社会效益”相统一的目标下，建立评价绿色创新能力的五大准则层，并进一步在经济发展、环境压力、创新投入、创新产出、经济与环境响应等十一个要素层建立评价的指标体系，采用 DPSIR - ENTROPY - TOPSIS 组合模型，评价区域绿色创新能力。

三　绿色创新能力指标体系的构建

（一）DPSIR 模型的构建

DPSIR 模型是一种评价指标体系的概念模型，在 1993 年由欧洲环境署通过对 PSR 模型修正而来。该模型的基本含义是：系统驱动力（Driving）导致压力（Pressure）产生，压力迫使系统某些状态（State）发生改变，状

（接上页注⑤）Economy and Environment in China's Manufacturing Industry? - A Panel Data Analysis of 28 Sub - sectors," *Journal of Cleaner Production*, 2017, Vol149: 11 - 24.

① 隋俊、毕克新、杨朝均、刘刚：《制造业绿色创新系统创新绩效影响因素——基于跨国公司技术转移视角的研究》，《科学学研究》2015 年第 3 期，第 440 ~ 448 页；毕克新、杨朝均、隋俊：《跨国公司技术转移对绿色创新绩效影响效果评价——基于制造业绿色创新系统的实证研究》，《中国软科学》2015 年第 11 期，第 81 ~ 93 页。

态的改变对系统产生影响（Impact），这些影响促使人类做出直接或间接响应（Response）。

从上述对绿色创新概念内涵的理解来看，无论是微观、中观或宏观视角的讨论都体现了绿色创新可能产生“溢出效应”与“外部环境成本”的双重外部性。因此目前对绿色创新能力或效率的评估的研究在评估方法的运用及指标体系的建立时，根据“经济效益、环境效益和社会效益”相统一的原则，考虑“正的”与“负的”双重外部性起到的作用，从而也体现了从传统技术创新到绿色创新的转变。目前，国际上较具代表性的绿色增长评价指标体系有 OECD 绿色增长衡量框架、UNEP 绿色经济衡量框架及中国科学院的可持续发展指数等，现有研究中并未对绿色创新形成统一的度量指标体系。本研究确定指标体系框架的方法是在对这些绿色增长评价指标体系进行对比分析的基础上，结合李健等①、张建清等②、肖黎明等③的研究，从驱动力、压力、状态、影响和响应五大反应环下共选取 26 个评价指标，具体见表 1。

表 1　基于 DPSIR 模型区域绿色创新能力评价的指标体系

目标层	准则层	要素层	指标层	单位	指标类型
区域绿色创新	驱动(D)	经济发展	人均 GDP	元	效益型
			地区生产总值	亿元	效益型
		社会生活	城镇化率	%	效益型
			居民消费水平	元	效益型
		教育水平	普通高等学校在校生人数	万人	效益型
			教育经费	万元	效益型

① 李健、朴胜任、王铮：《基于 DPSIR－ENTROPY－TOPSIS 模型的省际低碳竞争力评价及空间差异分析》，《干旱区资源与环境》2016 年第 12 期，第 40～46 页。

② 张建清、张岚、王嵩、范斐：《基于 DPSIR－DEA 模型的区域可持续发展效率测度及分析》，《中国人口·资源与环境》2017 年第 11 期，第 1～9 页。

③ 肖黎明、高军峰、刘帅：《基于空间梯度的我国地区绿色技术创新效率的变化趋势——省际面板数据的经验分析》，《软科学》2017 年第 9 期，第 63～68 页。

续表

目标层	准则层	要素层	指标层	单位	指标类型
区域绿色创新	压力(P)	环境压力	废水排放总量	万吨	成本型
			全社会用电量	亿千瓦时	成本型
			二氧化硫排放量	吨	成本型
		社会压力	人口密度	人/平方公里	成本型
			城镇登记失业率	%	成本型
	状态(S)	创新投入	规模以上工业企业 R&D 经费	亿元	效益型
			R&D 经费占 GDP 比重	%	效益型
			规模以上工业企业 R&D 人员全时当量	人年	效益型
		创新环境	公共图书馆藏书量	万册	效益型
			互联网宽带接入端口	个	效益型
			外商直接投资额	万美元	效益型
			高新技术企业数量	个	效益型
	影响(I)	创新产出	专利申请数量	件	效益型
			高新技术产业利润额	亿元	效益型
			技术市场成交额	亿元	效益型
	响应(R)	经济响应	固定资产投资	亿元	效益型
		环境响应	工业污染治理完成投资额	万元	效益型
			生活垃圾无害处理率	%	效益型
		科技响应	新产品销售收入	万元	效益型
			新产品出口销售收入	万元	效益型

（二）基于 ENTROPY 方法的权重的设置

一般来说，当某项指标的信息熵越小时，该指标评估值变异程度越大，提供的信息量就越多，在综合评价中所能起到的作用也越大，其权重也就越大。熵权法是能根据样本固有特征做出权重判断的客观赋权方法，避免了专家主观认识偏差所带来的局限性，使各指标赋权具有一定的客观性和更高的可信度。其具体计算步骤如下：

第一步：初始矩阵的建立。假设所构建的绿色创新能力评价体系中有 n 个评价对象以及 m 个评价指标。由此建立初始矩阵 A：

$$A = \begin{vmatrix} a_{11} & a_{12} & \cdots & a_{1m} \\ a_{21} & a_{22} & \cdots & a_{2m} \\ \cdots & \cdots & \cdots & \cdots \\ a_{n1} & a_{n1} & \cdots & a_{nm} \end{vmatrix} \tag{3.1}$$

第二步：评价指标体系数据标准化。为了消除量纲和量纲单位的影响，对原始数据采用无量纲化处理，采用如下标准化计算公式。指标的经济学含义表示第 ij 个指标值与最小值的偏差相对于最大值与最小值偏差的相对距离。效益型指标指数值越大或者成本型指标指数值越小，表明科技创新效果越好。

$$\text{效益型指标}: Z_{ij}^{(1)} = \frac{a_{ij} - \min a_{ij}}{\max a_{ij} - \min a_{ij}} \quad \text{成本型指标}: Z_{ij}^{(1)} = \frac{\max a_{ij} - a_{ij}}{\max a_{ij} - \min a_{ij}} \tag{3.2}$$

考虑到数据处理可能遇到的缺省值问题，这里对标准化矩阵进行数据平移，其中 δ 表示平移倍数，赋值为 10000。即：

$$Z^{(2)} = Z^{(1)} \times \delta + 1$$

对 $Z_{ij}^{(2)}$ 进行归一化处理：

$$Z = Z_{ij}^{(2)} / \sum_{i=1}^{n} Z_{ij}^{(2)} \tag{3.3}$$

标准化之后，得到 Z 矩阵：

$$Z = \begin{vmatrix} z_{11} & z_{12} & \cdots & z_{1m} \\ z_{21} & z_{22} & \cdots & z_{2m} \\ \cdots & \cdots & \cdots & \cdots \\ z_{n1} & z_{n1} & \cdots & z_{nm} \end{vmatrix} \tag{3.4}$$

第三步：确定权重。对于第 j 个指标：

熵值为：

$$E_j = -\frac{1}{\ln(n)} \sum_{i=1}^{n} (z_{ij} \ln z_{ij}) \tag{3.5}$$

指标差异度为：

$$D_j = 1 - E_j \tag{3.6}$$

基于此，权重定义为：

$$w_j = \frac{1 - E_j}{\sum_{j=1}^{m}(1 - E_j)} = \frac{D_j}{\sum_{j=1}^{m}(D_j)} \tag{3.7}$$

（三）基于 TOPSIS 方法的绿色创新评价

TOPSIS 法（Technique for Order Preference by Similarity to Ideal Solution）是一种逼近理想的排序法，通过这种方法实现对有限方案的多目标决策。通过设计各个指标的正理想解和负理想解，建立评价指标与正、负理想解之间距离的二维数据空间，在此基础上分别计算各评价与正、负理想解的距离，获得各对象与理想解的贴近度，并按贴近度的大小进行排序，以此作为评价目标优劣程度的依据。具体实现过程包括以下四步：

第一步：利用熵权法权重建立绿色创新评价矩阵。将式（3.4）与式（3.7）相乘，得到评价矩阵 B。

$$B = \begin{vmatrix} z_{11}w_1 & z_{12}w_2 & \cdots & z_{1m}w_m \\ z_{21}w_1 & z_{22}w_2 & \cdots & z_{2m}w_m \\ \cdots & \cdots & \cdots & \cdots \\ z_{n1}w_1 & z_{n2}w_2 & \cdots & z_{nm}w_m \end{vmatrix} \tag{3.8}$$

第二步：确定绿色创新能力的最优、最劣理想解。设 $b_{ij} = z_{ij}w_j$，则：

最优理想解为：

$$S^+ = (\max b_1, \max b_2 ..., \max b_m) \tag{3.9}$$

最劣理想解为：

$$S^- = (\min b_1, \min b_2 ..., \min b_m) \tag{3.10}$$

第三步：计算各方案与最优解与最劣解的欧式距离。其中，D^+ 代表正理想解，D^+ 越小表明评价对象越接近正理想解；D^- 代表负理想解，D^- 越小表明评价对象越接近负理想解。

最优欧式距离为：

$$D^{+} = \sqrt{\sum_{j=1}^{m} (s_j^{+} - b_{ij})^2} \tag{3.11}$$

最劣欧式距离：

$$D^{-} = \sqrt{\sum_{j=1}^{m} (s_j^{-} - b_{ij})^2} \tag{3.12}$$

第四步：计算历年来评价对象与最优方案的贴近度 C_i。

$$C_i = \frac{D^{-}}{D^{-} + D^{+}},\ C_i \in [0,1] \tag{3.13}$$

C_i值取值为［0，1］。该值越大，表明绿色创新水平越接近最优水平。

四　我国区域绿色创新能力评价实证分析

（一）数据来源与选取

根据上文构建的区域绿色创新能力评价指标体系，本节以我国 30 个省为研究对象（由于统计数据的缺失，暂未包括西藏自治区、香港和澳门特别行政区、台湾以及南海诸岛等地区），对 2007～2016 年省域绿色创新能力进行评估与判断，并对 2007～2016 年区域间的技术创新能力进行横向比较，分析各地区绿色创新能力的排名变化。本文的数据来源于相关年度的《中国统计年鉴》《中国科技统计年鉴》《中国知识产权年鉴》以及各省区的《统计年鉴》、统计公报以及统计局网站的公开信息。部分地区部分年度缺失的数据主要采用线性内插法（Liner interpolation，LINT）予以补充。

（二）省域数据的描述性统计

各变量的均值、标准差、最大值及最小值的描述性统计见表 2。统计结果显示，人均GDP、地区生产总值、规模以上工业企业R&D人员全时当量、专利授权数量等指标的极值均存在较大差异，可能导致绿色创新能力的省际差异。

表2　省域数据的描述性统计（2007~2016年）

序号	指标	平均	标准差	最小值	最大值
1	人均GDP(元)	41212.60	23734.81	7940.83	118127.61
2	地区生产总值(亿元)	18417.32	16325.62	797.35	80854.91
3	城镇化率(%)	53.96	14.90	28.24	89.60
4	居民消费水平(元)	14520.79	8911.05	4263.00	49617.00
5	高等学校学生人数(万人)	78.26	49.51	3.77	199.59
6	教育经费(万元)	7781148.38	5896757.17	458238.00	33522396.60
7	R&D经费(万元)	2380612.63	3378826.80	7624.35	16762749.00
8	R&D经费占GDP比重(%)	0.9277	0.5324	0.0583	2.1486
9	规模以上工业企业R&D人员全时当量(人年)	74453.64	102464.90	554.00	451885.00
10	公共图书馆藏书(万册)	2338.97	1858.25	257.20	7899.85
11	互联网宽带接入端口(个)	1073.63	1134.64	19.70	6515.60
12	外商直接投资(万美元)	67779734.63	135199501.91	4147.00	592070527.00
13	高新技术企业(个)	1021.44	1521.48	14.00	6570.00
14	高新技术产业利润总额(亿元)	221.58	390.20	-0.13	2094.23
15	专利授权数量(件)	16239.05	26649.57	81.00	145448.00
16	技术市场成交额(亿元)	248.13	600.61	0.56	3940.98
17	固定资产年均余额(亿元)	12163.58	10317.88	482.84	53322.94
18	工业污染治理完成投资额(万元)	224250.84	227086.26	3563.00	1416464.00
19	生活垃圾无害处理率(%)	80.80	19.62	23.00	100.00
20	新产品销售收入(万元)	39969186.77	57290804.50	85659.00	286714109.00
21	新产品出口(万元)	8235844.87	16420040.85	33.00	92315817.00
22	废水排放总量(万吨)	229896.33	199623.49	19948.49	938261.03
23	全社会用电量(亿千瓦时)	1607.26	1260.56	113.25	5610.13
24	二氧化硫排放(吨)	691887.32	452122.37	16957.63	1827397.20
25	人口密度(人/平方公里)	2809.82	1327.58	622.00	5967.00
26	城镇失业人数(万人)	25.39	14.66	2.85	60.74

（三）绿色创新能力评价结果及分析

将每一年度的 30 个省区作为评价对象，即 n = 30；指标层选取了 26 个评价指标，即 m = 26；且对于考察期的每一年单独分析。即按照各年度的数据，单独计算各年度第 *J* 个指标第 *I* 个评价对象的熵值，再计算各年度各指标的权重，不同年份权重不同。

表 3　我国省域绿色创新能力及变动趋势（2007 年、2016 年）

地区	省份	均值	2007 年 C 值	排名	2016 年 C 值	排名	位次变动	时间变动
东部	北　京	0.7834	0.7473	1	0.8094	2	-1	上升
	上　海	0.7745	0.7329	2	0.7975	3	-1	上升
	广　东	0.7553	0.7263	3	0.7962	4	-1	上升
	江　苏	0.7753	0.7166	4	0.8201	1	3	上升
	浙　江	0.6452	0.6094	5	0.6564	5	0	上升
	山　东	0.5366	0.5049	6	0.5729	6	0	上升
	天　津	0.4780	0.4998	7	0.4531	7	0	下降
	福　建	0.3767	0.3516	8	0.3940	8	0	上升
	河　北	0.2442	0.2075	17	0.2122	18	-1	上升
	海　南	0.1290	0.1248	23	0.1362	25	-2	上升
中部	河　南	0.2915	0.2248	16	0.3831	9	7	上升
	安　徽	0.3312	0.3002	11	0.3603	11	0	上升
	湖　北	0.2949	0.2293	15	0.3292	12	3	上升
	湖　南	0.2810	0.2604	12	0.3013	13	-1	上升
	山　西	0.2238	0.2394	14	0.2227	17	-3	下降
	江　西	0.1615	0.1337	21	0.1961	19	2	上升
西部	四　川	0.3452	0.3337	9	0.3637	10	-1	上升
	重　庆	0.2719	0.2455	13	0.2977	14	-1	上升
	陕　西	0.2250	0.1709	18	0.2681	15	3	上升
	贵　州	0.1503	0.1322	22	0.1688	20	2	上升
	内蒙古	0.1409	0.1185	25	0.1577	21	4	上升
	广　西	0.1244	0.1065	29	0.1386	23	6	上升
	宁　夏	0.1919	0.1157	26	0.1377	24	2	上升
	新　疆	0.1246	0.1206	24	0.1250	26	-2	上升
	云　南	0.1148	0.1153	27	0.1191	28	-1	上升
	青　海	0.1183	0.1082	28	0.1183	29	-1	上升
	甘　肃	0.1075	0.0956	30	0.1111	30	0	上升
东北	辽　宁	0.2990	0.3106	10	0.2538	16	-6	下降
	吉　林	0.1482	0.1481	20	0.1531	22	-2	上升
	黑龙江	0.1412	0.1571	19	0.1230	27	-8	下降

中国大陆幅员辽阔，各个省份所处的地理位置不同，拥有的资源禀赋不同。同时，各省产业结构、经济政策也存在较大的差异。基于此，本文将研究对象划分为四个区域，即东部、西部、中部及东北。其中，东部省份包括北京、天津、河北、上海、江苏、浙江、福建、山东、广东和海南；中部省份包括山西、安徽、江西、河南、湖北和湖南；西部省份包括内蒙古、广西、重庆、四川、贵州、云南、陕西、甘肃、青海、宁夏和新疆；东北省份包括辽宁、吉林和黑龙江。由于西藏可获取的数据有限，因此排除在本研究之外。由于篇幅限制，表 3 列出了 2007 年及 2016 年的 *C* 值及排名，并对本期相对于上期排名变化作出判断。表 3 显示，所研究的 30 个省份从 2007 年至 2016 年，绿色创新能力在空间与时间上均表现为较大差异。从时间上看，2007 年省域绿色创新能力的最高值与最低值分别出现在北京与甘肃，C 值分别为 0. 7473 和 0. 0956，而到 2016 年，省域绿色创新能力的最高值与最低值均出现不同程度的提高。绿色创新能力最高的省份为江苏，达到了 0. 8201，而最低的省份是甘肃省，只有 0. 1111。从空间区域来看，2007 ~ 2016 年区域绿色创新能力发展水平差异亦十分显著，呈现东部沿海省份高、内陆省份较低的空间格局。以北京、上海、广东、江苏、浙江、山东、福建为代表的地区绿色创新能力较强，排名均位于全国前列。2007 ~ 2016 年，江苏省绿色创新能力提升显著，从 2007 年全国排名第四位，上升至 2016 年的第一位，*C* 值达到了 0. 8201 的最高水平。然而，东部地区的河北、海南两省 *C* 值相对较低，东部地区绿色创新能力呈现内部不均衡的态势。中部地区整体绿色创新能力保持了稳中向好的趋势。2007 ~ 2016 年，除山西、湖南外，其他中部五省的 *C* 值均呈现上升趋势，从位次的变化来看，河南省从 2007 年的第 16 位上升至 2016 年第 9 位，上升了 7 位。湖北以及江西也出现了不同程度的上升。以新疆、云南、青海、甘肃为代表的西部内陆省份绿色创新能力相对落后。近年来，虽然 *C* 值呈现了上升的趋势，但与其他区域相比排名仍相对靠后。而东北的黑龙江、吉林和辽宁三省中，辽宁省的 *C* 值相对较高，均值达到了 0. 2990。然而这三省从变化趋势上看，均呈现了下降趋势。从区域上看，四大区域呈现了不均衡发展的特征。

五　我国省际绿色创新能力提升的政策启示

区域绿色创新能力是衡量区域创新竞争实力的重要标志，也是促进区域经济发展的核心要素。本文以区域绿色创新能力评价指标体系为基础，运用 DPSIR－ENTROPY－TOPSIS 模型计算我国 30 个省份的绿色创新能力。研究发现，2006～2017 年数据显示，江苏、河南、广西等省区绿色创新能力数值以及省际排名都有不同程度的上升，而东北三省区则出现不同程度的下降。我国各省绿色创新能力差异较大，整体表现为东部绿色创新能力强于其他三个地区的趋势。

基于上述研究结论，本文得到如下政策启示。

一是探索有效的政府引导绿色创新活动的技术进步道路。首先，充分考虑省际不同区域经济发展水平以及绿色创新能力的原始差距，应结合绿色创新效率的时空变化特征，因地制宜、有针对性地采取相应措施。对于绿色创新能力相对较弱的区域加强管理创新及制度变革，加大技术引进力度，促进创新过程中先进技术的应用与推广。对于创新能力相对较强的区域，可以通过区域内部的优势互补、良性互动，打破本位主义和绿色创新溢出的市场与体制壁垒，实现区域间绿色创新资源的自由流动、整合与共享，加强区域间技术、政策、管理经验以及人才培育与引进等方面的交流与合作，积极开展“引智”工程，跨越技术“门槛”，加速创新效率的收敛趋势，以绿色创新能力较强的区域为中心逐渐向周边区域辐射开去，由点及面带动周边乃至全国绿色创新协同发展。其次，绿色创新需要财税的支持，可以充分发挥市场机制作用，有效运用财政、税收、金融、价格等经济杠杆，建立全方位、多元化的财税支持体系，激发企业的创新激情和动力，引导和鼓励企业提高对绿色技术创新的投入。充分考虑政府目标与微观经济主体目标可能存在的差异，求同存异重点解决突出矛盾，避免政府投资的研发项目脱离实体经济技术水平提升的需要。除资金投入外，应加大力度支持风险投资，对创新型企业进行设计支持以及协助企业提升知识产权的产出与保护能力等。

二是企业是配置创新要素的核心载体，重点推进企业推动的绿色创新。首先，完善人才培养机制，为企业绿色创新提供智力支持。具体包括积极培育企业家的创新精神与绿色创新精神。这种精神内在地要求有良好的心智模式，心智模式中影响绿色创新的关联因素包括企业家绿色创新的意志特征、创新思维和价值尺度等。完善企业家的心智模式，提高企业绿色创新能力是强化企业主体地位的重要措施。通过各种方式培养和造就一支有专业知识而又德才兼备的绿色科技人才队伍，为企业可持续发展奠定良好的基础。其次，企业应加大核心技术专项研发的投入力度，攻破绿色技术壁垒，形成具有企业特色的核心绿色创新体系。在增强自身研发能力的同时，要注重加强与国内外新能源汽车行业、相关科研院所的沟通与交流，通过分散自身研发活动，将研发机构或子公司分散到世界各地的专业知识和技术集群中，搜索和整合嵌入的来自全球的异质性知识，以此构建学习网络来整合内外部知识，使企业的研发实力得到质的提升。

三是不断完善绿色创新能力孵化平台，注重技术研发创新，着力构建以企业为主体、市场为导向，在中介机构、政府和风险投资机构等的辅助下，通过制度创新、组织创新、环境创新以及技术创新而形成的产学研相结合的绿色创新体系，实现单个主体难以达到的“1 + 1 > 2”的协同效应，提升创新驱动绿色发展的水平。聚焦于服务区域经济发展和行业产业转型升级，建立不同层次的绿色协同创新产业园区，加强产业园区绿色创新因子的区域集聚性，共享发展，鼓励研发团队合作开发，共同建立研发中心，突破单个企业的技术瓶颈，技术共享，风险共担，提高行业整体的技术创新效率，资源循环利用，减少污染排放，着力打造“共建共治共享”绿色产业园区域治理新格局。

Comprehensive Evaluation of the Regional Green Innovation Capacity and the Research on its Influencing Factors

—Based on DPSIR－ENTROPY－TOPSIS Method

Peng Wei

Abstract: The level of green technological innovation is an important manifestation of the comprehensive strength and competitiveness of regional economy. On the basis of summing up the related research of green technological innovation and its evaluation index, the index system has been set up from five aspects: driving force, pressure, state, influence and response through DPSIR. The ENTROPY method is used to establish the weight of the evaluation index. Through the TOPSIS approach, this article gets the comprehensive analysis and evaluation of green technological innovation of different provinces in China. The result shows that the green technological innovation capability of in these provinces vary greatly.

Keywords: DPSIR－ENTROPY－TOPSIS; Green Innovation Capacity; Heterogeneity

我国减税降费的绿色经济增长效应研究*

彭 刚 赵乐新 付丽君**

摘 要： 本文使用1999年至2017年我国30个省份的面板数据，从整体和区域两个层面实证比较了政府各类税费收入对绿色经济增长的作用，并据此评价了我国减税降费政策的绿色增长效应。研究结果显示：①我国各类税费收入的减少均显著促进了绿色经济增长，但其效应大小有所不同，具体为非税收入 > 税收收入，间接税 > 直接税，个人所得税 > 企业所得税 > 营业税 > 增值税；②减税对中西部绿色经济增长的效应显著高于东部地区，而降费的效应在不同地区无明显差异。我国未来绿色经济发展可将减税减费作为宏观政策选择，且应优先考虑降费以及在中西部地区加大实施力度。

关键词： 税费收入 绿色经济增长 减税降费 地区差异

一 引言

减税降费是近年我国政府经济工作的重要内容，全面实现“营改增”、

* 本文为国家社会科学基金重大项目“中国各地HDI指数的编制和研究”（项目编号：16ZDA010）、国家社科基金青年项目“中国绿色金融统计的理论、方法与应用研究”（项目编号：18CTJ005）研究成果。

** 彭刚，经济学博士，西南财经大学统计学院副教授、硕士生导师，研究方向为宏观经济统计与核算；赵乐新，浙江大学经济学院西方经济学专业研究生；付丽君，西南财经大学统计学院统计学专业研究生。

推进个人所得税改革、下调部分行业增值税率等诸多举措反映了我国坚持贯彻减税降费方针政策的决心。而这一系列工作的目的主要在于盘活民营企业经济，激发社会创新活力，助推供给侧结构性改革，以破除经济新常态下我国经济发展所面临的能源、环境和空间压力等诸多约束，实现发展升级①。从理论层面看，减税降费的实质是一项积极的财政政策，它同时从需求端和供给端对经济施加影响。一方面，全面减税降费降低了企业的经营成本，间接增加了企业利润，在一定程度上放松了对企业的融资约束，有利于企业在设备更新、产品研发方面做更多布局，在拉动社会投资的同时也极大地丰富了社会产品供给。另一方面，减税降费提高了劳动边际回报率，家庭可支配收入相应提高，刺激了居民消费，扩大了社会消费需求。由此可见，在减税降费的刺激下，社会总供给曲线、社会总需求曲线都有可能向右移动，两者效果加成将可能带来社会总产出的增加。

但在供给侧结构性改革的框架下，经济增长不应该是高能源消耗、低经济效益、高污染物排放的粗放式增长，而更应该强调通过技术创新、产业结构优化、要素升级等手段转变经济发展方式，提高经济发展效率，实现低碳、节能的绿色健康增长。事实上，党的十八大报告中就已提出了“推进绿色发展、循环发展、低碳发展”的经济发展蓝图，而党的十九大报告又多次提到绿色发展，并对其做了更为全面的阐释。可见，绿色发展将是未来我国经济发展中的主旋律，实现经济绿色增长也将是我国经济建设的重要目标。而减税降费作为我国现阶段重要的财政手段和政策举措，应该适应低碳、节能的发展要求，服务于实现经济绿色增长的发展目标。但当前，减税降费能否促进我国经济绿色发展、助力经济绿色增长还未可知。为此，本文将在细致探究税费变量对经济绿色增长影响机制的基础上，对减税降费对绿色经济增长的影响效果进行总结概括，为我国下一步减税降费工作提供借鉴，以更好地保障我国经济的绿色健康发展。

---

① 杨灿明：《减税降费：成效、问题与路径选择》，《财贸经济》2017 年第 9 期，第 5 ~ 17 页。

二　文献综述

现有的关于税费与经济增长方面的文献更多集中于探讨税费变量与传统意义下的经济增长①之间的关系，鲜有文章直接讨论税费对绿色增长的影响。而绿色增长的核心在于低能耗、少排放、高效益，关键在于绿色创新能力的提升②，对绿色增长实现程度的评估主要关注生产率、环境质量、人类健康、创新与技术进步等方面③。因此，实际上可以根据税收对生产率、创新能力、技术水平等指标的影响效果间接对税费政策的绿色增长效应进行评估。基于此，本文分别从税费对传统经济增长的影响和税费对绿色增长的间接影响两个方面对相关文献进行梳理。

（一）税费对传统经济增长的影响

这方面的研究将税费变量具体分解为数量和结构两个维度，探究税费负担、税制结构对传统经济增长的影响。在税收负担对传统经济增长的影响方面，严成樑和龚六堂分析了财政支出和税收对经济增长的影响路径，并通过数值模拟指出消费税率与经济增长具有同向性，而资本税率、劳动税率与经济增长之间具有不确定性。刘海庆和徐颖科讨论了税负与经济增长之间的互动关系，认为税负增加会对经济增长产生不良影响。梁俊娇等分区域检验了所得税类与流转税类对经济增长的影响，认为这两种不同的税类对经济增长都有显著的抑制作用，但在作用强度上不同税类、不同地区均有所差异。在税制结构对传统经济增长的影响方面，马栓友、郭婧均以各类税收变量与经济增长的回归结果反映不同税

① 文中提到的“传统经济增长”主要用于区分“绿色经济增长”，只单纯强调 GDP 增长而未考虑环境、资源、效率、技术、创新等因素的增长都属于“传统经济增长”范畴。

② 韩晶、宋涛、陈超凡、曲歌：《基于绿色增长的中国区域创新效率研究》，《经济社会体制比较》2013 年第 3 期，第 100～110 页。

③ 李维明、高世楫、许杰：《国际比较视角的中国绿色增长进程与对策》，《改革》2018 年第 12 期，第 27～41 页。

种对经济增长的影响，并进一步指出个人所得税对经济增长的负面效应。有所不同的是，前者进一步将不同税种概括为直接税与间接税两大类，并分析指出直接税对经济增长的抑制作用显著，而间接税不显著；而后者没有对不同税种进行归类分析，但发现增值税对经济增长的影响并不明显。实际上，由于增值税是我国间接税的重要组成部分，因此可以认为两者的研究结论在一定程度上是一致的。①

当然，也有学者同时讨论税费负担与税制结构对传统经济增长的影响。刘军研究指出税收负担与经济增长存在较强负相关关系，直接税与间接税比例对经济增长的负向影响较弱。Arnold 等以 OECD 成员国为研究对象，分析了税收负担、税制结构对经济增长的影响，研究指出宏观税负对经济增长有明显的负面影响，并且在不同税类中财产税类对经济增长的抑制作用最弱。Baiardi 等利用相同的方法用更新之后 OECD 成员国数据做类似研究，再次证明了宏观税负对经济增长带来负面效应，但在控制宏观税负不变的前提下，税负从直接税向间接税转移对经济增长没有显著影响，这与之前的研究结论有所区别②。

（二）税费对绿色经济增长的间接影响

虽然鲜有文章直接讨论税费对绿色经济增长的影响，但有不少学者聚焦

---

① 严成樑、龚六堂：《财政支出、税收与长期经济增长》，《经济研究》2009 年第 6 期，第 4～15、51 页；刘海庆、徐颖科：《我国税收负担与经济增长的实证研究——基于全国 30 个省级单位的 Panel VAR 模型》，《兰州学刊》2011 年第 2 期，第 48～54 页；梁俊娇、李羡於、刘亚敏：《我国区域税收负担与区域经济增长关系的实证分析》，《中央财经大学学报》2017 年第 6 期，第 22～29 页；马栓友：《税收结构与经济增长的实证分析——兼论我国的最优直接税/间接税结构》，《经济理论与经济管理》2001 年第 7 期，第 15～20 页；郭婧：《税制结构与经济增长——基于中国省级数据的实证研究》，《中国软科学》2013 年第 8 期，第 80～91 页。

② 刘军：《我国税制结构、税收负担与经济增长的实证分析》，《财政研究》2006 年第 2 期，第 59～62 页；Arnold，J.，"Do Tax Structures Affect Aggregate Economic Growth? Empirical Evidence from a Panel of OECD Countries，" *OECD Economics Department Working Papers*，2008，No. 643；Donatella，B.，Paola，P.，Riccardo，P. & Simona，S.，"Tax Policy and Economic Growth：Does it Really Matter?" *International Tax and Public Finance*，2019，26（2）：282－316.

于研究税费变量对生产率、创新能力、技术进步等与绿色经济增长相关变量的影响。Arnold 等在研究税收变量对经济增长的影响时发现个人所得税和企业所得税对经济增长的抑制作用最显著。为进一步分析这种影响效应，他们从企业层面、产业层面细致探讨了部分 OECD 成员所得税对全要素生产率和投资的影响，证实了所得税对生产率和投资的负面影响。申广军等在分析减税对我国经济的影响时，发现增值税率与资本、劳动产出效率存在负相关的关系。吴辉航等聚焦减税对企业生产效率的影响，研究发现减税通过拉动投资、鼓励创新带动了企业生产效率的提高。李林木和汪冲则从企业创新能力和企业升级的角度出发，研究指出总体税费负担和间接税费负担的增加都会降低企业的创新能力，抑制企业的成长，而直接税费负担在降低企业创新能力的同时与企业成长水平呈显著正相关。孙英杰和林春从全国和地区两个层面依次探究直接税与间接税对全要素生产率的影响，从全国层面来看，直接税、间接税都有利于全要素生产率的提高；分区域来看，东部地区的研究结果与全国层面保持一致，中部地区全要素生产率与直接税呈正相关，而与间接税呈负相关，西部地区则正好相反。由此看来，较多学者认可了税负对产出效率、创新、投资等方面的不利影响，但若将税负进一步划分为直接税和间接税来考虑，则这两类税负对企业创新、生产率可能有不同的影响，有时这种影响还与企业所处的地理区位有关。①

通过对已有文献的梳理，可以发现目前聚焦于税费与绿色经济增长方面的文献相对较少，直接探讨税费与绿色经济增长的文献更加少见。另外，已有研究基本上只关注“税”而忽略了政府的“非税收入”，即“费”。但实

① Jens, M. A., Bert, B., Christopher, H., Asa, J., Cyrille, S. & Laura, V., “Tax Policy for Economic Recovery and Growth,” *The Economic Journal*, 2011, 121 (550): 59 - 80；申广军、陈斌开、杨汝岱：《减税能否提振中国经济？——基于中国增值税改革的实证研究》，《经济研究》2016 年第 11 期，第 70 ~ 82 页；吴辉航、刘小兵、季永宝：《减税能否提高企业生产效率？——基于西部大开发准自然实验的研究》，《财经研究》2017 年第 4 期，第 55 ~ 67 页；李林木、汪冲：《税费负担、创新能力与企业升级——来自“新三板”挂牌公司的经验证据》，《经济研究》2017 年第 11 期，第 119 ~ 134 页；孙英杰、林春：《税制结构变迁与中国经济增长质量——对地方政府税收合意性的一个检验》，《经济科学》2018 年第 5 期，第 5 ~ 16 页。

际上，在我国的财政收入中，非税收入的规模庞大，若对其不加考虑可能会导致政府的宏观决策偏误①。基于此，本文将立足我国的经济实际，全面探究“税”“费”和绿色经济增长之间的直接作用关系，明确税费与绿色经济增长之间的作用机制，并据此分析减税降费的绿色经济增长效应。

三　模型设计与变量描述

为实证检验税费变量对绿色增长的具体影响，本文基于人力资本增广索洛模型及相关的研究成果构建计量模型，并利用省级面板数据进行回归分析。同时，考虑到我国区域发展不平衡问题，将我国各省份划分为东部、中西部欠发达地区两组②，分别进行回归分析，并对分组回归的系数差异进行显著性检验，以充分验证税费对绿色经济增长影响的地区异质性。

（一）模型构建

考虑具有标准 Cobb－Douglas 生产函数的人力资本增广索洛模型，则第 i 个省份 t 时总产出可以表示为：

$$Y_{it} = K_{it}{}^{\alpha} H_{it}{}^{\beta} [A_{it} L_{it}]^{1-\alpha-\beta} \tag{3.1}$$

其中，K、H、L 分别表示实物资本投资、人力资本投资、劳动力投入，而 A 则是该省份技术水平和经济发展效率的综合反映，α、β 分别表示实物资本和人力资本的产出弹性。另外，根据 Arnold 和 Brys③ 的研究，A_{it}可以分解为严格外生的技术进步 Ω_{it}和经济效率 I_{it}两部分，前者仅是时间的函数，

① 高培勇：《减税：中国的复杂性》，《国际税收》2016 年第 1 期，第 26～27 页。

② 按国家统计局最新的划分标准将经济地带（除港澳台外）划分为东部 10 个省（市）、中部 6 个省、西部 12 个省（市、区）、东北 3 个省，但为了简化分组、突出组间的经济差异性，本文将这 31 个省份划分为东部、中西部欠发达省份两组。其中，借鉴我国原三大经济板块划分方法，将东北 3 省中的辽宁并入东部省份组，黑龙江和吉林划入中西部欠发达省份组。因此，东部组包括 11 个省（市），中西部组有 20 个省（市、区）。

③ Jens, M. A., Bert, B., Christopher, H., Asa, J., Cyrille, S. & Laura, V., “Tax Policy for Economic Recovery and Growth,” *The Economic Journal*, 2011, 121 (550): 59－80.

后者则受到制度和经济政策的影响，结合本文的研究目的，仅考虑税费变量（$Fiscal_{it}$）对经济效率的影响。因此，A_{it}可以进一步表示为 Ω_{it}、$Fiscal_{it}$的组合：

$$A_{it} = \Omega_{it}{}^{a} Fiscal_{it}{}^{b} \tag{3.2}$$

联立公式（3.1）和公式（3.2）并取对数可得：

$$\begin{aligned} lnY_{it} &= \alpha lnK_{it} + \beta lnH_{it} + (1 - \alpha - \beta) lnL_{it} \\ &+ a(1 - \alpha - \beta) ln\Omega_{it} + b(1 - \alpha - \beta) lnFiscal_{it} \end{aligned} \tag{3.3}$$

再结合已有研究对绿色经济增长影响因素的探讨①，考虑对外开放程度（open）、工业化水平（ind）、城镇化水平（urban）等因素对绿色经济增长的影响。这三个变量与实物资本投资（K）、人力资本投资（H）、劳动力投入（L）一同构成了除核心解释变量（Fiscal）之外的控制变量组合 X_{it} 。由此，本文最终设定的研究模型为：

$$y_{it} = \varphi + \varphi_F Fiscal_{it} + \varphi_X X_{it} + \lambda_t + u_i + \varepsilon_{it} \tag{3.4}$$

在公式（3.4）中，y_{it} 为第 i 个省份 t 期的绿色增长指标，用万元 GDP 能源消耗表示，以全面反映该省份能源消费水平、能源使用效率以及经济发展的能源依赖程度，进而反映其绿色发展水平。$Fiscal_{it}$ 为核心解释变量，包括三个层次的税费指标，首先，将一般公共预算收入分解为税收收入（tb）、非税收入，即“费”（ntb），并把它们视为第一层次的指标，旨在对比分析地区财政收入中税收收入与非税收入对绿色增长的不同影响；其次，进一步将税收收入划分为间接税（indtb）和直接税（dtb），旨在探讨税制结构对绿色增长的影响。其中，对于直接税和间接税的划分，税负是否可以转嫁，即纳税人与实际税负承担者是否一致参照公认的国际标准②。但实际

① 孙瑾、刘文革、周钰迪：《中国对外开放、产业结构与绿色经济增长——基于省际面板数据的实证检验》，《管理世界》2014 年第 6 期，第 172 ~ 173 页。

② 刘佐：《改革开放以来我国直接税与间接税比重的变化》，《中国财政》2010 年第 12 期，第 46 ~ 48 页；李颖：《中国间接税与直接税的比例关系研究——IMF 政府财政数据支持的解释》，《财经理论与实践》2016 年第 3 期，第 62 ~ 68 页。

上，税负能否转嫁的判断标准不一、认定过程复杂，因此，我国各个税种的直接税、间接税属性界定一直未有统一标准。但在学术研究中形成了一定的共识，均明确了增值税、营业税、消费税、城建税的间接税属性以及所得税类的直接税属性。再综合刘佐、李颖等学者的观点，本文划定增值税、营业税（2016 年取消）、消费税、资源税、城建税、印花税、固定资产投资方向调节税（2013 年废止）为间接税，其余在征税种为直接税。最后，分别考察间接税中增值税（vat）和营业税（ot）以及直接税中的企业所得税（citb）和个人所得税（pitb），以具体分析主要税种对我国绿色增长的影响，为我国税制改革提供借鉴。

X_{it} 为控制变量组合，包括：

（1）实物资本投资（K），用全社会固定资产投资的对数形式表示；

（2）人力资本投资（H），用平均受教育年限表示，即：

$$K = \text{illiteracy} \times 0 + \text{primary} \times 6 + \text{middle} \times 9 + \text{high} \times 12 + \text{college} \times 16$$

其中，illiteracy、primary、middle、high、college 分别表示文盲或者识字很少、小学、初中、高中（包括中职）、大专及以上学生人数所占的比重①；

（3）劳动力投入（L），用各省份就业人数的对数表示；

（4）对外开放程度（open），用外贸依存度表示，即进出口贸易总额占 GDP 的比重；

（5）工业化水平（ind），用第二产业增加值占 GDP 的比重表示；

（6）城镇化水平（urban），用城镇人口占总人口的比重来衡量。

另外，考虑到数据横跨多个省份和较多年份，引入个体固定效应 u_i 和时间固定效应 λ_t 控制个体不可观测因素、时间不可观测因素的影响，进一步解决遗漏变量问题，提高实证分析结果的可靠性，而 ε_{it} 为随机扰动项。

（二）组间差异显著性检验

为考虑地区异质性，对比在不同经济发展水平下税费变量与绿色增长之

① 2000 年国家统计公布的数据中，对教育程度的划分多了参加“扫盲班”一类，则用该比重乘以 1 后加入 K 的计算式中。

间数量关系的异同，本文将全国划分为东部地区和中西部欠发达地区两组，并进行分组回归，再比较组间系数的大小。但一般来说，很难直接通过各自回归系数的显著性比较组间差异，因为可能存在组间系数置信区间重叠或者一组系数显著而其他组系数不显著的情况，因此，需要对组间系数的差异进行更严格的检验。其中，引入交叉项的 Chow 检验、基于 SUR 模型的 SUEST 检验、费舍尔组合检验（Fisher's Permutation Test）是三种常用的检验方法，并且适用范围依次递增①。因此，为避免对前两种方法适用性检验的烦琐过程，本文选用最后一种方法对组间系数差异进行检验。该方法的主要思路②如下：首先，进行分组回归得到组间系数差异 d_0；其次，在原假设 $d_0 = 0$，即组间系数无显著差异的假设下，通过二次抽样获取经验样本，计算经验样本下的系数差异 d_i，并重复 N 次以获得 d 的经验分布；最后，计算经验 P 值，即 N 次抽样中出现大于初始差异 d_0 的频率。当经验 P 值很小或者很大时，都说明 d_0 是一个极端值，即在原假设下 d_0 发生是一个小概率事件，因此，可以在一定的显著性水平下拒绝原假设。

（三）数据来源与描述统计

本文以 1999 ~ 2017 年全国除港澳台、西藏之外的 30 个省份面板数据为研究基础。其中，1999 ~ 2016 年的能源消耗数据来自历年《中国能源统计年鉴》，2017 年的能源数据则根据国家统计局 2017 年各省份万元 GDP 能源降低率等指标的公报推算得出，其余指标数据均来自历年《中国统计年鉴》。特别指出的是，由于国家统计局公布的地区财政数据指标在 1998 年（含）之前与 1999 年之后有较大的差别，为保持统计口径的一致性和数据的连续性，本文选择以 1999 ~ 2017 年作为研究区间。另外，由于港澳台地区与大陆在社会制度上有所差异，各指标在统计口径上有所差别，而西藏的历年数据有较多缺失值，因此，仅以国内其他的 30 个省份为研

① 连玉君、廖俊平：《如何检验分组回归后的组间系数差异?》，《郑州航空工业管理学院学报》2017 年第 6 期，第 97 ~ 109 页。

② 具体步骤可参考连玉君和廖俊平（2017）的研究处理。

究样本。

由表 1 可知，1999～2017 年 30 个省份的万元 GDP 能源消耗的平均水平为 1.2935 吨标准煤，标准差为 0.7873，极差为 4.2697，说明各省份历年单位产出能耗具有一定的差异性。另外，税收收入的均值远大于非税收入，说明各省份历年财政收入的主要来源为税收收入。对比直接税与间接税的数据分布，进一步可以发现间接税收入是地区税收收入的主要来源。而间接税中，各省份营业税的历年均值大于增值税，说明在营业税与增值税并行阶段，地区的营业税的平均水平高于增值税。直接税中企业所得税均值大于个人所得税的均值，说明相对于个人而言，企业承担着更为主要的所得税负担。

表 1　关键变量描述性统计

变量	观测值	均值	标准差	最小值	最大值
万元 GDP 能源消耗（吨标准煤）	570	1.2935	0.7873	0.2547	4.5244
税收收入（万亿）	570	0.0996	0.1287	0.0012	0.8872
非税收入（万亿）	570	0.0280	0.0348	-0.0034	0.2448
间接税收入（万亿）	570	0.0564	0.0688	0.0008	0.4367
直接税收入（万亿）	570	0.0433	0.0606	0.0003	0.4505
增值税（万亿）	570	0.0212	0.0356	0.0002	0.3675
营业税（万亿）	540	0.02763	0.0340	0.0003	0.2443
企业所得税（万亿）	570	0.0157	0.0239	0.0001	0.1769
个人所得税（万亿）	570	0.0059	0.0098	0.0001	0.076

注：万元 GDP 能耗数据来源于历年《中国能源统计年鉴》及 2017 年各省份万元 GDP 能源降低率等指标的公报；税费指标来源于历年《中国统计年鉴》。

四　实证结果与讨论分析

实证研究中依次将 3 个层次的 8 个税费变量引入模型，逐个探讨不同税费变量对我国绿色经济增长的影响，进而比较不同税费变量对绿色增长影响机制的异同。同时，将 30 个省份划分为中西部欠发达地区和东部地区两组，进行子样本回归，并检验组间估计系数差异的显著性，凸显税费变量与绿色增长相互关系的地区异质性，据此为我国因地制宜制定和实施财政政策、提高财税调控精准度提供借鉴。

（一）全国层面的回归结果分析

由表 2 可知，所有税费变量的回归系数都是显著的，并且与万元 GDP 能耗的相关方向都是正向的，表明税费负担会抑制我国经济的绿色增长，这也正说明了政府税费带来的经济扭曲。而这种扭曲主要体现在投资和劳动供给两个方面①。一方面，政府税费拉低投资回报率，从而降低企业和家庭的投资积极性，不利于投资增长、技术进步，最终不利于经济的高质量发展。另一方面，政府税费同样会降低劳动的边际回报率，打击个人提供劳动的积极性，不利于资源的合理配置，降低经济发展效率。而后过来，减税降费将有可能从投资、技术进步等方面对经济产生积极影响，减少经济扭曲，进而促进我国经济的绿色增长。

表 2　全国层面的回归结果

解释变量	(1)	(2)	(3)	(4)	(5)	(6)	(7)	(8)
实物资本	-0.132	-0.320***	-0.129	-0.147	-0.214**	-0.200*	-0.135	-0.153
	(0.114)	(0.110)	(0.108)	(0.119)	(0.098)	(0.113)	(0.111)	(0.107)
人力资本	-1.436**	-1.454**	-1.436**	-1.432**	-1.410**	-1.279**	-1.481**	-1.570**
	(0.610)	(0.591)	(0.611)	(0.610)	(0.612)	(0.584)	(0.622)	(0.616)
劳动力	0.995*	0.807	1.018*	0.962*	0.979*	0.934	0.935*	0.943*
	(0.521)	(0.506)	(0.517)	(0.527)	(0.536)	(0.564)	(0.524)	(0.526)
对外开放	0.151	0.133	0.138	0.145	0.0860	-0.0140	0.119	0.121
	(0.142)	(0.154)	(0.138)	(0.143)	(0.132)	(0.124)	(0.136)	(0.133)
城镇化水平	1.780	1.683	1.537	2.081	2.517*	1.548	2.414*	2.809**
	(1.334)	(1.321)	(1.346)	(1.321)	(1.320)	(1.406)	(1.306)	(1.309)

① 严成樑、龚六堂：《财政支出、税收与长期经济增长》，《经济研究》2009 年第 6 期，第 4～15、51 页。

续表

解释变量	(1)	(2)	(3)	(4)	(5)	(6)	(7)	(8)
工业化水平	1.271 (0.987)	1.237 (0.904)	1.349 (0.995)	1.178 (0.970)	1.017 (0.927)	1.649 (1.020)	1.178 (0.992)	1.087 (0.971)
税收收入	1.539*** (0.481)							
非税收入		4.560** (1.822)						
间接税			2.998*** (0.898)					
直接税				2.972*** (0.990)				
增值税					3.202*** (1.005)			
营业税						5.704*** (1.824)		
企业所得税							6.966*** (2.421)	
个人所得税								15.030*** (5.303)
个体效应	YES	YES	YES	YES	YES	YES	YES	YES
时间效应	YES	YES	YES	YES	YES	YES	YES	YES
常数项	-2.793 (3.680)	0.254 (3.222)	-2.933 (3.660)	-2.507 (3.682)	-2.188 (3.693)	-2.118 -2.118	-2.430 (3.558)	-2.279 (3.551)
组内 R^2	0.799	0.791	0.800	0.796	0.786	0.795	0.791	0.788
样本量	570	570	570	570	570	540	570	570

注：*、**、*** 分别表示在 10%、5%、1% 的显著性水平下显著；括号内为省级层面的聚类稳健标准误。

具体来看，税收收入的估计系数为 1.539，并在 1% 的显著性水平下显著，说明在控制其他变量的情况下，税收收入减少一个单位，万元 GDP 能耗就会相应减少 1.539 个单位。而非税收入的回归系数则为 4.56，并且在 5% 的显著性水平下显著，因此，直观来看，减少非税收入对绿色增长的促进作用明显强于税收收入。究其原因，这可能是非税收入相对于税收收入具有不稳定性、复杂性以及管理上的不规范等特点造成的。非税收入名目繁多、征收主体多元、收费标准不统一，在监管上存在一定的难度，容易滋生“乱收费”“贪污腐败”等社会乱象，扰乱市场秩序，影响正常的市场价格形成机制，导致社会资源的不合理配置，带来更大的经济扭曲。因此，一旦减少非税收入，将极大缓解其导致的经济扭曲，进而在更大程度上促进经济的绿色增长。

进一步考虑税收结构对绿色增长的影响，发现间接税系数与直接税系数在1%的显著性水平下均是显著的，分别为2.998、2.972，说明减少直接税与间接税都会对绿色经济增长有显著的促进作用，并且在控制其他变量的条件下，减少间接税的促进作用比直接税稍强。这可能与我国的税收制度有关。长期以来，我国的税收收入主要来源于间接税，而间接税中又以营业税、增值税为主，直到2016年5月实现全面“营改增”才终结了两税并行的局面。但实际上，两税并行带来诸多的弊端。一方面，重复征税问题凸显，加剧经济扭曲，不利于经济向好发展。另一方面，第三产业多征收营业税，割裂增值税抵扣链，增加第三产业投资成本，抑制第三产业投资，不利于产业结构转型升级。同时，李林木和汪冲[①]还指出相对于直接税，间接税对企业创新能力的负面影响更大。因此，综合来看，相比于直接税，间接税带来更大的经济扭曲，不利于产业转型，同时对企业的创新能力的提升有不良影响，给绿色经济增长带来更大的抑制效应。因此，从减税的角度看，相比于直接税，减少一单位间接税将给绿色经济增长带来更大的促进效果。

再对比增值税与营业税对绿色增长影响效果的异同，可以发现在1%的显著性水平下两者的估计系数是显著的，分别为3.202、5.704，说明在控制相关变量的前提下，减少营业税对绿色增长的促进作用明显强于增值税。

---

① 李林木、汪冲：《税费负担、创新能力与企业升级——来自“新三板”挂牌公司的经验证据》，《经济研究》2017年第11期，第119~134页。

这可能是由营业税、增值税本身的特点决定的。营业税以企业营收为税基，一方面，容易造成税基在商品流转过程中的重复叠加，出现重复课税，加重企业税负；另一方面，忽略了企业实际盈利水平，抑制了企业的发展活力，压缩了企业的生存空间。而增值税只对增值额征税，具有税收中性特征，有效解决了营业税带来的不良影响。至于增值税税收中性尚未完全发挥的原因，可能与我国长期以来营业税、增值税并行，抵扣链割裂以及税率差异有关①。但无论如何，相对增值税而言，营业税对绿色增长有更大的负面影响，也就是说相比减少一单位增值税而言，减少一单位营业税可以带来更显著的绿色增长效应。

而对于直接税中的两大税种，企业所得税与个人所得税对绿色增长都产生显著的不利影响，并且直观来看，个人所得税对绿色增长的抑制作用更强。这可能是由纳税主体的自身特性决定的。企业所得税最终结转为所得税费用由企业承担，削减了企业利润，抑制了企业投资，最终对经济发展产生不良影响。但对企业而言，成本控制也是维持企业利润、提升企业效益的重要方面。换句话说，企业可能通过在其他税种上获得的税收优惠控制成本，部分抵消所得税对企业发展的负面效应。而相对来说，个人所得税的影响则更加直接，很难通过与其他税种的相互作用抵减其对经济的不利影响。这可能就是我国当前在减费降税的大背景下，积极推进个人所得税改革减轻个税负担，但对于企业从成本端入手，降低增值税率而保持企业所得税率不变的部分原因所在。

综上所述，不难发现政府税费对绿色增长具有不同程度的抑制作用，且表现为：非税收入 > 税收收入，间接税 > 直接税，个人所得税 > 企业所得税 > 营业税 > 增值税。这不仅说明减税降费能有效促进我国经济的绿色增长，也为我国未来的减税降费工作带来极大启发。就税、费层面来说，降费比减税显得更为重要；就直接税与间接税层面来说，应该优先考虑减

---

① 陈晓光：《增值税有效税率差异与效率损失——兼议对“营改增”的启示》，《中国社会科学》2013 年第 8 期，第 67 ~ 84、205 ~ 206 页。

少间接税，这与高培勇[①]的论证结果不谋而合。另外，营业税与增值税对绿色增长影响的差异也论证了“营改增”的科学性，同时减少个人所得税对绿色增长较强的促进效应也同样说明了我国 2018 年个税改革的必然性和合理性。

控制变量中实物资本、人力资本投资对绿色增长有显著的促进作用，而劳动力、城镇化水平对绿色增长有一定的抑制作用，对外开放水平、工业化水平对绿色增长无显著影响。对比劳动力投入与人力资本对绿色增长影响的差异可知，单纯地利用人口红利，大量增加劳动力投入难以推动经济绿色、健康发展，不断提升劳动者的素质，提高人力资本投资才是未来推动绿色增长的动力源泉。另外，实物资本投资仍是绿色增长的一个重要推手，主要原因可能在于绿色增长需要提高资源利用效率，创新经济发展方式，而这一切都要以技术作为支撑，但当前我国的科技水平尚需进一步提升。因此，需要通过加大在科技领域的资本投入才能获得更多的创新成果，助力绿色发展。而城镇化水平对绿色发展的负面效应可能源于城镇化无序膨胀带来的“城市病”[②]。

（二）分地区回归结果分析

表 3 反映了分地区回归时各税费变量的估计系数及组间系数差异的显著检验的结果[③]，可以发现，所有税费变量的回归结果都显著为正数，并且分组来看，不论是东部还是中西部，估计系数的大小关系都有相同的特点，均表现为非税收入 > 税收收入、间接税 > 直接税、个人所得税 > 企业所得税 > 营业税 > 增值税。这说明无论是中西部还是东部地区，政府税费都对绿色增长有明显的抑制作用，不同种类税费抑制效果的相对大小与全国层面的分析结果一致。

---

① 高培勇：《减税：中国的复杂性》，《国际税收》2016 年第 1 期，第 26 ~ 27 页。

② 孙英杰、林春：《税制结构变迁与中国经济增长质量——对地方政府税收合意性的一个检验》，《经济科学》2018 年第 5 期，第 5 ~ 16 页。

③ 为使行为简洁，控制变量的估计结果不予展示。

表 3　分地区回归结果与地区差异性检验

关键解释变量	中西部	东部	差值	经验 P 值	检验结果
税收收入	3.146 ** (1.345)	0.735 *** (0.215)	2.411	0.053 *	显著
非税收入	7.206 ** (2.42)	0.875 (0.86)	6.331	0.106	不显著
间接税	6.659 ** (2.16)	1.512 *** (3.55)	5.147	0.035 **	显著
直接税	5.209 ** (2.11)	1.297 *** (3.25)	3.912	0.071 *	显著
增值税	5.563 (1.13)	1.740 ** (2.87)	3.823	0.100	不显著
营业税	13.26 *** (2.98)	2.262 ** (2.25)	10.993	0.023 ***	显著
企业所得税	13.42 (1.23)	3.651 *** (3.39)	9.771	0.106	不显著
个人所得税	66.82 ** (2.21)	8.318 *** (3.80)	58.505	0.012 ***	显著

注：经验 P 值来自费舍尔组合检验（Fisher's Permutation test）结果，通过自抽样 1000 次得到，用于说明分组回归系数差异的显著性；“ * ”、“ ** ” 和 “ *** ” 分别表示参数在 10%、5% 和 1% 的显著性水平下显著；括号内为省级层面的聚类稳健标准误。

但对比分组回归结果，发现同一个税费变量的估计系数大小在两组间有明显的差异，中西部地区的估计系数总是大于东部地区。进一步通过费舍尔组合检验考察组间系数差异的显著性，发现税收收入、间接税、直接税、营业税、个人所得税五个税负变量系数的组间差异是显著的，说明这五个变量每增加一个单位对中西部地区绿色增长的抑制作用明显强于东部地区。这一现象可能与东部、中西部地区的产业结构差异有关。以 2017 年为例，中西部地区第二产业增加值占 GDP 比重的平均值约 41.92%，第三产业增加值占 GDP 比重的均值约为 47.37%，而东部地区第二、第三产业增加值占 GDP 比重的均值分别为 38.38%、55.58%，可见，相对于东部，中西部地区的经济发展更加依赖第二产业，也就是说相对于东部地区，中西部地区的税基更依赖第二产业，而第二产业往往伴随着更多的能源消耗和更高的投入产出比。由此不难知道，相对于东部地区，中西部地区每一单位税收背后将对应着更多的能源消耗。因此，中西部地区的税收变量与万元 GDP 能源消耗正相关性更强，即税收对绿色增长有更强烈的抑制作用。同时，还发现非税收入系数的组间差异并不显著，说明非税收入对绿色增长的影响无明显的地区异质性。反过来说，一旦减轻了税收负担，中西部地区的绿色增长效应将比东部更加显著，但降费的绿色增长效应则没有表现出这种地区差异。

由此说明，不论是中西部欠发达地区还是东部地区，减税降费都能促进地区经济的绿色增长，并且减少不同税费变量带来绿色增长效应的相对大小与全国层面的分析结果无异。但有所不同的是，减少一单位税负对中西部地区绿色增长的促进作用明显强于东部地区，这也间接反映了在中西部地区实施减税政策的必要性和迫切性。而减少一单位非税收入对中西部和东部地区经济的绿色增长的促进效果无显著差异，也就是说降费的绿色增长效应无明显地区差异。

五 结论和政策内涵

本文基于我国积极开展减税降费的经济环境以及实现绿色增长的发展理念，提出“减税降费能否促进我国绿色增长”的疑问，但已有文献尚不能对此问题给出一致肯定的答案。为此，本文在人力资本增广索罗模型的基础上，构建面板回归模型，探究税费变量与绿色增长之间的作用关系，并据此对减税降费的绿色增长效应做出评价。其中，实证分析从两个方面来展开，一方面用全国 30 个省份 1999 ~2017 年的经验数据进行回归分析，从全国层面了解税费变量与万元 GDP 能耗的数量关系，整体把握政府税费对绿色增长的影响，进而在全国层面对减税降费的绿色增长效应做出评价。另一方面，分东部和中西部欠发达地区两部分依次探究税费变量与绿色增长的关系，并通过费舍尔组合检验分组回归系数差异的显著性，反映地区发展异质性对税费变量与绿色增长关系的影响，据此把握减税降费绿色增长效应的地区异质性。研究发现：减税降费能有效促进我国经济的绿色增长。从税与费的角度看，相对于减税，降费的绿色增长效应更为显著；从直接税与间接税的角度看，相对于减少直接税，减少间接税带来的绿色增长效应更显著；而具体对比减少个人所得税、企业所得税、增值税、营业税的绿色增长效应可知，减少个人所得税的绿色增长效应最强，企业所得税次之，接着是营业税，最后是增值税。同时，根据分组回归的分析结果可知，相比于东部地区而言，中西部地区减税政策的绿色增长效应更为显著，而降费对绿色增长的影响则无显著地区差异。另外，值得注意的是，控制变量中人力资本投资对我国经济的绿色增长有显著促进作用。

基于上述结论，本文提出以下建议：第一，以降费为重点，以个税改革为契机，确保减税降费政策的精准落地。相比于减税，降费可以在更大程度上推动我国经济的绿色增长，因此，在今后的减税降费工作中应更加注重“降费”。而具体对比分别减少个人所得税、企业所得税、增值税、营业税带来的绿色增长效应可知，减少个人所得税对经济绿色增长的积极影响最为明显。因此，政府应抓住个税改革的契机，进一步完善个人所得税制度，切实减轻个人所得税负担，促进我国经济的绿色增长。第二，狠抓中西部地区减税降费工作，尤其要确保中西部地区减税工作落到实处。中西部地区减税的绿色增长效应明显强于东部地区，因此，为保证我国经济在更大程度上实现绿色增长，应该更加注重减税政策在中西部地区的实施力度。第三，加大教育投入，提高社会人力资本存量。劳动力投入对绿色增长有一定的抑制作用，而人力资本投资对绿色增长有显著的促进作用，这充分说明单纯依赖人口红利而不考虑劳动力素质的提升很难促进经济的绿色增长，因此，应该加大教育投入，提高劳动力的知识水平、技术能力，进而提高我国的人力资本存量，确保我国经济的绿色健康发展。

Research on Green Economic Growth Effect of Tax Cuts and Fee Reductions in China

Peng Gang, Zhao Lexin, Fu Lijun

Abstract: The panel data of 30 provinces from 1999 to 2017 were used to make an empirical comparison on the impact of different government tax variables on green economic growth from the overall and regional levels, and then the green growth effects of tax cuts and fee reductions policy of China would be evaluated according to the empirical analysis results. The research finds that: (1) the reduction of all kinds of tax and fee in China has significantly promoted the growth of green economy, but the effect size is different, specifically non - tax income > tax income, indirect tax > direct tax, personal income tax > corporate income tax > business tax > value - added tax; (2) the effect of tax cuts on green economic growth in the middle western areas is significantly higher than that in the eastern regions, while the effect of fee reductions in different regions is not significantly different. In the future, tax cuts and fee reductions policy can be used to promote the green economic growth in China, especially in the middle western areas. Furthermore, fee reductions policy should be prior to the tax cuts policy.

Keywords: Taxes and Fees Revenue; Green Economic Growth; Tax Cuts and Fee Reductions; Regional Difference

国际油价冲击、政策不确定与宏观经济波动

李起铨　李佳仪　成　乐*

摘　要： 本文运用基于短期约束的结构向量自回归（SVAR）模型，对我国1995～2018年的月度数据进行考察，分析导致国际油价波动的供给和需求冲击以及经济政策不确定对宏观经济的影响。结果表明，经济总需求冲击导致的油价上涨会加剧经济政策的不确定性；经济总需求与油价特定需求的正向冲击会提高经济增长水平；特定需求冲击导致的油价上涨提高了通货膨胀水平；经济政策不确定性会对实质经济产生负向影响。

关键词： 国际石油价格波动　经济政策不确定性指数　宏观经济波动　SVAR模型

一　引言

石油被称为“工业的血液”，石油的开采与储备对一个国家经济发展的重要性不言而喻，作为国家发展的战略资源，石油支撑着一个国家的生存和发展，石油价格的波动深刻影响着世界经济的变化。迄今为止，世界历史上曾爆发过三次石油危机，对世界经济产生了巨大冲击，国际油价在近几年也

* 李起铨，西南财经大学发展研究院，金融学博士，研究方向为金融学、宏观经济学、能源经济；李佳仪，研究方向为宏观经济学；成乐，研究方向为宏观经济学。

呈现剧烈的波动（见图1），2004年以来每桶价格由34.31美元持续攀升至2008年的133.88美元，2009年在全球金融危机的冲击下大幅下跌至每桶39.09美元，之后又经历了几次大涨大跌，石油价格的波动成为每个国家关注的焦点。

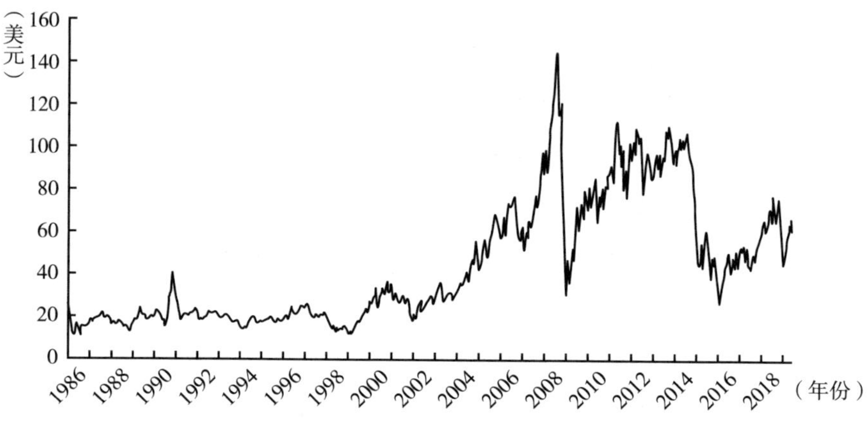

图1　国际原油价格波动趋势

一般来说，国际石油价格的波动主要受到供给和需求的影响，从供给层面看，石油作为不可再生资源，全球石油的供应面临着滑坡的现象，石油储量的降低、供给紧张等将对石油价格产生影响。另外，石油输出国组织（OPEC）在世界石油市场中的垄断地位，也会使得国际石油的供给来源分布不均。从需求层面看，随着世界经济的高速发展以及工业化程度的不断加深，各国对石油的需求与日激增，在很大程度上推动了国际油价的上涨。除此之外，商品市场中投机基金的进入、美元汇率的波动以及由政治矛盾、军事争端等事件引发的影响，也会造成国际油价的波动，使得国际经济环境进一步产生变化。

近年来，由于世界贸易中心向东亚、南亚等地区转移以及中国经济的高速增长，中国已成为世界第二大石油进口国和消费国（见图2），2016年对外依存度已突破60%，超越国际公认的石油依存度50%的警戒线，过高的石油依存度会使我国经济易受到国际石油价格波动的影响。另外，由于我国目前正处于工业发展的中后期阶段，对石油能源消耗较大的产业仍在快速发展中，可以预见未来石油仍然是国民经济发展的重要能源。1998 年和 2000 年，我国的原油和成品油价格均与国际接轨，国内经济受国际油价波动的影响更为显著，因此，研究国际油价波动对国内宏观经济环境的影响具有相当重要的理论与现实意义。

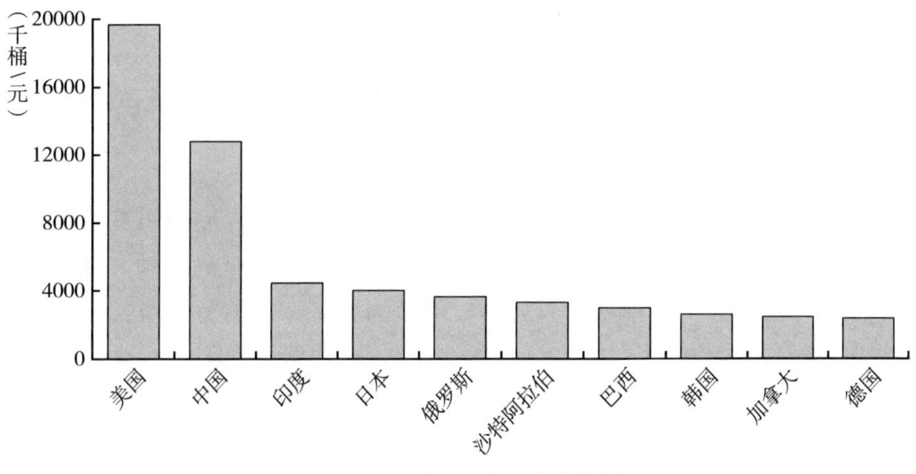

（A）主要国家原油消费总量

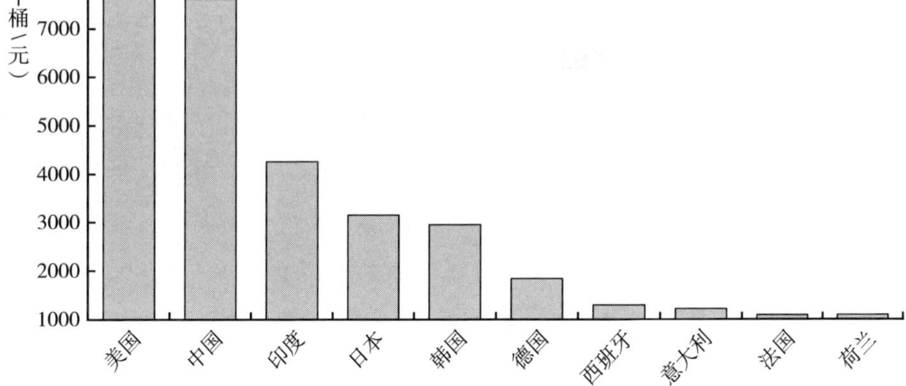

（B）主要国家原油进口总量

图 2　主要国家原油消费总量与进口总量排名

回顾过去国内外研究国际油价波动与宏观经济互动关系的文献，大多数着重研究油价对国民生产总值、货币总量、利率和通货膨胀率等主要经济变量的影响，其中，经济增长和通货膨胀是衡量国家经济活动的重要指标。经济增长状况直接反映了一个国家的经济发展水平，而通货膨胀则代表了货币贬值和物价水平的严重程度。石油作为重要的基础能源和工业原材料，其价格波动不仅关系到国民经济是否正常运行，而且也关系到居民消费结构和生活质量的变化，进而对社会商品需求产生影响。因此，国际油价波动与经济增长和通货膨胀之间相互影响的关系一直是各界广泛关注的焦点。

国际油价波动也会对国家经济政策的制定产生影响，造成经济政策的不确定，例如油价的上升会使企业的生产成本增加，随之而来的通货膨胀与物价上涨，冲击着居民的消费与投资，此时政府为了经济的稳定增长可能调整相应的财政与货币政策，然而，对于这部分的讨论是文献较少触及的。另外，经济政策的不确定性也会造成宏观经济环境与金融市场的波动，Stock 和 Watson 指出，在 2007 年由美国次贷风暴所引发的全球金融危机时期，相关经济政策的不确定是经济波动加剧的主要原因。① 而建立经济政策不确定指数的 Baker、Bloom 和 Davis 也在相关研究中得出经济政策不确定会抑制经济增长的结论。因此，在探讨国际油价波动与实体经济的互动关系时，也应该将经济政策的不确定性纳入考虑。②

我国自金融危机以来，出台了一系列应对措施，增加了经济政策的不确定性，使得宏观经济环境也发生改变，进一步影响了企业对石油的需求与石油价格；相反，石油价格的变动也会对实体经济与经济政策的不确定性产生影响。相较于以往的文献，本文同时从供给与需求两方面分析国际石油价格波动对我国宏观经济的不同影响。此外，从制度经济学的角度出发，本文更进

① Stock, J. H. & Watson, M. W., "Disentangling the Channels of the 2007 - 2009 Recession," *Brookings Papers on Economic Activity*, 2012, 44 (1): 81 - 156.

② Baker, S. R., Bloom, N. & Davis, S. J., "Measuring Economic Policy Uncertainty," *Quarterly Journal of Economics*, 131 (4): 1593 - 1636.

一步分析了国际石油价格波动与经济政策不确定的互动关系，通过以上的分析与讨论，可以为投资人、企业以及政府单位提供重要的决策参考意见。

二 文献综述

关于国际油价波动对中国宏观经济的影响，国内外学者进行了一系列的研究，Tang、Wu 和 Zhang 通过建立结构向量自回归（SVAR）模型，研究石油价格冲击对中国经济短期和长期的影响，实证结果表明，石油价格的上涨对中国的产出和投资具有消极影响，对通货膨胀率和利率具有积极影响，受中国价格调控政策的影响，油价波动对以实际产出和投资为代表的实体经济冲击持续时间较长。[①] Antonakakis、Chatziantoniou 和 Filis 研究石油价格冲击和经济政策不确定性的动态溢出效应，结果表明，石油价格冲击负面回应了经济政策的不确定性冲击。[②] Filis 和 Chatziantoniou 以石油进口国家和石油出口国家为研究对象，研究了金融和货币政策对石油价格冲击的回应，结果表明，石油出口国和石油进口国的通货膨胀水平均显著受到石油价格波动的影响，此外，利率对石油价格冲击的回应很大程度上受该国货币政策的影响。[③] Zhao、Zhang、Wang 和 Xu 通过构建 DSGE 模型，研究石油价格冲击对中国产出和通货膨胀的影响，结果表明，由政治事件引发的石油价格波动会对中国产出和通胀产生短期影响，而其他石油供给冲击、工业商品需求的震荡、对特定原油市场需求的震荡引起的石油价格波动对中国经济产生长期影响。[④]

---

① Tang, W., Wu, L. & Zhang, Z., "Oil Price Shocks and Their Short - and Long - term Effects on the Chinese Economy," *Energy Economics*, 2010, 32 (S1): 3 - 14.

② Antonakakis, A., Chatziantoniou, I. & Filis, G., "Dynamic Spillovers of Oil Price Shocks and Economic Policy Uncertainty," *Energy Economics*, 2014, 44: 433 - 447.

③ Filis, G. & Chatziantoniou, I., "Financial and Monetary Policy Responses to Oil Price Shocks: Evidence from Oil - importing and Oil - exporting Countries," *Review of Quantitative Finance & Accounting*, 2014, 42 (4): 709 - 729.

④ Zhao, L., Zhang, X., Wang, S. & Xu, S., "The Effects of Oil Price Shocks on Output and Inflation in China," *Energy Economics*, 2016, 53: 101 - 110.

在国内文献方面，师博运用协整分析和误差修正模型检验了国际油价波动对中国经济增长的影响，结果表明油价波动对中国经济存在非对称性效应，短期来看油价下跌对产出增长率的逆向冲击较大，但长期来看油价上升的负面效应更为显著。[①] 刘建和蒋殿春采用SVAR模型分析了国际原油价格波动对我国经济产生的影响，结果表明国际原油价格对我国产出增长具有直接的消极影响，还通过加大国内通胀压力、促使紧缩性货币政策的实施和人民币汇率波动间接影响产出的增长。[②] 吴振信、薛冰和王书平运用VAR模型，构建了原油价格与经济增长、物价水平、货币政策、失业率之间的动态关系系统，探讨油价波动对我国一些重要经济变量的影响规律，分析表明油价波动是引起经济增长率、物价水平、货币政策等经济指标变化的原因。[③] 马卫锋和赵冰洁基于线性和非线性的双重假设，采用VAR模型、脉冲响应函数和方差分析等方法，研究了国际油价对我国宏观经济变量的影响，结果表明国际油价的下跌会造成中国经济增长的放缓，但油价上升的影响不明显。[④]

综上所述，目前国内外的学者在分析国际油价波动对中国经济影响时，主要以经济增长、通货膨胀和利率等变量作为宏观经济的参考指标，缺乏对经济政策不确定性指数的考量。此外，现有的国内文献大多仅考虑石油价格的变动，较少进一步区分石油价格的变动是供给面因素所引起还是需求面因素所造成。因此，本文将经济政策不确定性指数这一指标代入模型分析，并将油价的波动区分为由需求或供给所造成的不同冲击，为国际石油价格波动对中国宏观经济的影响提供更全面的分析。

---

① 师博：《国际油价波动、能源效率与经济增长——基于中国数据的实证研究》，《经济问题探索》2007年第11期，第14～19页。

② 刘建、蒋殿春：《国际原油价格冲击对我国经济的影响——基于结构VAR模型的经验分析》，《世界经济研究》2009年第10期，第33～38页。

③ 吴振信、薛冰、王书平：《基于VAR模型的油价波动对我国经济影响分析》，《中国管理科学》2011年第1期，第21～28页。

④ 马卫锋、赵冰洁：《国际油价波动与中国经济非对称关系的实证研究》，《资源科学》2014年第7期，第1408～1417页。

三　模型建立

向量自回归（VAR）模型是一种非结构化模型，采用多方程联立形式，对模型内全部的内生变量的滞后项进行自回归，从而估计变量之间的动态关系。VAR 模型的具体形式如下：

$$y_t = a_0 + \sum_{i=1}^{p} A_i y_{t-i} + \mu_t \quad (3.1)$$

$$E(\mu_t, \mu'_t) = \Omega \quad (3.2)$$

其中，y_t 是一个包含世界石油产量、经济总需求、国际石油价格、经济政策不确定性指数、工业增加值增长率和居民消费价格指数 5 个内生变量的列向量；y_{t-i} 是 y_t 的 i 阶滞后向量；a_0 是模型的常数项；A_i是一个 n × n 的自回归系数矩阵，即各阶滞后项的参数矩阵；μ_t 是简化式残差列向量；Ω是方差协方差矩阵。

由于 VAR 模型更倾向于研究变量之间的关系和变量的滞后结构，没有明确体现变量间的结构性关系，因此变量之间的结构关联性会被隐藏，而 SVAR 模型包含了变量的同期关系，弥补了 VAR 模型的不足。因此，本文建立如下 SVAR 模型：

$$B_0 y_t = b_0 + \sum_{i=1}^{p} B_i y_{t-i} + \varepsilon_t \quad (3.3)$$

为了得到 SVAR 模型的简化式，可将上式两边同时乘以 B_0^{-1} ，得到：

$$y_t = c_0 + \sum_{i=1}^{p} C_i y_{t-i} + e_t \quad (3.4)$$

其中，$c_0 = B_0^{-1} b_0$ 为常数项，$C_i = B_0^{-1} B$ 为系数矩阵，$e_t = B_0^{-1} \varepsilon_t$ 则为随机扰动向量，被视为 ε_t 的线性组合。根据 SVAR 模型的识别条件，我们需要做出如下假设：当期的世界原油产量不受当期其他任何变量的影响；当期的经济总需求不受除世界石油产量外的当期其他变量的影响；当期的国际原油价格只受本期原油产量与经济总需求影响；当期经济政策不确定指数受本期原油产量、经济总需求原油价格的影响；当期工业增加值增长率受本期油价的供给与需求冲击和经济政策不确定性指数的影响；当期CPI受其他所有变量的影响。因此，各变量冲击之间的关系为：

$$\begin{bmatrix} e_{1,t}^{\Delta world\ oil\ production} \\ e_{1,t}^{global\ economic\ activity} \\ e_{1,t}^{\Delta crude\ oil\ price} \\ e_{1,t}^{EPU} \\ e_{1,t}^{IAV} \\ e_{1,t}^{INF} \end{bmatrix} = \begin{bmatrix} \alpha_{11} & 0 & 0 & 0 & 0 & 0 \\ \alpha_{21} & \alpha_{22} & 0 & 0 & 0 & 0 \\ \alpha_{31} & \alpha_{32} & \alpha_{33} & 0 & 0 & 0 \\ \alpha_{41} & \alpha_{42} & \alpha_{43} & \alpha_{44} & 0 & 0 \\ \alpha_{51} & \alpha_{52} & \alpha_{53} & \alpha_{54} & \alpha_{55} & 0 \\ \alpha_{61} & \alpha_{62} & \alpha_{63} & \alpha_{64} & \alpha_{65} & \alpha_{66} \end{bmatrix} \times \begin{bmatrix} \varepsilon_{1,t}^{supply-side\ shock} \\ \varepsilon_{1,t}^{aggregate\ demand\ shock} \\ \varepsilon_{1,t}^{oil\ specific\ demand\ shock} \\ \varepsilon_{1,t}^{EPU} \\ \varepsilon_{1,t}^{IAV} \\ \varepsilon_{1,t}^{INF} \end{bmatrix} \tag{3.5}$$

四　变量选取

（一）影响油价波动的供给与需求冲击

本文采用Kilian的设定，将影响油价波动的冲击性因素区分为供给冲击、经济总需求冲击和原油市场特定需求冲击。[①] 其中，世界石油产量的变动直接影响了石油的供给，反映了政治变化、军事冲突、能源垄断活动等对油价波动的冲击，本文以世界石油产量作为油价波动的供给面冲击变量（SS），数据来源于美国能源信息署（EIA）网站，对该数据采用增长率的形式表示。另外，在影响油价波动的需求冲击中，经济总需求冲击是指全球经济活动对油价的冲击，本文采用Kilian所建构的全球经济活动指数作为油价波动的经济总需求冲击变量（ADS），并采用油价变动作为原油市场特定需求冲击（OSDS），市场对原油价格的限制，将影响个人或企业的原油消费行为，即石油价格的波动对石油的需求面影响最为直接。世界原油市场上的三大基准价格分别是美国纽约商品交易所轻质低硫原油价格（WTI）、英国伦敦国际石油交易所北海布伦特原油价格（Brent）和阿联酋迪拜原油价格

① Kilian，L.，"Not All Oil Price Shocks Are Alike：Disentangling Demand and Supply Shocks in the Crude Oil Market，" *American Economic Review*，2009，99（3）：1053－1069.

(Dubai)。中国的原油合同交易是以 Brent 原油为基准价格，因此本文以 Brent 原油价格作为研究变量，数据来源于美国能源信息署（EIA）网站，对该数据采用增长率的形式表示。

（二）经济政策不确定性

经济政策不确定性指数（EPU）由 Baker、Bloom 和 Davis 编制，是反映市场政策和制度风险的重要指标。该指数是通过筛选统计出中国大型报社中与经济政策不确定相关的文章，进行统计和标准化处理后得到的。经济政策不确定性指数的数值越大，代表政府未来政策的不确定性程度越高。对 EPU 指数的选取，扩大了对中国宏观经济研究的范围，通过探讨经济政策不确定性指数与国际油价波动之间相互影响的关系，也弥补了相关文献的不足。EPU 指数来源于“经济政策不确定性网站”①。

（三）经济增长与通货膨胀

在衡量国家经济水平时，一般采用国内生产总值或工业增加值作为研究变量，石油作为工业的血液，其价格波动对工业经济的影响尤其显著。因此，本文以工业增加值增长率（IAV）代表中国经济增长水平，该数据来源于中经网数据库。通货膨胀是指物价全面持续的上升。居民消费价格指数（CPI）是度量通货膨胀的一个重要指标。CPI 的高低可以在一定水平上说明通货膨胀的严重程度。因此本文选取 CPI 代表中国通货膨胀的水平，该数据来源于中经网数据库。

五　实证分析

（一）时间序列分析

本文首先对所有变量进行了基本的描述性统计分析，并将各变量的历

① http：//www. policyuncertainty. com/.

史走势用图形表示，便于对变量数据进行初步判断。其次，由于不平稳的时间序列会出现伪回归现象，影响模型的有效性，因此在进行实证分析前，需要对所有变量序列进行平稳性检验，即检验序列是否存在单位根，本文利用 ADF 单位根检验法对原序列和一阶差分序列进行检验，ADF 单位根检验的原假设是变量序列具有单位根，即变量序列是不稳定的，具体结果如图 3、表 1 所示。

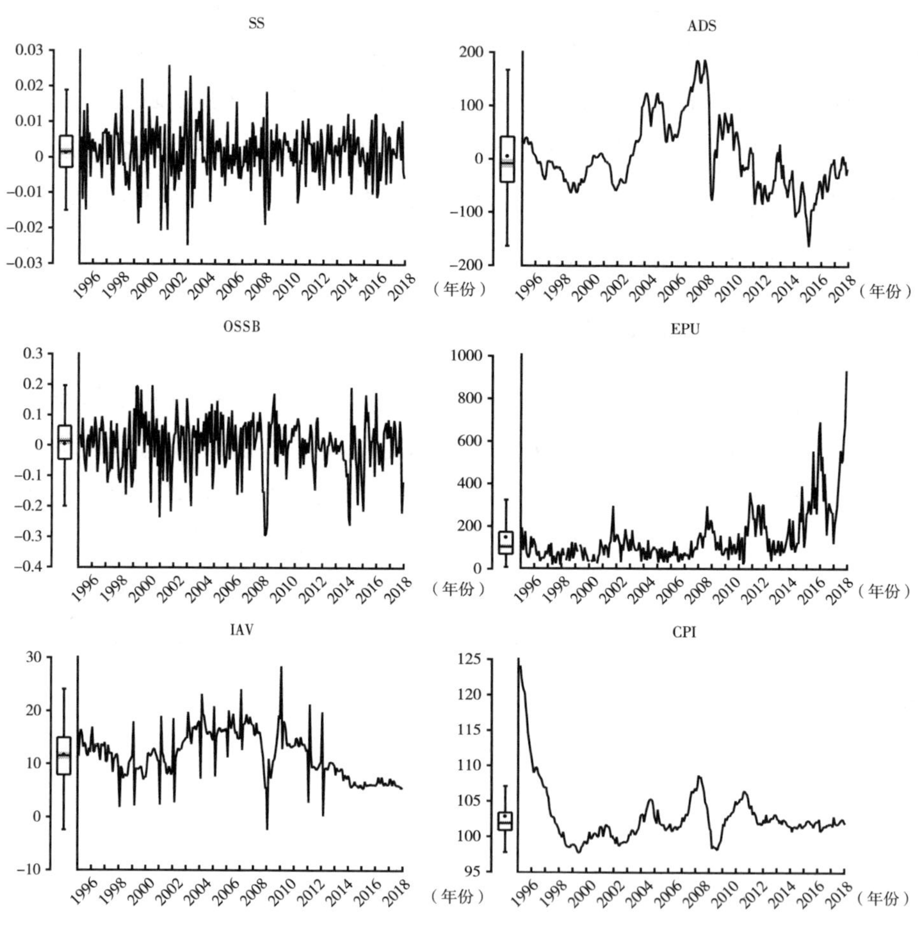

图 3　相关变量变化趋势

表1　描述性统计和单位根检验

变量	均值	标准差	最小值	最大值	ADF
SS	0.001	0.008	-0.025	0.026	-14.872***
ADS	4.969	67.231	-163.431	187.898	-3.090**
OSSB	0.003	0.088	-0.296	0.197	-13.841***
EPU	148.016	128.443	9.067	935.310	-4.233***
IAV	11.616	4.562	-2.400	28.430	-4.569***
CPI	102.825	3.956	97.800	124.100	-3.720**

注：***、**、*分别表示在1%、5%、10%的水平上显著。

根据描述性统计及变量变化趋势图可知，相比石油价格和石油产量，EPU、IAV和CPI的波动幅度较大，其中，世界石油产量在2001年和2003年的波动十分剧烈，一个重要原因是阿富汗战争和伊拉克战争对中东地区的军事影响显著。2008～2009年，石油价格、石油产量、经济总需求与主要的经济变量均大幅下降，在一定程度上反映了金融危机对我国经济增长的冲击，使得通货膨胀紧缩。而世界范围的经济低迷，使得油价也大幅下跌。2008年和2011年的经济政策不确定性指数大幅上涨，显示出中国经济政策不确定性程度加深，这是因为美国和欧洲作为中国重要的贸易伙伴，其次贷危机和欧债危机引发的经济衰退蔓延至中国，政府出台应对措施导致经济政策不确定性增加。

在变量的平稳性检验方面，ADF检验显示，所有变量的原序列均在5%的显著性水平上拒绝存在单位根的原假设，即这六个变量的原序列是平稳的。基于以上的平稳性检验，本文将采用原序列进行后续SVAR模型的分析。

（二）模型的最佳滞后期

SVAR模型的建立需要设立最佳的滞后期数。如果滞后期数太少，误差项可能会存在严重的自相关问题，如果滞后期数太多，需要估计的参数就越多，导致模型的自由度下降，影响估计参数的有效性，降低估计参数解释力。因此，合理的滞后期数是 VAR 模型分析的关键。本文选用 LR 似然比、AIC 信息准则与 SC 信息准则三种评价指标进行筛选，检验结果如表 2 所示。表 2 显示，根据 LR 准则的检验，检验结果将本文的滞后期确定为 3 期。

表 2　最佳滞后期检验

Lag	LogL	LR	AIC	SC
0	-3447.516	NA	24.668	24.746
1	-2404.443	2033.993	17.475	18.020*
2	-2335.813	130.887	17.242*	18.254
3	-2302.316	62.448*	17.259	18.739
4	-2280.438	39.848	17.360	19.307
5	-2262.943	31.117	17.492	19.907
6	-2238.049	43.208	17.572	20.454
7	-2217.112	35.444	17.679	21.029
8	-2198.829	30.167	17.806	21.622

（三）脉冲响应函数

脉冲响应函数反映了随机扰动项一个标准差大小的冲击对模型变量当期和未来的影响，通过脉冲响应图可以检验影响油价波动的供给因素和需求因素对各宏观经济变量的影响强度和持续时间。图 4 分别显示了经济政策不确定性、工业增加值增长率和居民消费价格指数对一单位供给冲击和需求冲击的脉冲响应，图中实线表示脉冲响应函数，虚线则为正负两倍标准差偏离带。由图 4 可以看出，经济总需求的冲击对于经济政策不确定性具有显著的正向作用，而石油供给与油价特定需求冲击对于经济政策不确定性的影响较不明显。对于正向的经济总需求冲击，经济政策不确定性指数在 4 个月内出现剧烈的正向波动，之后需求冲击的效应逐渐变小，说明经济总需求的增加会加剧经济政策的不确定性。

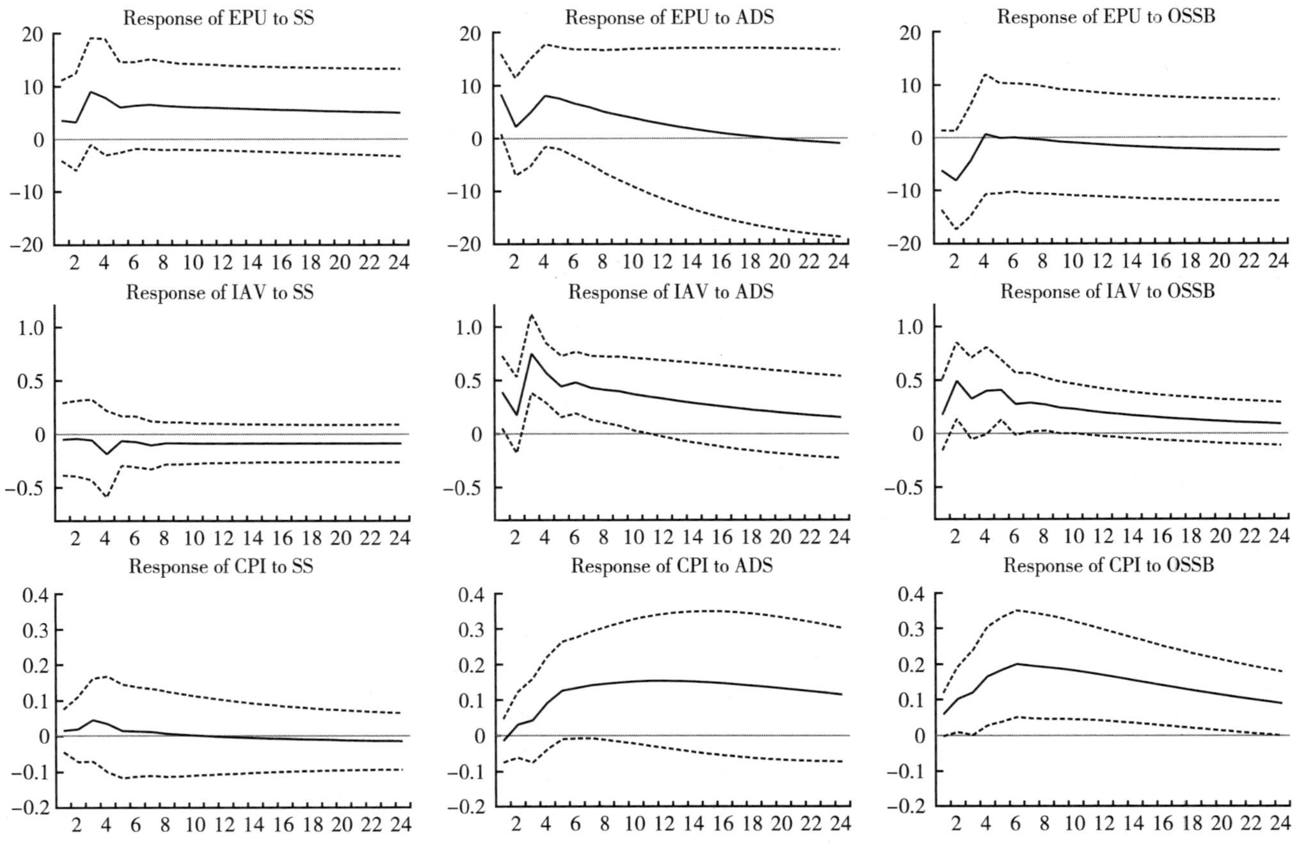

图 4　主要经济变量对油价冲击的脉冲响应函数

在经济增长方面，石油供给冲击对于工业增加值增长率没有显著的影响，这可能是近年来油价波动主要是由需求面的因素所导致，石油供给冲击的影响较小；经济总需求与油价特定需求冲击对于工业增加值增长率具有显著且持续的正向作用，说明由需求冲击带来的油价上涨会加快经济增长，这与谭小芬等的研究结果相同[①]，即在需求冲击下，油价和工业产出会同向变化，而这一结论与相关文献中“油价上涨会使经济增长受到抑制”有所不同。一个可能的解释是，虽然油价波动对我国经济增长有所冲击，但我国经济内需强劲，需求冲击对国内经济的拉动作用大于油价上涨的负向作用。

在通货膨胀的影响上，由图5可以看出，石油供给冲击对于居民消费价格指数仍然没有显著的影响，随着油价的上升，居民消费价格指数在6个月内会出现明显的持续性的上涨，随后上涨幅度降小。石油价格的上升会提高预防性原油储备和加剧金融投机活动，进一步导致以石油为原材料行业生产成本的提高，造成物价水平的上升。

最后，鉴于经济政策不确定性也可能造成宏观经济波动，本文进一步探讨了经济政策不确定性对我国经济增长与通货膨胀的影响，分析结果如图5所示，工业增加值增长率和居民消费价格指数对一单位经济政策不确定性指

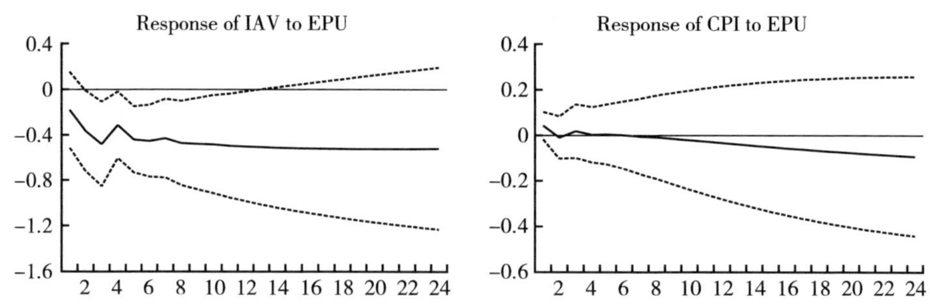

图5 主要经济变量对经济政策不确定的脉冲响应函数

---

① 谭小芬、韩剑、殷无弦：《基于油价冲击分解的国际油价波动对中国工业行业的影响：1998～2015》，《中国工业经济》2015年第12期，第51～66页。

数的脉冲响应，对于正向的经济政策不确定性冲击、工业增加值增长率会出现剧烈且持续的反向波动，这与黄宁等的相关研究结果一致，代表政策不确定性会对实体经济产生负向影响。[①]

（四）方差分析

方差分解表示结构冲击对模型内生变量的影响，通过预测误差方差百分比的形式反映贡献值，更为直观地表示了向量之间交互影响的结果。表 3 ~ 表 5 分别显示了经济政策不确定性指数、工业增加值增长率和居民消费价格指数的方差分解结果。由表 3 可以看出，石油价格波动的需求因素对经济政策不确定性指数的影响大于供给因素，在前三个月内油价特定需求冲击的影响较大，在接下来的月份中则是经济总需求冲击的影响较大；石油供给因素对经济政策不确定性指数的影响虽然弱于经济总需求因素，但随着时间的增加，贡献度在不断增加。

表 3　经济政策不确定性方差分解

Period	S. E.	SS	ADS	OSDS	EPU	LIAV	CPI
1	0. 007	0. 296	1. 699	0. 925	97. 080	0. 000	0. 000
2	0. 007	0. 375	1. 258	1. 731	96. 520	0. 002	0. 115
3	0. 008	1. 395	1. 323	1. 637	94. 349	0. 729	0. 566
4	0. 008	1. 816	1. 791	1. 340	93. 315	0. 987	0. 750
5	0. 008	1. 872	2. 044	1. 136	92. 738	1. 245	0. 964
6	0. 008	1. 964	2. 142	0. 994	92. 033	1. 696	1. 170
7	0. 008	2. 062	2. 167	0. 888	91. 533	2. 004	1. 345
8	0. 008	2. 124	2. 126	0. 805	91. 144	2. 317	1. 484

表 4 显示经济总需求因素对工业增加值增长率的贡献最大，且具有持续性的效应；油价特定需求对工业增加值增长率的影响次于经济总需求因素，经济政策不确定性对经济增长的贡献程度在第三个月之后逐渐增强，说明政

① 黄宁、郭平：《经济政策不确定性对宏观经济的影响及其区域差异——基于省级面板数据的 PVAR 模型分析》，《财经科学》2015 年第 6 期，第 61 ~ 70 页。

府政策的调整需要一定的时间传导实施，对经济的影响具有滞后的效应。表5则显示经济增长对通货膨胀的贡献远大于对其他因素，而在石油价格波动的供给和需求因素中以油价特定需求的影响为最大。

表4 工业增加值增长率方差分解

Period	S. E.	SS	ADS	OSDS	EPU	LIAV	CPI
1	0. 007	0. 029	1. 864	0. 379	0. 395	97. 333	0. 000
2	0. 007	0. 048	2. 105	3. 151	1. 909	92. 033	0. 753
3	0. 008	0. 071	7. 124	3. 649	3. 799	84. 717	0. 641
4	0. 008	0. 350	8. 854	4. 495	4. 105	81. 618	0. 578
5	0. 008	0. 358	9. 750	5. 483	5. 326	78. 495	0. 589
6	0. 008	0. 369	10. 664	5. 620	6. 395	76. 392	0. 559
7	0. 008	0. 421	11. 288	5. 856	7. 267	74. 640	0. 528
8	0. 008	0. 447	11. 814	6. 042	8. 336	72. 858	0. 502

表5 居民消费价格指数方差分解

Period	S. E.	SS	ADS	OSDS	EPU	LIAV	CPI
1	0. 007	0. 076	0. 085	1. 294	0. 709	4. 887	92. 950
2	0. 007	0. 088	0. 191	2. 274	0. 323	5. 581	91. 542
3	0. 008	0. 253	0. 300	2. 843	0. 234	5. 289	91. 082
4	0. 008	0. 265	0. 848	4. 121	0. 171	5. 519	89. 076
5	0. 008	0. 219	1. 603	5. 251	0. 136	6. 675	86. 117
6	0. 008	0. 189	2. 217	6. 363	0. 114	7. 522	83. 596
7	0. 008	0. 168	2. 783	7. 150	0. 100	8. 540	81. 258
8	0. 008	0. 151	3. 294	7. 768	0. 092	9. 606	79. 089

综上所述，在油价波动对经济变量的影响中，来自需求因素的冲击均大于供给因素，其中经济总需求拉动的油价上涨更是造成经济政策变动与经济增长的主要原因，且经济政策不确定性对经济增长具有滞后效应，而油价特定需求带动的油价上涨与需求拉动型的经济增长则是导致通货膨胀的主要因素。

六 结论与建议

本文运用 SVAR 模型，选取 1995 年 1 月至 2018 年 12 月的数据，探讨了国际油价波动与我国宏观经济变量（工业增加值增长率和通货膨胀率）的动态关系，不同于过去的相关文献，本文在探讨国际油价波动与实质经济的互动关系时，进一步选取了经济政策不确定性指数来代表我国经济政策的不确定性，探讨其与国际油价波动的关系，弥补了相关文献的不足。此外，本文同时从影响国际油价波动的供给面冲击和需求层面冲击着手探讨油价波动对中国经济的影响，通过对比分析，研究宏观经济变量如何受到油价波动的影响。

脉冲响应函数的分析结果表明：①来自经济总需求造成的油价冲击会对我国经济政策不确定性产生正向的作用，说明经济总需求拉动油价的上涨会加剧经济政策的不确定性。②经济总需求与油价特定需求冲击的正向冲击都会提高经济增长水平，但供给冲击对经济的增长没有明显的作用，而政策不确定性则会对实体经济产生负向影响。③油价的上涨会提高预防性原油储备和加剧金融投机活动，造成生产成本的提高和物价水平的上升。另外，方差分解的结果表明，与油价波动的供给冲击相比，需求冲击对我国宏观经济的影响更为显著，其中，经济总需求因素对于经济政策的不确定性和工业增加值增长率变动的贡献最大、效果最持久，经济政策不确定性对经济增长具有滞后效应，而油价特定需求带动的油价上涨与需求拉动型的经济增长均会导致通货膨胀。

基于以上分析，本文进一步提出以下建议：第一，虽然国际油价波动会对中国宏观经济产生显著的影响，但不同来源油价冲击的影响方向与效果不一致，因此，政府在制定相关政策时，应先分析造成油价波动的原因，然后制定有针对性的政策。第二，从供给面来看，虽然实证研究表明造成油价波动的需求冲击对经济变量的影响大于油价波动的供给冲击，但政府仍应设法避免油价的供给冲击对经济活动的影响，中国经济的发展动力仍需依赖石油，因此，我国应建立多元化的石油供给体系和完备的石油战略储存体系，优化能源结构，寻找石油替代能源，缓解我国经济对石油过度依赖的问题，石油能源的安全保障可以降低由石油供给冲击造成的油价波动对我国经济的影响。第三，从需求面来看，需求冲击造成的油价波动在一定程度上拉动了经济增长，但也带来了通货膨胀的恶化。因此，我国要注重对经济增长方式的改善，调节我国过度依赖出口发展经济的模式，加强国内市场的消费需求，减缓由于世界石油价格和我国经济同向变动带来的冲击，另外，政府也要积极加大资源节约型社会的建设，以减缓通货膨胀的压力。第四，经济政策的不确定性会造成宏观经济环境与金融市场的波动，抑制政府与民间的消费与投资，对一国的经济活动和产出有负面的影响，因此，政府应致力于创造稳定的经济环境与政策，以避免经济政策不确定性造成的不利影响。

International Oil Price Shocks, Policy Uncertainty, and Macroeconomic Fluctuation

Lee Chi-Chuan, Lee JiaYi and Cheng Le

Abstract: This study investigates the dynamic relationship between oil price shocks, economic policy uncertainty and China's macro-economy using a Structural VAR framework over the period January 1995 - December 2018. To generate more informative disclosures, we further distinguish between three different types of oil price shocks, i. e. , supply-side shocks and oil specific demand shocks depending on the virtue of their origin. The results reveal that unanticipated positive aggregate demand shocks trigger an addition in economic policy uncertainty. In addition, both aggregate and oil specific demand shocks of oil prices have a positive impact on economic growth, while oil specific demand shocks have a positive impact on inflation. Finally, a surprise increase in policy uncertainty would cause a neqative impact on real economy.

Keywords: Oil Price Shocks; Economic Policy Uncertainty; Macroeconomic Fluctuation

| 环境保护与绿色发展研究 |

“转型发展”抑或“停滞衰退”

——《全国资源型城市可持续发展规划（2013～2020年）》对资源型城市经济发展的影响研究*

傅佳莎　浦正宁　蔡　轩**

摘　要：国务院在2013年底颁布了《全国资源型城市可持续发展规划（2013～2020年）》（以下简称《规划》）。客观评价其影响，不仅对于政策本身的实施和完善具有重要意义，而且能够对其他资源规划战略产生借鉴作用。本文首次使用2006～2015年中国233个地级市的面板数据来评估《规划》对资源型城市经济增长产生的影响。研究发现，《规划》并未有效推动资源型城市地区生产总值的快速增长，甚至存在负面作用。通过分类比较，《规划》对衰退型、成熟型、再生型资源型城市均存在负面影响。最后，通过机制检验发现，《规划》在实施过程中存在“政策陷阱”，未来《规划》的完善重点在于加强软环境建设，建立奖惩结合的引导机制，给予资源型城市更多引导帮助其调整产业结构，主动降低经济增长对资源开发的依赖度，重视人力资本积累，为资源型城市经济增长创造新的驱动力。

* 本文发表于《环境经济研究》2019年第1期，入选本书时内容有所调整。

** 傅佳莎，西南财经大学经济与管理研究院副教授、博士生导师，主要从事资源与环境经济学、微观应用计量经济学研究；浦正宁，东南大学经济管理学院副教授、博士生导师，主要从事环境与资源经济学，污染、健康与经济发展，区域经济创新与发展研究；蔡轩，北京大学汇丰商学院硕士研究生。浦正宁为通讯作者。

关键词： 资源型城市　经济增长　倾向得分匹配　双重差分

一　引言

资源型城市是以本地区矿产、森林等自然资源开采、加工为主导产业的城市（包括地级市、地区等地级行政区和县级市、县等县级行政区）。① 资源型城市作为我国重要的能源资源战略保障基地，是国民经济持续健康发展的重要支撑，在我国工业化初期对经济发展有着突出贡献。但发展到后期，由于资源逐渐枯竭、环境污染、忽视第三产业发展、经济增长停滞等问题，资源型城市成为中国区域发展中各方面矛盾集中凸显的问题地区。

促进资源型城市可持续发展，是加快转变经济发展方式、实现全面建成小康社会奋斗目标的必然要求，也是促进区域协调发展、统筹推进新型工业化和新型城镇化、维护社会和谐稳定、建设生态文明的重要任务。政府也逐渐意识到问题的严重性并出台许多援助政策和发展规划。2000 年国家将资源型城市发展转型问题纳入国家发展战略。2002 年，国家计委宏观经济研究院给出了资源型城市的定义②，全国共有 118 个城市被划分为资源型城市。2013 年底，国务院颁布了《全国资源型城市可持续发展规划（2013～2020 年）》（以下简称《规划》），范围涵盖 262 个资源型城市，其中地级行政区（包括地级市、地区、自治州、盟等）126 个、县级市 62 个、县（包括自治县、林区等）58 个、市辖区（开发区、管理区）16 个，规划期为 2013～2020 年。《规划》首次将资源型城市分为成长型、成熟型、衰退型、再生型。

《规划》能否推动资源型城市的经济增长，抑或是导致资源型城市陷入发展陷阱，这是亟须关注的重点问题。现有对资源型城市的研究，基本采用的仍是 2002 年的界定标准。在 2013 年国务院给出新的资源型城市名单后，

---

① 该定义来源于《全国资源型城市可持续发展规划（2013～2020 年）》。

② 资源型城市是指因自然资源的开采而兴起或发展壮大，且资源性产业在工业中占有较大份额的城市。这里所指的自然资源大多为矿产资源，也包括森林资源。

甚少有学者关注并进行研究。因此本文基于2006～2015年城市统计年鉴数据，运用倾向得分匹配—双重差分（PSM－DID）方法考察《规划》对资源型城市经济发展的影响，以补充新规出台后关于资源型城市的实证研究。此外，本文依据《规划》对资源型城市的分类，分别对4类资源型城市进行实证检验，以及采用安慰剂效应检验来保证结果的稳健性。最后通过机制识别提出《规划》后续执行中应着力纠正的问题。

本文的结构如下：第二部分是国内外文献综述，第三部分是估计方法介绍，第四部分是数据和变量说明，第五部分报告实证结果，最后为结论与政策建议。

二 文献综述

国外学者首次关注到资源型城市问题是在1926年，加拿大政治经济学家Innis认为加拿大与欧洲之间的皮革贸易促进了加拿大经济增长并催生了单一产业城市的形成，但该类城市随着原材料的开发殆尽逐渐走向衰退。Lucas系统性地研究了资源型城市并首次提出资源型城市的发展将经历四个阶段：建设期、发展期、转型期和成熟期，这也是生命周期理论的雏形。随后Bradbury对Lucas的单一资源型城镇生命周期理论进行了扩展，提出了在第五个阶段（即下降阶段）资源型城市有可能衰退甚至消亡，在第六个阶段（即关闭阶段）完全废弃。Millward和Aschmann根据加拿大悉尼煤田的历史演变和地理环境，最终将资源型城市的发展历程归纳为六阶段模式。至此，关于资源型城市生命周期的理论已经基本成熟，对资源型城市的研究重点逐渐转移到“资源诅咒”上。“资源诅咒”这一命题最早出现在Auty的文献中，其含义为自然资源丰裕的地区相对于资源贫乏的地区经济增长得更慢。Sachs与Warner以自然资源丰裕度为代表性指标，市场开放度、投资、经济制度等为主要变量，检验了71个国家的经济增长与自然资源之间的相关性，得出自然资源与经济增长之间存在负相关性的结论，并用“荷兰病内生经济增长模型”来解释这种现象。之后，两人进一步检验了自然资源与经济增长之间的关系，认为丰富的自然资源对经济增长有挤出效应。Papyrakis 和 Gerlagh 的实证检验结果也表明即使在美国这样经济高度发达的国家，资源稀缺的州比资源丰富的州更有竞争力。①

国内研究从 20 世纪 90 年代开始涉及资源型城市生命周期问题。樊杰以煤矿城市为研究对象，认为产业结构单一是造成煤矿城市经济效益不理想的主要原因，并构建了资源型城市生命周期理论的雏形。郭淑芬按照煤炭开发不同时期的特点，将煤矿城市的发展历程归纳为初期、中期、后期及煤炭资源耗竭四个阶段，初期扩大规模，中期保持稳定，后期逐渐衰退。孟兰霞和康永铭以矿业城市为研究对象，以嘉峪关市 1978～1993 年的数据验证了矿业城市发展的分析模型。毛蒋兴和何邕健首先介绍了不可再生资源的传统生命周期理论，并将研究范围从不可再生资源拓展到所有资源，重点阐述了作者构建的新型生命周期。牟丽分析了传统资源型城市生命周期曲线呈 S 形的主要原因，并发现新型资源型城市生命周期曲线呈螺旋式持续上升。随后，我国也有学者注意到“资源诅咒”问题。徐康宁和王剑率先利用省级面板数据证明“资源诅咒”现象的存在，得出我国各地区资源丰裕水平与经济增长之间呈显著负相关的结论。程志强利用 DID 的研究方法发现，煤炭资源越丰富，越不利于地区经济增长。邵帅与齐中英也通过实证研究证明，西部地区的能源开发与经济增长之间存在显著的负相关关系。徐盈之等通过实证研究发现“资源诅咒”在内蒙古地

① Innis, H. A. & Heaton, H., “The Fur Trade of Canada,” *Journal of Political Economy*, 1927; Lucas, R. & Tepperman, L., “Minetown, Milltown, Railtown: Life in Canadian Communities of Single Industry,” *OUP Catalogue*, 2008; Bradbury, J. H. & StMartin, I., “Winding Down in a Quebec Mining Town: A Case Study of Schefferville,” *Canadian Geographer*, 1983, 27 (2): 128–144; Millward, H. A., “Model of Coalfield Development: Six Stages Exemplified by the Sydney Field,” *Canadian Geographer*, 1985, 29 (3): 234–248; Auty, R. & Warhurst, A., “Sustainable Development in Mineral Exporting Economies,” *Reso–urces Policy*, 1993, 19 (1): 14–29; Sachs, J. D., Warner, A., Aslund, A. & Fischer, S., “Economic Reform and the Process of Global Integration,” *Brookings Papers on Economic activity*, 1995 (1): 1–118; Sachs, J. D. & Warner, A. M., “The Curse of Natural Resources,” *European Economic Review*, 2001, 45 (4–6): 827–838; Papyrakis, E. & Gerlagh, R., “Resource Abundance and Economic Growth in the United States,” *European Economic Review*, 2007, 51 (4): 1011–1039.

区也有显现，但西部大开发战略破解了内蒙古地区的"资源诅咒"。[①]

此外，国内有关资源型城市的研究，更多着眼于定性规律方面的研究。其中较早期的研究更多着眼于资源型城市的产业如何实现转型。如张米尔等就在论证我国资源型城市发展规律的基础上，进一步定性地做出了我国资源型城市的转型应立足比较优势、再造竞争优势，最终通过选择适宜的转型模式，推动替代产业良性发展的论断。也有学者如宋冬林，通过投资模型分析，基于经济与社会沉淀成本的视角，对我国资源型城市转型的障碍进行了分析。而近年来，研究者们的关注点则越来越集中在对于资源型城市的效率评价上。无论是资源型城市的生态效率、发展效率还是全要素能源效率，均有不少学者予以关注。另外，从不同的影响因素如 FDI 及出口贸易、环境规制或是财政建设等维度，对于资源型城市如何转型再生、其中的影响路径又如何等研究，逐渐增多。[②]

---

① 樊杰：《我国煤矿城市产业结构转换问题研究》，《地理学报》1993 年第 3 期，第 28 ~ 36 页；郭淑芬：《煤矿城市发展阶段划分探析》，《地理科学》1999 年第 5 期，第 457 ~ 461 页；孟兰霞、康永铭：《矿业城市发展的数学模型——以嘉峪关市为例》，《兰州大学学报》（自科版）2006 年第 2 期，第 12 ~ 15 页；毛蒋兴、何邕健：《资源型城市生命周期模型研究》，《地理与地理信息科学》2008 年第 1 期，第 56 ~ 60 页；牟丽：《资源型城市生命周期的空间经济学分析》，《经济论坛》2010 年第 4 期，第 27 ~ 31 页；徐康宁、王剑：《自然资源丰裕程度与经济发展水平关系的研究》，《经济研究》2006 年第 1 期，第 80 ~ 91 页；程志强：《煤炭资源开发地区发展滞后的原因分析》，《宏观经济管理》2007 年第 9 期，第 28 ~ 31 页；邵帅、齐中英：《西部地区的能源开发与经济增长——基于"资源诅咒"假说的实证分析》，《经济研究》2008 年第 4 期，第 147 ~ 160 页；徐盈之、胡永舜：《内蒙古经济增长与资源优势的关系——基于"资源诅咒"假说的实证分析》，《资源科学》2010 年第 12 期，第 2391 ~ 2399 页。

② 张米尔、武春友：《资源型城市产业转型障碍与对策研究》，《经济理论与经济管理》2001 年第 2 期，第 35 ~ 38 页；张米尔、孔令伟：《资源型城市产业转型的模式选择》，《西安交通大学学报》（社会科学版）2003 年第 1 期，第 29 ~ 31 页；宋冬林、汤吉军：《沉淀成本与资源型城市转型分析》，《中国工业经济》2004 年第 6 期，第 58 ~ 64；徐杰芳、田淑英、占沁嫣：《中国煤炭资源型城市生态效率评价》，《城市问题》2016 年第 12 期，第 85 ~ 93 页；李江苏、王晓蕊、苗长虹：《基于两种 DEA 模型的资源型城市发展效率评价比较》，《经济地理》2017 年第 4 期，第 99 ~ 106 页；李博、张文忠、余建辉：《考虑环境约束的中国资源型城市全要素能源效率及其差异研究》，《自然资源学报》2016 年第 3 期，第377 ~ 389 页；魏龙、潘安：《出口贸易和 FDI 加剧了资源型城市的环境污染吗？——基于中国 285 个地级城市面板数据的经验研究》，《自然资源学报》2016 年第 1 期，第 17 ~ 27 页；张娟、惠宁：《资源型城市环境规制的就业效应及其门限特征分析》，《人文杂志》2016 年第 11 期，第 46 ~ 53 页；宋敏、刘学敏、Hal T. Nelson：《资源型城市财源建设的风险识别与制度优化路径——以陕西省延安市为例》，《中国软科学》2016 年第 10 期，第 62 ~ 70 页。

综合上述文献可以发现，现有文献证实了资源型城市生命周期的客观规律以及“资源诅咒”现象的存在，但当前关于资源型城市转型的研究多以理论研究为主，较少有研究针对政府关于资源型城市政策规划的有效性进行分析。因此，本文将利用 DID 和 PSM - DID 方法分析《规划》是否有益于资源型城市的转型发展，并希望为进一步丰富和完善未来资源型城市支持型政策提供参考建议。

三　估计方法

本文采用双重差分法（DID）来估计《规划》对于资源型城市经济增长的净效应。该模型在计量经济学界以及社会学界被广泛应用。例如，周黎安、陈烨首次利用 DID 方法对我国农村税费改革政策的效果进行了系统的评价。张兵、左平桂以江苏省苏北地区为例，对实施“加强两组织相互配合”工程后农户的收入是否有增长进行了研究。刘瑞明、赵仁杰利用PSM - DID 方法研究了西部大开发对地区经济发展的影响，并发现国家高新区的建设显著提高了地区生产总值。①

处理组和对照组的划分并非是随机选择的，并且处理组和对照组存在不同特征，这使得双重差分法产生“选择性偏差”，并且这种偏差会使解释变量与残差项之间产生关联，引起内生性问题。为了解决“选择性偏差”问题，本文结合倾向得分匹配法（PSM）来进行进一步的实证分析。PSM - DID 方法是首先通过倾向得分匹配，找到与处理组具有尽可能相似特征的对照组，进而通过双重差分得到政策影响的平均处理效应，使得结果更加可靠。本文基本思路是首先基于 PSM - DID 建立一个概率预测模型，分别以论

① 周黎安、陈烨：《中国农村税费改革的政策效果：基于双重差分模型的估计》，《经济研究》2005 年第 8 期，第 44 ~ 53 页；张兵、左平桂：《WUA 与农民专业合作组织相互配合的效果评价——基于 DID 模型分析》，《农业技术经济》2009 年第 1 期，第 98 ~ 102 页；刘瑞明、赵仁杰：《西部大开发：增长驱动还是政策陷阱——基于 PSM - DID 方法的研究》，《中国工业经济》2015 年第 6 期，第 32 ~ 43 页。

文所选择的233个城市中实际纳入规划的89个资源型城市与其余非资源型城市为控制组与对照组，在实施《规划》的地级市和未实施《规划》的对照组中找到尽可能相似的地级市，进行匹配后再观测各配对组结果变量差异，从而解决选择性偏差，并且使多维问题变为一维问题，简化匹配过程。此外，为了防止安慰剂效应的干扰，本文进一步从233个城市中随机选取89个城市，作为假定的“资源型城市”（控制组），基于安慰剂效应检验，观察处理效应改变后，回归结果是否会发生显著变化。

四　数据和变量说明

本文使用中国233个地级市的面板数据来评估2013年发布的《全国资源型城市可持续发展规划（2013～2020年）》对资源型城市造成的影响，数据来自历年《中国城市统计年鉴》。受《中国城市统计年鉴》数据的限制，部分城市数据缺失或一些城市的部分指标缺失，本文将样本区间确定为2006～2015年，最终在233个城市样本中包含资源型城市样本89个。所有类型城市的样本数均超过城市总数的50%，保证了结果的代表性，其中，成熟型资源型城市占比最大，如图1所示。

《规划》是否有效推动资源型城市经济的快速增长，是本文关注的核心问题。基于2006～2015年《中国城市统计年鉴》有关资料，本文对2013年所列出的资源型城市的经济状况、产业结构、财政收支情况进行了全方位的比较分析，所有变量均以2005年GDP为基期进行平减，以避免因通货膨胀等因素造成的误差。数据显示，这些城市的经济尚未表现出很好的增长和发展前景。以地区生产总值（GDP）和人均GDP为例，非资源型城市的经济状况显著好于资源型城市。尽管资源型城市和非资源型城市的地区生产总值均有增长，但差距在2011年之后开始扩大，并且资源型城市的经济增长在2011年之后开始放缓；资源型城市和非资源型城市人均GDP的差距在2013年达到峰值后虽有一定的缓和，但其后差距显示出进一步拉大的趋势（见图2）。

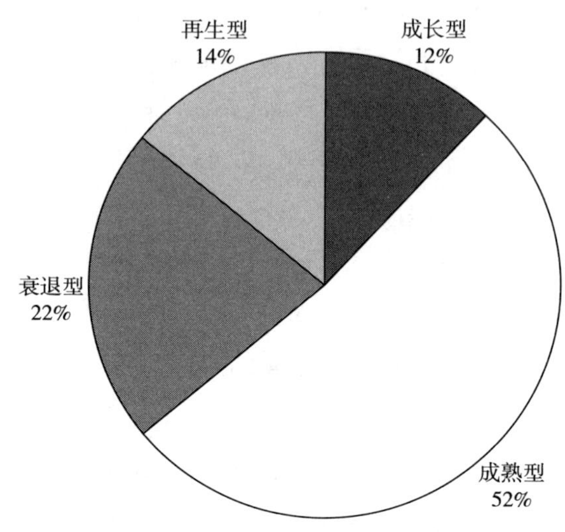

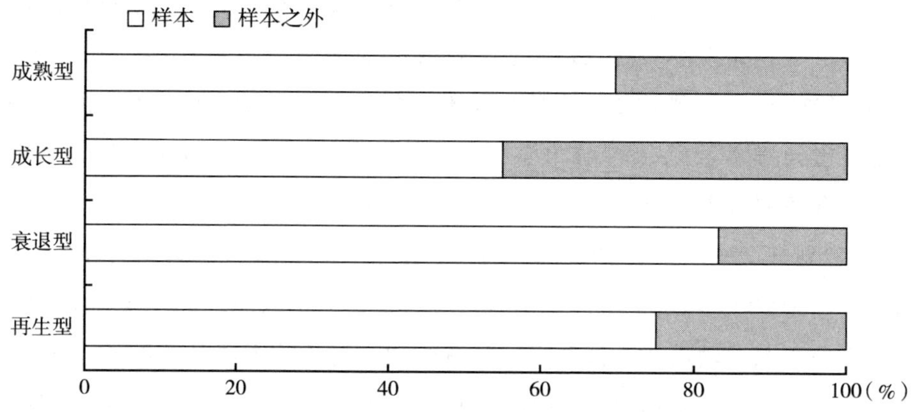

图 1　资源型城市样本统计

资料来源：《全国资源型城市可持续发展规划（2013～2020 年）》。

《规划》的一个重要特征是将资源型城市分成成长型、成熟型、衰退型、再生型四大类。结果显示：再生型的资源型城市经济状况明显优于其他类型，而衰退型资源型城市的经济状况无论是以 GDP 还是人均 GDP 为指标都是四种类型中最不理想的（见表 1）。衰退型资源型城市除了经济状况糟

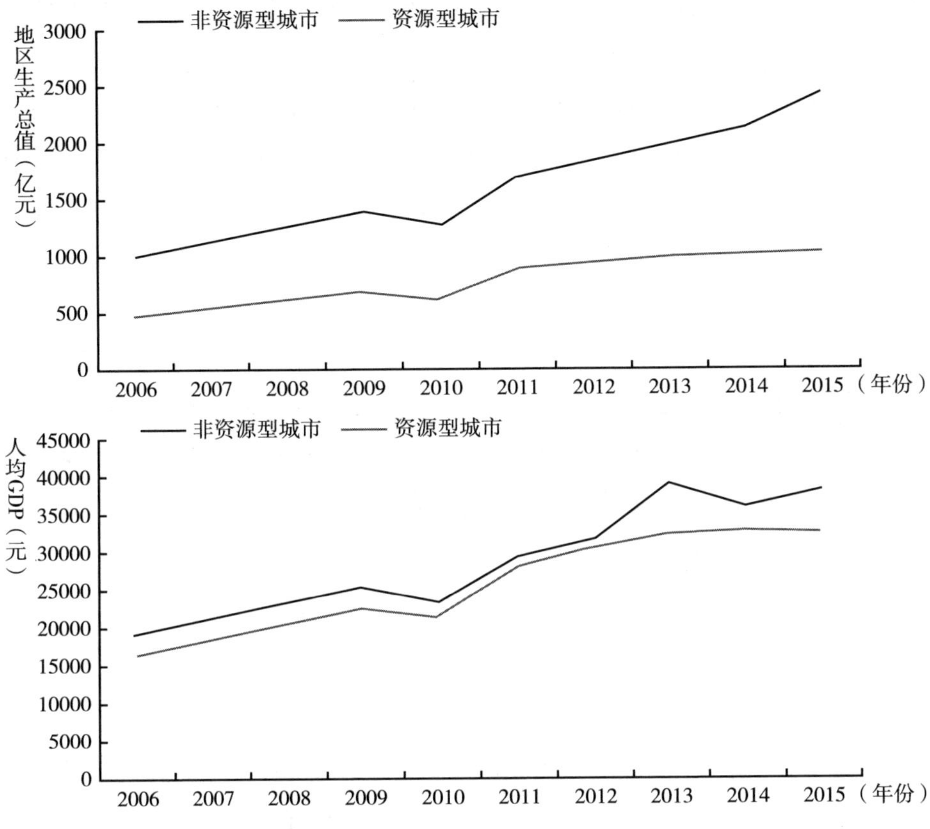

图 2　非资源型城市与资源型城市 GDP 和人均 GDP 比较

资料来源：历年《中国城市统计年鉴》。

糕之外，还面临资源枯竭、环境污染等多种问题，以阜新、大兴安岭、伊春、焦作等城市为代表，是国家关注的重点对象。

表 1　2015 年四种类型的资源型城市 GDP 和人均 GDP

类型	GDP(亿元)	人均 GDP(元)
成长型	1118. 14	41376. 23
成熟型	942. 92	28726. 61
衰退型	621. 89	33301. 60
再生型	2086. 98	40758. 19

资料来源：历年《中国城市统计年鉴》。

《规划》中明确提出要“坚持把经济结构转型升级作为加快资源型城市可持续发展的主攻方向，充分发挥市场机制作用，改造提升传统资源型产业、发展绿色矿业，培育壮大接续替代产业，加快发展现代服务业，鼓励发展战略性新兴产业，推进资源型城市由单一的资源型经济向多元经济转变。”对比 2006 年和 2015 年资源型城市和非资源型城市的产业结构，可以看到：①非资源型城市的第三产业占比高于资源型城市，而资源型城市的第二产业占比高于非资源型城市。②相较于 2006 年，2015 年非资源型城市的第二产业占比基本持平，而资源型城市的第二产业占比有比较明显的下降。另外，相比 2006 年，2015 年非资源型和资源型城市的第三产业占比均有明显上升，分别上升了 4.75 个和 5.29 个百分点。因此可以得出以下结论，资源型城市的发展主要依赖于第二产业且存在产业结构单一的问题。但近年来这一状况有明显改善，开始向第三产业发展（见图 3）。

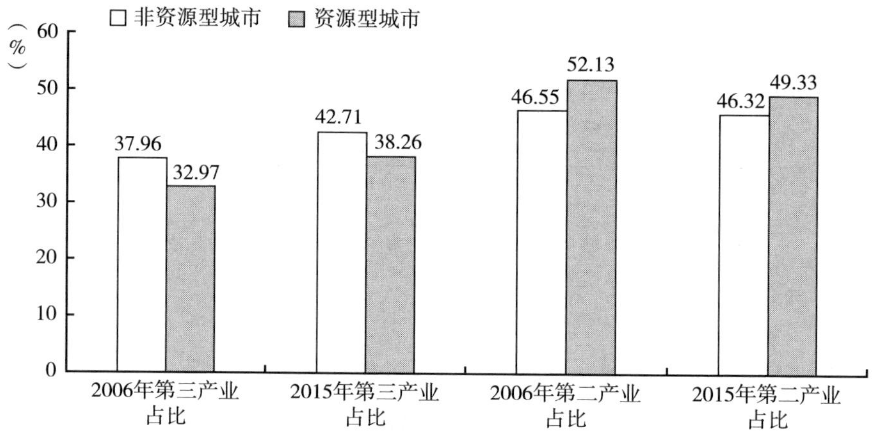

图 3　非资源型城市与资源型城市第二、第三产业占比

资料来源：历年《中国城市统计年鉴》。

政府的财政支出直接影响着一个城市的基础设施建设、教育等多方面投入，尤其对资源型城市而言，因其产业结构单一，地方建设更加依赖政府的财政支出。但就统计数据来看，我国非资源型城市无论是财政收入还是财政支出都远远多于资源型城市（见表 2）。2006 ~ 2015 年，财政收入方面非资源型城市增长了3.6倍，资源型城市增长了5.1倍；财政支出方面非资源型城市增长了4.4倍，资源型城市增长了7.3倍。资源型城市和非资源型城市之间的政府财政收支差距正在逐渐缩小。

表2　资源型城市与非资源型城市财政收支状况

年份	城市类型	财政收入(亿元)	财政支出(亿元)
2006	非资源型城市	36.74	70.02
	资源型城市	13.36	21.58
2015	非资源型城市	168.88	377.71
	资源型城市	81.10	179.84

资料来源：历年《中国城市统计年鉴》。

通过以上分析可以看到，2006~2015年，资源型城市的结构转型正在稳步推进，政府的财政收支也有大幅增长，与此同时我们也看到，《规划》颁布之后，资源型城市的地区生产总值增长出现了明显停滞。

实证部分的变量选择上，为了度量地区经济发展状况，按照文献中的普遍做法，本文将平减过后的GDP作为被解释变量。本文的一个核心指标是"是否为资源型城市"，若该城市属于资源型城市则赋值为1，否则赋值为0；另一个核心指标是"《规划》颁布的年份"，本文选取2013年及之后年份赋值为1，2013年之前赋值为0。为了有效地评估《规划》对地区经济增长的作用，本文还选取了一系列控制变量。政府在转型期间发挥着重要作用，政府支出通过乘数效应影响经济增长，因而本文以政府财政支出预算度量政府对资源型城市经济增长的影响。投资是经济增长重要的驱动力之一，可以以固定资产投资为代表分析投资对地区经济发展的影响。经济结构差异是造成地区经济增长差异的重要原因，工业总产值和第三产业比重可以检验结构性因素对地区经济增长的作用，因而需要予以控制。根据内生增长理论，人口素质和储蓄水平是推动技术进步、实现经济长期增长的重要因素。本文用政府教育支出度量政府对教育和人才的重视程度。此外，考虑到资源型城市开发带来的环境污染负外部性问题可能给经济带来的影响，本文选取了工业废水排放量来度量污染状况。描述性统计结果见表 3。

表 3　主要变量描述性统计（基期：2005 年）

变量名称	最大值	最小值	均值	标准差
地区生产总值（亿元）	29087.53	80.41	1296.04	1798.72
第三产业占比（%）	79.65	8.58	36.60	8.78
工业总产值（亿元）	23257.83	21.84	1876.11	2785.99
固定资产总值（亿元）	10423.36	25.21	786.73	909.80
财政支出预算（亿元）	4199.44	2.38	154.08	293.97
教育支出（亿元）	580.36	0.01	27.25	44.15
工业废水排放量（吨）	86804	122	8004	9823.10

五　实证结果分析

（一）《规划》对资源型城市经济增长影响的初步检验

本文通过 PSM - DID 方法进行实证检验，对被解释变量和控制变量均取对数形式。表 4 汇报了采用 DID 方法的一个初步检验结果。第 1 列是不包含控制变量的基本结果汇报，第 2 列加入控制变量，包括第三产业占比、工业总产值、固定资产投资、财政支出预算和教育支出。第 3 列增加了工业废水排放量，第 4 列进一步控制了时间效应和城市个体效应。从结果可以发现，互动项（处理组虚拟变量 × 实验期虚拟变量）均显著为负，说明《规划》对资源型城市经济发展有负面作用。采用对数形式估计时，处理效应（是否为资源型城市）的系数估计值在三种情况下均显著为负，说明资源型城市的划分对地方生产总值增速有负面效应，当这些城市被划分为资源型城市之后，其地区生产总值的表现较划分之前要明显变差。时间期效应在控制了时间和个体效应之后，显著为正，说明《规划》颁布之后，对地方经济增速起到了一定的推动作用。

表4 《规划》对资源型城市经济增长影响的初步检验结果（DID）

解释变量	地区生产总值			
	(1)	(2)	(3)	(4)
互动项	-0.052 (-0.74)	-0.044* (-1.67)	-0.056** (-2.22)	-0.047*** (-5.71)
是否为资源型城市	-0.502*** (-12.43)	-0.038*** (-3.08)	-0.027** (-2.22)	-2.909*** (-28.22)
是否实施《规划》	0.493*** (9.74)	-0.023 (-1.46)	0.006 (0.41)	0.625*** (24.34)
第三产业占比		1.279*** (16.70)	1.282*** (17.16)	-0.700*** (-7.31)
工业总产值		0.359*** (26.70)	0.312*** (22.90)	0.107*** (9.28)
固定资产总值		0.492*** (26.77)	0.469*** (27.47)	0.117*** (9.76)
财政支出预算		-0.011 (-1.06)	0.007 (0.68)	-0.005 (-0.68)
教育支出		-0.007 (-1.64)	-0.006 (-1.41)	-0.002 (-0.52)
工业废水排放量			0.093*** (13.92)	0.011* (1.88)
常数项	6.755*** (236.50)	0.796*** (16.30)	0.383*** (6.60)	7.499*** (42.71)
时间效应				控制
个体效应				控制
样本量	2330	2330	2330	2330
R方	0.140	0.921	0.927	0.993
F检验	138	2945	2771	3803

注：括号中为稳健性的t值，***、**和*分别表示1%、5%和10%的显著性水平。

表5汇报了PSM－DID方法的实证结果。由于本文涉及多期面板，因此本文逐年进行倾向得分匹配估计和匹配，然后分别计算处理组和匹配组的每位个体，其结果变量在《规划》实施的前后变化。同时，本文尝试了不同的匹配方法，其结果相似，说明匹配结果是稳健的，不依赖于具体方法，这里汇报的是马氏匹配的结果。从结果可以看到，PSM－DID的估计

结果均显著为负，说明《规划》确实对资源型城市经济的发展起到一定的阻碍作用。

表 5 《规划》对资源型城市经济增长影响的初步检验结果（PSM－DID）

项目		《规划》实施前		《规划》实施后		
		样本量	均值	样本量	均值	差分
地区生产总值	处理组	1631	6.431	699	6.839	0.407***
	对照组	1631	6.617	699	7.112	0.495***
	差分	1631	－0.186	699	－0.273	－0.087***

（二）《规划》对不同类型资源型城市经济增长的稳健性检验

《规划》将资源型城市划分为四类：成长型、成熟型、衰退型和再生型。分析《规划》对不同类型资源型城市的影响将有助于提出有针对性的政策建议。本文按照不同类别分别进行 DID 和 PSM－DID 检验，估计结果如表 6 和表 7 所示。可以发现，成熟型、衰退型和再生型的资源型城市的互动项都显著为负，成长型的资源型城市的系数为正且在 10% 水平上显著。这一结果再次证明《规划》对于大多数类型的资源型城市经济发展均有负面作用。处理效应和实验期效应的估计结果和上节一致，再次验证了当这些城市被划分为资源型城市之后，其地区生产总值的表现较划分之前要明显变差。进一步看 PSM－DID 方法的估计结果，四类资源型城市的双重差分结果均在 1% 水平上显著为负，与 DID 方法的初步分析结果一致，回归结果具有稳健性。

表 6 《规划》对不同类型资源型城市经济增长影响（DID）

解释变量	地区生产总值			
	成长型	成熟型	衰退型	再生型
互动项	0.041* (1.79)	－0.065*** (－6.52)	－0.045*** (－3.83)	－0.085*** (－5.00)
是否为资源型城市	－3.291*** (－32.98)	－3.126*** (－30.23)	－3.435*** (－37.58)	－1.920*** (－26.00)

续表

解释变量	地区生产总值			
	成长型	成熟型	衰退型	再生型
是否实施《规划》	0.641 *** (20.47)	0.677 *** (25.65)	0.653 *** (23.34)	0.664 *** (23.51)
第三产业占比	-0.569 *** (-4.90)	-0.872 *** (-8.56)	-0.533 *** (-5.04)	-0.618 *** (-5.51)
工业总产值	0.103 *** (7.56)	0.098 *** (8.40)	0.122 *** (9.67)	0.123 *** (9.20)
固定资产总值	0.109 *** (7.66)	0.103 *** (8.24)	0.108 *** (7.73)	0.093 *** (6.97)
财政支出预算	-0.001 (-0.15)	-0.015 *** (-2.60)	-0.023 *** (-3.78)	-0.017 *** (-2.71)
教育支出	-0.003 (-0.48)	-0.001 (-0.28)	0.002 (0.33)	-0.001 (-0.22)
工业废水排放量	0.006 (0.73)	-0.003 (-0.67)	0.007 (1.21)	0.002 (0.36)
常数项	7.519 *** (36.00)	8.005 *** (46.00)	7.446 *** (40.08)	7.627 *** (41.39)
时间效应	控制			
个体效应	控制			
样本量	1550	1900	1640	1560
R 方	0.994	0.994	0.995	0.994
F 检验	4620	4184	4496	4437

注：括号中为稳健性的 t 值，***、** 和 * 分别表示 1%、5% 和 10% 的显著水平。

表 7 《规划》对不同类型资源型城市经济增长影响（PSM-DID）

地区生产总值		《规划》实施前		《规划》实施后		
		样本量	均值	样本量	均值	差分
成长型	处理组	1085	6.525	465	6.925	0.399 ***
	对照组	1085	6.716	465	7.208	0.492 ***
	差分	1085	-0.191	465	-0.284	-0.093 ***
成熟型	处理组	1330	6.567	570	6.862	0.395 ***
	对照组	1330	6.662	570	7.161	0.499 ***
	差分	1330	-0.195	570	-0.299	-0.104 ***

续表

地区生产总值		《规划》实施前		《规划》实施后		
		样本量	均值	样本量	均值	差分
衰退型	处理组	1148	6.453	492	6.850	0.397***
	对照组	1148	6.691	492	7.179	0.488***
	差分	1148	-0.238	492	-0.330	-0.092***
再生型	处理组	1092	6.583	468	6.971	0.388***
	对照组	1092	6.753	468	7.250	0.498***
	差分	1092	-0.170	468	-0.279	-0.109***

（三）安慰剂效应检验

从上述分析中还不能完全得出《规划》带来了资源型城市经济发展不利影响的结论。本文进一步采用安慰剂效应检验进行稳健性分析。安慰剂效应由 Beecher, H. K. (1955) 提出，最初的含义是指病人虽然获得无效治疗，但“预料”或“相信”治疗有效，而让病患症状得到舒缓的现象，后亦被称作“非特定效应”（Non - specific Effects）。为了证明上述分析结果并非偶然性，我们借助了安慰剂效果检验，从全部 233 个城市中随机抽取 89 个城市作为假定的“资源型城市”，观察针对这随机抽取的 89 个城市而言，实施了处理效应后，回归结果是否会发生显著变化。在这一过程中，研究的观测总变量则依然维持在了 2330 个（233 座城市，10 年的观测变量）。如果新设置的对照组并没有表现出显著的负向影响（系数），则证明前文得出的《规划》对资源型城市经济发展不利影响的结论具有稳健性。表 8 和表 9 为安慰剂效应检验，可以看到，无论是 DID 方法还是 PSM - DID 方法，互动项的估计结果均不显著，证明资源型城市经济发展的不利局面确实和《规划》的颁布存在密切关系。

表 8　安慰剂效应检验（DID）

解释变量	地区生产总值		
	(1)	(2)	(3)
互动项	-0.029 (-1.11)	-0.032 (-1.28)	-0.012 (-1.27)
是否为资源型城市	0.017 (1.49)	0.019* (1.67)	0.006 (1.50)
是否实施《规划》	-0.032* (-1.88)	-0.005 (-0.31)	0.612*** (23.34)
第三产业占比	1.356*** (18.00)	1.348*** (18.28)	-0.707*** (-7.24)
工业总产值	0.365*** (27.13)	0.317*** (23.23)	0.109*** (9.17)
固定资产总值	0.492*** (26.76)	0.468*** (27.51)	0.114*** (9.61)
财政支出预算	-0.013 (-1.25)	0.005 (0.53)	-0.005 (-0.63)
教育支出	-0.007 (-1.57)	-0.006 (-1.35)	-0.003 (-0.53)
工业废水排放量		0.093*** (13.99)	0.008 (1.43)
常数项	0.717*** (15.69)	0.313*** (5.65)	7.529*** (42.13)
时间效应			控制
个体效应			控制
样本量	2330	2330	2330
R 方	0.921	0.927	0.993
F 检验	2939	2779	4405

注：括号中为稳健性的 t 值，***、** 和 * 分别表示 1%、5% 和 10% 的显著水平。

表 9　安慰剂效应检验（PSM - DID）

项目		《规划》实施前		《规划》实施后		
		样本量	均值	样本量	均值	差分
地区生产总值	处理组	1631	6.514	699	6.969	0.455***
	对照组	1631	6.535	699	6.982	0.447***
	差分	1631	-0.021	699	-0.013	0.008

（四）诱发“政策陷阱”的机制检验

从上述各类检验结果中可以发现，《规划》并未推动资源型城市经济增长，甚至起到负面作用，那么到底是什么因素导致了《规划》应有的政策效应没有得到有效发挥？为了找到原因，本文通过考察《规划》对各类经济增长驱动因素的作用来识别背后的原因。表10显示了《规划》诱发“政策陷阱”的机制检验结果。互动项为本文重点观察对象，其代表了《规划》对于各经济增长驱动因素的净影响。结果显示，《规划》对于资源型城市的工业总产值增速的影响显著为负，对于工业废水排放量增速的影响显著为正，对资源型城市的财政支出预算、教育支出的影响为负但不显著，对于固定资产总值影响为正但不显著。这说明《规划》对资源型城市的发展不仅没有起到促进作用，反而降低了资源型城市的人力资本水平（教育），同时没有有效吸引投资和给予足够的政府资金支持，这些因素共同导致资源型城市滑入“政策陷阱”，最终使得《规划》对资源型城市经济的推动作用难以显现。

表10　诱发“政策陷阱”的机制检验结果

解释变量	工业总产值	固定资产总值	财政支出预算	教育支出	工业废水排放量
互动项	-0.062* (-1.70)	0.020 (0.93)	-0.050 (-1.36)	-0.037 (-0.89)	0.108*** (3.19)
是否为资源型城市	-2.343*** (-14.51)	-3.039*** (-16.58)	-3.874*** (-15.03)	-3.632*** (-9.72)	-1.674*** (-14.59)
是否实施《规划》	1.142*** (34.63)	1.376*** (51.52)	2.256*** (56.20)	1.374*** (49.53)	-0.133*** (-3.60)
常数项	8.605*** (85.03)	7.563*** (77.17)	6.384*** (38.89)	5.387*** (18.85)	9.128*** (245.85)
时间效应	控制				
个体效应	控制				
样本量	2330	2330	2330	2330	2330
R方	0.955	0.955	0.900	0.919	0.884
F检验	317	807	105	135	356

注：括号中为稳健性的t值，***、**和*分别表示1%、5%和10%的显著水平。

六　结论与政策建议

《全国资源型城市可持续发展规划（2013～2020年）》体现了党和国家对资源型城市的重视。从现状分析中可以看出，资源型城市的经济状况、产业结构、财政收支状况，以及环境污染相比政策颁布前都有一定的改善。但相比非资源型城市，政策的有效性没有得到直接体现。准确评价《规划》对资源型城市经济增长的影响是本文关注的重点问题。

本文使用2006～2015年中国233个城市的面板数据来评估《规划》对资源型城市的影响。结果显示，无论是在DID还是PSM－DID模型下，增加或减少控制变量，《规划》对资源型城市经济发展均没有产生正面影响，甚至阻碍了地区经济发展。进一步，本文按照《规划》分类分别对四类资源型城市进行检验。结果显示，除了成长型资源型城市外，其余资源型城市的互动作用均显著为负，再次证明《规划》对于资源型城市的转型并未起到计划起草之初预期的积极作用。安慰剂效应检测也进一步证实了结果的稳健性。最后通过机制识别，发现《规划》会导致资源型城市的人力资本水平（教育）和储蓄水平的下降，同时并未有效吸引投资和政府资金支持，最终使得《规划》对资源型城市经济增长的推动作用难以显现。

有鉴于上述研究结果，本文针对如何进一步促进我国资源型城市的发展提出如下政策建议。首先，中央政府应进一步建立奖惩结合的引导机制，给予资源型城市更多引导帮助其调整产业结构。应该注意到，尽管中央层面已经出台《规划》数年，但真正基于《规划》所落实的实际调整政策依然鲜有落地。这一现状表明，无论是从限制旧有生产模式还是鼓励新经济的增长来说，中央与资源型城市所在地方政府均有较大的政策操作空间。例如中央政府可进一步增加资源型城市中高污染型企业的税收，并明确资源型城市地方政府可给予处于转型期的企业一定的政策优惠，双管齐下，迫使资源型城市所在地企业转型发展。同时，资源型城市的地方政府也应当积极响应中央政府的政策规划，通过营造良好投资环境来吸引更多投资。此外，建议在资源型城市实行更积极主动的环保措施，进一步倒逼资源型城市既有高污染企业退出市场或主动求变，以改变我国资源型城市的产业现状。

其次，建议完善以市场为主导的资源产品定价机制。本文机制检验发现《规划》实施对资源型城市地方政府的财政收支产生负向冲击。在现有资源型城市中，财政收入中的重要组成部分是包括补贴在内的中央转移支付。虽然中央政府在财政补贴上倾向于资源型城市，但资源型城市在享受高额财政补贴的同时也在以相对低廉的价格、以自身污染为代价为非资源型城市输送资源。从这一个角度来看，中央财政的补贴实际可以看作是对资源型城市产品出售的一个价格补偿。然而由于寻租等问题，财政补贴很难真正有效地用于资源开采消耗损失的修复与弥补。因此，我们建议应进一步深化完善以市场为主导的资源产品定价机制，以实现资源产业的健康运行。但也应该注意到，完善资源产品的市场定价机制会经历一个艰难且漫长的过程，因此中央政府应当努力实现相对公平的地区收益分配体制，使得资源型城市能够依靠自身优势积累资源资本，有效促进经济发展。

最后，地方政府应进一步增加对地区基础教育的重视程度，并尝试提升该地区基础教育的相对水平。教育水平是衡量一个城市人才储备的重要标准，而高素质劳动力是一个地区经济增长主要的动力之一。高素质劳动力的来源，在我国除部分东部发达地区可以通过高素质人员迁徙流动集聚以外，更多则需要通过自身培育而获得。通过实证研究可以发现，《规划》并未正面促进资源型城市的教育水平发展。对此，建议资源型城市政府应更多思考当地教育的支出路径，改变既有基础教育财政支出模式，提升当地基础教育水平，以培育更多潜在的高素质劳动力和人才，为资源型城市未来经济的转型与发展打下坚实的基础。

Evaluation on the Implementation Effect of Resource – Based Cities' Transformation Policy: Based on a PSM – DID Method

Fu Jiasha, Pu Zhengning, Cai Xuan

Abstract: The transformation and development of resource-based cities has attracted the attentions from all circles. At the end of 2013, China promulgated the National Sustainable Development Planning for Resource – Based Cities (2013 – 2020). Objectively evaluating the impact of this policy is not only important for the implementation and improvement of the policy itself, but also can be used as a reference for other resource planning strategies. By using the panel data of 233 prefecture – level cities in China from 2006 to 2015, this study found that the policy did not effectively promote the economic growth in resource-based cities, and even had a negative impact on declining, mature and regenerative resource-based cities. Through the mechanism test, it is found that there existed "policy trap" in the implementation. Further, the key point of perfecting the policy could be concluded as strengthening the construction of the soft environment, establishing a guiding mechanism combining with rewards and punishments, giving more policy support to help resource-based cities adjust the industrial structure and reduce the resource dependence, and accumulating human capital to create new driving forces for the economic development of resource-based cities.

Keywords: Resource – based City; Resource Curse; Policy Evaluation; PSM – DID

区域大气污染防治：源头控制还是末端治理

——全要素生产率分解视角*

吴 戈　胡 靖**

摘　要： 大气污染防治存在两种关键途径，即源头控制和末端治理。通过分析区域能源消费和污染排放绩效，能够明确中国各区域大气污染防治的有效途径。因此，本文运用 SBM 方法和 Luenberger 生产率指数（LPI）对大气环境绩效进行测算，并对生产率的变化进行要素和根源分解。研究表明；SO_2、一次能源消费以及一次能源相关的碳排放已经成为中国大气环境无效率的主要来源。2006 ~ 2013 年中国大气环境全要素生产率平均增长 1.36%，与能源和污染物相关的生产率呈现“由东南沿海向西部内陆递减”的梯度分布，表明政府应加强对西部地区的环境规制。根据两个关键因素的生产率变化情况将全国分成五个区域类别，各区域应结合自身实际采取多样化政策强化源头控制或末端治理。

关键词： 大气污染　一次能源　二次能源　源头控制　末端治理　生产率变化分解

---

* 本文部分内容发表于 Wu, G., Baležentis, T., Sun, C. W., et al., “Source Control or End - of - pipe Control: Mitigating Air Pollution at the Regional Level from the Perspective of the Total Factor Productivity Change Decomposition,” *Energy Policy*, 2019, 129: 1227 - 1239.

** 吴戈，博士，西南财经大学发展研究院，主要研究方向为大气污染治理、水污染治理；胡靖，博士，副教授，硕士生导师，同济大学经济管理学院，主要研究方向为区域可持续发展理论、区域碳排放、绿色增长。

一　背景

改革开放40年来中国经济持续快速增长，然而伴随着工业化与城镇化的推进，一系列环境问题日益突出。低能源效率和政府治理力度的不足成为阻碍中国可持续发展的重要因素。近年来中国雾霾天气的频发再次敲响了大气环境治理的警钟，未来中国区域经济增长必然面临严重的大气环境约束，提高大气环境绩效是必由之路。

大气污染防治通常存在两种途径：源头控制和末端治理。前者指的是控制能源效率，后者指的是对因使用能源而产生的环境污染物排放进行规制。对于第一种途径，往往需要进行大规模投资才能保证能源效率，不利于维持中国工业的竞争力，因而现实中该运营模式并未成为企业或政府治理的首选。相应的，中国目前仍以末端治理为主导模式。然而，不同地区在大气污染防治上的不足，即短板问题上存在差异，若采取“一刀切”的政策制定方式或统一的规制模式不符合地区实际。因此，我们试图通过考察中国区域大气环境绩效，分析和比较两种大气污染防治途径，以期为政策制定者选择最优的减排措施和实现有效的污染控制提供指导。

二　研究方法和样本采集

（一）研究方法

为更好地对中国省级区域大气环境绩效进行有针对性的分析，我们的研究以环境生产技术为基础，运用SBM模型和Luenberger指数分别测度静态无效率值和动态全要素生产率，并对其进行要素和根源分解，以考察与能源消费和污染物排放相关的绩效以及贡献情况。以下对研究方法进行简要介绍。

1. 环境生产技术

合理构建出针对非期望产出的分析框架，这是奠定其全要素生产率的研究基础。假设决策单元存在 M 个投入变量 x，L 个期望产出变量 y 和 Q 种非期望产出 b，在满足强可处置前提下，环境生产技术表征为：

$$P^t(x^t) = \{(y^t, b^t): \lambda X \leq x^t, \lambda Y \geq y^t, \lambda B \leq b^t, \lambda \geq 0\} \tag{2.1}$$

在上式中，λ 为大于等于零的权重向量，X、Y 和 B 分别是投入、期望产出和非期望产出变量。根据 λ 值约束条件不同，又存在不变规模报酬（CRS）和可变规模报酬（VRS）两种假定。

2. 大气环境全要素生产率指数

为更加全面地测算投入和产出要素的绩效，采用 SBM（Slack - based Measure）方法以测算投入和产出变量冗余值的方式完成对技术前沿面的构建，又被称为非径向方向距离函数。其具体形式如下所示：

$$\vec{S}^t(x_i{}^t, y_i{}^t, b_i{}^t; g^x, g^y, g^b) = \frac{1}{3}\max\left(\frac{1}{M}\sum_{m=1}^{M}\frac{S_m{}^x}{g_m{}^x} + \frac{1}{L}\sum_{l=1}^{L}\frac{S_l{}^y}{g_l{}^y} + \frac{1}{Q}\sum_{q=1}^{Q}\frac{S_q{}^b}{g_q{}^b}\right)$$

$$\begin{aligned} &s.t.\ \lambda X + S^x = x_i{}^t, \lambda Y - S^y = y_i{}^t, \lambda B + S^b = b_i{}^t; \\ &\forall \lambda \geq 0; S^x, S^y, S^b \geq 0 \end{aligned} \tag{2.2}$$

式中，(x_i^t, y_i^t, b_i^t) 表示第 i 个决策单元在 t 时期的投入和产出，(S^x, S^y, S^b) 和 (g^x, g^y, g^b) 分别表示松弛变量和方向向量。应用加法结构对全部变量分解，进一步得到每一个变量的无效率值：

$$IE = \vec{S}^t = IE_x + IE_y + IE_b = \frac{1}{3M}\sum_{m=1}^{M}\frac{S_m{}^x}{g_m{}^x} + \frac{1}{3L}\sum_{l=1}^{L}\frac{S_l{}^y}{g_l{}^y} + \frac{1}{3Q}\sum_{q=1}^{Q}\frac{S_q{}^b}{g_q{}^b} \tag{2.3}$$

借鉴刘瑞翔和安同良①的思路，利用当期和全部投入产出变量分别构建当期前沿面和统一前沿面，其技术无效率值可分别表示为 CIE 和 GIE，两者之差即为不同前沿面下的技术差距（TG）：

$$GIE_c(t) = CIE_c(t) + TG_c(t) \tag{2.4}$$

---

① 刘瑞翔、安同良：《资源环境约束下中国经济增长绩效变化趋势与因素分析——基于一种新型生产率指数构建与分解方法的研究》，《经济研究》2012 年第 11 期，第 34 ~ 47 页。

Luenberger 生产率变化可表示为：

$$LPI_t^{t+1} = GIE_c(t) - GIE_c(t+1) \tag{2.5}$$

根据 *LPI* 的驱动来源不同，该指标又可分解为效率变化（*LEC*）和技术进步（*LTP*）两部分：

$$LEC_t^{t+1} = CIE_c(t) - CIE_c(t+1), LTP_t^{t+1} = TG_c(t) - TG_c(t+1) \tag{2.6}$$

根据公式间的转换，LPI 同样能够被分解为包含全部投入产出要素的生产率变化。

（二）样本及数据处理

在变量选取上，将一次能源消费 $E1$、二次能源消费 $E2$、人口数量（L）和资本存量（K）作为投入要素，将区域 GDP（Y）作为期望产出，将一次能源消耗排放的 CO_2（$C1$）、二次能源消耗排放的 CO_2（$C2$）、SO_2 排放量（S）以及 NO_X 排放量（N）作为非期望产出要素。考虑到数据的可获性，我们以中国大陆地区 30 个省级区域（除西藏外）作为研究对象，以其 2006 ~ 2013 年的省级面板数据作为研究样本。

这些数据来源于《中国统计年鉴》、《中国环境年鉴》以及《中国能源统计年鉴》。其中，一次能源包含原煤、原油和天然气 3 种化石能源，二次能源有 16 种，包括洗精煤、其他洗煤、型煤、焦炭、焦炉煤气、其他煤气、其他焦化产品、汽油、煤油、柴油、燃料油、液化石油气、炼厂干气、其他石油制品、热力和电力，其 CO_2 排放量可根据 IPCC（2006）的排放系数与相应能源的终端消费量相乘估算得到。此外，利用永续盘存法计算得出各省资本存量，并以 2000 年为基期对资本存量和各省级 GDP 进行平减。

从图 1 中能够看出各省级区域 2013 年较 2006 年相关要素的变化情况。一次能源消费增幅最大的是海南（157.85%）和黑龙江（109.79%），下降幅度最大的则为北京（－10.15%）和湖南（－5.05%）。二次能源消费中，增幅最大的是河南（247.17%）和青海（189.63%），最小的为北京（10.20%）、上海（15.65%）和广东（26.99%）。除新疆、海南等 6 个省份外，其余各省的 SO_2 排放量均呈现下降趋势，上海、广西和北京的减排幅度最大（分别为 57.51%，52.52% 和 50.54%）。NO_X 排放量的变动趋势正好相反，仅北京、上海和浙江三省排放量下降，贵州和宁夏增幅最大（分别为 209.61% 和 170.02%）。四个要素中，仅 SO_2 排放量的全国均值水平呈现下降趋势，其余三个要素较 2006 年均有所增加，且二次能源消耗的增幅达到 65.38%。

总体上看，华北（如天津、河北、陕西、内蒙古）和西北省区（如陕西、宁夏、新疆、青海）的能源消费和污染物排放增长快于东南沿海省份（如上海、江苏、浙江、广东）。北京在节能减排方面处于领先地位。

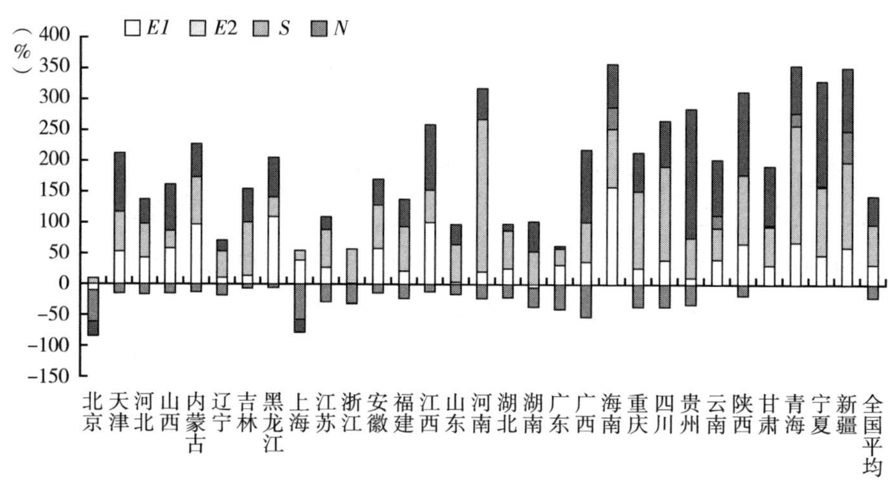

图 1　2006 ~ 2013 年中国省域能源消费和污染物排放变化率

三　实证结果的分析与讨论

（一）大气环境静态效率

图 2 反映了 2006 ~ 2013 年中国省级区域大气环境无效率值（GIE）的均值水平及要素构成情况。就全国而言，*GIE* 均值为 0.28。其中，与期望产

出（*Y*）相关的 GIE 近似于 0，表明在现有能源消费与污染物排放条件下，各地区盲目提升经济总量空间有限，后期应以产业结构优化作为主要目标。此外，与能源消费（*E*1 和 *E*2）和两种污染物排放（*S* 和 *N*）相关的 *GIE* 合计为 0.16，约占总体均值的 57.14%，表明能源结构的优化和污染物排放的控制能够显著影响整体环境效率，从而降低整体无效率水平。一次能源的消费及 CO_2 排放无效率值（分别为 0.05 和 0.05）均高于二次能源（分别为 0.02 和 0.03），说明一次能源在能源和环境效率上有更大的改进空间。

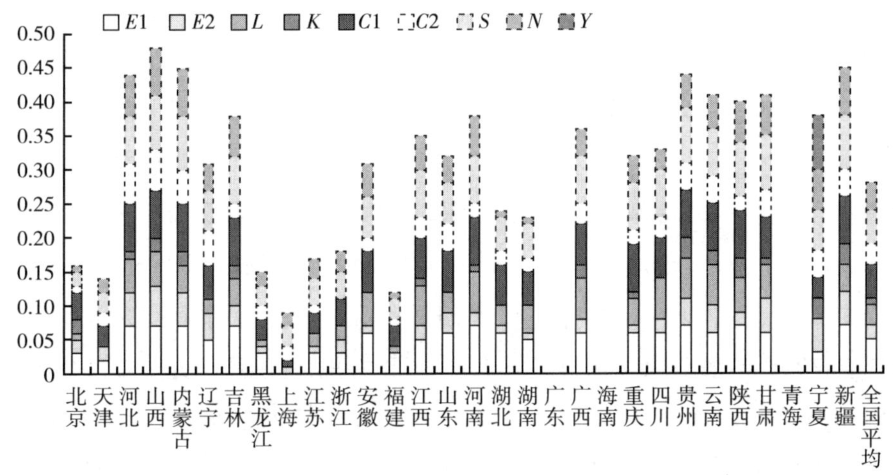

图 2　2006～2013 年中国省域大气环境 *GIE* 均值及要素构成

注：广东、海南、青海在分析期内 *GIE* 均值为 0。

区域层面，大气环境静态效率呈现了显著的区域差异性。东南沿海省份（如上海、江苏、浙江、福建、广东、海南）的 *GIE* 均值普遍低于华北和东北省份（如河北、内蒙古、陕西、辽宁、吉林），即东南沿海区域效率更高。事实上，这一区域的高能源和环境绩效（如广东和海南的无效率均值为 0）表明其生产已经接近效率的极值。相比而言，北方省份则由于其产业结构以重工业为主，大气环境无效率值相对较高，需要通过生产过程的优化来提升效率。总体来看，中国与能源和污染物相关的大气环境无效率值表现出“由东南沿海向西部内陆递增、由北向南递减”的阶梯分布。

（二）大气环境动态全要素生产率及其要素分解

由表 1 可以看出，2006 ~ 2013 年中国大气环境动态全要素生产率平均增长 1.36%，其中与能源和污染物排放相关的贡献率为 1.26%，其他要素（*L*、*K*、*Y*）影响仅贡献 0.1%，可见能源与环境对全要素生产率的影响巨大。在能源与环境约束下，各要素对生产率贡献度由高到低分别为 *C*2（0.30%）、*S*（0.27%）、*E*2（0.24%）、*E*1（0.18%）、*C*1（0.16%）和 *N*（0.12%）。这表明：在整个样本区间中，二次能源消费更趋向于“集约化”，相应的碳排放减少，故 *C*2 和 *E*2 贡献较大。尽管国家分别在“十一五”和“十二五”时期对能源强度以及碳排放强度提出规制目标，但一次能源消费仍显“粗放”（尤其体现在山西、内蒙古、陕西和新疆等产煤大省），导致一次能源消费和碳排放贡献不及二次能源。在样本省份中，SO_2对于整体生产率的贡献在所有要素中相对突出，这与国家自 2006 年来采取强制减少 SO_2 排放量的规制要求有关。而 NO_X 的贡献则相对较小，这与“十一五”以来机动车数量的迅猛增长以及缺乏对 NO_X 的规制目标存在一定联系。与 *Y* 相关的生产率为 0，说明在碳排放和其他大气污染物作为环境约束的前提下，执意追求经济总量增长并不意味着生产率的提升。由上述分析可见，国家对能源和环境要素的规制能够推动生产率的提升。

就区域层面而言，北京及东南沿海部分省份（上海、江苏、浙江、福建）的大气环境全要素生产率进步超过全国，尤其在污染物（*S* 和 *N*）排放方面。而华北部分地区（河北、山西、内蒙古）和西北部分地区（宁夏、新疆）的生产率呈现较为严重的停滞现象。河南和青海两省的生产率变化为负，其能源消费和污染物排放问题应引起地方政府的重视。

表 1　2006～2013 年中国省级区域大气环境动态全要素生产率平均增长率及其要素分解

单位：%

区　域	*LPI*	*E*1	*E*2	*P*	*K*	*C*1	*C*2	*S*	*N*	*Y*
北　京	4.96	0.87	0.45	0.65	0.40	0.94	0.30	0.76	0.58	0.00
天　津	2.72	0.33	0.46	0.58	-0.24	0.34	0.50	0.49	0.25	0.00
河　北	0.46	0.06	0.15	0.16	-0.29	0.03	0.16	0.12	0.07	0.00
山　西	0.08	0.00	0.20	0.00	-0.29	-0.07	0.25	0.03	-0.04	0.00
内蒙古	0.59	0.04	0.20	0.40	-0.54	-0.01	0.34	0.07	0.08	0.00
辽　宁	1.14	0.22	0.37	0.10	-0.26	0.09	0.38	0.12	0.12	0.00
吉　林	0.77	0.10	0.26	0.10	-0.30	0.02	0.44	0.13	0.02	0.00
黑龙江	0.33	-0.12	0.34	0.11	-0.08	-0.21	0.47	-0.02	-0.16	0.00
上　海	3.94	0.31	0.46	0.35	0.11	0.53	0.58	0.92	0.68	0.00
江　苏	4.01	0.62	0.30	0.58	0.00	0.67	0.30	0.91	0.63	0.00
浙　江	4.12	0.70	0.27	0.66	0.00	0.83	0.00	0.94	0.71	0.00
安　徽	1.26	0.06	0.20	0.36	-0.13	0.04	0.26	0.33	0.15	0.00
福　建	3.77	0.77	0.21	0.55	0.00	0.76	0.38	0.83	0.28	0.00
江　西	0.92	0.04	0.29	0.30	-0.26	0.06	0.26	0.20	0.04	0.00
山　东	1.46	0.22	0.32	0.23	-0.27	0.16	0.44	0.19	0.17	0.00
河　南	-0.48	0.07	-0.24	0.05	-0.34	-0.03	-0.09	0.11	-0.01	0.00
湖　北	1.49	0.11	0.30	0.27	-0.13	0.10	0.33	0.24	0.27	0.00
湖　南	1.63	0.20	0.41	0.26	-0.25	0.13	0.41	0.30	0.17	0.00
广　东	0.76	0.06	0.07	0.18	0.00	0.09	0.10	0.27	0.00	0.00
广　西	0.88	0.10	0.40	0.06	-0.29	0.00	0.61	0.20	-0.19	0.00
海　南	1.03	-0.06	0.31	0.11	-0.14	0.04	0.51	0.21	0.04	0.00
重　庆	1.64	0.17	0.35	0.22	-0.05	0.17	0.44	0.17	0.17	0.00
四　川	0.40	0.12	0.11	0.09	-0.18	-0.09	0.17	0.20	-0.01	0.00
贵　州	0.54	0.05	0.12	0.22	0.06	0.05	0.12	0.06	-0.14	0.00
云　南	0.76	0.06	0.34	0.03	-0.02	-0.01	0.43	0.03	-0.10	0.00
陕　西	0.89	0.07	0.32	0.12	-0.20	0.01	0.54	0.09	-0.05	0.00
甘　肃	0.52	0.05	0.19	0.03	-0.05	0.00	0.35	0.02	-0.09	0.00
青　海	-0.01	0.01	-0.04	0.05	-0.05	-0.02	0.05	0.02	-0.03	0.00
宁　夏	0.12	0.03	0.01	0.15	-0.18	0.06	0.03	0.02	-0.02	0.00
新　疆	0.11	0.03	-0.06	0.18	-0.10	0.03	0.01	0.03	0.00	0.00
全　国	1.36	0.18	0.24	0.24	-0.14	0.16	0.30	0.27	0.12	0.00

（三）中国各省级区域大气污染防治的源头与末端路径选择

大气环境生产率的要素分解结果体现了不同省份在能源消费和污染物排放上的模式差异。运用这些信息能够有助于各省从源头或末端采取相应措施防治大气污染。

将表1中四个要素（*E*1、*E*2、*S* 和 *N*）对 LPI 变化的贡献情况单独绘制成图3，不难发现，东部省份（如北京、天津、上海和浙江）贡献率相对较高，而西部省份（如新疆、青海和甘肃）则相对较低（甚至出现负值）。

为建立大气污染防控的策略选择框架，我们可以从两个维度进行考虑：以两种能源消费对 *LPI* 变化的贡献之和为横轴，以两种大气污染物（*S* 和 *N*）排放量的贡献之和为纵轴建立二维空间，并根据各省份在生产率变化上的不同模式对其进行分类。于是，所有省份被划分为五类区域（见图3）。

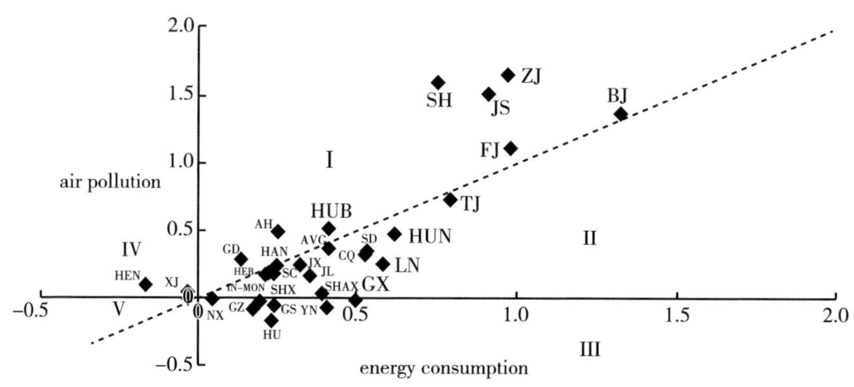

图3　根据能源消费和大气污染对生产率贡献进行的省份类型划分

区域Ⅰ的特征表现为能源消费和污染物排放生产率变化均为正，且后者生产率增长更快，如样本中的北京、上海、江苏、浙江、安徽、福建、湖北和广东。该区域省份的节能减排推动了大气环境全要素生产率的增长，且减排的贡献更大。后期应注重源头控制，改进能源效率。

区域Ⅱ的特征表现为能源消费和污染物排放生产率变化均为正，且前者生产率增长更快，包括天津、河北、内蒙古、辽宁、吉林、江西、山东、湖南、广西、重庆、四川、陕西和宁夏。该区域省份的能源效用更高，与减排相比，节能对生产率的提高贡献更大。因此，后期应注重末端治理，减少大气污染物的排放。

区域Ⅲ的特征表现为能源消费生产率变化为正，但大气污染物排放生产率变化为负，如山西、黑龙江、贵州、云南和甘肃。该区域省份的节能绩效优于减排，后期应注重末端治理，优先加强大气污染物减排规制，将污染物排放绩效“扭负为正”，实现大气环境的可持续发展。

与区域Ⅲ相反，区域Ⅳ的特征为大气污染物排放生产率为正，但能源消费生产率变化为负，包括河南和新疆。在该区域中，因减排而推动的生产率进步大于因能源消费而引起的生产率损失。后期应以源头控制为导向，调整能源结构，提高清洁能源的使用，改进能源效率，并最终将能源消费绩效“扭负为正”。

区域Ⅴ的特征则表现为能源消费和大气污染物排放生产率变化均为负，样本中仅青海一省属于该区域。其全要素生产率的最终结果为负值，意味着大气环境绩效的下降。此时，单一途径已无法解决这一问题，必须双管齐下，既要从源头控制角度对能源的利用进行规制，又要从末端治理角度减少大气污染物排放。

（四）决定区域划分关键因素生产率变化的根源分析

通过前文分析，不同区域省份在大气污染防治中的工作重点各不相同。下一步我们将对决定区域划分的关键因素（能源消费和污染物排放）进行进一步分解，以探究其生产率变化的根源，主要方法是将生产率分解为效率变化（*LEC*）和技术进步（*LTP*）指标。

根据表 2 的分解结果不难发现，区域Ⅰ和区域Ⅱ能源消费和污染物排放相关的全要素生产率高于其他区域，这种生产率的提高主要源于技术进步。区域Ⅰ、Ⅱ和Ⅲ的能源效率变化对其生产率的贡献极为微弱。所有区域的能源消费和污染物排放的 *LEC* 之和为负，即关键因素效率恶化。追根溯源，这表明由于中国大部分区域在大气污染防治过程中过分依赖技术进步，偏重于工艺设备的更新改造与升级换代，而忽视了对传统落后环境管理模式的改革、外部市场制度环境的优化以及资源利用效率的改进，从而导致对前沿技术吸收的追赶效应逐渐消失，效率在不断下降，与技术进步“南辕北辙”，严重制约了能源消费与大气污染物减排效率，阻碍了大气环境全要素生产率的提升。而通过省际大气污染治理实践的溢出能够在一定程度上促进效率的提升，进而实现生产率的提高。

表 2　2016～2013 年各区域与能源消费和污染物排放相关的生产率根源分解

单位：%

区域	能源消费		污染物排放		$LPI_{能源+污染物}$
	LEC	LTP	LEC	LTP	
Ⅰ	0.01	0.70	-0.03	1.09	1.78
Ⅱ	-0.03	0.45	-0.44	0.68	0.65
Ⅲ	0.03	0.22	-0.51	0.43	0.16
Ⅳ	-0.41	0.31	-0.45	0.51	-0.04
Ⅴ	-0.24	0.21	-0.39	0.38	-0.04

若将关键因素进一步细分，则能得到各要素的效率变化及技术进步情况。图 4 是能源消费和污染物排放各要素的效率变化构成。我们注意到，在与能源消费相关的技术效率变化中，一次能源消费在区域Ⅰ和区域Ⅱ中影响显著，而其他区域则是二次能源消费相对突出。至于与污染物排放有关的效率变化，只有区域Ⅰ以 SO_2 贡献为主，而其他区域则是 NO_X 所占比重更大。因此，区域Ⅱ和区域Ⅲ应注重提高一次能源技术效率或进一步减少该类能源使用，区域Ⅳ和区域Ⅴ则应注重二次能源技术效率的改进。对于区域Ⅰ，在污染物减排上应侧重 SO_2 减排效果的提升，而其他区域则应侧重 NO_X 的减排。能源消费和污染物排放各要素的技术进步构成如图 7。所有区域四个要素 *LTP* 值均为正，即分析期内各区域在能源消费和污染物排放上皆取得技术进步。且进步程度从区域Ⅰ到区域Ⅴ呈现递减，其原因可能在于各区域在

清洁生产技术上的投入不同，使得其经济发展水平沿着相同方向下降。从能源消费结构上看，一次能源仅在区域Ⅰ中对技术进步的贡献较大，而其他区域的技术进步均来源于二次能源。这表明分析期内二次能源的利用技术在区域Ⅱ～区域Ⅴ取得长足进步，而区域Ⅰ则以一次能源的技术进步为主，这也是我们建议区域Ⅰ采取源头控制政策的原因所在。至于污染物排放，SO_2和NO_X对技术进步的贡献比重大体相近，即分析期内各区域在SO_2和NO_X的减排技术上进步程度相当。

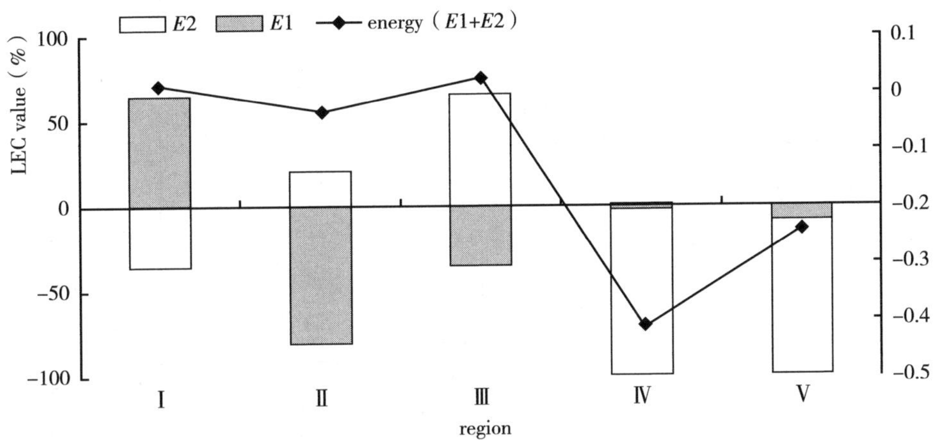

LEC value of energy consumption

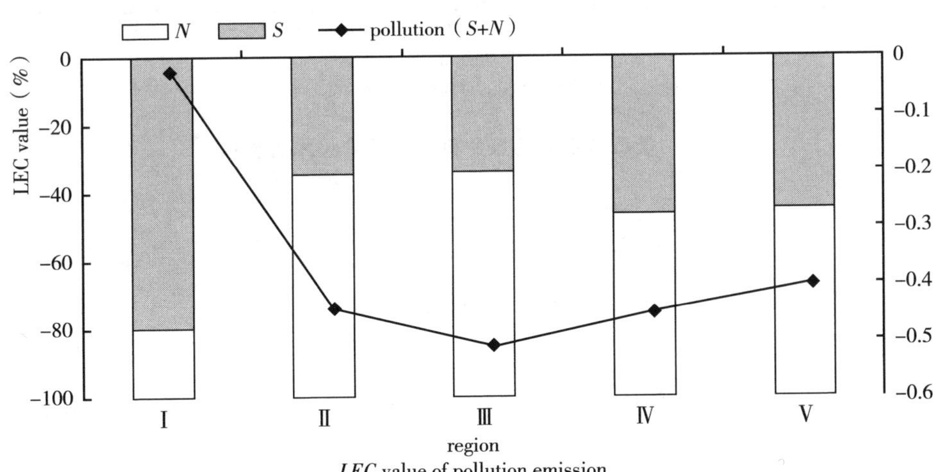

LEC value of pollution emission

图 4　能源消费和污染物排放各要素效率变化值

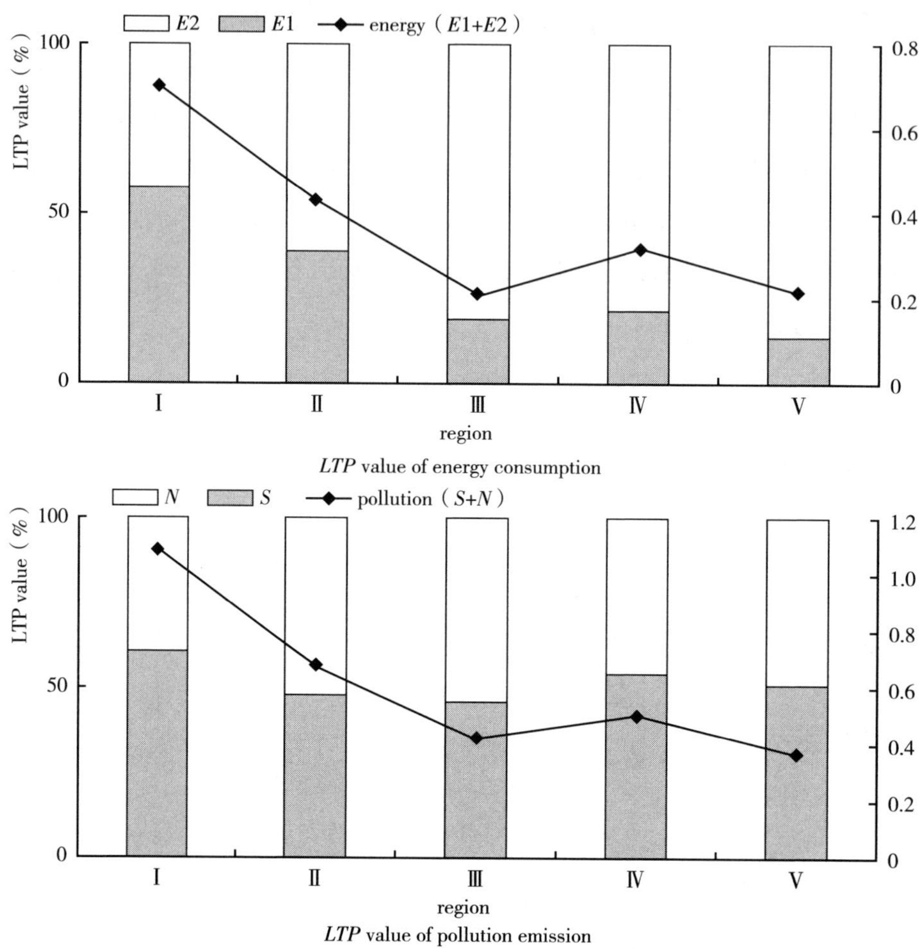

图5　能源消费和污染物排放各要素技术进步值

四　对策建议

（一）以能源消费和污染物排放为基础明确大气污染防治规制路径

由于不同地区经济基础、发展水平、技术条件等固有属性存在差异，其大气环境绩效和症结各不相同，“一刀切”的政策制定方式或统一的规制模式无法保证政策效果。研究表明，与其他要素相比，能源消费（包括一次和二次能源消费）以及污染物排放（SO_2和 NO_X）是中国大气环境无效率的主要原因。因此，不同区域应充分考虑地区发展实际与大气污染防治的优势和不足，明确所属区域类型，并通过实施更为严格的节能减排措施分别从源头和末端加以规制，促进大气环境生产率的提高。从途径和措施上看，可以采用工业高效节能设备和技术实现源头控制；对于末端治理而言，最重要的方法则是利用在线系统对工业大气污染物排放进行监测，并安装工业除磷脱氮除尘设备。

（二）强化中国中西部地区的大气环境规制

研究表明，与东南沿海相比，中国中西部地区大气环境无效率值高，生产率低，需要实施更为严厉的环境规制，使其严格执行生产标准和污染物排放目标。尤其西部地区近年来承接了来自中东部的产业转移，在一定程度上推动了地区经济发展，但与此同时也承接了污染转移，造成了严重的环境问题。该区域在追求经济增长目标的同时应更加关注环境保护问题。因此，西部地区的省份，如贵州、云南和甘肃等，应更侧重末端的规制，利用工业环保设备减少大气污染物的排放。

（三）补齐技术效率短板实现技术与效率协同驱动

为推动中国大气环境生产率的全面提升，必须尽快改变当前对技术进步的过度依赖，补齐技术效率短板，实现技术进步与技术效率协同驱动。在推广先进的节能减排工艺、设备与技术的同时，也应注重先进环境管理模式的普及。通过顶层设计创造更好的市场竞争环境，促进资源的优化配置，不断改善资源利用效率和环境保护水平，为大气环境生产率的增长提供强劲动力。

（四）加强区域间合作

针对中国大气环境绩效存在的显著地区差异性，区域间应加强合作交流，建立区域环境监测网络，对大气环境协同监管和综合治理，实现节能减排技术、治理经验和监测信息的共享，逐渐形成各地区优势互补、良性互动的区域发展新格局。

Source Control or End – of – pipe Control: Mitigating Air Pollution at the Regional Level from the Perspective of the Total Factor Productivity Change Decomposition

Wu Ge, Hu Jing

Abstract: This paper investigates the key paths for mitigating air pollution following the paths of the source control and end – of – pipe control. We conduct performance analysis in terms of energy consumption and pollution emission from the regional perspective, and identify the appropriate path for each region of China. With SBM and Luenberger productivity indicator (LPI), we assess the atmosphere environment performance and decompose the LPI with regards to input/output variables and productivity change sources. Our findings show that sulfur dioxide, primary energy consumption and energy – related carbon emission have become the main sources of inefficiency in the sense of the atmosphere environment pollution. The average annual productivity change for China is 1.36% over 2006 – 2013. LPI change associated with energy and pollutant variables shows the gradient which increases from southeast coast to west inland. This pattern implies the government needs to enhance the environmental regulation in the western regions. Moreover, the provinces are divided into five groups to identify the corresponding paths (source or end-of-pipe control). According to our identification, we suggest that local government should perform diversified policies suitably to strengthen source or end-of-pipe governance.

Keywords: Air Pollution; Primary Energy; Secondary Energy; Source Control; End – of – pipe Control; Productivity Change Decomposition

生物碳利用与其农业经济效益

——基于非参数预测

张萌旭　宫之君*

摘　要： 农业是中国利润最低的产业。由于历史、地理、气候等因素，即使中国政府提供大量的经济补贴，农民生活水平仍然未得到显著提升。因此，本研究以环鄱阳湖生态经济区的11个县（区、市）为研究对象，研究将生物碳作为土壤改良剂以检查和量化其净经济与环境效益。本研究拟使用非参数Kernel回归模型来估计环境与经济因素等回归变量之间的关系，并利用部分线性估计和单指标估计结果与Kernel估计进行对比。研究结果显示：①当种植水稻时生物碳应用能够增加农民的收入且净经济收益可达114900元；②因环鄱阳湖区域的南部县市土壤肥度较低，生物碳的使用可实现更多灌溉与肥料节约；③热分解厂建设在南部地区可以降低运输成本，并得到更高的净经济收益。

关键词： 生物碳　环鄱阳湖生态经济区　非参数预测

一　引言

鄱阳湖是中国最大的淡水湖生态湿地，同时也是江西省最重要的水

* 张萌旭，湖北大学商学院教授、博士生导师，主要从事计量经济学研究；宫之君，江西财经大学经济学院教授、博士生导师，主要从事能源经济学研究。

资源，为1000多万人提供生活用水和工业用水。除此之外，鄱阳湖也对生态系统如生物多样性保护、流域生态环境保护与森林保护有着重要的意义。近年来我国政府也意识到鄱阳湖的重要性，国务院于2009年11月发表正式声明宣布支持鄱阳湖生态经济区的建设。这是江西省历史上第一个重点关注跨时代的经济、社会和环境可持续发展的国家发展计划。根据统计资料，江西省50%以上的居民从事农业，而农业是中国利润最低的产业。多年来我国通过政策扶持促进农村地区发展、提高农民收入水平，然而由于历史、地理与气候等因素，农民的生活水平并未得到显著提高。政府补贴确实在一定程度上增加了该区域农民的收入，但不能实现可持续的脱贫和居民收入提高。因此，为了增加农民可持续性收入、提高未来发展的可持续性，改变现有的农业生产模式是必然之选。

热解是生物能源生产的重要方法，而生物碳是热解系统的副产品。已有研究发现生物碳是更稳定的碳储存形式，能够提高灌溉和肥料使用效率，实现农作物产量的提升①，对减缓鄱阳湖生态经济区的环境退化有重要意义。为实现上述经济与环境效益，将热解与作为土壤改良剂的生物碳相结合，不仅可以提升自主能源的产出，并且能为后代创造可持续的环境系统。同时，鄱阳湖生态经济区周边的大量农业活动可为热解提供充足的能源原料，保证了此项技术的可行性。

改革开放以来，我国经济高速发展，政府已逐渐意识到环境保护的重要性，并在“十二五”规划中明确了减少化石燃料使用与二氧化碳排放的目标。此外，我国农业生产中大量使用农药与氮肥以提高作物产量，

① Lehmann, J., Silva, J. P., Steiner, C., Nehls, T., Zech, W. & Glaser, B., “Nutrient Availability and Leaching in an Archaeological Anthrosol and a Ferralsol of the Central Amazon Basin: Fertilizer, Manure and Charcoal Amendments,” *Plant and Soil*, 2003, 249: 343-357; Chan, K. Y., Zwieten, L., Meszaros, I., Downie, A. & Joseph, S., “Agronomic Values of Green Waste Biochar as a Soil Amendment,” *Australian Journal of Soil Research*, 2007, 45: 629-634.

但是研究指出氮肥会因硝化与反硝化过程增加二氧化氮的排放量①，因此，为了较为准确地分析与农业活动相关的温室气体总排放，我们也必须将氮肥的影响纳入考虑。此外，农耕活动中的肥料与化学物质也会通过径流与降雨排放进周边水体，造成水体氮密度增加，污染整体水质。而生物碳能够增加土壤养分并提高灌溉效率，从而减少肥料向水域中的排放，能够减少农田的氮氧化物排放量并缓解因氮氧化物造成的水污染问题。

本文的主要研究内容为以下两个方面：（1）量化鄱阳湖生态经济区生物碳生产和应用的效益，包括农民收入的改变以及肥料与灌溉成本的节约；（2）本文将通过 Kernel 估计、部分线性估计和单指标估计来测算生物碳使用后的效益增加，即收入净增加值（Net Additional Income，NAI）。同时，本文比较了三种估计方法对 NAI 的估计结果，最后选择 Kernel 估计预测不同情况下的 NAI。预测结果显示，生物碳的使用可以提高种植水稻的农民收入，其 NAI 可以达到 114900 元；从整体区域来看，当热解厂建设在南部时将可以得到更高的 NAI。本文通过研究生物碳利用对农民收入水平以及水土保持方面的影响，为可再生能源利用的环境及经济影响等研究做出了贡献，研究成果也可为相关农业政策的制定提供有效信息。

二　文献综述

目前，由农作物生产的可再生能源主要为生物乙醇、生物柴油及生物发电。在传统的生物发电技术（co－firing）之外，热解因为能得到较高的净

① Baggs，E. M.，Stevenson，M.，Pihlatie，M.，Regar，A.，Cook，H. & Cadisch G. Nitrous Oxide Emissions Following Application of Residues and Fertilizer under Zero and Conventional Tillage，*Plant Soil*，2003，254：361－370；Farquharson，J. & Baldock，J. Concepts in Modeling N2O Emissions from Land Use，*Plant Soil*，2008，309：17－167.

发电量及温室气体减排量，被广泛认为是一项效率更高的生物发电技术①。具体来说，热解是一种在无氧环境下，用高温高压来促使有机物分解成生物油、生物气和生物碳等产品的技术，且这些热解产品均含有较高的能量，可用于能源生产。与燃烧化石能源会增加二氧化碳净排放不同，热解技术中涉及的碳循环能够大幅降低大气中的二氧化碳含量，因此热解技术又被称为"负碳"技术。此外，生物碳可作为土壤改良剂来改善土壤状态、增强土壤的水分及养分停留能力、提高农作物产量，并以更稳定的状态来储存碳元素。

经过热解，生物质将转化为以下三种产品。

（1）液态产品：通常被称为生物油、热解油或生物原油。

（2）固体碳：存在多种应用方法，可作为土壤改良剂使用（在此应用中一般被称作"生物碳"）或作为能源转化过程中的能量来源。

（3）可燃气体：含有一氧化碳、二氧化碳、氢气、甲烷和高级烃，通常被称为"生物瓦斯""合成气"或"热解气体"。

不同的热解技术所带来的产出比例也有较大差异。Wright 等发现快速热解将产生约 15% 的生物碳、70% 的生物瓦斯和 13% 的生物油，而缓慢热解将产生更多的生物碳和较少的生物油。Ringer 等的研究显示，在缓慢热解下，约 35% 的生物原料会转化为生物碳，30% 转化为生物油以及 35% 转化为生物气。在这两种热解过程中，生物油均可被净化以及进一步加工为质量更高的燃料，之后可用于发电或生产化学原料如树脂或缓释肥料。每种热解产出品均有其潜在价值，但是其产出会因热解过程中使用的生物原料不同而

① Lehmann, J., Gaunt, J. & Rondon M., "Biochar Sequestration in Terrestrial Ecosystems – A Review," *Mitigation Adaption Strategy for Global Change*, 2006, 11: 403 – 427; McCarl, B. A., Peacocke, C., Chrisman, R., Kung, C. C. & Ronald, D., "Economics of Biochar Production, Utilization, and GHG Offsets. In Lehmann J and Joseph S, eds.," *Biochar for Environmental Management: Science and Technology*, 2009, 341 – 357; Lehmann, J. A., "Handful of Carbon," *Nature*, 2007, 447: 143 – 144.

改变。①

多项研究结果显示，生物碳对农田具有多重环境效益。Sombroek 发现在亚马孙流域的土壤中存在大量焦炭，Erickson 则认为这类初级的生物碳应用很可能是在欧洲人入侵前，由当地原住民的居住活动以及蓄意的土地改造行为造成的。Deluca 等人则提出了生物碳可以改善土壤养分转化的机制。他们指出，生物可利用的碳会吸附在生物碳的表面，从而降低了硝化作用和硝酸盐固化的可能性。因此，将生物碳添加至富含有机氮的土壤中会降低土壤硝化作用。虽然常见的田野废弃物燃烧也会在短期内对氮产生此类影响，但是生物碳则能够使此影响维持数十年甚至数千年。②

单独使用生物碳并不一定能够达到理想效果。根据 Chen 等人对萝卜产量的研究结果显示，当土壤中不添加氮肥时，添加生物碳并不会使萝卜产量增加。同时，该研究发现只有当生物碳与氮肥混合使用时，它们才能够产生显著的相互作用，并且提高氮肥的施用效率。其实验表明在不同的生物碳施用率下（每公顷 10 吨、50 吨、100 吨），萝卜的干物质可从 95% 增加到 226%。

生物碳对于减缓温室效应可能有着重要的作用。根据 Lehmann 等人的研究表明，生物碳是一种相对稳定的碳储存形式，可以在土壤中保存数百年甚至数千年。与燃烧和简单的生物分解所保留的少部分碳相比（在 5 至 10 年后将少于原始总量的 10% ~20%），热解将生物质转化为生物碳大约可以

① Wright, M. M., Brown, R. C. & Boateng, A. A., "Distributed Processing of Biomass to Biooil for Subsequent Production of Fischer – Tropsch Liquids," *Biofuels, Bioprocessing, and Biorefining*, 2008, 2: 229 – 238; Ringer, M., Putsche, V. & Scahill, J., "Large – Scale Pyrolysis Oil Production: A Technology Assessment and Economic Analysis," *Environmental Science*, 2006, 17: 21 – 33; Czernik, S. & Bridgwater, A. V., "Overview of Applications of Biomass Fast Pyrolysis Oil," *Energy and Fuels*, 2005, 18: 590 – 598.

② Sombroek, W. G., "Amazonian Dark Earths as Carbon Stores and Sinks," *Science*, 2003, 4: 12 – 13; Erickson, C., "Historical Ecology and Future Explorations. In J. Lehmann," D. C. Kern, B. Glaser and Woods WI, eds. Amazonian Dark Earths: Origin, Properties, Management, 45 – 59. Dordrecht, Netherlands: Kluwer Academic Publishers, 2003; Deluca, T. H., MacKenzie, M. D. & Gundale, M. J., "Biochar Effects on Soil Nutrient Transformations. In J. Lehmann and S. Joseph, eds.," Biochar for Environmental Management: Science and Technology, 2009, 137 – 182.

保留其碳的50%。与作为燃料使用相比，如果将生物碳用作土壤改良剂，二氧化碳的排放抵扣可以达到12%~84%。而与化石燃料的排放相比，热解的排放补偿效率会大于100%[①]。

生物碳（或类似材料如火山灰）的应用对作物产量影响的研究始于20世纪80年代，并被广泛应用在如玉米、大豆、杉树、紫荆树、豌豆、豇豆和绿豆等作物的种植之中。由于现有研究尚未有对生物碳适宜用量的权威结论，因此许多研究中生物碳的施用范围为每公顷0.5吨至135吨。除Kishimoto和Sugiura的研究外，其余研究均证明生物碳的使用可以使作物产量显著提高。除生物碳外，热解生成的液态产品的产量与特性取决于生物原料的选择、工艺类型和条件以及产品收集的效率[②]。整体来说，热解是我国发展再生能源、促进农业生产、提高农民收益、改善环境质量的一个潜在技术。

三　研究区域与数据

（一）生物碳的利弊

生物碳/热解是适合鄱阳湖生态经济区特性的生物能源生产方式。该地区的农业种植活动能够为热解厂提供大量的原料，除了可以促进经济区内的可再生能源发展外，还可减少灌溉、化肥施用和种子采购成本，带来较为显

---

① Iswaran, V., Jauhri, K. S. & Sen, A., "Effect of Charcoal, Coal and Peat on the Yield of Moong, Soybean and Pea," *Soil and Biological Biochemistry*, 1980, 12: 191-192; Kishimoto, S. & Sugiura, G., "Charcoal as a Soil Conditioner," *International Achieve Future*, 1985, 5: 12-23; Chidumayo, E. N., "Phenology and Nutrition of Miombo Woodland Trees in Zambia," *Trees*, 1994, 9: 67-72; Steiner, T., Mosenthin, R., Zimmermann, B., Greiner, R. & Roth, S., "Distribution of Phytase Activity, Total Phosphorus and Phytate Phosphorus in Legume Seeds, Cereals and Cereal Products as Influenced by Harvest Year and Cultivar," *Animal Feed Science Technology*, 2007, 133: 320-334; Glaser, B., Lehmann, J. & Zech, W., "Ameliorating Physical and Chemical Properties of Highly Weathered Soils in the Tropics with Charcoal - A Review," *Biological Fertile Soils*, 2002, 35: 219-230.

② U. S. Department of Energy (USDOE)., "Energy Efficiency and Renewable Energy," *Bioenergy Service*, 2005.

著的经济与环境综合效益。然而，热解厂建设及原料运输需要大量的初始投资与政策扶持，这可能导致此项技术的大规模发展受到限制。

1. 主要优势

生物碳的应用可以减少化肥的施用，降低地下营养物的渗漏率，降低周边水体的污染程度，并带来如较低的水资源净化成本、较低的与水相关的致病率、较少的公共卫生与医疗支出、更友善的湿地环境等经济与环境效益。此外，农业废弃物也是属于可以热解的有机原料，农民也可通过销售这些废弃物来提升收入，改善生活条件，提升社会福利。

2. 潜在的问题

虽然生物碳/热解的综合利用是一项能够提升鄱阳湖生态经济区农民收入的潜在技术，但是要大规模地推进此项产业可能存在一些困难。首先，由于该区域缺乏稳定的基础设施，生物原料的收集与运输较为困难，运输成本也将随着运输距离的增加而大幅提高；其次，因为只有大规模的热解工厂设备才能带来较为显著的经济与环境影响，这就要求经济区内有较多的、稳定的原料供给。经济区内密集的小农户耕种形态与频繁的作物更替特性，使得运转过程中的原料收集、分类、储存、处理能够持续的保持高度稳定；最后，生物碳虽然能在土壤中留存数千年，但无法保证能停留在同一个地点，Major 等人的研究表明因降雨和地面径流冲刷，生物碳损失可能高达 50%①，因此若是生物碳因为各种原因而发生了转移，那么区域内的农业经济和环境效益也将随之改变。

（二）数据

本研究的生产成本数据来自《中国农业年鉴》、《江西省统计年鉴》以及 246 份当地农民的调查问题。因中国现阶段并未开展生物碳应用，无法获得实地数据，本文将已有文献中的数据汇总作为生物碳的效益数据。根据

---

① Major，J.，Lehmann，J.，Rondon，M. & Goodale，C.，“Fate of soil - applied black carbon: downward migration，leaching and soil respiration，” *Global Change Biology*，2009，16：1366 - 1379.

鄱阳湖生态经济区的实际情况，本文收集了 11 个县的 13 种作物的数据，其中包括水稻、棉花、甘薯等农作物，也包括多期种植作物、单一种植期的生产数据。运输、工厂建设、运营和原料储存等成本数据则是来自 French① 和 McCarl 等人的研究数据。本研究中所涉及的各项成本收益变量则简列如下。

收益：

B_1：降低水质净化成本。

B_2：生物碳使用使农作物产量提高以增加农民收入。

B_3：降低传统农作物生产的灌溉成本（传统农作物指水稻、甘蔗、玉米等，非能源作物）。

B_4：降低传统农作物化肥采购成本。

成本：

C_1：能源作物生产的额外劳动力成本。

C_2：灌溉用水的成本。

C_3：种子、肥料的额外费用。

C_4：生物能源原料的收集及储存成本。

C_5：能源作物的种植密度将会影响生物原料的运输成本。

本研究使用以下公式阐明两者关系。

$$\text{运输成本} = \frac{38 + 2 \times (0.4714) \times [M/(2.468 \times DEN \times (Y)]^{1/2}}{\text{货车装载量}}$$

其中 Y 为每公顷产量，DEN 为该地区能源作物的种植密度，M 为原料需求量，货车装载量为每车 23 吨，其余常量为装载及行驶成本。

C_6：热解厂的建设成本［影响因素包括通货膨胀水平、原材料价格（钢材、水泥等）、劳动力价格］。

C_7：热解厂运营成本（工资、电费和水费）。

① French，B. C. Some Considerations in Estimating Assembly Cost Functions for Agricultural Processing Operations，*Journal of Farm Economics*，1960，62：767 - 778.

由于在本研究区域内，生物碳应用带来的减少流域污染及增加农民收入等好处较为重要，因此，本研究将两项收益之和作为因变量（NAI），代表农民能够获得的与生物碳应用相关的总效益。其余收益与成本变量由于均与生产和加工活动有关，在本研究中设定为自变量。而 B_3 、B_4 和 $\{C_i\}_{i=1}^{7}$ 等变量因与农作物及生物碳生产有关，它们将被独立检验。向量 $Z=(X_1, X_2, X_3, X_4)$ 为热解的收益及成本指标：X_1 和 X_2 分别代表灌溉成本的节约（B_3）和肥料成本节约（B_4），X_3 代表包括额外种子、水资源及劳动成本在内的生产成本（$C_1+C_2+C_3$），X_4 代表运输储存及热解厂建设与运营成本等生物碳应用成本（$C_4+C_5+C_6+C_7$）。因数据由三个时期、11 个县及 13 种作物的数据组成，本文使用虚拟变量 $\{P_i\}_{i=1}^{3}$ 、$\{L_j\}_{j=1}^{11}$ 和 $\{S_k\}_{k=1}^{13}$ 来处理其中的定性指标。本文研究了 Z 、$\{P_i\}_{i=1}^{3}$ 、$\{L_j\}_{j=1}^{11}$ 和 $\{S_k\}_{k=1}^{13}$ 将如何影响 NAI，并预测了在经济因素变化的情况下 NAI 将如何变化。

本文中收益与成本是根据现有文献进行估计，文献研究区域与中国情况相差较大，本文将对变量价值做出必要的调整以切实反映本研究区域情况。因灌溉与肥料施用效率可提高 10%，本文假定灌溉及肥料节约的效益分别为 5%、10%、20%，其中 10% 为 Lehmann 等人研究中的基线。X_3 所代表的生产成本中因资源与劳动力成本受到通货膨胀水平和其他微观经济因素的影响，本文假定生产成本将增加或减少 10%。X_4 即生物碳应用成本当通货膨胀时将上升 5%。热解厂的位置是本研究必须考虑的因素，鄱阳湖生态经济区约 5560 平方千米，热解厂的位置将影响原料的生产成本和运输成本。此外，该区域北部与南部的土壤和气候环境均存在差异，南部县区的土壤与北部相比更加贫瘠，因此肥料与灌溉成本会更高。基于此，本文设定了两处可行的热解厂地址并观测位置变化将如何影响 NAI。本研究共包括 108 种情况，考虑了灌溉与肥料成本节约、生产成本、生物碳应用成本、热解厂选址等因素。具体而言，本文包括 3 类灌溉节约情况、3 类肥料节约情况、2 类生产成本情况、2 类生物碳应用成本、2 处热解厂选址的所有组合情况（见附录）。

四　研究方法

本研究使用非参数回归模型 Kernel 估计分析各种因素将如何影响不同经济条件下的 NAI。此外，本文使用了半参数回归模型中的部分线性回归与单指标回归方法，与 Kernel 估计的结果进行对比。

非参数模型如下：

$$Y = f(X) + \varepsilon \tag{4.1}$$

其中 Y 为 B_1 与 B_2 的和，f 为连续函数而 ε 为误差项，X 包括（Z，$\{P_i\}_{i=1}^{3}$，$\{L_j\}_{j=1}^{11}$，$\{S_k\}_{k=1}^{13}$）。在非参数估计模型中，本文使用局部常数 Kernel 估计量（Li and Racine 2007）[①]。估计量由以下公式得出：

$$\widehat{f}(x) = \frac{\sum_{i=1}^{3}\sum_{j=1}^{11}\sum_{k}^{13} Y_{ijk} K\left(\frac{X_{ijk} - x}{h}\right)}{\sum_{i=1}^{3}\sum_{j=1}^{11}\sum_{k=1}^{13} K\left(\frac{X_{ijk} - x}{h}\right)} \tag{4.2}$$

其中 i、j 和 k 分别代表时期、地点和作物类型；h 为平滑参数的带宽；$K(\cdot)$ 为 Kernel 函数。本文中 Kernel 函数为高斯 Kernel 函数，最佳带宽由最小二乘交叉验证法确定。

对于用于对比的半参数部分线性回归与单指标回归模型，为防止参数估计中的多重共线性，本文去除了虚拟变量 P_3、L_{11} 和 S_{13}。以下公式为半参数部分线性模型和单指标模型：

$$Y = \sum_{i=1}^{2} a_i P_i + \sum_{j=1}^{10} b_j L_j + \sum_{k=1}^{12} c_k S_k + g(Z) + v \tag{4.3}$$

$$Y = h(\bar{X}\gamma) + u \tag{4.4}$$

① Li, Q. & Racine, J. S., "Nonparametric Econometrics: Theory and Practice," *Princeton University Press*, 2007.

其中 $\bar{X} = \{Z, P_i, L_j, S_k\}$，$Z = \{X_1, X_2, X_3, X_4\}$，$i = 1,2$，$j = 1,...,10$ 以及 $k = 1,...,12$；y 为未知参数的向量，g 和 h 为光滑函数，v 和 u 为误差项。

部分线性模型将 OLS 回归与非参数回归结合起来估计参数部分的系数，由公式（4.3）中的 $\{a_i\}_{i=1}^{2}$，$\{b_j\}_{j=1}^{10}$ 和 $\{c_k\}_{k=1}^{12}$ 表示。针对该模型，本文设定以下限制条件，假设每个虚拟变量与因变量的关系均为线性的，以区分定性分析与定量分析。系数 $\{a_i\}_{i=1}^{2}$，$\{b_j\}_{j=1}^{10}$ 和 $\{c_k\}_{k=1}^{12}$ 分别确定周期、地点及作物种类影响 NAI 的程度，其非参数部分是根据局部常数估计量和测算的最佳带宽进行估计的。针对单指标模型（4.4），该模型是线性模型的一般化和非参数回归模型的限制条件。本文通过对带宽和系数向量的联合估计来实现 Ichimura① 提出的方法。

五　结果与讨论

本部分首先展示了 Kernel 估计、部分线性估计和单指标估计的均方误差对 NAI 及拟合优度的估计结果。本文选择了三种估计方法中均方误差最小的方法 Kernel 估计来对 NAI 进行预测。由于水稻为本研究中区域种植最广泛的作物，使用生物能源产生的效益与成本发生变化的可能性不同，本文包含水稻种植时所有变化下的 NAI 预测。

（一）估计结果与模型选择

本节中，将进行 Kernel 估计、部分线性估计和单指标估计对 NAI 的估计结果的对比，本文设定热解站的建设地点为两处。估计结果由表 1a、1b 和 1c 显示。

---

① Ichimura, H., "Semiparametric Least Squares (SLS) and Weighted SLS Estimation of Single Index Models," *Journal of Econometrics*, 1993, 58: 71 - 120.

表 1a　原始 NAI 与估计 NAI 对比

P	L	C	原始	Kernel 估计		部分线性估计		单指标估计	
				北部	南部	北部	南部	北部	南部
1	1	1	4809	4763. 33	4793. 422	4974. 345	5007. 314	4946. 746	5103. 482
1	2	1	4721	4736. 208	4735. 79	5359. 961	5530. 222	4665. 057	5308. 671
1	3	1	5676	5676	5676	5648. 252	5670. 761	6322. 859	5676. 712
1	4	1	4716	4744. 914	4719. 294	5020. 843	4753. 295	5058. 764	4536. 993
1	5	1	6206. 456	6206. 454	6205. 743	6185. 272	6196. 773	6205. 985	6204. 738
1	7	1	4721	4748. 088	4721. 008	4768. 767	4722. 958	4649. 366	4702. 983
1	8	1	5376. 846	5376. 846	5376. 846	5354. 741	5373. 769	5770. 384	10161. 25
1	9	1	4741	4802. 156	4739. 501	4743. 71	4723. 214	4947. 976	4819. 863
1	10	1	5981	5851. 078	5641. 661	4681. 945	4866. 568	4846. 922	5111. 227
1	11	1	5694. 334	5694. 376	5694. 334	5787. 274	5698. 371	11838. 35	5768. 29
2	1	1	4899. 6	4899. 64	4899. 639	5615. 957	5766. 677	5122. 615	5781. 586
2	2	1	4751	4750. 674	4736. 835	5501. 576	5635. 678	4610. 312	5310. 85
2	3	1	5895	5895	5895	5977. 669	5907. 267	7274. 263	5895
2	4	1	4708. 66	4716. 49	4717. 046	5740. 328	5281. 908	5060. 164	4607. 302
2	11	1	5861	5861	5861	5950. 721	5861	5701. 543	6346. 944
2	10	1	5261	5261. 83	5605. 26	4781. 498	4763. 869	4939. 753	5093. 003
2	5	1	5988. 2	5986. 885	5988. 913	6077. 416	5998. 339	5988. 671	5989. 208
2	8	1	5449. 4	5450. 717	5449. 4	5537. 79	5470. 663	5449. 464	5858. 416
3	10	1	7361	7346. 821	7350. 594	5900. 71	7028. 352	5055. 674	5555. 877
3	8	1	4961	4961. 876	4960. 915	4708. 693	4577. 51	4683. 471	4963. 44
3	3	1	5041	5040. 415	5040. 923	4891. 528	4562. 846	5040. 499	5425. 669
1	11	2	5636	5366. 982	5455. 195	5425. 867	4986. 908	5072. 267	5152. 384
1	8	2	5061	5040. 343	5060. 896	4670. 54	4688. 648	4951. 743	4919. 161
1	10	2	4961	5043. 958	4961. 013	4894. 653	4984. 844	5055. 561	5589. 02
1	5	2	4857. 7	5001. 743	4931. 743	4839. 726	4444. 167	4927. 286	5275. 227
1	4	2	4952. 7	5087. 716	4965. 946	5576. 177	5219. 25	4916. 047	4947. 132
1	3	2	4931	4932. 116	4921. 896	4864. 275	4871. 558	4650. 74	4491. 082

注：P、L 和 C 分别代表生产期、生产地点与生产作物，下表同。

表 1b　原始 NAI 与估计 NAI 对比

P	L	C	原始	Kernel 估计		部分线性估计		单指标估计	
				北部	南部	北部	南部	北部	南部
1	1	2	5231	5171.993	5152.137	4830.031	4707.25	4979.677	5163.495
2	3	2	4861	4861.118	4904.665	4870.855	4794.196	4725.777	4748.784
3	3	2	4861	4861.172	4910.253	5029.364	4876.95	4731.433	4748.578
1	8	3	4811	4778.934	4811.002	4883.107	4803.294	4936.716	4735.904
1	3	3	4414.333	4414.323	4414.333	4483.631	4380.755	4725.223	4912.234
1	1	3	4401	4434.149	4401.068	4521.42	4461.863	4871.878	5625.385
1	4	3	4081	4081.518	4081.012	4342.818	4102.52	4932.72	4609.078
1	3	4	4116	4116.145	4116.047	4762.833	4923.758	4536.783	4965.084
1	4	4	4284.75	4458.761	4284.808	4727.395	4482.09	4985.7	4742.311
1	8	4	5151	4977.044	5150.99	4832.424	5111.077	4926.685	4731.594
1	1	4	4701	4701.521	4701.114	6110.228	5967.954	4923.338	4532.092
1	3	5	4723.5	4739.195	4723.495	4734.058	4922.715	4692.482	5425.172
1	5	5	4206	4336.651	4513.197	4682.083	4347.022	4975.715	5574.496
1	1	5	6501	6485.166	6501.027	6814.416	7114.593	5028.668	5182.155
1	10	5	4251	4514.751	4251.051	4348.362	4351.963	4983.538	5564.688
1	4	5	5623.5	5269.085	5316.144	4634.735	4428.217	4868.871	4907.047
1	10	6	4213.5	4169.365	4213.589	4373.028	4441.95	4739.142	5116.852
1	3	6	5887.5	5887.509	5887.493	6164.023	6299.372	4985.716	5612.682
1	4	6	14301	14296.72	14299.84	7570.877	7824.61	6260.284	5630.698
1	8	6	3951	3972.75	3951.196	4519.755	4633.532	4930.291	4730.929
1	5	6	3913.5	3931.411	3913.517	4346.492	4081.562	4887.906	5625.432
1	2	6	5301	5301.759	5301	5330.049	5497.558	4938.97	4589.367
1	3	7	4787.8	4787.814	4787.807	4831.364	4864.722	4961.888	5942.709
1	4	7	4831	4901.056	4831.599	6521.545	6644.07	6408.586	5621.434
1	8	7	5801	5799.727	5800.713	4557.139	4715.78	4936.78	4686.115
1	1	7	5801	5800.623	5800.848	6189.62	5996.479	4659.713	4582.278
1	10	7	5001	4932.426	5001.04	7506.026	5385.39	5902.506	5241.082

表 1c　原始 NAI 与估计 NAI 对比

P	L	C	原始	Kernel 估计		部分线性估计		单指标估计	
				北部	南部	北部	南部	北部	南部
2	3	7	3801	3801. 077	3801. 14	4502. 205	4449. 213	4109. 337	4411. 933
1	3	8	5401	5401. 716	5401. 001	5345. 82	5400. 064	4871. 943	5440. 143
1	5	8	35801	35797. 66	35800. 65	35775. 36	35800. 84	21378. 9	21639. 53
1	1	8	25801	25799. 1	25801	25131. 92	24773. 66	22103. 57	21816. 37
1	10	8	19801	19801. 94	19801	14475. 72	19783. 86	18493. 33	19022. 68
1	5	9	3903. 5	3956. 887	3902. 979	4373. 381	4241. 146	4761. 519	4639. 112
1	8	9	4101	4022. 455	4101. 132	4357. 287	4547. 025	4846. 916	4539. 135
1	3	9	5301	5295. 89	5300. 822	4414. 927	4497. 079	4694. 662	5257. 987
1	4	9	3901	3944. 296	3901. 66	4471. 052	4388. 206	5090. 297	5146. 917
1	4	10	4900. 995	4809. 269	4844. 69	5324. 919	5241. 122	7011. 599	4972. 81
1	10	10	4101	4108. 502	4101. 129	4271. 16	4501. 985	5854. 5	4403. 919
1	11	10	4401	4201. 194	4400. 998	4277. 461	4397. 282	5586. 776	5557. 421
1	5	10	3943. 5	4093. 179	3943. 516	3832. 693	3977. 395	4622. 555	4384. 608
1	8	10	3951	4024. 529	3951. 155	4297. 177	4490. 315	4920. 935	4560. 099
1	1	10	4326	4414. 562	4382. 506	4600. 964	4762. 073	4790. 538	4541. 403
1	3	10	4138. 8	4139. 12	4138. 871	4340. 392	4461. 165	4507. 51	5688. 612
1	8	11	9926	9926	9926	9903. 895	9924. 406	9926	9926
1	3	11	6301	6301. 418	6300. 999	6049. 623	6225. 372	4916. 595	5866. 917
1	4	11	8801	8798. 007	8798. 505	8329. 813	7977. 961	7419. 698	6289. 73
1	1	11	6801	6805. 396	6803. 814	6972. 373	7171. 796	9499. 524	6742. 784
1	3	12	3994. 75	3994. 884	3994. 857	4273. 722	4434. 465	4542. 38	6865. 798
1	5	12	3907. 25	3908. 053	3912. 015	4517. 931	4407. 045	5973. 36	4794. 026
1	1	12	4176	4176. 307	4171. 554	4942. 636	5158. 758	4823. 163	4572. 895
1	10	12	3926	3926. 238	3926. 172	4199. 373	4429. 32	6006. 317	4782. 971
1	3	13	4151	4165. 604	4151. 036	4405. 151	4731. 051	4984. 349	5922. 175
1	4	13	7801	7827. 343	7889. 111	8922. 301	6350. 853	7391. 761	5677. 705
1	4	13	8801	8772. 415	8720. 303	8850. 908	8796. 092	15657. 21	17952. 18
1	1	13	8801	8788. 445	8799. 545	6588. 264	7097. 306	6412. 002	5556. 133

由表1可以看出，在所有情况下 Kernel 估计的估计结果最接近原始数值，但每种估计对 NAI 的估计结果均与原始数值略有不同。通过对估计结果的简单对比得知，Kernel 估计优于其他估计方法。

为了进一步对比三种估计量，本文计算了三种估计方法的均方误差，计算结果如表2所示。通过均方误差的对比，可看出 kernel 估计显著优于其他方法，这与估计结果的对比结论一致。因此，本文认为 Kernel 估计可以更好地评估生物碳的应用效益。

表2　NAI 估计值的均方误差

北部			南部		
Kernel 估计	部分线性估计	单指标估计	Kernel 估计	部分线性估计	单指标估计
6483	1308538	5345207	6012	835535	5694548

（二）后期预测与解释

生物碳应用的 NAI 预测在不同的热解厂位置下共有 108 种不同情境，其中 54 种为南部热解厂、54 种为北部热解厂。

图1为当热解厂在北部建设时 NAI 的预测结果。当农业生产成本相对较高且肥料使用成本效率低下时（如 $0.5X_2, 1.1X_3, 1.05X_4$），如果农民能够提高灌溉成本节约量，收益将增加；而当生物碳应用成本较低、生产成本较高且有效灌溉时（$2X_1, 1.1X_3, X_4$），只要农民能够进一步节约肥料成本，NAI 则能够提升；当生物碳应用使灌溉与肥料使用效率更高时（$2X_1, 2X_2$），则会间接地提高生物碳应用成本。

在灌溉节约与肥料节约较少的情况下（$0.5X_1, 0.5X_2$），降低农业生产相关成本将使 NAI 进一步提高；当灌溉与肥料节约较多，并存在会增加相关成本的因素时，NAI 可能会上升，当所有相关成本较高而有因素可使灌溉与肥料节约增加时，NAI 也会上升。当相关成本提高，而 NAI 仍会上升的可能解释是在生产水平给定的情况下，边际收益高于边际成本，从而导致净收入增加。

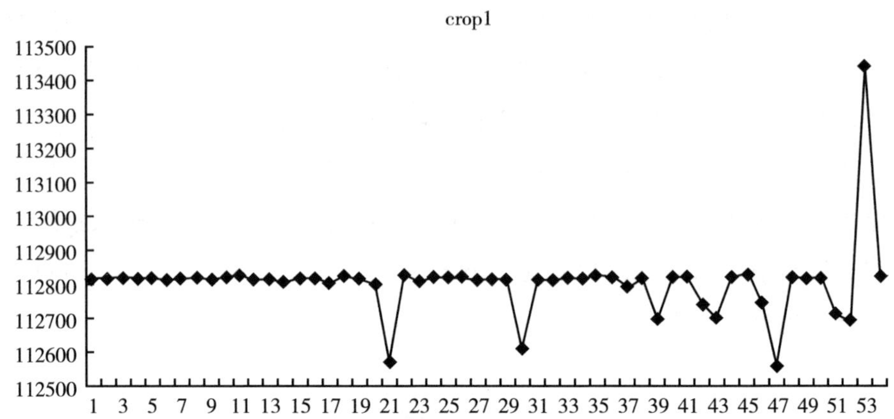

图 1　鄱阳湖生态经济区北部热解厂基于水稻种植的预测 NAI

图 2 显示了当热解厂建设在南部时 NAI 的预测情况。当灌溉与肥料使用是相对有效率的且生产成本较低时（$2X_1$,$2X_2$,$0.9X_3$），如果农民能够减少生物碳应用成本，NAI 将上升；当灌溉与肥料使用效率较低且生产成本较高时（$0.5X_1$,$0.5X_2$,$1.1X_3$），使用相同的策略 NAI 会更高。

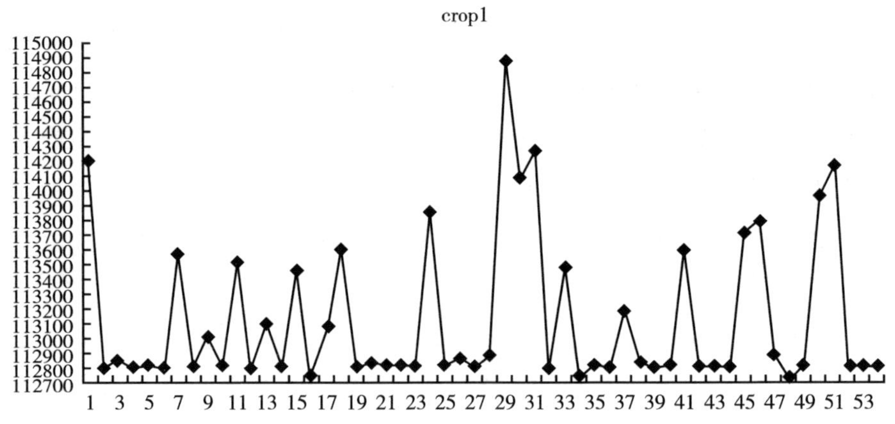

图 2　鄱阳湖生态经济区南部热解厂基于水稻种植的预测 NAI

从图 2 中可以注意到，当热解厂建设在鄱阳湖生态经济区南部时，在大多数情况下预测的 NAI 都高于热解厂建设在该区域北部。例如，当灌溉节约水平只有标准水平的一半时，与北部热解厂的大部分情况相比南部热解厂预测的 NAI 均较为突出。这可能因为南方县的灌溉成本较高，灌溉节约对 NAI 影响更为显著；南部县的 NAI 较高也与更高的成本节约有关。此外，南部县市每提升 1% 的灌溉节约所引起的 NAI 的变化要高于北部，因此南部县市每 1% 的灌溉节约损失将对 NAI 产生更大的影响。

（三）讨论

由于地理条件的不同，鄱阳湖经济区北部县比南部县更容易获得水资源，因此当热解站在区域南部建设时生物碳能够增强土壤水分储存能力，使南部农民的灌溉费用进一步减少。当热解厂在北部建设时，由于较高的运输成本，大部分生物碳会在区域北部的邻近县区使用，这使 NAI 降低。南部各县的肥料成本高于北部县，因此肥料使用也会产生类似的影响；南部县的土地相对贫瘠，肥料成本是生产活动的主要成本之一，因此肥料成本的降低将使 NAI 有较大提升。这表明南部县使用生物碳引起的灌溉和肥料成本的减少高于北部县。从图 1 和图 2 也可以看出，北部所有情况下 NAI 的分布比南部更加平滑。基于模型结果，本文发现生物碳运输成本对 NAI 有显著影响。当热解厂在北部建设时，因北部地区土壤相对肥沃且灌溉与肥料支出较少，由生物碳使用引起的成本降低并不如南部地区显著；即使生物碳可以由北部运输到南部，运输成本也将减少 NAI。当热解厂在南部建设时，运输成本将显著降低而 NAI 则会增加。

当热解厂在北部时，生产成本和生物碳应用成本的较小增加并不会对 NAI 产生显著的影响；对于邻近热解厂的县区，提高灌溉和肥料使用效率将提高 NAI。当热解厂在南部且所有成本与效益均增加时（$2X_1, 2X_2, 1.1X_3, 1.05X_4$），由于生物碳应用成本和生产成本的增加高于灌溉和肥料成本节约带来的效益，此时 NAI 为正却小于基础情境的 NAI（X_1, X_2, X_3, X_4）；当成本与效益均减少时，因生物碳应用成本和生产成本 1% 的降低将超过由灌溉和肥料节约引起的1%的效益损失，此时NAI会提高。而热解厂在北部时上述NAI效应在大多数情境下不再显著。

因此，从发展热解工艺和生物碳应用的角度来看，将热解厂建设在环鄱阳湖的南部县（市），能够带来更高的社会、经济与环境效益。然而，由于大规模的再生能源产业发展需要较大的资金投入，省、市、县是否能够出台相关的政策来进行扶持，也是其成功与否的重要因素。

六 结论

热解/生物碳是生产清洁且可再生能源的可行方法，虽然生物碳在运输、原料收集与储存等方面仍存在困难，但是因其能够降低农业生产成本、降低灌溉与肥料支出、减缓温室效应等特性，善加利用此项技术能够带来显著的环境与经济效益。

本研究通过将生物碳作为土壤改良剂带来的效益进行定量研究，研究了热解厂在区域南部或北部建设时将如何影响鄱阳湖生态经济区农民的收益。通过对Kernel估计、部分线性估计和单指标估计的NAI结果的拟合优度度量，本文观测到Kernel估计为最优选择，而后使用Kernel估计对水稻种植下的NAI进行预测。结果显示生物碳能够显著增加该地区农民的收入，尤其是在水稻种植情境下。由于环鄱阳湖生态经济区周边县（市）的土壤肥沃程度不同，热解厂的位置便是影响整体经济和环境效益的重要因素。当热解厂设在南部时，生物碳应用可以更显著地降低灌溉、肥料及运输成本。

由于热解厂的建设并不广泛，本文使用的数据是基于欧洲的研究数据所得，这可能与在中国实际建设的费用有偏离。这需要对在中国建设热解厂进行实地调查，同时需要进一步调查以量化热解/生物碳技术以及生物碳动态的收益与损失。

附　录

变量	(X_3,X_4)	$(X_3,1.05X_4)$	$(0.9X_3,X_4)$	$(0.9X_3,1.05X_4)$	$(1.1X_3,X_4)$	$(1.1X_3,1.05X_4)$
(X_1,X_2)	(1)	(2)	(3)	(4)	(5)	(6)
$(X_1,0.5X_2)$	(7)	(8)	(9)	(10)	(11)	(12)
$(X_1,2X_2)$	(13)	(14)	(15)	(16)	(17)	(18)
$(0.5X_1,X_2)$	(19)	(20)	(21)	(22)	(23)	(24)
$(0.5X_1,0.5X_2)$	(25)	(26)	(27)	(28)	(29)	(30)
$(0.5X_1,2X_2)$	(31)	(32)	(33)	(34)	(35)	(36)
$(2X_1,X_2)$	(37)	(38)	(39)	(40)	(41)	(42)
$(2X_1,0.5X_2)$	(43)	(44)	(45)	(46)	(47)	(48)
$(2X_1,2X_2)$	(49)	(50)	(51)	(52)	(53)	(54)

注：①第一列及第一行给出了各项模拟情景的基本定义；②括号内的数字表示该项模拟情况的组别。

Nonparametric Forecasting for Biochar Utilization in Poyang Lake Eco－economic Zone in China

Zhang Mengxu, Gong Zhijun

Abstract: Agriculture is the least profitable industry in China. However, even with large financial subsidies from the government, farmers' living standards have had no significant impact so far due to the historical, geographical, climatic factors. The study examines and quantifies the net economic and environmental benefits by utilizing biochar as a soil amendment in eleven counties in the Poyang Lake Eco－Economic Zone. A nonparametric kernel regression model is employed to estimate the relation between the scaled environmental and economic factors, which are determined as regression variables. In addition, the partial linear and single index regression models are used for comparison. In terms of evaluations of mean squared errors, the kernel estimator, exceeding the other estimators, is employed to forecast benefits of using biochar under various scenarios. The results indicate that biochar utilization can potentially increase farmers' income if rice is planted and the net economic benefits can be achieved up to ￥114, 900. The net economic benefits are higher when the pyrolysis plant is built in the south of Poyang Lake Eco – Economic Zone than when it is built in the north as the southern land is relatively barren, and biochar can save more costs on irrigation and fertilizer use.

Keywords: Biochar; Poyang Lake Eco – economic Zone; Nonparametric Estimation

以农户为中心的农业面源污染教育引导机制研究

华春林*

摘　要： 长期过量地使用农业化学品造成严重的农业面源污染。利用教育引导机制提高农户意识，引导农户自觉选择环境友好型生产行为，可从源头上控制农业面源污染的发生。本文基于陕西省626份调查问卷数据，采用倾向评分匹配方法估计测土配方施肥和中英项目对农户减少化肥使用的影响效果。实证研究结果显示：农业面源污染治理教育引导项目能够影响农户的化肥投入量，不同信息传播途径对于农民的影响具有差异性。

关键词： 农业面源污染　教育引导　倾向评分匹配法

一　研究背景

农业生产目前是最主要的水资源使用者，粗放型农业生产中，长期过量地使用农业化学品造成严重的农业面源污染。据2018年国家统计局数据显示，中国化肥2017年使用量达5859.00万吨，其中氮肥施用折纯量为

* 华春林，西南科技大学经济管理学院副教授，硕士生导师，毕业于西北农林科技大学，攻读博士学位期间曾在美国德州农工大学访问学习两年，近年来研究方向和内容主要集中于农业面源污染治理机制及农户生产行为。

2221.82万吨，复合肥用量为2220.27万吨，用量最少为磷肥和钾肥，分别为797.59万和619.74万吨。而我国农业生产中的化肥利用率非常低，仅为35%①，未被吸收的营养成分进入水体，形成大面积的农业面源污染。《中国环境公报》公布了我国氮元素排放总量，其中农业源近几年来一直占全国氮元素排放总量的30%有余。以上数字说明，我国水体的污染已经由工业主导变为以农业为主要污染源的局面，治理农业面源污染刻不容缓。

一般而言，由中央政府颁布的水污染法律法规具有综合性强、覆盖面广的特点，但具体实施操作细节不够明确，在治理过程中的可操作性较差，不能满足农业面源污染治理需求。因此在农业面源污染治理机制中，市场经济手段开始投入实施，利用市场经济手段调节单个个体的污染选择可能将与社会最佳污染选择达到一致。农业面源污染防控的难点在于难以在可承担的成本之内对污染源进行有效监测，上述提到的税、费治理手段，在无法准确监测出农户对农业面源污染贡献的条件下，治理效果并不明显。因此，目前各国较为有效和盛行的是采用间接手段影响农户自身的生产行为，利用教育培训项目，提高农户意识，引导农户自觉选择环境友好型生产行为，从源头上控制农业面源污染的发生。

农户是一切农业经营活动的执行主体，是农业面源污染的主要制造者和受害者之一。作为一个理性的经济个体，其行为追求的是效益最大化，而我国农户又具有经营规模小、收入水平低的特征，在追求效益的过程中，农户会忽略环境因素首先保证自己的利益最大化。农户这种追求利益最大化的"理性行为"与忽略环境保护的"非理性行为"之间的矛盾使得局部地区面源污染问题突出，造成了点源污染与面源污染共存的环境形势，从而成为阻碍我国农村经济可持续发展的重要因素。

我国现有的农业面源污染治理政策很少涉及农户行为本身，更多的是

---

① 贾蕊、陆迁、何学松：《我国农业污染现状、原因及对策研究》，《中国农业科技导报》2006年第1期，第59～63页。

针对农业生产的外部主体，而与环境直接相关的农户却很少包括其中，且多数停留在指导层面，可操作性不强。农业面源污染治理只有与农户行为，特别是农业生产行为有效地结合，才能使可持续发展的理念真正地落到实处，落实到农户个人，从而实现以最低成本、最大限度地减少面源污染。

教育引导项目在减少农户化肥使用并在治理农业面源污染上有很大潜力，目前我国制定的各种环境保护政策都是具有概括性和原则性的规定，缺乏可操作性，难以在实践中贯彻实施，经过多年各方面研究的积累，学者们已关注到农业面源污染治理中教育培训的重要性。张维理等指出，我国农业面源污染治理中存在的问题之一是缺少针对小农户分散经营方式的农化技术服务体系，缺少针对中国基层农技人员的技术支撑。李海霞等分析了农户施肥行为，调查发现，有73%的农户具有接受农技培训的强烈愿望。巩前文等实证分析结果显示，农户化肥施用量受到科学施肥技术培训或专业人员指导的显著正向影响。更有学者提出应通过教育培训提高农户科学认识和使用配方肥的能力，引导微观农户自觉调整生产行为，以达到控制和治理农业面源污染的目的。在农户施肥决策的过程中，农户接受科学施肥技术培训或指导的意愿，显著影响农户施肥决策，农户参加培训的次数越多，就越倾向于使用环境友好的耕作方式。①

我国以减少农户化肥施用量达到治理农业面源污染目的的培训项目逐渐增加，本文将以测土配方施肥项目、陕西省中英合作“改进养分管理，减少非点源氮污染，改善农户生计”项目为例，分析教育引导机制在农业面

① 饶静、纪晓婷：《微观视角下的我国农业面源污染治理困境分析》，《农业技术经济》2011年第12期，第11～16页；张维理、徐爱国、冀宏杰、Kolbe H.：《中国农业面源污染形势估计及控制对策Ⅲ——中国农业面源污染控制中存在问题分析》，《中国农业科学》2004年第7期，第1026～1033页；李海霞、任大廷、冉瑞平：《农户的化肥使用行为研究——以四川省为例》，《四川农业大学学报》2008年第3期，第297～300页；巩前文、张俊飚、李瑾：《农户施肥量决策的影响因素实证分析——基于湖北省调查数据的分析》，《农业经济问题》2008年第10期，第63～68页；葛继红、周曙东、朱红根、殷广德：《农户采用环境友好型技术行为研究——以配方施肥技术为例》，《农业技术经济》2010年第9期，第57～63页。

源污染中的积极作用。本文基于陕西省626份调查问卷数据，采用倾向评分匹配（Propensity Score Matching，PSM）方法估计测土配方施肥和中英项目对农户减少化肥使用的影响效果，评测农业面源污染治理培训项目为农户化肥施用行为带来的改变，为农业面源污染微观治理机制的建立提供理论和实证依据。

二　测土配方施肥和中英项目简介

全国性测土配方施肥项目是一个系统工程，从1990年开始实施，2005年开始在全国范围内推广，该系统工程涉及面较广，主要有采集地土样、土壤化验、确定配方、加工配方肥、按方购肥、科学用肥、田间监测、修订配方这八个步骤。从上述测土配方施肥项目的详细步骤可以看出，农户在每个步骤中的参与程度很低。特别是按方购肥和科学用肥这两个步骤，农户的参与也非常被动，不能根据自己的需求进行调整，只需按照专家和科技人员的指导进行相应的施肥活动。目前来说，该项目的引导方式是合适的，因为我国农户个人文化水平较低，信息获取渠道比较有限，无法完全正确地了解自己耕种的土壤成分及所需养分，该项目有助于引导农户理性施肥，减少过量化肥施用情况。

“改进养分管理，减少非点源氮污染，改善农户生计”合作项目实施期间为2007年1月至2009年12月，由中国和英国政府共同资助，资助强度为20万英镑，在下文中简称中英项目。该项目以养分资源综合管理为理念，以氮肥合理施用为宗旨，在保证粮食产量不降低或产量有所提高的情况下降低氮肥用量，达到提高氮肥利用率，减少过量氮肥对环境污染产生的压力。项目组通过四方的协作研究为陕西关中地区合阳县和陈仓县农民设计出一份合理的施肥方案，并在陕西省展开大面积的示范和扩展，并总结一套实用的推广技术体系，利用该技术体系将研究成果向我国其他省份进行扩散。实施步骤为：①调查研究当地农户过量使用化肥的原因；②收集相关数据进行分析；③农民田间实验；④构建信息传播系统向农户发布项目及实验信息；

⑤与农户共同评价信息传播效果。农户有 5 种主要的途径参与到中英项目中：第一，农民田间学校，项目组专家在种植田间讲授和示范种植技术；第二，农户示范及现场观摩，项目组将实验结果在特定区域展示出来，农户可以选择自行参观；第三，农民大会，项目组在特定时间特定地点组织一定数量的农户传播项目信息及理性施肥方法；第四，农户对农户培训，由接受过专业指导的农户对未受指导的农户进行培训，以农户间的语言交流；第五，宣传手册及海报，由项目组免费提供。

三　倾向评分匹配（Propensity Score Matching）方法

1983 年 Rosenbaum 和 Rubin 创新性地提出倾向评分分析方法并常用于估计参与项目的平均效果评价，匹配法将具有相似特征的参与者和未参与者配对，以此减少随机调研数据所估计效果的偏倚程度（Reduce the bias）①。由于 PSM 方法的这一特殊优点，倾向评分分析方法被迅速传播，并广泛应用于项目平均效果的估计。本文尝试将 PSM 方法应用于农业面源污染治理培训项目实施对农户施肥行为效果评价方面，评测培训项目对农户化肥施用行为影响效果。

分析思路为：（1）基于调查问卷数据整理得出农户化肥投入量作为 PSM 方法的第一输出结果，再利用线性回归模型估计期望化肥施用量，与实际化肥投入量进行比较得到的差值作为 PSM 方法的第二输出结果；（2）运用二元 Probit 模型估计农户参与农业面源污染治理培训项目的可能性，即倾向评分（Propensity Score）；（3）基于上述两步骤结果，运用 PSM 方法估计培训项目的影响效果。线性回归以及 Pobit 模型应用已较为广泛，因此本文主要介绍用于农业面源污染治理培训项目效果评价的 PSM 方法。

在调查问卷中，农户样本可分为两组：*I* 组和 *J* 组。*I* 组农户为参与过

① Rosenbaum, P. R. & Rubin, D. B., "The Central Role of the Propensity Score in Observational Studies for Causal Effects," *Biometrika*, 1983 (70): 41 - 55.

培训项目，J 组农户为未参与者。定义指示变量 D，当农户参与过农业面源污染治理培训项目时，$D=1$，否则 $D=0$；本文 PSM 方法的输出结果有 2 个，定义变量 Y 为输出结果之一，农户化肥实际投入量，Y^i 表示为第 i 个参与培训项目的农户化肥投入量。

对于每一位农户，都有两种输出结果：如果农户参与过培训项目则化肥投入量为 Y_1，若农户未参与则化肥投入量为 Y_0。在调查研究过程中，只能观察到其中一种输出结果，例如 I 组农户，只能观测到农户参与培训项目后的化肥投入量 Y_1^i 。本文估计农业面源污染治理培训项目对农户化肥使用量的影响，即农户在未参与项目情况下的化肥投入量（ Y_o^i ）与已参与情况下化肥投入量（ Y_1^i ）的不同，如下所示：

$$ATT = E[Y_1^i - Y_0^i] = E[Y_1^i - Y_0^i \mid D = 1] = E[Y_1^i \mid D = 1] - E[Y_0^i \mid D = 1] \tag{3.1}$$

由于只能观测到 $E[Y_1^i \mid D = 1]$ ，不能观测 $E[Y_o^i \mid D = 1]$ ，因此运用 Matching 估计系数估计观察不到的反事实结果，即属于 I 组参与培训项目的农户在未参与情况下的化肥投入量，$\hat{Y}_0^i = E[Y_0^i \mid D = 1]$ 。Matching 的基本思路是：找到一组与参与农户禀赋特征相似的未参与农户，观测特征相似农户的化肥投入量，以此估计已参与农户的反事实化肥投入量（即参与农户在未参与培训项目情况下的化肥投入量），参与农户的实际化肥投入量与反事实的估计投入量之间的差异就是农业面源污染治理培训项目的影响效果。PSM 方法则利用具有相似项目参与倾向（也即倾向评分，Propensity Score）的未参与农户来估计已参与农户的反事实化肥投入量。在此，假设给定一组禀赋特征变量 X，农户化肥投入量独立于项目的参与选择，表示为：$Y \perp D \mid X$ ，并且禀赋特征变量 X 需要同时影响农户的化肥投入量以及项目参与选择行为。如果这一条件能被满足，那么农户化肥投入量也能独立于农户参与项目选择倾向 $P = P(D = 1 \mid X)$ ，即 $Y \perp P \mid X$ 。进一步假设具有类似禀赋特征值 X 的已参与农户和未参与农户的参与倾向 P 均满足条件值大于 0 小于 1，即 $0 < P(D = 1 \mid X) < 1$ ，这一假设提高了匹配质量，同时也会导致样本量减少，因

为排除了处于参与倾向分布尾部的农户。以一定量的样本损失为代价来提高倾向评分匹配质量的现象无可避免①。

公式（3.1）中的化肥投入量 $E[Y_1^i \mid D=1]$ 和 $E[Y_o^i \mid D=1]$ 表示如下：

$$E[Y_1^i \mid D=1] = \frac{1}{I}\sum_i (Y_1^i) \tag{3.2}$$

$$E[Y_0^i \mid D=1] = \frac{1}{I}\sum_i (Y_0^i) = \frac{1}{I}\sum_i \sum_j W(i,j)(Y_0^j) \tag{3.3}$$

其中 Y_0^j 是调研观测到的未参与培训项目农户的化肥投入量，W（i，j）是用来估计 I 组参与农户在未参与条件下化肥投入量的权重。根据匹配方式的不同，权重计算方法也有差异，本文使用 Kernel 匹配方法，权重表示参与农户与未参与农户之间参与培训项目倾向的差别，农户间参与倾向差异小的权重高，反之参与倾向差异大的权重小②。具体计算公式如下：

$$W(i,j) = \frac{G\left(\frac{P_j - P_i}{h}\right)}{\sum_{k \in J} G\left(\frac{P_k - P_i}{h}\right)} \tag{3.4}$$

其中 G（·）为 Kernel 函数，h 是符合匹配范围的农户数量，P_i 是用以匹配的参与农户 i 的倾向评分，P_j 和 P_k 分别是符合匹配范围的第 j 和第 k 个未参与农户的倾向评分。因此倾向评分匹配法估计的农业面源污染治理培训项目效果公式为：

$$A\hat{T}T = E[Y_1^i \mid D=1] - E[Y_0^i \mid D=1] = \frac{1}{I}\sum_i \{(Y_1^i) - \sum_j W(i,j)(Y_0^j\} \tag{3.5}$$

PSM 分析方法应用广泛，多数应用于对某一项目的效果评价。Andam 等研究在 Costa Rica 保护区域内降低森林退化率并发现在保护区域内的退化率比非保

① Heckman, J. J., Ichimura, H. & Todd, P. E., "Matching as an Econometric Evaluation Estimator: Evidence from Evaluating a Job Training Programme," *the Review of Economic Studies*, 1997 (64): 605 - 654.

② Guo, S. Y. & Fraser, M. W., "Porpensity score analysis," *Singapore*: *SAGE Publications*, 2010: 370.

护区域的退化率低 11%，说明保护区域对降低森林退化率有积极作用。Pufahl 和 Weiss 使用倾向评分方法估计农业环境项目并发现该项目能够显著减少在未种植区域内耕牛的养殖数量，特别是草原或者牧场。Mezzatesta 等以 6 种不同农业保护生产方法为例，使用 PSM 方法估计国家成本分担项目对农户生产行为的影响，他们发现国家成本分担项目对农户使用农业保护生产方法有显著影响，但对不同的生产方法影响显著程度不同。截至目前，国内研究文献中没有应用 PSM 方法分析农业面源污染治理培训项目对农户化肥行为的影响效果，有一些文献使用此方法评估其他领域的项目效果。陈玉萍等采用 PSM 方法分析农业技术采用对滇西南农户收入的影响，结果显示，农户采用改良陆稻技术情况下，收入相较于未采用的情况会有稳健的提高，但收入增加的效应会随着农户采用该技术时间的推移逐渐减弱，这说明应以配套的政策推动农业技术的创新。王海港等采用倾向评分方法分析职业技能培训对农村居民非农收入的影响，通过研究发现职业技能培训对参加者的影响弱于平均影响效果，而平均影响效果又弱于未参加者的影响，最后建议政府应该动员和激励未参与职业培训农户，改善他们工资难以提高的状况。张世伟和王广慧针对农民工收入偏低的问题，应用 PSM 方法分析培训对农民工收入的影响。研究结果指出职前培训和在职培训均能够有效地促进农民工收入的增加，而且职前培训的作用效果更加明显。[①]

---

① Andam, K. S., Ferraro, P. J., Pfaff, A., Sanchez - Azofeifa, G. A. & Robalino, J. A., "Measuring the effectiveness of protected area networks in reducing deforestation," *Proceedings of the National Academy of Sciences of the United States of America*, 105 (42): 16089 - 16094; Pufahl, A. & Weiss, R. C. "Evaluating the effects of farm programmes: results from propensity score matching," *European Review of Agricultural Economics*, 2009 (36): 79 - 101; Mezzatesta, M., Newburn, D. A. & Woodward, R. T., "Additionality and the Apoption of Farm Conservation Practices," *Selected Paper prepared for presentation at the Agricultural & Applied Economics Association's 2011 AAEA & NAREA Joint Annual Meeting*, 2011, 24 - 26; 陈玉萍、吴海涛、陶大云、Pandey S.、徐鹏、胡凤益、丁士军、王怀豫、冯璐：《基于倾向得分匹配法分析农业技术采用对农户收入的影响——以滇西南农户改良陆稻技术采用为例》，《中国农业科学》2010 年第 17 期，第 3667 ~ 3676 页；王海港、黄少安、李琴、罗凤金：《职业技能培训对农村居民非农收入的影响》，《经济研究》2009 年第 9 期，第 128 ~ 139 页；张世伟、王广慧：《培训对农民工收入的影响》，《人口与经济》2010 年第 1 期，第 34 ~ 38 页。

四　PSM 分析结果及讨论

本文所使用的数据由随机抽样、入户调查方式所获得。调研时间为2011 年 5 ~7 月、11 月，实发调查问卷 640 份，回收有效问卷 626 份。调研地点为杨凌示范区、武功县及泾阳县，调研地区均实施测土配方施肥项目，其中杨凌示范区的崔东沟村、官村以及上湾村 2007 ~2009 年实施过中英项目。

（一）数据平衡测试

由于 Matching 方法利用具有相似参与倾向的未参与农户化肥投入量来估计参与农户在未参与农业面源污染治理培训项目情况下的化肥投入量，因此必须验证 Matching 方法所选择的未参与农户和参与农户的各项特征变量是属于相同分布的，换句话说，所选参与农户和未参与农户不具有显著差异，农户的化肥投入量具有可比性（即两组农户特征变量是平衡的）[①]。从表 1 中可以看出，Matching 前，参与农户和未参与农户禀赋特征中有 9 个变量的平均值至少在 5% 的显著性水平上存在差异；Matching 后所有变量的均值是没有差异的，说明本文使用的 Matching 方法创建的样本是平衡的。Matching 后的样本数量减少 5 位参与农户，这是因为没有找到与这 5 位农户相匹配的未参与农户具有类似的参与倾向评分。其他模型的平衡测验结果类似，除了模型 1，在其平衡测验结果中，乡镇是否设有化肥技术培训班变量在 Matching 后仍然存在明显差异。这可能是因为本文调查问卷中变量获取问题为“除了中英项目，您所在乡镇是否设有化肥技术培训班”，而模型 1 的因变量为农户参与测土配方施肥或中英项目，因此这一变量与中英项目参与独立，而不与测土配方施肥项目的参与独立。

① 本文设有 7 种不同参与场景，因此有 7 个 Probit 模型，由于篇幅有限，此处仅为模型 2 的平衡测试结果。如果需要其他模型结果，可与作者联系。

表 1 变量描述性统计及平衡测试结果

变量名称	Matching 前		差别	Matching 后		差别
	参与农户均值 N = 38	未参与农户均值 N = 356		参与农户平均值 N = 33	未参与农户平均值 N = 356	
农户个体特征变量						
性别	0.53	0.52	0.01	0.52	0.58	-0.06
年龄	52.37	51.58	0.79	51.58	50.94	0.64
文化教育水平	0.21	0.15	0.06	0.15	0.21	-0.06
务农年限	28.4	29.18	-0.78	29.18	30.52	-1.34
农户种植变量						
机械务农	0.89	0.88	0.01***	0.88	0.88	0.00
耕地总面积	5.03	5.28	-0.25	5.28	6.75	-1.47
劳动力比例	0.50	0.50	0.00	0.50	0.54	-0.04
农业收入比例	0.72	0.71	0.01***	0.71	0.76	-0.05
种植小麦	0.13	0.09	0.04	0.09	0.15	-0.06
种植玉米	0.05	0.06	-0.01***	0.06	0.03	0.03
种植猕猴桃	0.84	0.91	-0.07	0.91	0.94	-0.03
种植其他作物	0.87	0.91	-0.04	0.91	0.91	0.00
农户认知变量						
农业面源污染认知	0.34	0.33	0.01	0.33	0.24	0.09
环境保护政策认知	0.39	0.39	0.00	0.39	0.3	0.09
可持续农业政策认知	0.55	0.48	0.07**	0.48	0.58	-0.10
治理机制反应变量						
村庄设有教育培训项目	0.47	0.45	0.02**	0.45	0.39	0.06
与其他农户交流种植经验	0.26	0.24	0.02**	0.24	0.18	0.06
乡镇设有化肥技术培训班	0.29	0.24	0.05***	0.24	0.18	0.06
参加过化肥技术培训班	0.24	0.18	0.06***	0.18	0.12	0.06
减少化肥补贴的期望值	3.74	3.79	-0.05	3.79	3.85	-0.06
支持法律法规限制化肥使用量	0.89	0.88	0.01***	0.88	0.88	0.00
支持征收农业面源污染税	0.61	0.64	-0.03	0.64	0.61	0.03

注：***、**、*分别表示1%、5%、10%显著性水平。

（二）化肥投入量估计

本文使用线性回归模型估计期望化肥投入量，将估计的化肥投入量与农户实际投入量进行比较，利用这两个投入量之间的差值衡量农户是否过量或过低使用化肥，也是本文用 PSM 方法估计农业面源污染治理培训项目效果的输出结果之一。回归模型被解释变量为化肥投入总量，解释变量包括年龄、性别、文化教育水平、务农年限、机械务农、劳动力比例、农业收入比例以及小麦、玉米、猕猴桃和其他作物种植面积。从表 2 回归结果可以看出，农业收入比例、玉米等种植面积显著影响化肥投入总量，模型 R^2 仅有 0.38，说明从调研所得农户化肥投入量与模型估计化肥投入量差异较大。

表 2　化肥投入量估计线性回归模型结果

变量名称	估计系数	标准误	P 值
性别	0.55	0.80	0.49
年龄	1.56	13.52	0.91
文化教育水平	-11.73	18.71	0.53
务农年限	-0.35	0.75	0.64
机械务农	-12.98	14.63	0.38
劳动力比例	37.45	27.79	0.18
农业收入比例	63.20**	29.35	0.03
小麦种植面积	10.31	8.17	0.21
玉米种植面积	17.81**	8.13	0.03
猕猴桃种植面积	10.19*	5.56	0.07
其他作物种植面积	67.06***	7.96	0.00
常数	-36.09	38.92	0.35
R - squared	0.38		

注：***、**、*分别代表 1%、5%、10% 显著性水平。

（三）农户参与农业面源污染治理培训项目的倾向评分

本文使用 Probit 模型估计农户参与培训项目的可能性，作为 PSM 方法的倾向评分，并设置 7 种不同的参与场景，即不同的 7 个被解释变量，使用相同的解释变量估计农户 7 种不同参与选择的可能性：①参与测土配方施肥项目或者中英项目；②参与中英项目；③参与没有农民田间学校的中英项目；④参与没有农户示范及现场观摩的中英项目；⑤参与没有农民大会的中英项目；⑥参与没有农民对农民培训的中英项目；⑦参与没有海报和宣传手册的中英项目。设置场景3~7的目的是采用PSM方法分析中英项目不同教育途径的影响效果。Probit模型估计结果表明，机械务农、村庄设有教育培训项目、乡镇设有化肥技术培训班以及农业收入比例在每一个模型中都显著影响农户的项目参与可能性，也与本文预期一致，估计系数为正。另外3个变量：种植猕猴桃、与其他农户交流种植经验以及支持法律法规限制化肥使用量在5个以上模型中显著影响农户的参与可能性，估计系数为负。这说明农户对培训项目的选择存在偏倚，例如，种植猕猴桃的农户以及经常与其他农户交流种植经验的农户参加农业面源污染治理培训项目的可能性更小。

表3　Probit模型估计系数结果

变量	模型1	模型2	模型3	模型4	模型5	模型6	模型7
农户个体特征变量							
性别	-0.151	-0.253	-0.308	-0.213	-0.202	-0.162	-0.175
年龄	0.003	0.013	0.015	0.010	0.009	0.006	0.010
文化教育水平	-0.024	0.106	0.154	-0.178	-0.675*	0.224	0.304
务农年限	0.008	-0.000	-0.002	0.001	-0.012	0.007	0.007
农户种植变量							
机械务农	1.44***	1.291***	1.233***	1.319***	1.341***	1.282***	1.333***
耕地总面积	-0.003	0.005	0.008	0.006	-0.007	-0.001	0.023
劳动力比例	-0.784	-0.887	-0.842	-0.456	-1.152*	-1.051	-1.157*
农业收入比例	1.454***	1.632***	1.633***	1.670***	1.832***	1.740***	1.700***
种植小麦	-0.601	-0.226	-0.218	-0.206	0.0126	-0.668	-0.191
种植玉米	-0.967*	-0.711	-0.718	-0.584	-0.399	-0.573	-0.843
种植猕猴桃	-2.157***	-1.548**	-1.521**	-1.324*	-0.874	-1.608**	-1.661**
种植其它作物	0.583	0.488	0.58	0.037	0.584	0.092	0.651
农户认知变量							
农业面源污染认知	-0.274	-0.235	-0.132	-0.490	-0.027	-0.064	-0.601*
环境保护政策认知	0.170	0.256	0.245	0.314	0.318	0.290	0.288
可持续农业政策认知	0.172	0.127	0.120	-0.037	0.360	-0.026	0.034

续表

变量	模型 1	模型 2	模型 3	模型 4	模型 5	模型 6	模型 7
治理机制反应变量							
村庄设有教育培训项目	0.752***	0.745***	0.851***	0.628**	0.588*	0.772***	0.835***
与其他农户交流种植经验	-0.498***	-0.557**	-0.481*	-0.575	-0.570*	-0.815***	-0.447
乡镇设有化肥技术培训班	1.139***	1.177***	1.220***	1.197***	1.147***	0.929**	1.440***
参加过化肥技术培训班	0.388	0.370	0.384	0.39	0.630	0.020	0.293
减少化肥补贴的期望值	0.183	0.200	0.166	0.257	0.167	0.248	0.144
支持法律法规限制化肥使用量	0.603*	0.783**	0.945**	0.346	0.861**	0.962***	0.699*
支持征收农业面源污染税	-0.242	-0.218	-0.289	0.235	-0.545**	-0.247	-0.119
常数	-3.126**	-4.200***	-4.366***	-4.533***	-4.237***	-4.011***	-4.129***

注：***、**、*分别表示1%、5%、10%显著性水平。

（四）农业面源污染治理培训项目的平均影响效果（ATT）

表4的估计结果是利用Stata统计软件，采用PSM方法Kernel Gaussian匹配类型（匹配宽度为默认值0.06）基于公式（3.5）估计农业面源污染治理培训项目的平均影响效果（ATT），总共有7种不同的参与场景来估计培训项目对农户化肥投入量（即输出结果）的影响。在本文的PSM方法中，输出结果有两种：（1）农户实际化肥投入量；（2）农户实际化肥投入量与估计期望投入量之间差异。若输出结果1的ATT估计值为正，说明参与农户的平均化肥投入量高于农户在未参与项目情况下的化肥投入量；若输出结果2的ATT估计值为正，说明参与农户的化肥投入量高于线性估计投入量更多。因此，我们期望输出结果1和结果2的ATT估计值都为负，就说明农业面源污染治理培训项目具有减少化肥投入的效果。

表 4　不同参与场景的 ATT 估计结果

单位：公斤/公顷

参与场景	输出结果1 ：化肥投入总量			输出结果 2:实际化肥投入量与线性估计投入量之间差值		
	ATT	标准误差	t - 值	ATT	标准误差	t - 值
1. 测土配方施肥项目或者中英项目	9. 24	26. 96	0. 34	- 22. 67	24. 43	- 0. 93
2. 中英项目	- 56. 24	61. 01	- 0. 92	- 37. 44	57. 92	- 0. 65
3. 去除农民田间学校的中英项目	- 42. 09	32. 46	- 1. 30	- 13. 61	27. 28	- 0. 50
4. 去除农户示范及现场观摩的中英项目	- 53. 11	50. 47	- 1. 05	- 73. 92	36. 98	- 2. 00 *
5. 去除农民对农民培训的中英项目	- 65. 75	39. 71	- 1. 66 *	- 24. 23	27. 52	- 0. 88
6. 去除农民大会的中英项目	5. 48	38. 59	0. 14	- 4. 75	30. 63	- 0. 15
7. 去除海报和宣传手册的中英项目	20. 78	30. 75	0. 68	19. 56	24. 70	0. 79

注： *** 、 ** 、 * 分别代表 1% 、5% 、10% 显著性水平。

估计结果显示，农户在参与测土配方施肥项目或中英项目的条件下，化肥投入量比农户不参与项目增加 9. 24 公斤/公顷化肥，实际化肥投入量与期望投入量之间差值减少 22. 67 公斤/公顷。场景 2 中，若农户只参与中英项目，参与农户比他们没有参与项目时少投入 56. 24 公斤/公顷化肥，化肥投入量差值减少 37. 44 公斤/公顷。上述结果不具有统计显著性，但表明在一定程度上中英项目比测土配方施肥项目对农户化肥投入量及化肥超量使用有更好的影响效果，可能的原因是测土配方施肥项目是全国性项目，实施范围广，而中英项目是小范围实施的当地项目，因此与农户的联系更为紧密，所以有更好的正面影响。

本文设置 5 种选择场景（表 4 中场景 3 ~ 7）估计中英项目不同教育途径对农户化肥投入量及化肥超量投入的影响，每次去除一种途径保留其他四种。在场景 3 中，农户参与去除农民田间学校的中英项目，比他们没有参与时减少化肥投入总量 42. 09 公斤/公顷，化肥投入量差值降低 13. 61 公斤/公顷，但不具有统计显著性。若中英项目去除农户示范及现场观摩途径（场景 4），相比参与农户在未参与中英项目的情况下，化肥投入量减少 53. 11 公斤/公顷，化肥超出量降低 73. 92 公斤/公顷，输入结果 2 的 ATT 估计值在 10% 的检验水平上显著，表示去除农户示范及现场观摩的中英项目对减少农户化肥投入量具有显著正面影响，也即农户示范及现场观摩教育途径阻碍中英项目的影响效果，造成农户化肥量的增加。可能的原因是农户在现场观摩时，只注重项目示范区域庄稼良好的长势和收成，未留意达到这一结果的合理施肥手段，从而导致农户在自家耕地里施用更多化肥来达到与项目示范田耕种效果一致的局面。场景 5 的估计结果与场景 4 类似，农户参与去除农民对农民培训的中英项目，化肥投入量比农户未参与的情况下减少 65.75 公斤/公顷，并在 10% 的检验水平上显著，化肥投入量差值降低 24.23 公斤/公顷但并不具有显著性。这说明如果中英项目中没有包含农户示范及现场观摩和农户对农户培训这两种教育途径，对减少农户的化肥投入量更有效率，可能的原因是这两种教育途径不能使农户完全理解项目信息，或信息在传播过程中失去完整性，导致项目效率降低。在场景 6 中，农户参与去除农民大会的中英项目，比他们没有参与时增加化肥投入总量 5.48 公斤/公顷，化肥投入量差值降低 4.75 公斤/公顷，ATT 估计值均不具有统计显著性。在场景 7 中，农户参与不包含海报和宣传手册的中英项目，化肥投入量比他们没有参与项目时增加 20.78 公斤/公顷化肥，化肥投入量差值也会增加 19.56 公斤/公顷，虽然 ATT 估计量均不显著，但结果在一定程度上表明去除海报和宣传手册的中英项目对减少农户化肥投入量有反面影响，亦即海报和宣传手册是有效的信息传播方式。

五　政策与建议

教育引导项目实施后，对于其实施效果的评价尤其重要，这对以后的治理项目设计及执行都具有不可估量的价值。本文基于陕西省 626 份调查问卷数据，采用倾向评分匹配（Propensity Score Matching，PSM）方法估计培训项目对农户减少化肥使用的影响效果，评测农业面源污染治理培训项目为农户化肥施用行为带来的改变，为农业面源污染微观治理机制的建立提供理论和实证依据。实证研究结果：（1）若农户参与测土配方施肥或者中英项目，相比农户在未参与项目情况下，实际化肥投入量与估计投入量之间差值减少

22.67 公斤/公顷，说明农业面源污染治理培训项目能够影响农户的化肥投入量。（2）若农户参与中英项目，农户的化肥投入量比他们未参与情况下减少 56.24 公斤/公顷化肥，化肥投入量差值降低 37.44 公斤/公顷。说明小范围的农业面源污染治理培训项目比全国性的大项目对农户的影响更为广泛。（3）中英项目的各种信息传播途径中，农户示范及现场观摩与农民对农民培训是缺乏效率的教育途径，而海报及宣传手册是减少农户化肥投入有效的途径。

依据本文研究所得，提出以下几点建议。

（1）重视本土小范围教育引导项目

农户不合理的农业生产行为造成农业面源污染，因此农业面源污染治理的最终目标是引导农户的不合理行为，而从长期来看，教育是改变农户行为的关键因素。除了加强中央政府调控和市场机制对农户生产行为的约束和调节作用外，在构建我国农业面源污染微观治理机制时也应重视本土教育引导项目的开发与设计。本文结果显示中英项目对于农户化肥使用量的减少效果更好，另外，我国国土辽阔，不同省份都存在资源禀赋、生产习惯的异质性，小范围本土项目对于信息的传达、程序设定等更符合当地区域。

（2）农业面源污染治理教育引导项目中应重视信息传递方式

农户作为农业面源污染治理的主体应参与其中。农户在不同情景下参与项目的倾向也不尽相同，要根据农户的不同需求，结合不同地区的情况来制定和实施农业面源污染治理培训项目中的信息传递方式，从而提高农户参与培训项目的收获和理解。应运用恰当的方式使教育引导项目与农户间的沟通和联系更有效，强化农户对项目信息的接收与理解，确保项目信息传达的完整性，促使农业面源污染治理培训项目对农户生产行为的正面影响长期、有效地存在。

（3）对农业面源污染治理效果的后续监测必不可少

不论是国家级还是地方级项目，在农业面源污染治理项目实施完成后，都应对各项污染指标进行定期监测。这种做法不仅能确认水体质量，更给治理项目实施带来压力，促使各负责部门有效地完成项目并争取最好的项目效果，提高项目实施效率。更重要的是，监测结果能为日后农业面源污染治理项目提供宝贵的经验，这种价值是不可估量的。

Research on the Farmer – centered Education Mechanismof Controlling Agricultural Non – point Source Pollution Based

Hua Chunlin

Abstract: Over-using of agricultural chemical fertilizer in long term causes serious agricultural non-point source pollution. Education mechanism which aims to raise farmers' awareness and guide farmers to consciously choose friendly environmental production behavior can control the occurrence of agricultural non-point source pollution from the source. Based on the data of 626 questionnaires in Shaanxi Province, this paper uses propensity score matching method to estimate the effect of soil testing and fertilization and Chinese and English projects on farmers' reduction of chemical fertilizer use. The results of empirical research showed: the education guidance project for controlling agricultural non-point source pollution can affect farmers' fertilizer input, and the influence of different information transmission routes on farmers is different.

Keywords: Agricultural Non-point Source Pollution; Education and Guidance; Propensity Score Matching

自然资源与绿色发展研究

春风又绿江南岸：2013年浙江嘉兴环境治理运动后果的实证研究*

梁平汉　邹　伟**

摘　要：党的十九大报告明确强调必须树立和践行“绿水青山就是金山银山”的理念，在这一背景下，探索近年来的环境治理运动的执行成效，对于生态文明建设有着重要意义。本文基于浙江省嘉兴市和毗邻的江苏省苏州市的乡镇级别环境和经济数据，利用2013年“黄浦江死猪漂浮事件”这一自然实验，运用双重差分法的实证研究方法，研究了2013年嘉兴市执行浙江省“三改一拆”政策对城市水环境和农民收入的影响。研究发现，在环境治理运动推行后嘉兴市水质得到显著而大幅的改善，而经济增长、工业发展、财政收入等均未受到明显影响。养猪业规模锐减推高了猪肉价格，当地政府妥善的过渡期补贴政策使农民收入只在短期内相对于苏州市有小幅下降，随后持续上升。本文基于嘉兴畜牧业转型升级的经验研究识别了环境治理运动对地方环境和经济发展的因果关系，并厘清其作用机理，为“绿水青山

* 基金项目：作者感谢中山大学2017年度高校基本科研业务费资助计划（项目编号：17wkjz13），国家自然科学基金2016年度青年科学基金项目（项目编号：71603283），2016年度教育部人文社会科学重点研究基地重大项目“创新驱动与政府角色”（项目批准号：16JJD630009）的资助。

** 梁平汉，中山大学政治与公共事务管理学院教授，博士生导师，研究方向为地方政府行为、公共经济学、政治经济学、实验经济学与公共政策；邹伟，中山大学政治与公共事务管理学院博士生，研究方向为公共经济学、空间经济学与公共政策。

就是金山银山”理论提供了新证据，对实施环保督查，进一步推进“美丽中国”建设和深化产业升级转型具有重要的借鉴意义。

关键词： 环境治理　城市水质　农民收入　双重差分法

一　引言

建设生态文明是中华民族永续发展的千年大计，权衡环境与经济发展的关系是政府和社会所面临的长期问题。党的十八大确认了生态文明建设的突出地位，树立了“保护生态环境就是保护生产力，改善生态环境就是发展生产力”的发展理念，要求通过法律、制度、资金导向、文化引导以及使用约束性指标等严厉的行政性手段，强制推进、树立尊重自然、顺应自然、保护自然的生态文明理念，把生态文明建设融入经济建设、政治建设、文化建设、社会建设的全过程。十九大报告中更是强调坚持人与自然和谐共生，必须树立和践行“绿水青山就是金山银山”的理念，坚持节约资源和保护环境的基本国策，像对待生命一样对待生态环境，统筹山水林田湖草系统治理，实行最严格的生态环境保护制度，形成绿色发展方式和生活方式，坚定走生产发展、生活富裕、生态良好的文明发展道路，建设美丽中国，为人民创造良好的生产生活环境，为全球生态安全做出贡献。在十三届全国人大一次会议表决通过的《中华人民共和国宪法修正案》中，增加了建设生态文明和美丽中国方面的内容。确立了把生态文明建设纳入中国特色社会主义事业“五位一体”总体布局。生态文明建设已成为习近平新时代中国特色社会主义思想的重要组成部分。

长期以来，主流学界认为经济发展与环境质量之间存在倒 U 形的“库兹涅茨曲线”，即随着经济发展，环境质量先恶化后改善。① 但是，对于环境改善的路径和影响因素，以及环境改善的成本与收益在中国国内尚缺乏科学严谨的考察。近年来，党和政府对于环境保护的重视程度空前提高，2013年以来有18部与生态环境保护相关的法律制定或修改，环保执法、司法迅速发展完善，出现了许多环境治理政策的创新。例如，原环保部针对重点环境问题启动了7个专项行动，涉及大气污染防治、黑臭水体整治、自然保护区监督检查、打击“洋垃圾”等方面。这些行动在短期内极大加强了环保政策执行力度，形成了突然性和局部性的“环保风暴”，对所在地的环境和社会经济情况都发生了重要影响。本文利用浙江省嘉兴市和毗邻的江苏省苏州市下辖的14个区县、76个乡镇2010～2015年的环境、社会和经济面板数据，采用双重差分法（Difference－in－Difference），考察了2013年嘉兴市执行浙江省“三改一拆”政策行动对水质环境、经济发展和农民收入的影响。本文研究发现，在实施环境治理行动后，嘉兴市各区县的水质得到了显著而大幅的改善，相对于苏州市各区县提升了2.5个层级。治理行动改善水质环境的主要实现路径是生猪养殖量的大幅降低，而对于工业生产则没有明显影响。由于猪肉价格同时也发生了显著提升，所以嘉兴市农民人均纯收入开始略有下降，但是很快恢复到原有发展轨迹上，平均看仅下降了4%。而嘉兴市的GDP、财政收入、小微企业发展等没有受到明显影响。进一步的稳健性分析仍然支持了本文的主要结论，表明政策主要通过严格控制生猪高产地区来实现改善城市水质的目的。因此，基于嘉兴市环境污染治理运动这一案例，本文发现“环保风暴”在较长时期内起到了改善地方水质环境的效果，对于社会经济整体没有产生明显的负面影响，因此，短期的运动式治理与长效治理机制之间并不存在必然的矛盾，环保督查作为一种环境治理机制可以发挥很大的积极效果，推进“绿水青山就是金山银山”建设。

① Shafik，N.，“Economic Development and Environmental Quality：An Econometric Analysis，” *Oxford Economic Papers*，1994，46：757～773.

改革开放30多年来，我国经济得到了迅猛增长，截至2016年，中国GDP已达到74.4万亿人民币，高居世界第二位。但与此同时，中国也付出了严重的环境代价，发达国家上百年工业化过程中分阶段出现的环境问题在中国已经集中出现。其中，在农业生产取得巨大发展的同时，由于发展理念的滞后，没有协调好环境保护与经济增长的关系，在一些地方产生了农业发展与环境保护之间的严重矛盾和冲突。① 其中，生猪养殖带来的污染日益严重。中国养殖生猪数量占全世界的一半，其中多数是规模少于500头的农村养殖场。生猪产业的巨大发展给我国环境污染控制带来了巨大压力，产生了猪粪污染、养殖场废水污染和因死猪丢弃造成的水体污染，成为我国农村环境面源污染的重要组成部分。② 根据《2016年中国环境状况公报》显示，全国1940个国考断面数据中地表水劣Ⅴ类就有166个；以地下水含水系统为单元，潜水为主的浅层地下水和承压水为主的中深层地下水为对象的6124个地下水水质监测点中，水质为优良级、良好级、较好级、较差级和极差级的监测点分别占10.1%、25.4%、4.4%、45.4%和14.7%。③ 每年仅空气和水污染造成的经济损失相当于国内生产总值的8%～12%。

近年来，由中央环保督查组进驻，监督环保执行情况变得越来越普遍，极大加强了环保政策的执行力。据报道，仅2017年8月15日至24日，第四批中央环保督察组进驻8个省、自治区，累计交办转办群众举报13826件；相关地区立案处罚2115家，处罚金额达9449.24万元；立案侦查122件，拘留146人；约谈1113人，问责1797人。④ 在近年来减少水污染的全国性整治行动中，一些地方采取了激进的运动式治理，推动规模化

---

① 陈锡文：《环境问题与中国农村发展》，《管理世界》2002年第1期，第5～8页。

② 杨惠芳：《生猪面源污染现状及防治对策研究——以浙江省嘉兴市为例》，《农业经济问题》2013年第7期，第25～29、110页。

③ 《2016年中国环境状况公报》，http://www.zhb.gov.cn/gkml/hbb/qt/201706/t20170605_415442.htm#0-tsina-1-38154-397232819ff9a47a7b7e80a40613cfe1。

④ 《这场大督查覆盖全国，为何会让地方胆战心惊?》，http://www.sohu.com/a/168181991_656429。

经营。[①] 与此同时，环境治理运动中的种种“一刀切”现象却引发广泛争议：部分地区的关停行动大规模波及农业生产和生活服务行业，直接影响农民生产收入和城市居民的正常生活。有研究发现，“运动式”的环境治理在短期内可以收到一定的环境质量改善效果。[②] 但是，也有学者认为这种“环保风暴”是一种“运动式治理”手段[③]，不仅只关注“标”而非“本”，不具有可持续性，长期效果不佳，而且往往具有“一刀切”的特征，社会和经济成本比较大。本文试图就环境治理运动的成效与社会成本进行科学的评估。

本文的主要贡献在于：①由于政策实施的自然实验稀缺，现有研究大多只考虑了环境规制等正式成文条例对环境本身的影响。而环境治理运动是中国“运动式治理”的重要体现，其效果并不仅仅取决于正式的成文制度的规定，而更多取决于非正式制度和激励影响下环境治理行为的力度。考虑到政策执行力度在我国地方治理过程中扮演着重要角色，我们有必要建立起“环境治理行为—环境—发展”的因果关系链条，从而为“绿水青山就是金山银山”理论提供新鲜的经验证据。②由于政策实施过程的复杂性，研究者往往难以辨析具体的政策影响机制，而通过分析“三改一拆”对城市环境、经济发展和农民收入的影响，本文可以进一步增进我们关于“环保风暴”对环境、城市发展作用机理的认识和理解。③此外，由于本文的研究中分析了政策效应的影响机制，这为地方政策制定者如何兼顾环保与城市发展、居民收入，推进美丽中国建设和深化产业升级转型提供了现实路径与方法。

---

① 程秋萍、熊万胜：《治理交易成本与农业经营组织形式演变——基于 1949 ~ 2015 年 J 市养猪业兴衰史的分析》，《社会学研究》2016 年第 6 期，第 143 ~ 168、244 页。

② 梁平汉、高楠：《人事变更、法制环境和地方环境污染》，《管理世界》2014 年第 6 期，第 65 ~ 78 页；郭峰、石庆玲：《官员更替、合谋震慑与空气质量的临时性改善》，《经济研究》2017 年第 7 期，第 155 ~ 168 页。

③ 周雪光、练宏：《政府内部上下级部门间谈判的一个分析模型——以环境政策实施为例》，《中国社会科学》，2011 年第 5 期，第 80 ~ 96、221 页；冯仕政：《国家政权建设与新中国信访制度的形成及演变》，《社会学研究》2012 年第 4 期，第 25 ~ 47、242 页。

本文的结构安排如下：第二部分介绍研究背景，第三部分回顾相关文献，提出相关理论假说，第四部分介绍计量模型、变量选择与数据，第五部分报告了实证研究结果，分析了影响机制，并进行稳健性检验，第六部分是结论和政策建议。

二 研究背景

2005 年 8 月 15 日，时任浙江省委书记的习近平同志在浙江湖州安吉考察时，首次提出了“绿水青山就是金山银山”的科学论断。在几十年的经济发展过程中，浙江也付出了相当的环境代价，一些地方发生了对绿水青山造成破坏的现象，因此，要实现可持续增长，必须加强环境的治理与生态的修复工作，重新恢复绿水青山。作为人多地少的典型省份，浙江适宜建设和整理开发的土地资源十分有限，特别是以中小企业为主体的民营经济空间分布较散，以及大量省外人口流入和本省农民进城带来巨大的资源和环境压力，这种工业化与城镇化的相互交织对建设“美丽中国”和产业转型发展提出了严峻挑战。为此，从 2013 年开始，浙江省开展了一场历时三年的“环保风暴”——“三改一拆”行动计划，要求 2013～2015 年，在全省范围内改造旧住宅区、旧厂区和城中村，拆除违法建筑（以下简称“三改一拆”）。浙江省各个地级市随之也开展了相应行动，根据自身情况落实环境保护政策。

嘉兴市位于浙江省北部，紧邻上海市，处于黄浦江上游，农业条件优越，是我国重要的生猪产地。随着市场经济的发展，嘉兴生猪养殖业迅猛发展，生猪饲养量从 1985 年的 370.55 万头达到 2005 年的最高峰 788.14 万头，翻了一番；此后，嘉兴生猪饲养量虽略有下降，但仍超过 700 万头，其中 2012 年末生猪存栏 273.1 万头，生猪出栏 461.1 万头，另有能繁殖母猪 31.85 万头，占浙江省饲养量的 19%。据浙江省历年统计年鉴显示，2001～2013 年嘉兴市畜牧业产值均列全省首位，是当代中国家庭养猪模式最为成功的地区。到 2012 年末，嘉兴五县二区生猪养殖（户）近 13 万个，生猪养殖数量占浙江全省总量的 19%。这种高密度生猪养殖给环境造成了巨大压力，造成了严重的面源污染，2010 年嘉兴市辖区生猪养殖行业排放的氨氧量占全市农业面源污染物排放总量的 30.6%，还导致了生猪死亡率的上升。《2012 年嘉兴市水资源公报》显示：2012 年嘉兴境内 128 个水环境监测断面中，Ⅳ类、Ⅴ类和劣Ⅴ类水质断面分别有 18 个、19 个和 91 个，分别占 14.1%、14.8% 和 71.1%，水质状况名列全省倒数第一。①

2013 年 3 月初，上海市的水上保洁人员在横潦泾水域打捞到几十头死猪。从 3 月 8 号开始，更多数量的死猪不断从上游漂来，直至当月 10 日止，上海市已累计打捞死猪 13000 头，黄浦江上游的浙江省嘉兴市则共清理、打捞死猪 5528 头。该事件经过网络媒体的传播与发酵，引发了社会各界对于大城市饮用水安全问题的广泛关注。据调查，这些死猪来自于黄浦江上游的浙江嘉兴，当地高密度的养猪环境让生猪的存活率逐渐下降。一些养殖场户法制意识不强、陋习难改，加之监管和无害化处理能力不足，导致向河道随意抛弃死猪情况时有发生。这一事件将长期被忽视的中国农村畜禽养殖污染问题推向前台。数月之后，中国以国务院令形式颁布《畜禽规模养殖污染防治条例》，这是首部国家层面专门的农业环境保护类法律法规。② 这一事件成为环保治理运动的契机，嘉兴市突然承受了巨大的改善水质环境的压力。

因此，嘉兴市做出了“壮士断腕”的决定，迅速展开了大规模的生猪养殖全面清理活动。嘉兴市在执行“三改一拆”行动中把重点放在农村，投入巨大人力物力，全面压缩养猪规模，大面积清理家庭养殖散户，强力拆除分散的猪舍。2013 年 4 月，嘉兴市委市政府在发布的纲领性文件《关于扎实推进生猪养殖业转型发展的意见》中提到，“由于目前的生猪养殖总量过大、散户过多、局部密度过高，已明显超出了环境承载能力，对我市生态环境造成了严重影响”。9 日，《关于印发嘉兴市“三改一拆”三年行动计

① 参见《2012 年嘉兴市水资源公报》。

② 《黄浦江死猪事件两周年》，http：//special. caixin. com/event_ 0307/#szgk。

划的通知》中进一步强调，畜禽养殖棚舍会影响人居环境、影响城市功能品位、影响土地资源的利用效率，损害社会公平。对畜禽养殖棚舍的全面清理是在拆除“违建”名义下进行的，而在“‘三改一拆’暨生猪养殖业转型发展动员大会”上，市里将“三改一拆”与全面清理散户生猪养殖相结合，从而确立了以全面清理农村畜禽养殖棚舍作为“拆违”的主攻方向，为此，市里专门成立了“三改一拆”工作委员会，制定达500万平方米的“三改一拆”目标，并将生猪养殖业转型发展摆在各项工作的重中之重予以推进。

从2013年起，市政府将生猪养殖业转型发展工作列入各县（市、区）、各部门的年度目标责任制考核内容，建立了约束性指标，每年由市主要领导与各县（市、区）主要负责人签订《生猪养殖业减量提质工作目标责任书》，明确三年工作目标任务（具体任务分解如表1所示）。其具体内容为：全面拆除影响农村土地整治复垦的违法建筑，彻底清理禁限养区内基本农田、外来户养殖、泔水养殖以及治污设施不达标的养殖棚舍，造成严重农业面源污染的农村畜禽养殖棚舍作为“六先拆”的重要内容，狠抓农业面源污染治理，严禁养殖场污染物直接排放。[①] 全市组织30余万人次实地踏棚摸清生猪存栏底数，并建立一户一档，在此基础上，制定详细任务表和时间表，建立责任包干制度，集中力量推进禁、限养区内违建猪舍拆除工作。在基层，各种可以用到的动员手段都用上了，比如高压宣传、物质补偿、就业安置、党员干部带头、体制内人员保证制、先拆有奖、对不合作者不发给检疫证明、凭“猪票”检疫上市、征收排污费并提高标准、生猪养殖纳入村规民约和日常巡查等，[②] 目标就是做到“应拆尽拆，不留死角”。[③] 以此推进农村畜禽养殖业转型发展，加快农业面源污染治理，改善水质环境。

① 《浙江省人民政府关于在全省开展“三改一拆”三年行动的通知》（浙政发〔2013〕12号）。

② 《关于开展嘉兴市生猪养殖业提升行动的通知》（嘉农经〔2013〕112号）。

③ 海盐经济开发区西塘桥街道负责“三改一拆”工作的执法人员。

表 1　嘉兴市各区县“三改一拆”任务指标分配

各区县	建筑总面积	其中拆除违法建筑面积	力争完成	另需拆除违法猪舍180万平方米
嘉善县、平湖市、海盐县	各 60 万平方米	12 万平方米	14.5 万平方米	
海宁市、桐乡市	各 80 万平方米	16 万平方米	19 万平方米	
南湖区	70 万平方米	14 万平方米	17 万平方米	
秀洲区	50 万平方米	10 万平方米	12 万平方米	
嘉兴经济技术开发区	35 万平方米	7 万平方米	8 万平方米	
嘉兴港区	5 万平方米	1 万平方米	1.5 万平方米	

自此，嘉兴市政府投入巨大人力物力，全面压缩养猪规模，大面积清理家庭养殖散户。这一举措，使得该市养殖总规模出现了断崖式下降，养殖总量从 2012 年的近 777.25 万头骤降到 2015 年的 132.53 万头（见图 1）。2013 年 6 月，嘉兴市提出到 2015 年底共拆违 500 万平方米的目标，结果当年全市共拆除违建猪舍面积 581.15 万平方米。以下三个调研案例具体描述了嘉兴市不同乡镇的环境治理运动实践情况。

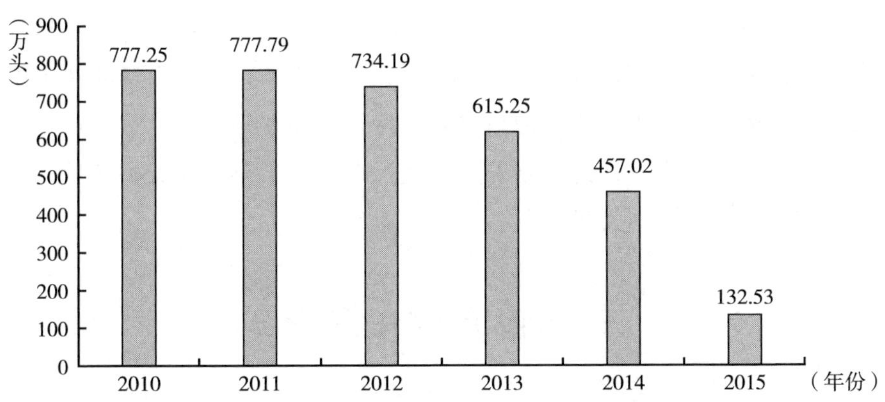

图 1　嘉兴地区生猪养殖规模（2010 ~ 2015 年）

[案例 1]“海鲜街”位于翁金线上，穿越海塘、小营头和星华三个村庄，是典型的“三不管”地带。街一侧是随处可见的违章建筑，另一侧则堆满村民捕鱼的泡沫、毛竹、渔网。由于地理原因，此前并未开展整治行动，“脏乱差”成为该街的标签。但自 2013 年开始，“海鲜街”根据“三改

一拆”要求，进行了拆违、植绿、墙面粉刷、道路提升、多功能市民广场和通信线路改造、停车秩序整治、环境综合整治。截至2016年8月底，翁金线沿线共拆除违法建筑面积30675平方米，新建绿化面积1072亩，完成土地复垦120.8亩，完成零星绿化工程9个、475亩；完成农房白化面积47520平方米。①

［案例2］“新三桥”地带是嘉兴市农业面源污染整治的重点区域，由于生猪养殖量大、农业污染等原因，严重影响河道水质，被周边居民戏称为“猪三角”。得益于“三改一拆”专项行动，“新三桥”曾经的臭气熏天、污粪横流的现象已不复存在，河道水质得到了极大改善，基本告别了劣五类。据统计，截至目前，该区域拆除违建猪舍500多万平方米，生猪存栏减量4/5。②

［案例3］新丰镇开展生猪产业已有30多年的历史，竹林村更是将其作为支柱产业。2013年，因上海死猪事件，该村进入公众视野，竹林村是造成黄浦江死猪事件的重要死猪源地，最高峰时，竹林村生猪饲养超过10万头，是嘉兴名副其实最大的生猪养殖村。在专项行动之后的几年中，该村完成生猪存栏量从10万头到清零的转变。到2016年底，河道出境断面水质监测已由劣Ⅴ类变为Ⅳ类，主要河道更是保持在Ⅲ类水平。③

本文正是基于嘉兴市的生猪养殖清理运动这一案例，研究突然性的环境治理运动的环境和社会效果。

三　文献综述与理论假设

学界对环境规制与环境污染间关系做了许多研究和解释。然而，关于环

① 《嘉兴“三改一拆”拆出好风光》，http：//www.jiaxing.gov.cn/wzbjb/zyxx_36070/201610/t20161004_636919.html。

② 《嘉兴：“三改一拆”拆违量居浙江省第三》，http：//zj.people.com.cn/n/2015/0206/c187189-23811848.html。

③ 《从远近闻名的养猪村到美丽景观村》，http：//www.cnjxol.com/xwzx/jxxw/szxw/content/2017-04/29/content_3897306.htm。

境规制政策的效果有一些争议。主流观点认为，环境规制政策具有消减城市污染的作用。Gehrsitz 利用德国城市的空气污染数据，表明 LEZs 政策在一定程度上降低了空气污染，减少了极端天气数量。Luechinger 发现政府授权发电厂脱硫行为有效降低了二氧化硫的集聚。Currie 和 Walker 发现新泽西州和宾夕法尼亚引进 E - ZPass 系统后的环境污染水平出现明显下降，通过环境政策响应促进污染水平降低。Shapiro 和 Walker 的一项研究发现，环境规制至少解释了 1990 ~ 2008 年美国企业污染下降 60% 中的 75% 。就中国情况而言，曾冰等人采用 2001 ~ 2012 年中国省际面板数据的研究结果表明：从全国层面看，市场型环境政策工具对各种类别的污染都具有显著的抑制作用；直接管制型环境政策工具只对工业固体废弃物污染有抑制作用，而非正式型环境政策对工业废气污染有抑制作用。李静等人基于淮河流域 2004 ~ 2013 年国控重点监测断面周数据，使用双重差分法发现，中国的“十一五”和“十二五”政策解决了污染的“行政边界效应”问题，缓减了环境污染状况。①

中国地方政府的环境政策执行行为与国外的法制化和常态化的规制有着较大差别，具有很多临时性的色彩。例如，有研究发现，地方政府主官的更替会起到打破政企合谋的作用，从而在短期内降低环境污染。地方政府关注上级和公众的注意力，有意识地制造“政治性蓝天”，在重大政治性活动期间降低环境污染。而且，环境治理行动具有“运动式治理”的典型特点，

① Gehrsitz, M. , “The Effect of Low Emission Zones on Air Pollution and Infant Health,” *Journal of Environmental Economics and Management*, 2017, 83: 121 - 144; Luechinger, S. , “Air Pollution and Infant Mortality: a Natural Experiment from Power Plant Desulfurization,” *Journal of Health Economics*, 2014, 37: 219 - 231; Currie, J. & Walker, R. , “Traffic Congestion and Infant Health: Evidence from E - ZPass,” *American Economic Journal: Applied Economics*, 2011, 3: 65 - 90; Shapiro, J. & Walker, R. , “Why is Pollution from U. S. Manufacturing Declining? The Roles of Trade, Regulation, Productivity, and Preferences,” *NBER Working Paper*, 2015, NO. 20875; 曾冰、郑建锋、邱志萍：《环境政策工具对改善环境质量的作用研究——基于 2001 ~ 2012 年中国省际面板数据的分析》，《上海经济研究》2016 年 5 期，第 39 ~ 46 页；李静、杨娜、陶璐：《跨境河流污染的“边界效应”与减排政策效果研究——基于重点断面水质监测周数据的检验》，《中国工业经济》2015 年第 3 期，第 31 ~ 43 页。

体现了公共部门运用公权力强制快速处理某些社会问题的过程。学者常常认为运动式治理所取得的效果不具有可持续性，反弹性强，在治理运动之后，违章违法行为会再次滋生。综上所述，虽然研究基本证实了中国环境治理行动的短期效果，但是对于其长期环境效果仍然存在争议。因此，就嘉兴市2013年执行“三改一拆”行动的环境效果，我们可以引出两个相互竞争的研究假说：①

假说1a：2013年后嘉兴市水污染水平显著改善。

假说1b：2013年后嘉兴市水污染水平没有显著改善。

嘉兴市的生猪养殖清理行动是地方政府对环保政策的执行，是嵌入当今中国央地关系中的组织行动。而地方政府作为一个有一定的独立利益的主体，其政策执行行为具有很强的选择性。有研究者认为，中国治理环境的动力因政府管理的“碎片化”组织形式而分散到多个国家结构层面中，最终消耗殆尽，成效甚微。社会学和公共管理领域的学者研究了环境规制政策发挥作用的路径。陈家建发现督查制度可以动员下级执行上级政策。周雪光和练宏发现上级政府制定的有约束性的环境指标在实际中会出现很多扭曲，相应的奖惩措施并没有发挥其应有的激励作用。但是，也有研究认为，约束性环境指标虽然在表面上看是一种上级制定的成文的正式制度，但是其发挥作用的路径并不是因为其配套的奖惩措施机制，而是由于其可以传递上级领导注意力，产生非正式制度激励的效果，从而对地方官员环境治理行为的力度发挥影响。因此，上级领导的注意力是影响地方政府政策执行行为力度的重

① 梁平汉、高楠：《人事变更、法制环境和地方环境污染》，《管理世界》，2014年第6期，第65~78；Gao, N. & Liang, P., “Fresh Cadres bring Fresh Air? Personnel Control, Institutions, and China's Water Pollution,” *Review of Development Economics*, 2016, (20): 48-61；郭峰、石庆玲：《官员更替、合谋震慑与空气质量的临时性改善》，《经济研究》2017年第7期，第155~168页；唐皇凤：《常态社会与运动式治理——中国社会治安中的“严打”政策研究》，《开放时代》2007年第3期，第115~129页；王辉：《运动式治理转向长效治理的制度变迁机制研究——以川东T区“活禽禁宰”运动为个例》，《公共管理学报》2018年第1期，第71~83、156页。

要决定因素。①

2013 年黄浦江的死猪漂浮事件并不是完全偶然的。农业生产在空间上过度聚集，相应的环境污染处理场所和技术未能跟上，会导致一些地方农村污染问题严重。由于病死猪处理的成本问题，当地农民一直有着违法往江中丢弃病死猪的习惯。嘉兴市在 2013 年之前的几年里数次疫病爆发使死猪被丢弃在河道中或被集中填埋，未经处理的污水污染河流，随之而来的环境问题也日益显现。这背后突出显示了政府提供的公共品（无害化处理设备）不足与大规模的生猪散户养殖之间的矛盾。但是，在 2013 年 3 月这个时点上爆发这一世人瞩目的事件则是比较偶然，是一个外生于嘉兴市政府主观意志的自然实验。这一事件引起了国内外媒体和在国内政治地位更高的上海市广大市民的广泛关注，嘉兴市政府因此也承受了社会公众和上级政府的巨大压力。在中国行政管理的“压力型体制”下，直接承受着压力的嘉兴市政府必须层层下达任务，动员基层雷厉风行地采取环境治理措施，因此形成了一场小型的“环保风暴”。如果没有这一事件，嘉兴市执行“三改一拆”政策的重点和力度必然有所不同，也不会把违法猪舍拆除作为单独的任务下达。因此，生猪养殖清理行动由于是上级领导的关注所在，必然成为环境清理行动的重点。据此，我们提出本文的另一个研究假设。②

① 竺乾威：《地方政府的政策执行行为分析：以“拉闸限电”为例》，《西安交通大学学报》（社会科学版）2012 年第 2 期，第 40 ~ 46 页；李侃如、李继龙：《中国的政府管理体制及其对环境政策执行的影响》，《经济社会体制比较》2011 年第 2 期，第 142 ~ 147 页；陈家建：《督查机制：科层运动化的实践渠道》，《公共行政评论》2015 年第 2 期，第 5 ~ 21、179 页；周雪光、练宏：《中国政府的治理模式：一个“控制权”理论》，《社会学研究》2012 年第 5 期，第 69 ~ 93、243 页；唐啸、胡鞍钢、杭承政：《二元激励路径下中国环境政策执行——基于扎根理论的研究发现》，《清华大学学报（哲学社会科学版）》2016 年第 3 期，第 38 ~ 49、191 页。

② 黄季焜、刘莹：《农村环境污染情况及影响因素分析》，《管理学报》2010 年第 11 期，第 155 ~ 168 页；侯麟科、仇焕广、崔永伟、王晓工：《环境污染与畜牧业空间布局研究》，《中国人口资源与环境》2011 年第 12 期，第 65 ~ 69 页；吉小燕、刘立军、刘亚洲：《生猪规模养殖户污染处理行为研究——以浙江省嘉兴市为例》，《农林经济管理学报》2015 年第 6 期，第 630 ~ 635 页；杨惠芳：《生猪面源污染现状及防治对策研究——以浙江省嘉兴市为例》，《农业经济问题》2013 年第 7 期，第 25 ~ 29、110 页；荣敬本：《“压力型体制”研究的回顾》，《经济社会体制比较》2013 年第 6 期，第 1 ~ 3 页。

假说 2：嘉兴市地方政府借助“三改一拆”政策来清理农村畜禽养殖棚舍，控制生猪养殖规模，是实现水质改善的主要路径。

四　计量模型、变量选择与数据

（一）识别策略与模型设定

本文重点关注的是嘉兴市在 2013 年执行“三改一拆”政策对城市水环境与经济发展的影响。我们采用双重差分法，比较嘉兴市（实验组）和邻近的江苏省苏州市（对照组）76 个乡镇在 2013 年前后的经济与社会发展情况，识别 2013 年嘉兴市的“环保风暴”对于农村社会经济情况的因果影响。需要指出的是，我们所观察的 76 个乡镇无法对省级层面的政策出台施加影响，对基层而言，“三改一拆”政策得以实施是一个完全的外生事件。

苏州市与嘉兴市在地理上比邻，气候、自然条件和文化非常接近（见图 3）。两市的水系基本独立，苏州市的水质没有受到嘉兴市生猪生产的影响。苏州市的水环境治理主要着眼于太湖流域进行，并没有受到上海等下游城市的压力影响，在 2013 年也没有推行“三改一拆”等环境治理运动，因此构成了合适的对照组。本文的核心解释变量是“三改一拆”政策；而我们所关心的被解释变量为城市水环境和经济发展，前者指城市水源地水质状况，后者包括乡镇年度国内生产总值（GDP）、财政收入和农民人均纯收入等指标。此外，为了控制其他可能影响城市水质状况和经济发展的因素，我们还引入了乡镇人口变量。在水质数据选择上，我们采用嘉兴市和苏州市水利局公布《水资源公报》中的水源地水质类别，以及“青悦开放环境数据中心”发布的城市各区县历年水源地水质类别数据（water - level，简称“水质类别”）。“water - level（水质类别）”的取值为 1 ~ 6，其中 1 表示“优”，6 表示“严重污染”。

由于本研究中的主要被解释变量“water - level”为排序数据（ordered data），本文采用文献中广泛使用的有序 Probit（ordered Probit）模型，运用控制双向固定效应的双重差分法进行实证检验。本文模型设定如下：

$$Y_{it} = F(\beta policy_i + \gamma X_{it} + \gamma_t + \delta_i + \varepsilon_i) \quad (4.1)$$

其中，Y_{it}为被解释变量：乡镇 i 在 t 年的水质类别，$policy_i$是核心解释变量，它是虚拟变量，当乡镇i实施“三改一拆”政策后定义为1，否则为0。X_{it}则是乡镇人口数等控制变量。β 为待估参数，ε_i为随机误差项，δ_i代表各乡镇各自不随时间变化的固定特征，γ_t则代表各乡镇共同的时间趋势影响。

为了考察“三改一拆”政策对地方经济和居民收入的影响，本文选择半对数模型进行检验，模型设定如下：

$$lnY_{it} = \alpha + \beta_1 treated * time + \beta_2 treated + \beta_3 time + \beta_4 X_{it} + \delta_i + \gamma_t + \varepsilon_{it} \quad (4.2)$$

其中 Y_{it}为被解释变量，包括年度生产总值、财政收入、农村居民人均纯收入、工业生产总值。*treated* 是一个指示变量，当乡镇归属实验组时，即该乡镇属嘉兴市时，该变量取值为1；当乡镇处于对照组时，即属于苏州市时，该变量取值为0。*time* 同样也是指示变量，当样本观测值发生在“三改一拆”政策出台的2013年及以后其值为1，否则取值为0；X_{it}为乡镇层面的控制变量；δ_i为个体效应，γ_t为时间固定效应；ε_{it}为误差项。我们主要关注 treated × time 的回归系数 β_1，它衡量了“三改一拆”政策带来的因果效应。

（二）变量定义与数据样本

本文采用2010～2015年嘉兴市和苏州市下辖的14个区县、76个乡镇（见图2）构成面板数据。除虚拟变量和人口数据外，分析时均取自然对数。变量说明和数据来源如下：

1. 人口规模。采用乡镇年末常住人口数来衡量，数据来自《平湖市统计年鉴》《桐乡市统计年鉴》《南湖区农业基本情况》《苏州市统计年鉴》。

2. 耕地。用乡镇年末耕地总面积（公顷）表示，数据来自《嘉兴市统计年鉴》《平湖市统计年鉴》《桐乡市统计年鉴》《南湖区农业基本情况》《苏州市统计年鉴》。

3. 经济发展、财政状况、工业规模和小微型企业发展。经济发展用乡镇 GDP 来衡量，财政状况是乡镇年度财政总收入，工业规模是乡镇工业生产总值，小微型企业发展是规模以下企业数量，数据来自《嘉兴市统计年鉴》《平湖市统计年鉴》《桐乡市统计年鉴》《南湖区农业基本情况》、《苏州市统计年鉴》。

4. 居民收入。我们主要关注农村居民的收入，用农民人均纯收入指标，在样本期内中，我们去掉农村居民人均收入缺省的样本乡镇，从而得到 2010 年至 2015 年 76 个乡镇、444 个观测值的面板数据作为本文的回归样本，分析“三改一拆”政策对农民收入的影响。数据来自《嘉兴市统计年鉴》《平湖市统计年鉴》《桐乡市统计年鉴》《南湖区农业基本情况》《苏州市统计年鉴》。

5. 水环境。水环境使用城市供水水源地水质综合评价指数，由于水质数据的获取只能到区县一级，所以本文在水质改善方面仅考察嘉兴与苏州下辖的 14 个区县，数据来自《嘉兴市水资源公报》、《苏州市水资源公报》、“公众与环境研究中心（IPE）”以及“青悦开放环境数据中心”。

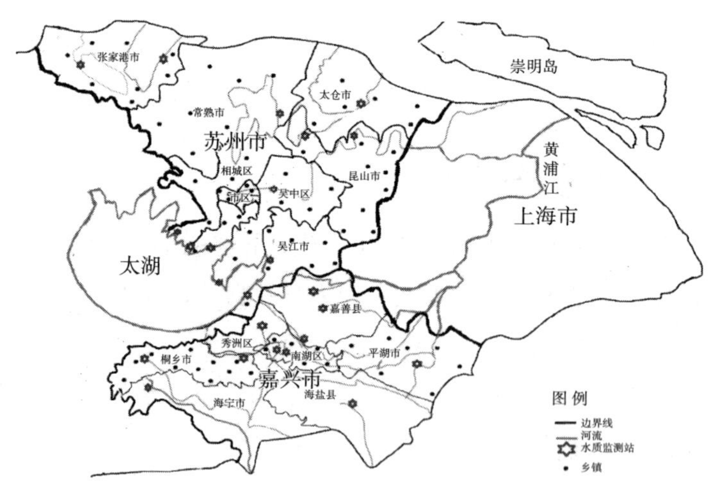

图 2 苏州、嘉兴两市流域

（三）描述性统计

表 2 分别报告了嘉兴市与苏州市乡镇各变量的基本统计量。由表 2 可知，嘉兴市各区县水源地水质综合评价指数的均值大于苏州市，水质均值为 4.95，介于Ⅳ～Ⅴ类；嘉兴市农村居民人均纯收入的年度差异很大，标准差接近均值的两倍。嘉兴市猪肉总产量与城市水质的标准差均大于苏州市，表明嘉兴市水质与猪肉产量比苏州有更大幅度的变动。

表 2　基本统计分析

变量和单位	符号	实验组 = 嘉兴(21 个乡镇)	对照组 = 苏州(55 个乡镇)
生产总值(万元)	*gdp*	417902.1 (292319.8)	1435975 (1766862)
财政收入(万元)	*fii*	48443.48 (52833.19)	230164.4 (260194.2)
农村居民人均纯收入(元)	*fai*	19632.93 (3775.73)	22917.99 (5339.1)
规模以下企业数量(户)	*sp*	1854.46 (2264.64)	2611.94 (2764.60)
工业生产总值(万元)	*inproduction*	584682.9 (840838.2)	744921.1 (772293.1)
猪肉总产量(吨)	*oop*	2556.11 (2507.28)	2088.58 (2117.19)
城市水源地水质类别	*water－level*	4.95 (0.88)	2.40 (0.50)
“三改一拆”政策	*policy*	1 (0)	0 (0)

图 3 以“三改一拆”政策为例，展示了嘉兴市关键变量关系的折线图。可以看出，在 2013 年后，嘉兴市农村居民人均纯收入和城市水源地水质类别均有明显改善。

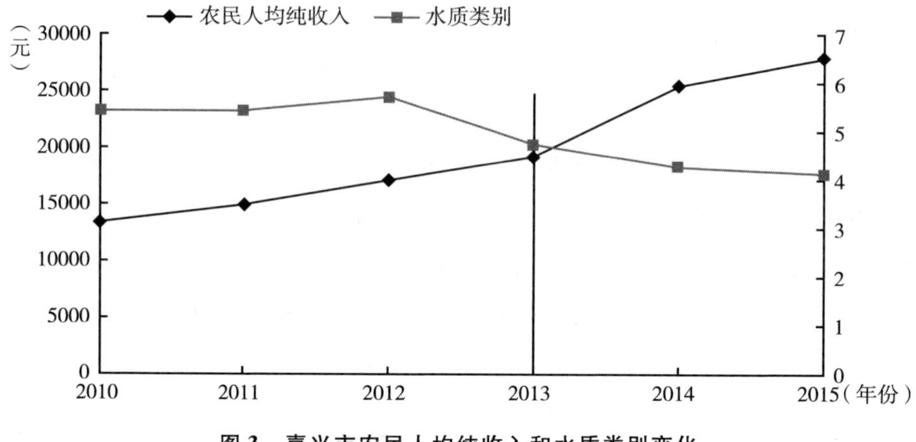

图3　嘉兴市农民人均纯收入和水质类别变化

五　回归结果分析

为了考察“环保风暴”如何影响城市水环境和经济发展，我们做了以下实证检验。其一，运用 ordered probit 和 order logit 模型分析“三改一拆”政策对城市水质的影响；同时，绘制实验组与对照组的水质类别与农民人均收入的时间趋势图，直观观察政策效应。其二，在控制固定效应和乡镇特征变量的情况下，使用双重差分法进行检验。

（一）水环境效应

表3汇报了“环保风暴”的水质效应。第（1）列和第（3）列的结果显示，2012年（即政策实施前），与苏州相比，嘉兴水质无显著改变；第（2）列和第（4）列的结果表明，2013年（即政策实施年）之后城市水质得到大幅改善，相对于苏州市，嘉兴市各区县在2013年之后水质提升了2.5个层级，基本消灭了劣V质水，相当于接近3个标准差的水质水平提升，且在1%的水平上显著。这支持了研究假说1a，拒绝了研究假说1b，即2013年环境清理运动后嘉兴市水质环境有了明显改善。

表 3 “三改一拆”政策与城市水质改善

政策效应	water - level			
	ologit		probit	
	(1)政策实施前（年份 > =2012）	(2)政策实施后（年份 > =2013）	(3)政策实施前（年份 > =2012）	(4)政策实施后（年份 > =2013）
treated × time	-1.336 (1.001)	-2.488 *** (0.953)	-0.566 (0.432)	-1.307 *** (0.429)
time	-0.148 (0.668)	-0.198 (0.633)	0 (.)	0 (.)
treated	39.05 *** (0.948)	39.04 *** (0.758)	0 (.)	0 (.)
cut1_cons	0.288 (0.543)	0.288 (0.444)		
cut2_cons	18.87 *** (0.484)	18.46 *** (0.317)		
cut3_cons	37.67 *** (0.891)	37.15 *** (0.570)		
cut4_cons	38.64 *** (0.867)	38.46 *** (0.607)	0.566 (0.360)	0.876 *** (0.319)
N	84	84	84	84
pseudo R - sq	0.464	0.511	0.031	0.177

注：括号中为标准误。*、**、*** 分别代表 10%、5% 和 1% 的显著性水平。

（二）城市经济发展与农民收入效应

表 4 根据方程（2），考察了“三改一拆”政策对乡镇 GDP［列（1）］、财政收入［列（2）］、农民纯收入［列（3）］，工业生产总值［列（4）］，规模以下企业数量［列（5）］和耕地面积［列（6）］的影响。除了列（3）之外，交互项均不显著，表明 2013 年的环境治理运动并没有对于嘉兴市各乡镇 GDP，财政收入，工业生产、小微企业发展和耕地面积带来明显的负面效果。列（3）中 treated × time 的系数估计值在 10% 的水平上显著，表明这一运动后嘉兴农民人均纯收入相比苏州下降了 4.1%。总的来说，没有发现证据表明 2013 年的环境治理运动显著影响了当地的经济发展。

表 4 “三改一拆”政策对城市经济发展与农民收入的影响

	(1)	(2)	(3)	(4)	(5)
变量	lngdp	lnfii	lnfai	lnpro	sp
treated × time	0.05 (0.17)	0.16 (0.23)	-0.04* (0.02)	0.03 (0.21)	-0.06 (0.05)
Time	0.24** (0.11)	0.19* (0.11)	0.38*** (0.02)	0.16 (0.12)	0.05*** (0.02)
Treated	-1.06*** (0.12)	-2.14*** (0.17)	-0.12*** (0.02)	-0.30** (0.14)	0.19*** (0.03)
_cons	13.55*** (0.08)	11.75*** (0.08)	9.82*** (0.01)	12.96*** (0.08)	-0.12*** (-0.02)
N	444	444	444	444	390
R^2	0.21	0.46	0.69	0.02	0.24

注：括号中为标准误。*、**、*** 分别代表 10%、5% 和 1% 的显著性水平。

图 4 和图 5 直观显示了“三改一拆”政策对城市水质和农民收入的影响。图 4 展现了城市水质平均类别的时间趋势，图 5 中则展示了农民人均纯收入的变化趋势。图 4 表明，在 2013 年“三改一拆”政策实施以前，嘉兴市各区县与苏州市各区县变化趋势大致接近；在“三改一拆”政策实施以后，嘉兴市区县平均水质迅速改善，两城市水质环境的差距逐年缩小。图 5 的农民人均纯收入表现出相同的趋势，虽然环境治理运动在短期内降低了嘉兴市的农民人均纯收入水平的增长势头，但随着该时间的推移，嘉兴市乡镇的农民人均收入得到提高，两市农民人均纯收入差距亦逐步缩小。

比较上述结果，我们发现，“三改一拆”政策对农民收入具有显著负效应，但时间趋势图显示农民人均纯收入不降反增的态势，如何理解这一有趣现象？进一步的观察发现，由于“三改一拆”政策大幅降低了嘉兴散户养猪规模，促使嘉兴猪肉价格在 2014 年之后大幅上涨，部分抵消了产量下降的不利影响，从而减轻了农民收入受损程度。如表 5 所示，2015 年嘉兴市猪肉实际价格（按 CPI 平减）较 2013 年价格上涨了超过 50%。不仅如此，为了减少政策执行阻力，各区县政府大多对生猪养殖农户进行物质补偿。例如，平湖市政府根据“先拆多奖，后拆少奖”的原则，分别给予拆除猪舍

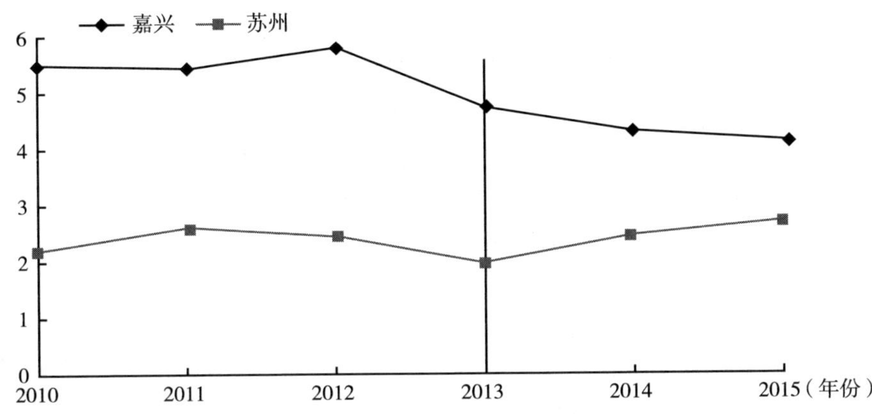

图 4　城市水质类别的规模趋势

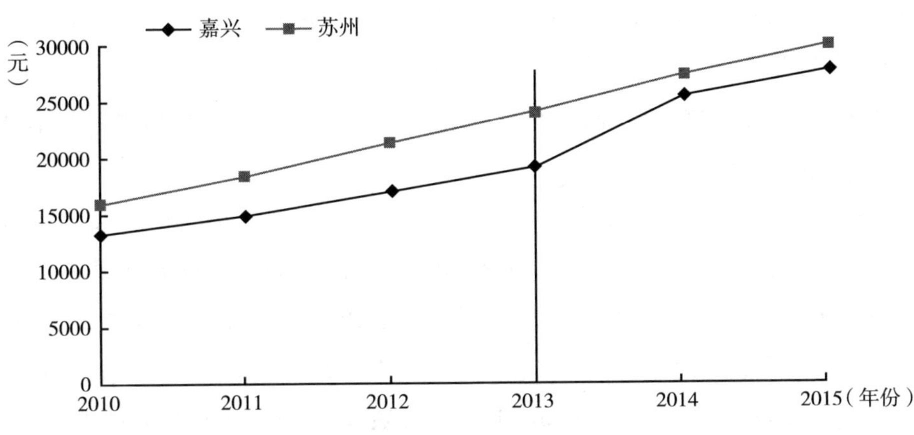

图 5　农民人均纯收入的规模趋势

220 元/平米、180 元/平米和 90 元/平米的三级补偿机制。[①] 嘉兴南湖区出台《关于做好生猪退养就业困难人员社会保险补贴工作的通知》中规定，农户同所在镇签订《生猪养殖户转产转业协议》，并按照规定拆除猪舍实际放弃生猪养殖的以及原养殖规模在 50 头以上、且退出生猪养殖业后未就业 6 个月以上的可申领每人每月 200 元的社会保险补贴。[②]

① 根据平湖市某拆迁办工作人员口述。

② 《嘉兴：明年起就业困难的生猪退养人员可按规定申领社保补贴》，http：//www.askci.com/news/chanye/2014/12/10/94311anyb.shtml。

表 5 嘉兴市历年猪肉价格与产值变化

年份	2010	2011	2012	2013	2014	2015
猪肉总产量(吨)	310455	313144	301482	279015	250047	67901
猪肉实际价格(元/千克)	9	9.5	11.5	12	13	19
猪肉实际总产值(万元)	279409.5	297486.8	346704.3	334818	325061.1	129011.9

(三)影响机制分析

上文的实证研究结果表明,以“三改一拆”政策为标志的“环保风暴”对城市水质和农民收入产生了显著的影响,接下来本文试图进一步探讨“环保风暴”影响二者的作用机制。表 6 第(1)~(3)列结果显示,*town* × *after* 对生猪养殖规模的回归系数显著为负,这表明“环保风暴”显著压缩了生猪饲养规模。

在此基础上,本文引入 *town* × *year2013*、*town* × *year2014* 和 *town* × *year2015* 考察“三改一拆”政策影响嘉兴市养猪规模的动态效应,其中 *year2013*、*year2014* 和 *year2015* 分别在 2013 年、2014 年和 2015 年取 1,其他年份取 0。表 7 第(1)~(3)列显示,*town* × *year2013*、*town* × *year2014* 以及 *town* × *year2015* 的系数均在 1% 的水平上显著为负,而且随着时间推移,*town* × *year* 的系数从 0.93 下降到 2.27。这表明,一方面,生猪养殖规模对政策变化的反应十分灵敏,在 2013 年实施“三改一拆”政策后,当年生猪养殖量就表现出显著下降效应;另一方面,随着时间推移,政策变动对养猪业的挤压效应不断增强。表 7 和表 6 支持了研究假说 2,即 2013 年之后,由于上级和社会公众的注意力集中在生猪养殖造成的农业面源污染,环境治理运动的着眼点也是生猪养殖,这是水质环境改善的主要原因,而对于工业和小微企业这一运动则没有产生明显影响。

表 6　“环保风暴”对猪肉总产量的影响

	猪肉总产量(吨)			
“环保风暴”实施前后	(1)	(2)	(3)	(4)
Town × before *Town × year2012*	-558.6 (470.5)			
Town × after *Town × year2013*		-854.5 * (444.9)		
Town × year2014			-1254.5 *** (463.0)	
Town × year2015				-2181.0 *** (445.4)

注：括号中为标准误。* 、** 和 *** 分别表示 10% 、5% 和 1% 的显著性水平。

（四）稳健性检验

为保证实证研究结果的稳健性，我们首先改变对照组和实验组的构造方法进行相关检验。由于太湖自身水质的变化可能会间接影响沿湖水质监测站的评估结果，而且，实验组（嘉兴市）部分乡镇因数据难以获取未纳入“三改一拆”政策效应分析。据此，我们剔除了位于太湖沿线的苏州市区县（吴江市、吴中区）和缺失乡镇数据的嘉兴市区县（海盐县、海宁市、嘉善县）进行稳健性检验。这导致了样本观测值的大幅减少。表 7 第（1）~（2）列结果显示，2012 年（即政策实施前）水质未发生显著变化。第（3）~（4）列结果表明，2013 年及以后（即政策实施后）*treated* × *time* 的系数在 5% 的显著性水平上为负，表明嘉兴水质得到显著改善，且随着时间的推移，系数逐渐变小。据此，我们进一步支持了研究假说 1a：2013 年的环境治理运动对嘉兴市水环境有提升作用，且存在不断强化的趋势。

表 7 对照组与实验组构造方法的稳健性检验：剔除部分区县

water - level				
政策效应	政策实施前 > =2012		政策实施后 > =2013	
	(1)probit	(2)ologit	(3)probit	(4)ologit
treated × time	-0.83 (0.59)	-1.11 (1.21)	-1.64** (0.60)	-2.99** (1.31)
time	0 (·)	-0.69 (0.83)	0 (·)	-0.32 (0.80)
treated	0 (·)	37.55 (2500.9)	0 (·)	38.65 (2293.9)
cut1_cons		0.41 (0.65)		0.69 (0.55)
cut2_cons		17.86 (1691.7)		17.98 (1580.0)
cut3_cons		35.96 (2500.9)		36.42 (2293.9)
cut4_cons	0.67 (0.49)	36.96 (2500.9)	0.97 (0.44)	37.93 (2293.9)
N	24	54	24	54
pseudo R - sq	0.07	0.49	0.27	0.54

注：括号中为标准误。*、**、*** 分别代表 10%、5% 和 1% 的显著性水平。

接着，我们进一步检验了政策对不同乡镇的异质性影响。研究假说 2 认为环境清理运动的影响主要是通过影响生猪养殖实现的，因此，对于生猪养殖规模不同的乡镇，环境治理运动所产生的影响也有所不同。我们取环境治理运动前（2010 ~2012 年）各镇猪肉总产量的中位数将乡镇分为两组：猪肉高产组和猪肉低产组。由于城市水质类别数据只能下沉到区县一级，为了研究乡镇的水质环境改善，我们将各水质监测站的数据与邻近乡镇进行匹配，并以其他附近监测站作为数据矫正，构建乡镇的年度水质面板数据。表 8 实验组与对照组的对比结果显示，2013 年之后，嘉兴市的猪肉高产乡镇的水质改善的概率是低产乡镇的 1.58 倍，并在 5% 的统计显著性水平下显著。而在苏州市，猪肉高产乡镇并没有发生类似的水质改善现象。这再次验证了研究假说2，即“三改一拆”政策是通过严格控制生猪高产地区来实现改善城市水质的目标。而且，嘉兴市各乡镇之间的经济变量并没有发生明显差异，再次表明2013年的环境清理运动没有对经济和社会造成明显的不良后果。

表8　政策的异质效应

变量名	(1) *lngdp*	(2) *lnfii*	(3) *lnfai*	(4) *lnpro*	(5) *Sp*	(6) *Water－level*
嘉兴＝实验组 （猪产高低组DID）						
*treated * time*	－0.09 (0.26)	－0.003 (0.41)	－0.001 (0.04)	－0.06 (0.33)	－0.11 (0.34)	－1.58** (0.78)
N	126	126	126	126	126	174
pseudo R－sq	0.05	0.02	0.76	0.01	0.04	0.31
苏州＝对照组 （猪产高低组DID）						
*treated * time*	－0.06 (0.22)	0.09 (0.22)	0.003 (0.03)	－0.02 (0.24)	0.07 (0.32)	－0.64 (0.63)
N	318	318	318	318	318	42
pseudo R－sq	0.03	0.01	0.64	0.03	0.02	0.01

注：括号中为标准误。*、**、***分别代表10%、5%和1%的显著性水平。

六　结论与政策含义

“环保风暴”式的环境治理运动是近年来央地政府在环境领域的重要施政手段。但在实践中，由于自然实验稀缺，政策变化大多涉及复杂的条文调整，因而，研究者一般难以识别出环境治理运动与环境、经济的因果关系，厘清政策变革影响环境与经济的作用机理也就显得尤为困难。本文以浙江“三改一拆”政策为准自然实验，分别选取嘉兴、苏州各区县、乡镇作为研究对象，基于双重差分方法，采用ordered probit模型检验了环境治理运动对城市水环境与经济发展的影响。实证检验结果表明，与未实施“三改一拆”

政策的苏州市相比，环境治理运动极大改善了嘉兴市水质。进一步剖析因果机制后发现：环境治理运动对水质的提升效应主要是由生猪养殖规模下降驱动的，这一运动推高了养猪的私人成本，缩小了私人成本和社会成本之间的差距，从而内在化了养猪负外部性。虽然这一运动可能在短期内对农民收入产生负面影响，但长期来看，由于“三改一拆”政策拆除了大量用于饲养生猪的违章建筑，缩小了嘉兴散户养猪规模，推高嘉兴肉价，提高了利润，辅之以各项过渡期的补贴政策，达到了增进农民收益的目的（见图6）。这些来自基层实践的新鲜经验有助于论证“绿水青山就是金山银山”理论，对进一步推进美丽中国建设和深化产业升级转型具有重要的指导意义。

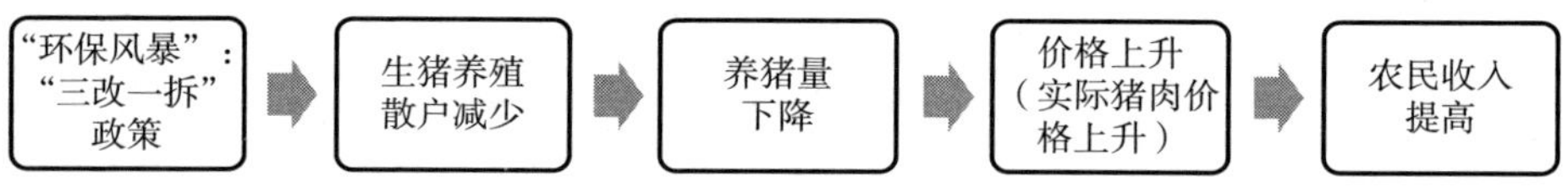

图6 “环保风暴”对农村居民人均收入的效应链

本文的研究也具有重要的政策含义。其一，嘉兴市的案例表明，环境治理运动与长效机制并非总是矛盾的，并不一定只是在短期内发挥作用，而是能在显著提升了城市水环境的同时又无碍于城市发展。嘉兴市把环境、生态纳入了“生产力”范畴，破解发展中环境、生态与生产力关系的难题，为我们今后更加科学有效地发挥各种环保督查的作用，落实环保法律法规提供了经验支持。其二，我们从“三改一拆”政策对水质和农民收入的联系互动视角，揭示出政策变化影响环境与收入的作用机制。在强化环保督察的同时，应当注重产业转型升级，发挥环保法律法规的“去产能”作用。在“关、停、转”“低、小、散”产业的同时，切忌粗放型减产转型，通过一味关停产业来实现环境保护的目标，而应当采取有保有压、有减有增策略，严格控制农村产业的分散化和家庭化趋势，逐渐摒弃传统分散养殖模式，实现较高程度的规模化和集约化。突然性的环境治理运动可能会给地方带来短暂阵痛，正如本文中养殖农户收入出现短期减少和失业情况，地方管理者要妥善做好相关的补偿措施，并引导其从事清洁、高附加值的新产业，例如，研究中我们发现，原来养猪农户部分已转移到种植业：种蘑菇、花卉、藏红花等产业，以此达到促进经济与环境平衡发展的目标。这为地方政府更多更好地开展环境治理运动，并建设长效机制提供了重要的实践经验。

An Empirical Study on the Consequences of Environmental CleaningCampaign inJiaxing City, Zhejiang Province, 2013

Liang Pinghan, Zou Wei

Abstract: This paper explores the impacts of Chinese environmental cleaning campaigns in recent years. We use the 2013 "floating dead pigs in Huangpu River" accident as a natural experiment, and employ the township environmental and economic data in Zhejiang Jiaxing City and the neighboring Jiangsu Suzhou city, to study the impact of Jiaxing environmental cleaning campaign on water environment and farmer income. The Difference-in-difference estimation shows that the water quality in Jiaxing substantially and significantly improved after the campaign, and the economic growth, the industrial development, and the fiscal income didn't significantly change. Because of the shrinking pork industry raised the pork price, as well as the subsidy policy implemented by the local government, the farmer income in Jiaxing temporarily reduced, and rose up consequently. This paper identifies the causal impact of environmental campaigns on local environment and economy.

Keywords: Environment; Water Quality; Farmer Income; Difference-in-Difference

中国“南水北调”城市用水效率分析

——全要素视角下的绩效分解与优化策略*

苗 壮 盛济川**

摘 要： 本文基于Luenberger生产率分解分析框架，以中国“南水北调”涉及的调水、受水和治污的50个地级城市的面板数据作为研究样本，通过全要素分解分析，寻求南水北调东线及中线城市提升城市用水绩效的优化措施。研究结果表明：污水排放、免费供水和漏损是导致中国南水北调沿线城市整体用水无效率的重要因素，中线城市的居民家庭用水、免费供水和漏损的静态效率水平好于东线城市，作为东中线同时受水城市的天津、沧州和衡水的相关指标优于其他城市，而东中线调水城市的静态绩效指标与其他城市差别不大。“十一五”时期以来，南水北调所涉及城市的整体用水全要素生产率（TFP）全面下降，从城市水务管理领域角度，中部城市的生产运营用水绩效对全要素生产率起到正面提升作用，东线城市污水排放绩效降幅较大；中线调水城市的用水和污水处理绩效均为正面效应；后期应重点关注全部城市的污水处理环节，并优先提升居民家庭用水、免费供水和漏损的相关绩效。

---

* 本文部分内容发表于 Miao, Z., Sheng, J. C., Webber, M., et al., “Measuring water use performance in the cities along China's South - North Water Transfer Project,” *Applied Geography*, 2018, 98: 184 - 200。

** 苗壮，硕士生导师，西南财经大学中国西部经济研究中心副研究员，博士，主要研究方向为大气污染治理、农村环境治理；盛济川，博士生导师，南京信息工程大学商学院副教授，博士，主要研究方向为低碳经济、环境管理、可持续发展。

尽管各城市用水的技术效率总体进步明显，但技术效率提升不能抵消技术进步下降的负面效应；东中线同时受水的3座城市的居民家庭用水呈现较明显的技术倒退趋势，东线城市污水排放技术亟须进一步提高。“南水北调”受水城市应进一步优先促进各环节的技术进步，重点关注自身短板环节的用水绩效改善。

关键词： 南水北调 全要素生产率 绩效分解 城市用水 污水排放

一 引言

可持续发展已成为各国政治议程中的重要议题。水资源的利用是可持续发展的重要领域，特别是在水资源相当稀少的地区。水资源的可持续利用，需要适合的科学分析框架。中国南水北调工程（SNWTP）的目标，是通过东、中、西三条线路的建设，将长江水输往华北和西北，改变中国水资源分布不均的现状。该项目已成为世界上规模最大、最具雄心的跨流域调水项目之一。南水北调东线主要由江苏省长江调水工程向北延伸，东线充分利用京杭大运河和淮河、海河流域现有河流进行输水。中线工程从长江最大的支流——汉江中上游的丹江口水库取水，并通过新的干渠向北京供水。西线以长江上游支流调水为目标，但由于地形复杂和生态问题，西线仍处于规划阶段。整个南水北调计划是将长江、淮河、黄河、海河四大流域由南向北连接起来，最终形成中国“四横三纵”的水网。该工程将影响中国近1/3的土地面积，预计耗资2400多亿元人民币，使30多万人得到重新安置。东线和中线一期工程已分别于2013年和2014年竣工。这两条线路全长近2900公里，每年可从中国南方的长江流域向干旱的北方地区提供278亿立方米的淡水。

关于南水北调整体绩效的现有文献仍然很少，现有大多数研究更侧重于具体的项目管理，如水资源配置以及水价和建筑的环境风险。这些研究都没有基于资源—经济—环境的框架来分析南水北调工程对沿线城市用水性能的可能影响。这种文献上的空白使得客观评价该工程造成的社会和经济影响变得困难。有若干项研究关注了该工程对城市用水可能产生的影响。这些研究认为，南水北调会改变沿线城市用水绩效，但从南水北调工程建设之初至今，并没有对其用水绩效直接进行系统的评价。事实上，南水北调是改变这些城市用水绩效的最重要因素之一，尽管不能认为南水北调是这些城市用水绩效变化背后的唯一因素。

南水北调城市经济的快速增长导致用水量和污水排放量大幅增加，大量未经处理的工业污水直接排入沿线的湖泊和河流。此外，农业生产造成的非点源污染对沿线的河流、湖泊构成了巨大的威胁。为了保证南水北调地区的水质，中国政府提出了南水北调水资源管理政策的三个目标："先节水后引水，控制污染后调水，保护环境后用水。"建设初期，国务院批准了《南水北调东线污染控制规划》和《关于丹江口库区及上游水污染防治和水土保持规划》。中国也引入了生态补偿制度，为了解决南水北调工程中的水污染问题，将流域服务付费与"污染者付费"原则相结合。

随着中国国家水处理计划的实施，一些节水政策已经出台。在工程建设初期，《水法》就强调要创建节水型社会。此外，还制订了三个节水社会建设五年规划。为了提高用水效率，中国提出了水资源管理制度和水资源开发利用、用水效率、水污染"三条红线"，从制度上根据水资源的可得性促进社会经济发展。

关于南水北调工程的影响一直存在不确定性，各方讨论的重点是污染控制和效率，这意味着需要提高闭水的效率。另外，南水北调工程减少了水资源短缺，促进了经济增长，这可能增加污染。因此，有必要从用水效率的角度来研究南水北调工程的作用。然而，早期成果对水资源利用效率的研究一般强调水作为生产单一理想产出（如 GDP）的输入，而没有考虑一些不可避免的非期望产出（如污水排放）。基于数据包络分析（DEA）的水资源利用效率变化分解方法，从水资源利用效率变化的变量分解和根源分解的角度，提供了相关学术支撑。此外，用水生产率变化的来源（技术效率变化和技术进步）可以进一步分解为投入和产出变量。因此，我们试图将这一生产率绩效变化的分解框架用于评估用水效率，考察影响南水北调工程城市水资源利用绩效的关键因素。

二　研究方法及数据说明

为了更好地对各地大气污染类型进行针对性分析，本文在刘瑞翔和安同良（2012）[①] 的研究思路基础上，构建出包含城市多种用水的全要素生产率指数体系，对城市污水排放量约束下的全要素增长绩效进行分解分析。基于省域面板数据建立跨多个时期的统一前沿面，将每一个省区市视为被评价的决策单元（DMU），通过测算该单元与统一前沿面的距离作为其技术效率，在此基础上逐步拓展出针对各种投入和产出变量绩效变化的分析框架。

（一）环境生产技术

合理构建出针对非期望产出的分析框架，是奠定其全要素生产率的研究基础。近年来，随着对环境问题的日益重视，污染物作为环境约束并在多种研究框架中得以表征，并对技术效率以及全要素生产率相关指标产生显著影响。此类研究成果中，Färe 等[②]对环境生产技术进行了机理刻画，为包含非期望产出的环境效率研究奠定了理论基础。现对环境生产技术进行简介。

在环境生产技术分析框架下，决策单元存在 P 个投入变量 $x = (x_1, \cdots, x_p) \in R_P^+$，$Q$ 个期望产出变量 $y = (y_1, \cdots, y_q) \in R_Q^+$，同时伴随 R 种非期望产出 $b = (b_1, \cdots, b_r) \in R_R^+$。在 t 时期，第 i 个决策单元的投入、期望产出和非期望产出变量为 (x_i^t, y_i^t, b_i^t)，在投入、期望产出满足强可处置性，

① 刘瑞翔、安同良：《资源环境约束下中国经济增长绩效变化趋势与因素分析——基于一种新型生产率指数构建与分解方法的研究》，《经济研究》2012 年第 11 期，第 34 ~ 47 页。

② Färe, R. & Grosskopf, S., "Directional distance functions and slacks-based measures of efficiency," *European Journal of Operational Research*, 2010, 200 (1): 320 – 322.

非期望产出满足弱可处置以及零结合性（zero-joint）等前提下，该环境生产技术表征为：

$$P^t(x^t) = \{(y^t,b^t):\lambda X \leqslant x_{ip}{}^t,\lambda Y \geqslant y_{iq}{}^t,\lambda B = b_{ir}{}^t\ \forall p,q,r,\lambda \geqslant 0\} \tag{2.1}$$

在式（2.1）中，λ 为大于等于零的权重向量，X、Y 和 B 分别是构建技术前沿面的投入、期望产出和非期望产出变量。根据对 λ 值约束条件的不同，又可具体表征为可变规模报酬（VRS）和不变规模报酬（CRS）。

（二）城市用水全要素生产率指数构建

基于角度和径向的 DEA 方法在现有的能源和环境绩效的相关测算研究中被广泛采用，但其缺陷在于：只能从投入角度或者产出角度进行测算的单一性，以及无法考虑全部松弛变量影响的片面性。为了更加全面地测算投入和产出要素的绩效，Tone① 提出了 SBM（Slack－based measure）方法，该方法通过测算投入和产出变量冗余值的方式完成对技术前沿面的构建，可应用于全部变量的非径向测算。在投入和产出变量都存在冗余的情况下，应用非径向方向距离函数的计算结果与传统方向距离函数存在一定差异。本文使用的距离函数作为研究起点，其具体形式如式（2.2）：

$$\begin{gathered}\vec{S}^t(x_i{}^t,y_i{}^t,b_i{}^t;g^x,g^y,g^b) = \frac{1}{3}\max\left(\frac{1}{P}\sum_{p=1}^{P}\frac{S_p{}^x}{g_p{}^x}+\frac{1}{Q}\sum_{q=1}^{Q}\frac{S_q{}^y}{g_q{}^y}+\frac{1}{R}\sum_{r=1}^{R}\frac{S_r{}^b}{g_r{}^b}\right)\\ s.t.\ \lambda X + S_p{}^x = x_{ip}{}^t,\lambda Y - S_q{}^y = y_{iq}{}^t,\lambda B + S_r{}^b = b_{ir}{}^t;\\ \forall p,q,r,\lambda \geqslant 0;S_p{}^x,S_q{}^y,S_r{}^b \geqslant 0\end{gathered} \tag{2.2}$$

式（2.2）中，$(x_i{}^t,y_i{}^t,b_i{}^t)$ 表示决策单元 i 在 t 时期的投入和产出量值，(g^x,g^y,g^b) 表示减少投入、增加期望产出和减少非期望产出的方向向量，$(S_p{}^x,S_q{}^y,S_r{}^b)$ 分别表示投入、期望产出和非期望要素的松弛变量。应用加法结构对全部变量分解，进一步得到每一个变量的无效率值：

① Tone，K. A.，“slack-based measure of efficiency in data envelopment analysis，” *European Journal of Operational Research*，2001，130（3）：498－509.

$$IE = \vec{S}^{t} = IE_x + IE_y + IE_b = \frac{1}{3P}\sum_{p=1}^{P}\frac{S_p{}^x}{g_p{}^x} + \frac{1}{3Q}\sum_{q=1}^{Q}\frac{S_q{}^y}{g_q{}^y} + \frac{1}{3R}\sum_{r=1}^{R}\frac{S_r{}^b}{g_r{}^b} \tag{2.3}$$

其中，$\frac{1}{3P}\sum_{p=1}^{P}\frac{S_p{}^x}{g_p{}^x}$ 为投入变量无效率值之和，$\frac{1}{3Q}\sum_{q=1}^{Q}\frac{S_q{}^y}{g_q{}^y}$ 为期望产出变量无效率值之和，$\frac{1}{3R}\sum_{r=1}^{R}\frac{S_r{}^b}{g_r{}^b}$ 表示非期望产出变量无效率值之和。为了对工业二氧化硫以及交通氮氧化物进行针对性分析，本文以城市用水人口（*P*）、生产运营用水（*PO*）、公共服务用水（*PS*）、居民家庭用水（*RH*）、免费和漏损水量（*FL*）、城市资本存量（*K*）作为投入要素，以城市国内生产总值（*Y*）作为期望产出要素，以城市污水排放量（*SD*）作为非期望产出要素，因此公式（2.3）可根据本文的研究对象进行要素分解：

$$IE = IE_P + IE_{PO} + IE_{PS} + IE_{RH} + IE_{FL} + IE_K + IE_Y + IE_{SD} \tag{2.4}$$

借鉴 Oh① 的研究思路，采用多个连续分析期内的全部投入产出变量构建统一前沿面，可测算出统一前沿面下所有样本点的技术效率，进一步通过相邻样本期数据效率值相减得到相关生产率变化。结合本文研究思路，可先以式（2.2）和式（2.3）测算出全部要素的技术无效率值 *IE*，并将统一前沿面前提下的技术无效率值以 *GIE* 表示，将某一期前沿面的技术无效率值以 *CIE* 表示，将两种不同前沿面下的同一样本的技术差距以 *TG* 表示，以下标 c 表示 *CRS*，则两种不同前沿面下的要素无效率值的关系如式（2.5）所示：

$$GIE_c(t) = CIE_c(t) + TG_c(t) \tag{2.5}$$

此据 Oh（2010）的定义，Luenberger 生产率变化可表示为：

$$LTFP_t^{t+1} = GIE_c(t) - GIE_c(t+1) \tag{2.6}$$

进一步将全要素生产率变化分解为效率变化（*LEC*）和技术进步

① Oh，E.，Hasan，M.，Jamshed，M.，Park，S. H.，Hong，H. M.，Song，E. J. & Yoo，Y. S.，“Growing trend of CE at the omics level：the frontier of systems biology，” *Electrophoresis*，2010，31（1）：74－92.

（LTP）两部分：

$$LEC_t^{t+1} = CIE_c(t) - CIE_c(t+1) \tag{2.7}$$

$$LTP_t^{t+1} = TG_c(t) - TG_c(t+1) \tag{2.8}$$

如果考虑规模效应的可变性，可将效率变化进一步分解为纯效率变化（$LPEC$）和规模效率变化（$LSEC$），并将技术进步分解成纯技术进步（$LPTP$）和技术规模变化（$LTPSC$）。针对本文的研究对象，可将式（2.4）中的9个变量作为投入和产出要素，根据式（2.5）~（2.8）可得出包含用水要素和城市污水排放的全要素生产率变化。

（三）数据来源及说明

本文以全要素生产率分解作为基本分析框架，以中国“南水北调”工程东线和中线涉及的50个城市区域（包括2个直辖市、3个省会城市）作为研究对象（决策单元），并以城市污水排放量排放作为环境约束，试图得出中国南水北调所涉及城市的用水全要素生产率变化趋势。兼顾数据的可获得性，本文以城市用水人口（P）、生产运营用水（PO）、公共服务用水（PS）、居民家庭用水（RH）、免费和漏损水量（FL）、城市资本存量（K）为投入变量，以城市国内生产总值（GDP）作为期望产出，以城市污水排放（SD）作为非期望产出。由于《中国城市建设统计年鉴》对于2006年后供水总量的统计来源进行调整，故本文选择2006~2014年度的城市级别面板数据作为研究样本。

《中国城市建设统计年鉴》的名词解释如下：生产运营用水指在城市范围内生产，运营单位在生产、运营过程中的用水；公共服务用水指为城市社会公共生活服务的用水，包括行政事业单位、部队营区和公共设施服务、社会服务业、批发零售贸易业、旅馆饮食业等单位的用水；居民家庭用水指城市范围内所有居民家庭的日常生活用水，包括城市居民、农民家庭、公共供水站用水；免费水量指城市灭火以及除居民家庭、公共服务、生产运营用水范围以外的各种特殊用水，包括消防用水、深井回灌用水、其他用水；漏损水量主要指在供水过程中由于管道及附属设施破损而造成的漏水量、失窃水量以及水表失灵少计算的水量。

其中，2006～2014年的城市级别数据中的城市用水人口、生产运营用水、公共服务用水、居民家庭用水、免费和漏损水量、污水排放量源自《中国城市建设统计年鉴》，城市非农国内生产总值根据《中国城市统计年鉴》提供的城市地区生产总值，结合《中国统计年鉴》提供的第一产业比重调整得出。2000年各地级市的初始资本存量等于该地级市GDP占比乘以该省的资本存量。各年的投资额采用固定资产投资数据，并且用以2000年为基期的固定资产投资价格指数调整为实际值。计算时采用的折旧率为0.11。我们根据单豪杰（2008）① 所采用的永续盘存法计算得出各城市资本存量数据，并将资本存量和国内生产总值统一调整为2000年不变价格数据。

从表1可以看出，2006～2014年，南水北调涉及城市中，城市用水人口增加幅度较大的是郑州（132.13%）、洛阳（75.79%）、宿迁（75.10%），明显减少的是汉中（－21.25%）；生产运营用水增加幅度较大的主要有宿迁（344.44%）、淮安（279.93%）、徐州（194.41%），明显减少的是汉中（－93.54%）、淮南（－74.18%）、安康（－71.10%）、商洛（－68.18%）；公共服务用水增加幅度较大的主要有滨州（906.67%）、南阳（259.97%）、济南（258.72%），明显减少的是鹤壁（－94.07%）、邢台（－85.51%）、安康（－85.07%）；居民生活用水增加幅度较大的主要有宿迁（148.86%）、枣庄（109.77%）、淮安（104.24%），明显减少的是平顶山（－44.48%）、济南（－33.55%）、安康（－26.56%）；免费加漏损水量增加幅度较大的主要有平顶山（637.47%）、临沂（612.36%）、宿州（601.75%），明显减少的是安康（－86.9%）、聊城（－77.94%）、滨州（－73.90%）；污水排放增加幅度较大的是聊城（514.29%）、宿迁（217.64%）、淮安（178.65%），明显减少的是淮南（－39.61%）、淮北（－32.59%）。

① 单豪杰：《中国资本存量K的再估算：1952～2006年》，《数量经济技术经济研究》2008年第10期。

表 1　2014 年较 2006 年中国南水北调城市相关变量均值变化率

单位：%

城市	*P*	*PO*	*PS*	*RH*	*FL*	*SD*
北京	13.05	-20.37	38.41	35.77	81.78	25.10
天津	38.25	1.14	-12.31	66.25	36.19	19.17
石家庄	27.61	-6.91	37.46	20.89	17.10	81.68
邯郸	12.28	-43.65	-10.39	13.86	51.35	-13.81
邢台	53.31	-64.87	-85.51	0.74	243.29	-3.78
保定	20.98	-7.93	11.67	27.75	55.70	14.54
沧州	20.11	-26.39	76.17	10.60	23.00	33.74
衡水	12.78	-58.37	78.66	-9.81	53.34	37.02
徐州	35.14	194.41	-26.68	35.51	12.04	57.00
连云港	17.38	97.18	27.61	83.38	26.09	44.07
淮安	56.94	279.93	22.55	104.24	-5.29	178.65
扬州	-10.72	-45.68	-45.28	32.20	-13.85	-10.17
泰州	39.27	-27.05	-50.60	19.97	64.19	47.16
宿迁	75.10	344.44	15.91	148.86	68.45	217.64
蚌埠	35.51	115.11	4.83	84.70	-47.41	-4.62
淮南	-0.71	-74.18	-10.21	-2.15	-31.92	-39.61
淮北	13.49	-49.69	-73.00	-9.22	38.24	-32.59
宿州	39.13	-34.79	-24.59	49.74	601.75	-1.83
济南	-11.14	24.03	258.72	-33.55	-4.90	3.02
青岛	22.15	56.16	96.17	16.61	29.99	58.62
淄博	21.35	4.74	28.43	44.07	-20.55	14.26
枣庄	34.77	-2.28	-39.05	109.77	272.24	54.83
东营	10.93	-25.94	-69.58	8.79	-24.92	30.25
烟台	28.65	36.2	26.43	54.52	188.52	59.44
潍坊	23.39	134.00	-4.15	31.01	-12.87	77.37
济宁	67.67	28.67	18.08	39.52	31.53	41.65
泰安	15.34	6.70	62.63	-11.72	58.90	24.34
威海	12.28	42.24	87.05	-12.76	21.83	40.00
莱芜	26.21	-45.43	38.07	-25.76	-3.20	35.64
临沂	53.14	32.51	163.75	76.88	612.36	134.31
德州	54.85	61.60	16.51	32.69	-11.23	53.22
聊城	29.64	-15.61	12.82	36.30	-77.94	514.29
滨州	59.47	28.38	906.67	33.75	-73.90	-17.11

续表

城市	*P*	*PO*	*PS*	*RH*	*FL*	*SD*
菏泽	24.59	160.62	-25.60	33.96	-36.56	38.48
郑州	132.13	-23.00	46.72	51.84	32.44	45.75
洛阳	75.79	-42.17	52.44	26.24	3.03	6.38
平顶山	8.25	-28.75	-17.24	-44.48	637.47	7.20
安阳	12.00	-48.05	-15.57	54.19	-0.25	-21.93
鹤壁	15.52	28.08	-94.07	26.70	-8.09	5.56
新乡	-12.22	41.03	-68.14	33.31	-8.55	20.75
焦作	9.99	-28.80	7.85	65.80	-11.10	29.32
濮阳	34.83	9.28	15.37	12.01	173.60	25.61
许昌	36.80	2.30	-7.28	48.99	-30.40	11.88
漯河	17.67	1.30	-24.30	4.19	-6.18	-11.50
三门峡	37.64	-7.43	-36.41	84.74	-24.49	24.56
南阳	53.19	51.45	259.97	35.69	-6.72	87.77
十堰	15.88	-43.22	-48.91	-6.84	2.27	-7.18
汉中	-21.25	-93.54	45.73	21.90	28.02	25.47
安康	26.88	-71.10	-85.07	-26.56	-86.90	8.45
商洛	42.06	-68.18	-41.67	-13.80	128.70	1.05
平均	29.15	15.56	30.82	30.43	60.92	41.42

三　实证分析结果与讨论

（一）环境无效率值分析

根据式（2.3）和式（2.4）可计算中国南水北调涉及城市在全部样本期内的用水无效率值（简称无效率值）。由于篇幅限制，表2仅给出分析期内统一前沿面前提下的城市用水人口（*P*）、生产运营用水（*PO*）、公共服务用水（*PS*）、居民家庭用水（*RH*）、免费及漏损水量（*FL*）、城市资本存量（*K*）、污水排放量（*SD*）、城市非农国内生产总值（*GDP*）等全部变量在2006~2014年的无效率平均值（即*GIE*）。

表2 2006~2014年中国南水北调各城市相关变量 *GIE* 一览

城市	*P*	*PO*	*PS*	*RH*	*FL*	*K*	*SD*	*GDP*	合计
北京	0.00	0.01	0.01	0.01	0.00	0.01	0.03	0.00	0.07
天津	0.01	0.00	0.00	0.00	0.00	0.02	0.02	0.00	0.06
石家庄	0.02	0.03	0.02	0.02	0.02	0.03	0.23	0.00	0.37
邯郸	0.05	0.04	0.05	0.05	0.05	0.04	0.00	0.00	0.27
邢台	0.05	0.02	0.04	0.05	0.05	0.05	0.20	0.00	0.47
保定	0.05	0.04	0.05	0.05	0.05	0.02	0.00	0.00	0.26
沧州	0.00	0.00	0.00	0.00	0.00	0.00	0.00	0.00	0.00
衡水	0.05	0.01	0.05	0.05	0.05	0.05	0.26	0.00	0.51
徐州	0.00	0.00	0.00	0.00	0.00	0.00	0.00	0.00	0.00
连云港	0.05	0.04	0.05	0.05	0.05	0.04	0.18	0.00	0.46
淮安	0.05	0.05	0.05	0.05	0.05	0.03	0.09	0.00	0.37
扬州	0.02	0.01	0.01	0.04	0.04	0.03	0.21	0.00	0.37
泰州	0.04	0.01	0.00	0.04	0.04	0.03	0.16	0.00	0.32
宿迁	0.05	0.04	0.05	0.05	0.05	0.04	0.15	0.00	0.42
蚌埠	0.05	0.05	0.05	0.05	0.05	0.04	0.30	0.15	0.75
淮南	0.05	0.01	0.05	0.05	0.05	0.03	0.27	0.29	0.82
淮北	0.05	0.03	0.05	0.05	0.05	0.03	0.24	0.40	0.90
宿州	0.05	0.01	0.05	0.05	0.05	0.03	0.22	0.21	0.67
济南	0.03	0.02	0.00	0.03	0.03	0.02	0.15	0.00	0.28
青岛	0.01	0.04	0.00	0.01	0.02	0.02	0.11	0.00	0.20
淄博	0.05	0.05	0.05	0.04	0.05	0.01	0.00	0.00	0.24
枣庄	0.05	0.04	0.05	0.05	0.05	0.04	0.18	0.00	0.46
东营	0.01	0.00	0.00	0.02	0.03	0.03	0.11	0.00	0.21
烟台	0.02	0.03	0.01	0.02	0.01	0.03	0.11	0.00	0.23
潍坊	0.04	0.05	0.03	0.04	0.03	0.04	0.27	0.00	0.49
济宁	0.05	0.04	0.05	0.05	0.05	0.02	0.00	0.00	0.26
泰安	0.05	0.03	0.05	0.05	0.04	0.03	0.00	0.00	0.24
威海	0.05	0.04	0.05	0.05	0.05	0.03	0.00	0.00	0.27
莱芜	0.05	0.03	0.05	0.05	0.05	0.03	0.23	0.56	1.04
临沂	0.05	0.03	0.05	0.05	0.05	0.02	0.00	0.00	0.25
德州	0.05	0.05	0.05	0.05	0.05	0.03	0.05	0.00	0.34
聊城	0.05	0.03	0.05	0.05	0.05	0.03	0.00	0.00	0.26
滨州	0.05	0.03	0.04	0.04	0.05	0.03	0.00	0.00	0.25
菏泽	0.04	0.03	0.05	0.04	0.03	0.02	0.00	0.00	0.22

续表

城市	*P*	*PO*	*PS*	*RH*	*FL*	*K*	*SD*	*GDP*	合计
郑州	0.00	0.00	0.00	0.00	0.00	0.00	0.00	0.00	0.00
洛阳	0.05	0.03	0.05	0.05	0.04	0.03	0.00	0.00	0.24
平顶山	0.05	0.05	0.05	0.05	0.05	0.04	0.29	0.00	0.59
安阳	0.05	0.04	0.05	0.05	0.05	0.04	0.21	0.00	0.50
鹤壁	0.01	0.01	0.00	0.02	0.01	0.02	0.08	0.06	0.21
新乡	0.05	0.05	0.05	0.05	0.05	0.04	0.24	0.00	0.53
焦作	0.05	0.04	0.05	0.05	0.05	0.04	0.19	0.00	0.47
濮阳	0.05	0.04	0.05	0.05	0.05	0.04	0.24	0.10	0.61
许昌	0.05	0.03	0.05	0.05	0.05	0.03	0.00	0.00	0.26
漯河	0.05	0.05	0.05	0.05	0.05	0.03	0.27	0.24	0.79
三门峡	0.05	0.03	0.05	0.05	0.05	0.04	0.24	0.11	0.62
南阳	0.05	0.04	0.05	0.04	0.05	0.03	0.00	0.00	0.26
十堰	0.05	0.04	0.05	0.05	0.05	0.02	0.30	0.13	0.70
汉中	0.00	0.00	0.00	0.00	0.00	0.00	0.00	0.00	0.00
安康	0.00	0.00	0.00	0.00	0.00	0.00	0.00	0.00	0.00
商洛	0.00	0.00	0.00	0.00	0.00	0.00	0.00	0.00	0.00
平均	0.04	0.03	0.03	0.04	0.04	0.03	0.12	0.05	0.36

表2的数据结果显示，2006～2014年中国南水北调涉及城市整体无效率平均值为0.36，其中，与期望产出*GDP*相关的无效率值为0.05，说明在现有污水排放条件下，部分城市经济增长仍有空间（莱芜、淮北），但大部分城市*GDP*相关无效率值为0，后期应以调整产业结构作为主要目标；与用水人口、城市资本存量相关的无效率值为0.04和0.03；与城市用水相关的变量影响较大，其相关四项变量汇总为0.14，占全部无效率值的37.8%；城市污水排放要素无效率值最大（0.12），可见城市污水减排空间大于其他投入和产出变量，城市污水处理是部分城市后期的工作重点；化石能源消费无效率值为0.05，说明化石能源节约空间较大。用水和污水排放变量的无效率值普遍较大，可见中国南水北调各城市在未来需要注重强化用水控制与污水排放规制，以提升整体技术效率。

南水北调各城市的无效率值差距较大。将用水四项变量进行汇总，中线工程的部分上游城市汉中（0.00）、安康（0.00）和商洛（0.00），东线和中线工程的下游城市北京（0.03）、天津（0.00）和沧州（0.00），各项无效率值均为0，可见上述城市与其他城市相比，较好地协调了水资源利用、经济发展与污水处理之间的关系，各项技术效率位于前列；但是，技术效率高并不意味着用水总量少，北京和天津的用水总量普遍较大，仍然承受一定的节水压力。对于污水排放变量无效率值，东线的中游城市徐州、济宁、威海、烟台、淄博，下游城市沧州和天津，中线的上游城市汉中、安康、商洛、三门峡，中游城市郑州、洛阳，无效率值也为0。同理，无效率值为0不意味着污水排放量小，郑州和洛阳的污水排放量较大，后期承受较大的治污压力。

纵观各城市的无效率值，区域无效率值呈现一定的集聚现象。前文已述，由于调水城市主要集中在南水北调工程的东线和中线上游，地理位置更靠南，总体而言，用水和污水排放变量的静态效率水平呈现“东线低、中线高”“东线：上游低、中下游高”“中线：上下游高、中游低”“大城市高、小城市低”的区域分布现象。

（二）环境全要素生产率指数的变量分解

分别采用全部面板构建 global 前沿面，并用某一年的截面构建当期前沿面的两种处理方式，结合式（2.5）和式（2.6），可以计算出 2006～2014 年中国南水北调涉及各城市用水全要素生产率（简称生产率）的平均增长率，并将全要素增长其分解为各个变量的影响效果之和，结果如表 3 所示。

表 3　2006～2014 年中国南水北调城市用水全要素生产率平均增长率及其变量分解

单位：%

城市	*P*	*PO*	*PS*	*RH*	*FL*	*K*	*SD*	*GDP*	合计
北京	0.01	0.14	0.00	0.00	-0.01	-0.14	0.01	0.00	0.00
天津	0.00	0.03	0.01	-0.02	0.00	-0.23	0.03	0.00	-0.18
石家庄	0.00	0.06	0.00	0.00	0.00	-0.44	-0.15	0.00	-0.53
邯郸	-0.15	0.07	-0.08	-0.14	-0.16	-0.62	-0.16	0.00	-1.25

续表

城市	*P*	*PO*	*PS*	*RH*	*FL*	*K*	*SD*	*GDP*	合计
邢台	-0.02	0.31	0.16	0.00	-0.04	-0.53	0.06	0.00	-0.05
保定	0.00	0.04	0.00	0.00	-0.01	-0.34	0.03	0.00	-0.28
沧州	-0.61	-0.04	-0.65	-0.60	-0.65	-0.52	-2.78	0.00	-5.85
衡水	0.00	0.37	-0.02	0.01	-0.01	-0.44	-0.22	0.00	-0.32
徐州	0.10	-0.10	0.10	0.08	0.03	0.10	0.19	0.00	0.50
连云港	0.03	-0.02	0.01	0.00	0.00	-0.22	0.17	0.00	-0.03
淮安	0.01	-0.14	0.01	0.00	0.02	-0.25	-0.26	0.00	-0.61
扬州	0.00	0.25	0.01	-0.02	0.00	-0.47	0.28	0.00	0.05
泰州	0.01	0.21	0.05	0.01	0.00	-0.43	0.07	0.00	-0.07
宿迁	0.02	-0.21	0.02	-0.01	0.01	-0.21	-0.41	0.00	-0.79
蚌埠	-0.04	-0.04	-0.01	-0.05	0.00	-0.55	0.04	0.00	-0.64
淮南	-0.01	0.21	-0.01	-0.01	0.00	-0.55	0.19	0.00	-0.17
淮北	-0.09	0.07	-0.01	-0.06	-0.22	-0.56	0.05	0.00	-0.82
宿州	-0.34	-0.30	-0.06	-0.55	-0.67	-0.52	-1.54	0.00	-3.99
济南	-0.01	-0.02	-0.17	0.01	-0.01	-0.48	0.01	0.00	-0.68
青岛	-0.03	-0.05	-0.03	-0.01	-0.02	-0.49	-0.21	0.00	-0.83
淄博	-0.61	-0.59	-0.65	-0.62	-0.66	-0.49	-3.59	0.00	-7.21
枣庄	-0.17	0.00	-0.04	-0.25	-0.22	-0.52	-0.69	0.00	-1.90
东营	-0.29	0.07	0.01	-0.21	-0.04	-0.51	-1.04	0.00	-2.01
烟台	-0.01	-0.04	0.00	-0.02	-0.04	-0.35	-0.28	0.00	-0.74
潍坊	0.00	-0.05	0.01	0.00	0.01	-0.36	-0.13	0.00	-0.52
济宁	-0.03	-0.01	0.00	-0.01	0.00	-0.50	-0.11	0.00	-0.65
泰安	0.01	0.08	0.00	0.02	-0.01	-0.46	0.08	0.00	-0.27
威海	-0.01	-0.09	-0.02	0.01	-0.01	-0.47	-0.34	0.00	-0.93
莱芜	-0.01	0.06	-0.01	0.01	0.00	-0.53	-0.20	0.00	-0.68
临沂	-0.02	-0.04	-0.02	-0.03	-0.09	-0.47	-0.62	0.00	-1.27
德州	-0.02	-0.04	0.00	-0.01	0.01	-0.35	-0.17	0.00	-0.57
聊城	-0.61	-0.39	-0.66	-0.63	-0.64	-0.51	-3.20	0.00	-6.66
滨州	-0.59	-0.40	-0.59	-0.59	-0.66	-0.52	-2.94	0.00	-6.29
菏泽	0.05	-0.03	0.03	0.06	0.07	-0.05	0.60	0.00	0.73
郑州	-0.11	0.23	-0.05	-0.07	-0.04	-0.47	-0.19	0.00	-0.68
洛阳	-0.36	0.08	-0.19	-0.24	-0.23	-0.52	-0.68	0.00	-2.13
平顶山	-0.64	-0.59	-0.61	-0.65	-0.68	-0.51	-3.71	0.00	-7.41
安阳	-0.16	0.08	-0.06	-0.18	-0.08	-0.52	0.01	0.00	-0.92

续表

城市	P	PO	PS	RH	FL	K	SD	GDP	合计
鹤壁	-0.12	-0.01	0.43	-0.09	-0.07	-0.51	-0.13	0.00	-0.52
新乡	0.02	0.00	0.04	0.00	0.00	-0.43	0.05	0.00	-0.31
焦作	-0.21	0.04	-0.23	-0.35	-0.09	-0.52	-0.61	0.00	-1.97
濮阳	-0.15	0.00	-0.08	-0.09	-0.35	-0.51	-0.29	0.00	-1.48
许昌	-0.36	-0.04	-0.28	-0.36	-0.12	-0.49	-0.80	0.00	-2.45
漯河	-0.38	-0.03	-0.11	-0.28	-0.09	-0.50	-0.33	0.00	-1.72
三门峡	-0.06	0.05	-0.01	-0.09	-0.02	-0.55	-0.13	0.00	-0.80
南阳	-0.12	-0.12	-0.26	-0.13	-0.05	-0.54	-1.11	0.00	-2.33
十堰	-0.64	-0.57	-0.67	-0.67	-0.68	-0.41	-3.82	0.00	-7.46
汉中	0.65	0.23	0.67	0.64	0.68	0.07	3.62	0.00	6.56
安康	0.17	0.57	0.27	0.20	0.64	-0.10	1.60	0.00	3.35
商洛	0.62	0.41	0.66	0.66	0.65	0.33	3.39	0.00	6.73
平均	-0.11	-0.01	-0.06	-0.11	-0.09	-0.40	-0.41	0.00	-1.18

由表3可以看出，2006~2014年，对南水北调涉及城市用水全要素生产率总体呈下降趋势（-1.18%），对全要素生产率退步影响效果较大的要素为污水排放（-0.41%）、城市资本存量（-0.4%），其次是家庭用水（-0.11%）和用水人口（-0.11）。由此可见，中国城镇化进程带来的南水北调城市用水人口变化，以及相应的家庭用水变化和城市污水变化，对样本城市用水全要素生产率带来了负面效应。因此，在南水北调污水治理规划为背景，污水排放作为环境约束的前提下，执意追求城镇化率水平并不意味着全要素生产率的提升。与城市用水四项要素的全要素增长率为-0.27%，其中，家庭用水对于整体全要素生产率负面影响最大（-0.11%），其次是免费及漏损水量（-0.09%），生产运营用水负面影响最小（-0.01%），这与国家从“十五”时期（2001年）开始实施的工业节水规制措施有关系，也取得了一定效果；而“十一五”时期以来，城市人口增加以及缺乏对公共服务用水和居民家庭用水的规制，故城市用水人口、公共服务用水、居民家庭用水对生产率产生了阻滞作用。由此可见，国家对用水和污水排放规制的实施与否，将直接对全要素生产率产生显著影响。

由表2和表3可知，污水排放要素既是导致静态技术无效率值的主要来源，同时也是城市用水全要素生产率下降的重要推手，此结论的表述并不矛盾。由式（2.6）可知，全要素生产率变化情况由统一前沿面下的技术无效率值的跨期比较而得，而静态无效率值相减得出动态全要素生产率变化。以南水北调中游城市汉中、安康和商洛为例，虽然全部分析期内的污水排放无效率值为0，但因自身加强了对污水排放的规制而呈现明显动态进步，而其他要素角度，汉中、安康和商洛的全要素生产率提升明显。中线上游城市十堰，中游城市平顶山，东线中游城市淄博、滨州、聊城，以及同时受水城市沧州，其全要素退步明显。尤其是十堰市，作为中线重要水源地之一（丹江口水库），应高度重视污水处理环节。

（三）城市用水全要素生产率增长的根源分解

前文已经完成城市用水全要素生产率变化的要素分解，现将全要素生产率变化进行根源分解，以寻求技术效率和技术进步（退步）幅度的驱动效应。根据式（2.5）~（2.8），可将中国南水北调涉及城市用水全要素生产率分解为效率变化（*EC*）和技术进步（*TP*）指标。由于篇幅所限，表4仅给出全部城市用水和污水排放等5个变量的 *EC* 和 *TP* 分解结果。

表4　2006~2014年中国南水北调城市用水及污水处理变量全要素根源分解

单位：%

城市	*PO*		*PS*		*RH*		*FL*		*SD*	
	EC	*TP*	*EC*	*TP*	*EC*	*TP*	*EC*	*TP*	*EC*	*TP*
北京	0.46	-0.32	0.15	-0.15	0.18	-0.18	0.11	-0.12	0.89	-0.76
天津	-0.07	0.11	0.10	-0.09	0.33	-0.34	0.26	-0.26	0.61	-0.58
石家庄	0.26	-0.20	0.32	-0.33	0.30	-0.29	0.15	-0.15	1.03	-0.97
邯郸	-0.05	0.12	0.06	-0.14	0.28	-0.43	0.28	-0.44	0.56	-0.89
邢台	0.54	-0.23	0.67	-0.50	0.62	-0.62	0.64	-0.68	2.47	-2.03
保定	0.22	-0.17	0.61	-0.61	0.23	-0.23	0.19	-0.19	1.25	-1.21
沧州	0.00	-0.04	-0.15	-0.51	-0.02	-0.57	-0.06	-0.59	-0.23	-1.71

续表

城市	PO		PS		RH		FL		SD	
	EC	TP	EC	TP	EC	TP	EC	TP	EC	TP
衡水	-0.02	0.39	0.10	-0.12	0.44	-0.43	0.54	-0.55	1.06	-0.72
徐州	0.45	-0.54	0.68	-0.58	0.64	-0.56	0.69	-0.65	2.45	-2.34
连云港	-0.08	0.06	0.17	-0.16	0.40	-0.40	0.24	-0.24	0.73	-0.73
淮安	0.00	-0.13	0.47	-0.46	0.21	-0.21	0.23	-0.21	0.90	-1.01
扬州	0.55	-0.30	0.66	-0.65	0.62	-0.64	0.67	-0.68	2.50	-2.27
泰州	0.51	-0.30	0.67	-0.62	0.65	-0.63	0.68	-0.68	2.51	-2.23
宿迁	-0.19	-0.02	0.57	-0.55	0.44	-0.45	0.47	-0.46	1.29	-1.48
蚌埠	0.02	-0.05	0.14	-0.14	0.09	-0.13	0.12	-0.12	0.36	-0.45
淮南	0.09	0.12	0.11	-0.11	0.15	-0.15	0.12	-0.12	0.47	-0.27
淮北	0.04	0.03	0.22	-0.23	0.24	-0.30	-0.01	-0.20	0.48	-0.70
宿州	-0.28	-0.02	0.28	-0.34	-0.29	-0.26	-0.34	-0.33	-0.63	-0.95
济南	0.13	-0.15	0.26	-0.44	0.18	-0.18	0.28	-0.29	0.85	-1.05
青岛	0.10	-0.15	0.26	-0.29	0.20	-0.21	0.09	-0.11	0.66	-0.76
淄博	-0.54	-0.05	0.00	-0.65	-0.25	-0.37	-0.37	-0.30	-1.16	-1.36
枣庄	0.10	-0.10	0.23	-0.27	0.00	-0.25	0.20	-0.42	0.52	-1.04
东营	0.33	-0.26	0.62	-0.61	0.33	-0.55	0.63	-0.67	1.92	-2.09
烟台	0.19	-0.23	0.40	-0.41	0.27	-0.29	0.13	-0.17	1.00	-1.10
潍坊	0.01	-0.07	0.45	-0.45	0.22	-0.22	0.15	-0.15	0.84	-0.88
济宁	0.13	-0.14	0.38	-0.38	0.26	-0.27	0.13	-0.13	0.91	-0.93
泰安	-0.02	0.10	0.17	-0.18	0.43	-0.40	0.45	-0.45	1.03	-0.94
威海	0.08	-0.17	0.27	-0.29	0.41	-0.40	0.20	-0.21	0.96	-1.06
莱芜	-0.03	0.09	0.11	-0.13	0.23	-0.22	0.26	-0.26	0.58	-0.52
临沂	0.26	-0.29	0.21	-0.23	0.21	-0.24	0.02	-0.11	0.70	-0.87
德州	0.07	-0.11	0.66	-0.66	0.32	-0.33	0.24	-0.23	1.28	-1.32
聊城	-0.11	-0.29	-0.12	-0.55	-0.32	-0.31	-0.34	-0.31	-0.88	-1.45
滨州	0.00	-0.40	0.00	-0.59	0.00	-0.59	0.00	-0.66	0.00	-2.24
菏泽	0.31	-0.34	0.68	-0.66	0.63	-0.57	0.67	-0.60	2.29	-2.16
郑州	0.39	-0.16	0.62	-0.67	0.58	-0.65	0.64	-0.68	2.24	-2.16
洛阳	0.11	-0.03	0.03	-0.22	0.05	-0.29	0.13	-0.37	0.32	-0.90
平顶山	-0.52	-0.07	0.00	-0.61	-0.48	-0.17	-0.38	-0.31	-1.38	-1.16
安阳	0.22	-0.15	0.45	-0.51	0.08	-0.26	0.05	-0.14	0.80	-1.06
鹤壁	0.59	-0.60	0.57	-0.15	0.56	-0.65	0.60	-0.67	2.33	-2.08
新乡	-0.03	0.03	0.33	-0.29	0.27	-0.27	0.25	-0.25	0.82	-0.77
焦作	0.13	-0.09	0.13	-0.36	-0.07	-0.28	0.43	-0.53	0.63	-1.26

续表

城市	PO		PS		RH		FL		SD	
	EC	TP	EC	TP	EC	TP	EC	TP	EC	TP
濮阳	0.09	-0.09	0.56	-0.65	0.37	-0.46	0.11	-0.46	1.13	-1.65
许昌	0.31	-0.35	0.35	-0.63	-0.02	-0.35	0.55	-0.67	1.20	-2.00
漯河	0.02	-0.04	0.09	-0.20	-0.04	-0.24	0.18	-0.27	0.24	-0.76
三门峡	-0.03	0.08	0.57	-0.58	0.27	-0.36	0.47	-0.49	1.29	-1.35
南阳	-0.17	0.06	0.00	-0.26	0.39	-0.52	0.37	-0.42	0.59	-1.15
十堰	-0.41	-0.16	-0.17	-0.49	-0.54	-0.13	-0.57	-0.12	-1.69	-0.90
汉中	0.23	0.00	0.67	0.00	0.64	0.00	0.68	0.00	2.22	0.00
安康	0.57	0.00	0.69	-0.41	0.67	-0.47	0.69	-0.05	2.62	-0.93
商洛	0.41	0.00	0.66	0.00	0.66	0.00	0.65	0.00	2.38	0.00
平均	0.11	-0.11	0.32	-0.38	0.24	-0.35	0.25	-0.34	0.92	-1.18

从全部城市总体角度来看，污水排放相关的 *EC* 变化为 1.13%，与用水四项要素相关的 *EC* 变化为 0.92%，其中公共服务用水 *EC* 贡献最大（0.32%），其他要素的 *EC* 也均为正值，这说明在全部分析期内的 *EC* 指标对 *TFP* 起到了正面推动作用；污水排放相关的 *TP* 生产率变化为 -1.53%，与用水四项要素相关的 *TP* 变化为 -1.18%，其中公共服务用水 *TP* 影响最大（-0.38%），其他要素的 *TP* 也均为负值，再次证实各要素的技术退步始终是全要素生产率下降的深层次根源。其中，*TP* 指标下降尤为明显的地区有东线的上游城市扬州、泰州、徐州，中线的中游城市郑州、鹤壁、邢台，与其他城市相比，缺乏技术进步的实质性效果，以至于技术退步对全要素生产率造成负面冲击。

四 结论与政策建议

（一）结论

针对现有研究对于中国南水北调城市用水绩效综合研究之不足，本研究构建城市用水环境生产分析框架，将城市污水排放同时纳入该分析框架，应用非径向的 SBM 方法，以加法结构的 Luenberger 指数分解作为研究思路，测算出 2006 ~ 2014 年中国南水北调城市用水静态无效率水平和动态全要素生产率变化，并进行投入产出的变量和技术根源分解，重点关注生产经营用水、公共服务用水、居民家庭用水、免费和漏损水量和城市污水排放的影响；进一步将样本城市进行用水强度和污水排放全要素变化的二维分类，拓展了城市水资源—经济—污水治理的系统分析思路，以寻求不同类型城市的可持续发展关键环节。研究发现，在城市污水排放的环境约束下，四项用水要素和城市污水排放构成城市用水无效率的主要源泉，其中城市污水排放、居民家庭用水、免费和漏损水量的无效率值水平较高；东线和中线涉及城市效率水平分化较大，总体呈现“东线低、中线高”“东线：上游低、中下游高”“中线：上下游高、中游低”“大城市高、小城市低”的集聚分布。全部样本分析期间的中国南水北调城市用水全要素生产率平均增长率为 -1.18%，经变量分解后发现，污水排放对生产率退步影响较大（-0.41%），四项用水变量中影响最大的是居民家庭用水，而影响较小的是生产运营用水，可见“十五”时期以来的工业用水的环境规制措施对生产率的提升起到显著效果，“十三五”时期要重点加强对污水治理的严格规制。经全要素生产率根源分解后，技术退步的大幅度下降（-3.48%），甚至抵消了技术效率的大幅度提升（2.29%），导致实现两者的“净效益为负”（即生产率倒退）；中线只调水城市的各项指标均优于其他类型城市整体绩效，直辖市及省会城市绩效优于其他城市；作为中线工程水源地的十堰，其污水排放绩效全面恶化。

（二）政策建议

1. 加强对部分上游城市的污水治理力度

中国政府对南水北调的部分城市提出了治理污水的要求，处于东线工程上游地区的江苏和安徽部分城市的污水排放无效率值较大，如安徽的蚌埠、淮南、淮北、宿州，江苏扬州的工业较为发达，城镇人口较为密集，污水排放容易超出自身环境容量，后期同样面临较重的污水排放治理任务。值得一提的是，位于中线重要水源地的十堰市，该地区的污水排放无效率值较大，再结合该地用水相关变量无效率值较大，十堰市将同时面临集约用水与治理污水的双重压力。同样位于南水北调工程中线上游城市，如陕西南部的汉中、安康和商洛，成为用水与污水无效率值的“低地”，拥有较好城市水务管理的静态绩效。

加强对东线和中线上游城市，特别是“水源地”城市的污水治理，将直接影响到南水北调工程的水质，对下游城市的用水安全和用水标准产生深远的影响。上游城市和重点水源地，可以加大流域治理，加强截面管理和水质监测，确保水质，以保证“一江清水向北流”。

2. 加强集约用水—经济发展—污水治理协同效应

目前，中国政府已经对“十三五”时期各地区的用水强度做出控制目标。所谓用水强度，即每万元国内生产总值对应的单位用水量，是用来衡量水资源消耗与区域经济发展的相对效率指标。本文将南水北调涉及城市用水强度与污水排放全要素变化进行分类分析，将全部城市划分为四个区域，以寻求各城市集约用水—经济发展—污水治理的协同对策。

区域特征如下。

（1）区域Ⅰ为低用水强度（低于全部样本城市平均用水强度），污水排放全要素变化为正的“优—优”类型，该类型在用水—经济—排放领域能够做到协调发展；中线上游城市汉中、安康、商洛属于区域Ⅰ的典型城市。

（2）区域Ⅱ为低用水强度，污水排放全要素变化为负的“优—劣”类型，该类型城市应该在后期重点提升污水排放绩效，做好水环境的保护；东线的沧州、滨州、东营、聊城、宿迁为代表。

（3）区域Ⅲ为高用水强度，污水排放全要素变化为正的“劣—优”类型，该类型城市应该在后期重点控制用水强度，注重水资源的集约利用，实现经济的可持续发展；与该区域其他城市相比，蚌埠和淮南等城市需要降低用水强度，做好对高水耗企业的监控和检测。

（4）区域Ⅳ为高用水强度，污水排放全要素变化为负的“劣—劣”类型，该类型城市应该在后期重点控制用水强度，同时注重城市污水治理，力争实现水资源—经济—水环境的改善。平顶山、淄博、漯河和十堰等城市应该加强对高用水强度企业的规制，而十堰作为中线水源地，不仅污水排放全要素为负，而且静态技术效率较差，后期仍需关注污水治理，保护水源地水质。

目前看来，一些南水北调城市仍然面临着节约用水和控制水污染的双重压力。因此，中国应该继续在城市中实施更加严格的节水和水污染控制措施，从而确保实现国家水资源规划的三个目标，确保沿着可持续发展道路前进。

Measuring Water-use Performance in the Cities along China's South – North Water Transfer Project

Miao Zhuang, Sheng Jichuan

Abstract: Due to the construction and operation of China's South – North Water Transfer Project (SNWTP), it is necessary to conduct a broader research on the underlying trends and factors of the water-use performance in the SNWTP's cities from the perspective of "resource-economy-environment" system. This paper attempts to identify the optimal paths and measures for improving the water-use performance as measured by the Luenberger productivity indicator and its decomposition. The results show that sewage discharge, free-of-charge water use and leakage are the crucial variables that constitute major contributions to the overall inefficiency value associated with urban water use in the SNWTP. The static efficiencies of water consumption indicate better performance of the cities of the middle route if opposed to those of the eastern route. The results suggest that the cities that receive water from both of eastern and middle routes, have better performance in water use than other cities, while the static efficiency in the other water-consuming areas on the eastern and middle routes do not differ in this regard. The results also indicate that the water-use productivity for the SNWTP follow a downward trend during 2006 - 2014.

Keywords: South - North Water Transfer Project; Water-use Productivity; Water-use Performance; Performance Decomposition; Water Pollution Control

京津冀协同发展背景下流域跨区域治理的分析与对策

——以还乡河为例*

柴国俊　杨宝旺　李　博**

摘　要： 本文以还乡河为例，探讨京津冀协同发展背景下流域的跨区域综合治理问题。通过与河北和天津相关区县水务、环保部门座谈，并实地走访丰润、玉田、宁河三区县多个乡镇的企业、学校、村庄和水闸，本文提炼出还乡河流域治理的三大突出问题，即各河段环境治理不协同导致效果不佳、河长制难以弥补跨区域协同不足、区域发展不协调制约流域跨区域治理。本文随后采用博弈论模型论证流域跨区域治理的思路。本文建议，以还乡河治理为试点，提升县乡环保地位和考核比重、统筹地级市综合治理、建立津冀横向生态补偿机制，探索区域多元化横向补偿新模式，进而构建流域共享共治体系。

关键词： 京津冀协同发展　跨区域治理　横向生态补偿

* 基金项目：本文得到河北省高等学校青年拔尖人才计划项目“新型城镇化进程中征地问题的空间分析”（项目编号：BJ2016070）资助。

** 柴国俊，博士，河北经贸大学商学院副教授（内聘三级教授），人口资源环境硕士点负责人，河北省经济社会发展地理信息大数据平台研究员，研究方向为劳动经济学、城市经济学；杨宝旺，河北经贸大学会计学院讲师，主要研究方向为企业经营和管理会计；李博，河北经贸大学商学院讲师，主要研究方向为环境经济学和经济地理。

一 引言

河流污染对人类社会危害严重，重要原因是跨区域治理缺失。2017年《联合国世界水发展报告》显示，由于没有系统管理，全球有80%的废水未经处理直接排放，所有流经亚洲城市的河流均被污染，仅中国每年水污染经济损失达上千亿元，关注并解决跨区域的水资源保护与利用问题迫在眉睫。尽管理论界开始探讨跨界环境治理和横向生态补偿方法，但鲜活的区域性案例仍然匮乏。京津冀协同发展战略的提出，为运用跨区域流域治理工具提供了重要场景。基于此背景，本文选取跨区域河流的典型——还乡河，试图在显微镜式剖析中提炼出京津冀跨区域流域综合治理的思路与对策。

还乡河古称浭水，因抗战小英雄雨来而闻名全国，属海河流域蓟运河水系的支流，连接唐山和天津。还乡河发源于唐山市迁西县董庄子村，到岩口入丰润境，向西南入邱庄水库，从水库往南流经丰润白官屯等多乡镇，在燕子河乡三百户屯南出境入玉田县。玉田河段包括杨家套镇、鸦鸿桥镇、窝洛沽镇、潮洛窝乡4个乡镇75个村庄，在潮洛窝乡北单庄村出境入天津宁河区丰台镇，并在丰北闸分为新河和故道，还乡新河最终在阎庄村汇入蓟运河，后者流入海河共同流进渤海。全长160千米，在丰润境内60千米，玉田38千米，宁河31千米，总流域面积为460平方千米。还乡河原为常年河，因水量大部分控制在上游水库，已成为季节河流。还乡河各段分界点是邱庄水库和三百户屯，即邱庄水库以上为河流上游，丰润河段为中游，玉田、宁河河段为下游。[①] 还乡河原在宁河西淮沽村建有水质入口监测站，后在玉田北单庄村建设水质自动监测站，宁河建有丰北闸水质自动监测站。改革开放以来，沿河生产生活污染严重，近年多地清淤治污行动让部分河段重

① 郑少辉、温学友、曹凯成、苏志荣、冯晓波：《还乡河污染现状及防治对策》，《河北企业》2010年第6期，第45～47页。

现碧水蓝天，较好地体现出人与自然和谐相处中的同自然协作，积极践行《联合国世界水资源开发报告》2030年可持续发展目标。

尽管如此，还乡河跨区域治理仍处薄弱环节。通过同玉田县和宁河区水务、环保部门座谈，并实地走访白官屯、杨家套、鸦鸿桥、窝洛沽、潮洛窝、丰台等乡镇的企业、学校、村庄和水闸，我们凝练出各河段流域治理的三大突出问题，即各河段环境治理不协同导致效果不佳、河长制难以弥补跨区域协同不足、区域发展不协调制约流域跨区域治理，建议试点实施跨区域协同治理和横向生态补偿。如下首先总结京津冀流域治理的主要问题，指出流域跨区域治理的必要性，然后理论分析流域跨区域治理的好处，最后提出当前流域跨区域治理的三点对策。

二　京津冀流域治理的突出问题

治理就是政府和非政府主体之间互动并设计、实施政策的过程，成功与否取决于效果，关键看制度形式能否在特定的环境中履行制度的预期功能。[①] 治理可通过外部压力来实现，也可通过精英阶层的谈判和公民的高参与度实现。河流流域治理现有河长制安排，但跨行政辖区的大中河流监管则少有制度设计，成为时代难题。

流域跨区域综合治理问题在当前还乡河流域表现突出，导致中下游河流保护和利用成效存在差异。如下分别从各河段环境治理不协同导致效果不佳、河长制难以弥补跨区域协同不足、区域发展不协调制约流域跨区域治理三方面，递进式总结还乡河治理突出问题，并指明京津冀流域跨区域治理必要性。

（一）各河段环境治理不协同导致效果不佳

调研发现，从丰润到玉田，再到宁河，还乡河各河段不定期接受环保

① World Bank., *World Development Report 2017*, Governance and the Law, 2017.

督查，能够在环境保护和生态建设方面推进落实，但宏观步调不协同仍然存在。丰润区白官屯镇领导告诉我们，他们对还乡河进行了水土保持和绿化等工作，旨在修复生态。配合区委区政府有关雨污分离和污水处理工程，村镇干部督促村民关闭养殖场，封堵排污口，清理河道垃圾，规范游泳。玉田县总结，近年来两次共投入资金 4000 万元来为还乡河清淤、拆违和处理垃圾。2018 年开展清河行动，工作重点包括 3 月清垃圾、4 月清违建、5～6 月清鱼池。具体为 3 月印发《玉田县河渠清理行动方案》，发布《玉田县河渠整治工作的通告》120 份，编制印发《玉田县河渠治理相关法律法规明白纸》7500 份；并通过督导检查、执法曝光等手段巩固垃圾清理成果，截止到 7 月初共清理垃圾 3400 立方米。4 月集中清理违建，通过水务、环保、农牧、国土等部门联合执法，完成调查问录、发放法律文书共计 100 余户，并于 6 月底全部自拆完毕。天津宁河区则投入 3500 万元为还乡河复堤、加固，并拆除违建及拦河网、清理垃圾。到 2017 年底，宁河区有 44 个村庄建成了农村污水处理站，预计在 2020 年完成 282 个村的污水处理站。综上，还乡河中下游各区县为实现该流域碧水蓝天的目标，正在紧张忙碌地修复生态，但工作内容不一致，最关键的是治理行动各自为政，分工合作机制欠缺。

还乡河流经唐山市多区县和天津市宁河区，属于一个典型的跨区域治理的例子。需要将还乡河视为整体、统筹兼顾，总体治理、协调发展，突出反映出还乡河流域跨区域治理的重要性。目前，唐山市的丰润和玉田每月召开生态调度联席会议互通信息，对环保不达标区县进行行政罚款，并有水务、环保、农牧、国土等部门联合执法；河北唐山和天津宁河仍处于临时性发函收函的状态，没有河北与天津的流域协调机构组织开会，两省市试点仅针对“引滦入津”，尚未形成政府协调的机构或制度。

调研了解到，在各区县治理还乡河行动中，丰润白官屯及玉田杨家套、鸦鸿桥等流域水质水量略有提升，玉田窝洛沽、潮洛窝河段水量改善较多，宁河境内还乡河段打通蓟运河，且两岸少有工矿企业，水质水量均有较大改观。在还乡河各河段分治模式下，环境治理推进落实，但跨区域协同明显不够，河北生态恢复资金缺口较大，导致流域综合治理效果不佳。

（二）河长制难以弥补跨区域协同不足

还乡河采取各县市分段分级管理体制。唐山市和宁河区均从2017年实施多层次河长制，将所属流域治理成效纳入业绩考核范围内，唐山分市、区县、乡镇和村四级管理，宁河分区、乡镇和村三级管理。通过河长制与网格化统一管理，将河流分段交予各村镇治理监管，村镇干部坚持每天巡河。

分段分级属地管理有利有弊。好处是，地方政府微观上权责利对等分明，易因地制宜，易于管理和操作。弊端是，由于河流具有流动性和不可分割性，河道产权被人为切割，水资源利用各自为政，河流这种公共品被置于“囚徒困境”的状态。在内部主体无动力摆脱两败俱伤的情形下，只有外在的力量才能将各自利益主体产生的负外部性内在化，形成统一协调机制势在必行。我们调研的直观印象是，除上游水库外，唐山内部区县太过注重工商业发展，曾将工业废水和生活污水排入还乡河致其失去自净能力与灌溉功能，并影响到地下水水位，而天津宁河充分整合辖区内的蓟运河和还乡河水资源，修筑密密麻麻的灌溉设备集中发展绿色农业，虽加固了堤坝进行防洪，但仍然受玉田河段水藻和污水的困扰。由此，还乡河“中梗阻”突出，改善流域治理应从唐山入手。

还乡河是唐山三大河流之一，当地根除排污权会损害发展权，有必要获得横向生态补偿。近年唐山市环境状况公告表明，滦河和陡河的水质在Ⅲ类左右，还乡河水质则在劣Ⅴ类徘徊。如2015年还乡河丰北闸断面全年监测9次（1~2月冰冻、8月断流），监测结果为Ⅴ类水质，主要污染物为化学需氧量，达到环境功能区划要求和《地表水环境质量标准》（GB3838－2002）。2016年，丰北闸全年监测10次（1~2月冰冻），监测结果为劣Ⅴ类水质，主要污染物为化学需氧量和总磷，未达到环境功能区划要求，水质超标原因是丰润区污水处理厂提标改造工程施工、城区雨污分流管网工程改造施工以及无足够的环境用水。2017 年，由于总磷影响，丰北闸等处未达到目标要求。2018 年 1 ~7 月，根据宁河环保局提供的数据，总磷和化学需氧量分别是 0.5 和 44，超过Ⅴ类水质临界值 0.4 和 40。尽管唐山市对环保工作十分重视，但画地为牢的制度约束，很难创造奖惩激励，尴尬现实呼吁还乡河的下游——天津给予更大的环保压力和经济动力，除继续实施河长制外，有必要建立还乡河横向生态补偿机制，以弥补唐山治理河流污染引起的发展损失，彻底摆脱“下游受益、上游牺牲”等环保困境。

（三）区域发展不协调制约流域跨区域治理

流域跨区域治理存在困难的深层次原因是区域未协调发展。还乡河地跨河北和天津。中上游依然以农业为主，经济欠发达，但严格的环境治理又在一定程度上损害了中上游百姓的经济发展。如何将环境治理与经济发展统筹兼顾，在发展中保障和改善民生，规范地方政府的策略性行为①，达到区域协调发展目标，是现今还乡河综合治理的大问题。将产业升级，发展绿色农业或者环保产业，不仅需要上下游政府的政策资金支持，还需要多元化的横向补偿模式探索，需要当地群众的环保高觉悟和积极配合，这些正是跨区域治理的努力方向。

实际上，流域跨行政区治污是世界难题，美国、欧盟、巴西等国家和地区均有艰难探索和成功经验②。我国河流属地管理，各自为政③，已引起高

---

① Cai, H. , Chen, Y. & Gong, Q. , “Polluting thy Neighbor: Unintended Consequences of China's Pollution Reduction Mandates,” *Journal of Environmental Economics and Management*, 2016 (76): 86 - 104.

② Gray, W. B. & Shadbegian, R. J. , “ ‘Optimal’ Pollution Abatement - Whose Benefits Matter, and How Much?” *Journal of Environmental Economics and Management*, 2004, 47 (3): 510 - 534; Lipscomb, M. & Mobarak, A. M. , “Decentralization and Pollution Spillovers: Evidence from the Redrawing of County Borders in Brazil,” *Review of Economic Studies*, 2017, 84 (1): 464 - 502; Sigman, H. , “International Spillovers and Water Quality in Rivers: Do Countries Free Ride?” *American Economic Review*, 2002, 92 (4): 1152 - 1159.

③ 黄德春、陈思萌、张昊驰：《国外跨界水污染治理的经验与启示》，《水资源保护》2009 年第 25 期，第 78 ~81 页。

层足够重视。早在 2008 年，环境保护部就出台《关于预防与处置跨省界水污染纠纷的指导意见》，建议在相邻省级环保部门和地方政府共同协商的基础上，建立预防与处置跨省界水污染纠纷长效工作机制。党的十八届三中全会明确提出“坚持谁受益、谁补偿原则，完善对重点生态功能区的生态补偿机制，推动地区间建立横向生态补偿制度”的政策思路。2014 年政府工作报告进一步提出，要“推动建立跨区域、跨流域生态补偿机制”。2016 年 3 月 22 日，中央全面深化改革领导小组审议通过《关于健全生态保护补偿机制的意见》，提及跨地区、跨流域补偿试点工作。同年 12 月 20 日，财政部、环境保护部、国家发展改革委和水利部四部门联合印发首份专门针对流域生态保护补偿的政策文件《关于加快建立流域上下游横向生态保护补偿机制的指导意见》，对横向生态保护补偿的总体要求、工作目标、主要内容和保障措施等提出了具体安排。这些政策的出台加快了新安江流域、“引滦入津”工程的横向生态补偿试点工作，而试点工作的宝贵经验为还乡河跨省协调指明了工作思路。如下理论分析流域跨区域治理的潜在好处，引出跨区域治理机制运转思路。

三　京津冀流域跨区域治理的理论分析

还乡河流经河北和天津，牵涉流域跨区域治理问题。只有合理有效地解决河北与天津之间由于负外部性导致的水资源利用问题，才能够从源头上协同治理还乡河流域资源和生态。鉴于上下游河流管辖主体同属中央政府水利部门权责范围，彼此信息较为公开透明，这里利用完全信息动态博弈相关原理，分析说明这些管辖主体合并会增加整体流域的综合效益。方便起见，不同河流管辖主体可抽象为追逐并维护本地经济效益的企业。

假定河北企业位于还乡河上游，水的单位生产成本是 $C<1$。天津企业位于下游，以价格 P_c 购入还乡河水，出售价格是 P_e，反需求函数是 $P_e=1-Q_e$，生产函数是 $Q_e=3\cdot Q_c$。上下游企业合并与否，将直接决定企业水资源最终价格和利润的高低。

（一）未合并时的价格与利润

此时，河北企业与天津企业的利润分别表达为 $\pi_c = (P_c - C) \cdot Q_c$、$\pi_e = (P_e - P_c) \cdot Q_e$。现利用逆向归纳法求解子博弈精炼纳什均衡（SPNE）。具体地，将 π_e 对 P_e 求导，得出天津企业的反应函数为 $P_e = \frac{1 + P_c}{2}$。将后者带入 π_c 中并对 P_c 求导，整理得出最终价格分别为：

$$P_c^* = \frac{1 + C}{2} \tag{3.1}$$

$$P_e^* = \frac{3 + C}{4} \tag{3.2}$$

将上述结果分别带入各自利润函数得到 $\pi_e^* = \frac{(1 - C)^2}{16}$、$\pi_c^* = \frac{(1 - C)^2}{24}$。最终的总利润为：

$$\pi^* = \pi_c^* + \pi_e^* = \frac{5(1 - C)^2}{48} \tag{3.3}$$

（二）合并后价格与利润

上下游企业合并后，此时的利润函数为 $\pi = (P_e - C) \cdot Q_e$。求解可得企业的最佳价格为：

$$P_e^{**} = \frac{1 + C}{2} \tag{3.4}$$

最终利润为：

$$\pi^{**} = \frac{(1 - C)^2}{4} \tag{3.5}$$

通过对（3.2）和（3.4）以及（3.3）和（3.5）的比较很容易得出，合并后水资源利用的最终价格下降，但最终的利润总额增加，充分反映出河北、天津企业合并后会使还乡河水资源利用的综合效益增加，另通过上下游利润再分配能够有效地解决合并前负外部性带来的水资源成本增加问题。需要重申的是，这里的企业合并和利润分配可广义理解为河流上下游管辖主体的利益合作协调过程。依据煤电联动的理论推演，可将纵向一体化的剩余控制权交予定价较低的下游方①。具体可在共同获得更多效益后将部分额外的效益通过下游为上游横向补偿的方式来协调内部综合利益瓜葛，旨在为建立统一的跨区域治理委员会并实施津冀横向生态补偿机制做理论铺垫。

四　京津冀流域跨区域治理的思路与对策

基于丰润污水影响玉田清洁水源、玉田水藻影响宁河环保工作的客观事实，总结沿河区县在环境保护方面的做法与利弊，结合上下游河流管辖主体博弈的框架与思路，我们建议以还乡河治理为试点，提升唐山县乡环保地位和考核比重、统筹地级市综合治理、建立津冀横向生态补偿机制，并探索区域多元化横向补偿新模式，努力构建流域共享共治体系。

（一）提升县乡环保地位和考核比重

目前，地方环保工作看似很重要，但受地方政府影响太大，加之基层人少事杂，环保工作不得不由更高层的环保部不定期督查。调研中，我们感受到区县和乡镇领导的环保压力之重及地方环保局的讳莫如深。环境保护等生态文明建设，是党的十八大以来公开提出的五大文明建设之一，是关系民生、考验执政的重要方面，在新时代应得到实实在在的重视。建议利用生态环境部整合组建生态环境保护综合执法队伍的改革时机，切实提升唐山区县环保地位，更大程度地独立于区县政府，构建地方政府不顾资源与环境承载力盲目发展经济的制约机制。与此同时，依据人对激励有反应原理和基层环保递增的原则，进一步加大唐山县乡考核指标中环境保护、民生改善、生态效益的权重，制度

① 徐鸣哲、刘丽丽：《基于双重加价模型的煤电价格联动分析》，《苏州大学学报》（哲学社会科学版）2011 年第 4 期，第 129 ~ 132 页。

上健全绩效激励体系[①]，作为河长制和环保督查的制度补充。当然，现行县乡综合治理常态化制度主要是河长制，继续对河长工作监管认真且业绩突出的负责人优先晋升，对河流监管不力且造成严重污染的负责人终身追责。[②]

宏观层面而言，县乡环保权责在不断优化设计中。2018 年 5 月 18 日，习近平总书记在全国生态环境保护大会上强调坚持节约优先、保护优先、自然恢复为主的方针，坚持“绿水青山就是金山银山”，坚持生态惠民、生态利民、生态为民，为新时代环保工作和地方考核提出了新的更高的要求。6 月 5 日，唐山市委书记王浩在市生态环境保护大会上明确指出，要着眼人民福祉和民族未来，深刻领会习总书记生态文明思想。要严格督导考评，建立生态环保问题清单、整改清单、责任清单、效果清单，通过严格的督查问责，倒逼整改落实、倒逼任务落地、倒逼工程推进。要严肃追责问责，对生态环境责任不落实、措施不到位、监管不严格、造成严重后果的，依法依纪严肃查处。可以期待，这些会议精神不久将提升环保地位并为落实县乡环保责任提供保障。

（二）统筹地级市综合治理，建立津冀横向生态补偿机制

现实中，宁河电话、发函处理玉田水藻，玉田治理丰润污水资金短缺，当前河长制无法弥补跨区域协同不足。理论上，解决水藻或生态恢复工程资金缺口不仅依靠中央政府转移支付的纵向生态补偿体系（中小河流治理、水污染防治专项、农村环境综合整治），还要尽快组建津冀还乡河水环境协调机构和生态补偿专项基金，建立横向生态补偿机制，用市场手段进行经济

---

① Sigman, H. , “Transboundary Spillovers and Decentralization of Environmental Policies,” *Journal of Environmental Economics and Management*, 2004 (50): 82 - 101; Matthew, K. , Li, P. & Zhao, D. “Water Pollution Progress at Borders: The Role of Changes in China's Political Promotion Incentives,” *American Economic Journal: Economic Policy*, 2015, 7 (4): 223 - 242; 孙伟增、罗党论、郑思齐、万广华：《环保考核、地方官员晋升与环境治理——基于2004—2009 年中国 86 个重点城市的经验证据》，《清华大学学报》（哲学社会科学版）2014 年第 4 期，第 49～62 页。

② A Chief for Every River, *The Economist*, December 15th 2018: 54, https: //www. economist. com/china/2018/12/15/to - curb - pollution - china - has - appointed - over - 1m - river - chiefs.

罚款和赔偿，同天津探索水权交易和排污权交易等试点工作。目前看，唐山尤其丰润沿河养殖、工商企业居多，还乡河功能退化为防洪，无灌溉、供水、景观作用。随着治污行动开展，养殖、工商企业关停，为生态保护做出牺牲，民众短期生计维持需要补偿。宁河区段的还乡河分洪道众多，直接连通蓟运河与还乡新河，正在杨花庄处建两河之间的橡胶坝，很好地满足了当地农业灌溉需求。宁河享受了河流污染治理的好处但并未承担相应成本，理应补偿丰润、玉田河段的发展权损失。

可借鉴莱茵河、多瑙河等跨国河流治污的经验。以还乡河流域水务、环保基层工作人员为基础，探索建立跨区域治理委员会，划分防洪、监测、排放、生态等专业小组。充分协调地方环保困难和发展需求，依据《河北省水资源统筹利用保护规划》尽快编制还乡河流域水资源综合规划，测算经济发展和环境保护的成本与收益。先统筹唐山地级市的丰润、玉田进行综合治理，中游的丰润转移支付给下游玉田生态补偿经费，并认真借鉴新安江的跨省治污做法①，以此为契机探索建立上述津冀横向生态补偿机制，以彻底解决“中梗阻”。这里治理委员会是管理机构，要明确目标、分解任务、细化指标、完善考评，构建流域长效管护机制。

具体可在生态环境部和财政部以及京津冀协同发展领导小组协调下，天津和河北在未来3～5年内每年各拿出一定的生态保护专项资金用于还乡河流域整体治理，中央政府以奖励形式配套1～2亿元定向投给河北省治理还乡河。河北与天津分别以玉田县北单庄村水质监测站和宁河区丰北闸水质监测站的断面水质综合污染情况，来判定双方的环保职责，若河北水质标准在年底达到某种水平和比例，则天津将资金补给河北；若河北水质未达标，则天津不提供资金补给。具体金额由流域治理委员会计算。由于牵涉天津利益，河北

① 王金南、刘桂环、文一惠：《以横向生态保护补偿促进改善流域水环境质量——〈关于加快建立流域上下游横向生态保护补偿机制的指导意见〉解读》，《环境保护》2017年第45期，第13～18页；杨爱平、杨和焰：《国家治理视野下省际流域生态补偿新思路——以皖、浙两省的新安江流域为例》，《北京行政学院学报》2015年第3期，第9～15页；陈国鹰、李巍、王佳、逯飞、赵宇明：《引滦入津上下游横向生态补偿机制试点进展与建议》，《环境保护》2017年第7期，第24～27页。

省可将还乡河治理作为“引滦入津”补充或扩大，积极同天津和中央协调，待做法成熟后再扩展到滹沱河、白洋淀等更大规模的跨省湖海治理活动。

（三）探索区域多元化横向补偿新模式

与还乡河分段治理并存的现象是，归属河北唐山但地处天津宁河境内的汉沽农场、芦台农场等插花地各自为政，并无同步实施的管理模式。我们曾赴宁河区芦台镇时代花园和东方尚都两个小区进行走访调查，切实感受到两个小区房价“一墙之隔，天价之异”，了解到河北汉沽管理区因为入学就业问题所受到的制度约束。可喜的是，随着当地入学政策的改善，两小区房价正在逐步趋同。

这种飞地现象需河北和天津统一规划，积极发挥津冀资源互补优势，实现两地共同开发、共享收益，妥善解决还乡河流域环保硬性约束下经济发展的诉求。可参考成阿工业区的共同投资、利益分成经验，以及京冀建设生态清洁小流域的做法，在资金补偿、对口协作、产业转移、人才培训等方面探索多元化的横向补偿关系①，充分利用好汉沽农场和芦台农场等飞地经济，带动更大区域要素流动。

如何从还乡河流域协作，扩大到京津冀的整体协作，触及京津冀协同发展战略的落实。玉田粗放的经济增长模式需要升级，出售螺山石头或生产经营低附加值、高污染的中小企业将不可持续，引入北京、天津等地社会资本会加快本地基础设施建设和生态保护。从“绿水青山去换金山银山”逐步过渡到“绿水青山就是金山银山”，是唐山丰润、玉田为代表的河北追赶天津的必由之路。进一步而言，共同发掘好宁河境内归属各异的芦台农场、汉沽农场、清河农场和潘庄农场，是京津冀协同发展的重要突破口和试验场。② 北京、天津和河北有太多相邻、交叉的区域，这些区域的经济社会治理新机制和新模式需要我们去探索。

---

① 杨春平、陈诗波、谢海燕：《“飞地经济”：横向生态补偿机制的新探索——关于成都阿坝两地共建成阿工业园区的调研报告》，《宏观经济研究》2015 年第 5 期，第 3 ~ 8 页。

② 田学斌：《举全省之力持续办好“三件大事”》《河北日报》2019 年 1 月 23 日。

（四）构建流域共享共治体系

鉴于沿河居民高达82%的环保参与率和大企业多有处理污水能力的事实，利用不动产登记收尾的大好契机，强化各地生态产权意识，以咨询、奖励等方式充分吸纳多元主体参与，充分考虑被影响民众合理诉求，构建政府为主导、企业为主体、社会组织和公众共同参与的环境治理体系，实现还乡河流域共享共治。

现代治理呼唤官民互动。物质文明建设需要公众参与，生态文明建设同样需要公众参与。通过入户调查我们了解到，还乡河沿岸的居民积极参与还乡河治理比例达到82%，室外冲水厕所达44%，公共垃圾箱倾倒率达74%。他们大都愿意响应国家政策，与周边地区合作，恢复还乡河往日的清明，但传统农业视野制约了他们的市场经济素质。逐步培育还乡河两岸人民的经济意识，形成把个体的教育与健康纳入环境治理与生态建设的长效机制，将可持续生计诉求找准方向和途径，让每一位村民切实感受到获得感和幸福感。生态文明建设是为了发展，坚持在发展中保障和改善民生。有了广大群众的理解与支持，高层政府的科学统筹规划才能深入人心，得以更好地贯彻实施。

事实上，国家发改委深入调研京津冀发展困境，较早倡导建立生态和水资源补偿机制，呼吁实现京津冀经济一体化目标①。当前，京津冀协同发展已成为习近平总书记亲自推动的重大国家战略，而生态建设是其率先突破的三大重点领域②，在改善民生中加快生态保护修复，切实践行绿水青山就是金山银山的理念。从“引滦入津”扩大到还乡河流域，津冀横向生态补偿机制值得构建，区域多元化横向补偿新模式值得期待。

---

① 肖金城、刘保奎：《首都经济圈规划与京津冀经济一体化》，《全球化》2013年第3期，第72～81页。

② 武义青、田学斌、张云：《京津冀协同发展三年回顾与展望》，《经济与管理》2017年第2期，第1～7页。

The Analysis and Countermeasure of Inter – Regional Governance for River Basin in the Context of Collaborative Development of Jing – Jin – Ji: Take Huanxiang River as an Example

Chai Guojun, Yang Baowang, Li Bo

Abstract: This paper, taking Huanxiang River as an example, studies the inter-regional comprehensive governance for the river basin in the context of Collaborative Development of Jing – Jin – Ji. We discuss with relevant bureaus of water management and environmental protection in Hebei Province and Tianjin Municipality, and investigate firms, schools, villages, and dams in several townships from Fengrun, Yutian, and Ninghe. Based on those investigations, we sort out 3 key problems for governance of Huanxiang River basin, i. e., the bad performance due to less collaboration of environment protection between each section of the river, poor coordination with no help of current management system, and no inter-regional governance mechanism for the river basin resulting from unbalanced development of different regions. Then we set up a model using game theory and illustrate the thoughts of inter-regional governance. We finally propose that, regarding governance of Huanxiang River as the first case around, it's necessary to enhance the position and proportion of environmental protection in each county, coordinate the comprehensive governance in Tangshan City, build up the horizontal ecological compensation mechanism between Hebei and Tianjin, explore the new mode of more horizontal compensation mechanisms in such multi-region area, and construct the system of governing and sharing of river basin.

Keywords: Collaborative Development of Jing – Jin – Ji; Inter-regional Governance; Horizontal Ecological Compensation Mechanism

基于能值理论的洱海流域可持续性评估*

钟绍卓**

摘　要： 随着人口增多和经济发展，洱海流域生态环境问题日渐凸显。运用能值理论评估洱海流域的可持续发展水平，可以从整体上了解洱海流域自然生态系统和社会经济系统的状态和关系，识别影响流域可持续发展的关键因素。研究发现，由于水泥行业和农用化肥等对环境带来的巨大压力，洱海流域的发展模式并不利于长期的可持续发展。优化产业结构、发展循环经济、促进绿色农业、提升用水效率和可更新能源利用率等措施可帮助改善洱海流域现状。

关键词： 洱海流域　可持续发展　能值理论　水资源　政策建议

一　背景

洱海是中国第七大淡水湖泊，也是云南省第二大高原湖泊。它为流域内居民的生产生活提供着多种多样的支撑，如供水、发电、旅游和气候调节等等，被当地人亲切地称作“母亲湖”。然而，随着人口的增多和经济的发展，洱海流域环境污染和生态破坏问题日益凸显，成为制约社会经济发展的

---

* 本文部分内容发表于 Zhong, S., Geng, Y., Kong, H., Liu, B., Tian, X., Chen, W., Qian, Y. & Ulgiati, S., "Emergy-based Sustainability Evaluation of Erhai Lake Basin in China," *Journal of Cleaner Production*, 2018, 178: 142－153.

** 钟绍卓，博士，西南财经大学讲师，主要研究方向为环境管理。

关键因素。虽然当地政府已着手开展了一系列控制措施（例如洱海博湖治理“六大工程”、洱海Ⅱ类水质目标三年行动计划“2333”工程等），加大了洱海保护治理的力度和决心，但洱海流域生态环境质量的改善和保护仍然任重道远。尤其是在生态文明建设的背景下，正确认知洱海流域可持续发展的现状，识别影响可持续发展的关键因素，协调经济发展与生态环境保护的关系显得尤为重要。

当下对洱海流域的研究多集中在环境污染治理方面，如农业面源控制、湖泊底泥污染研究和环境风险评估等。只有少部分研究从整体上探索了洱海流域内人类与环境的相互关系，例如李新等[①]运用动态模型和层次分析法核算了洱海流域环境承载力。但几乎没有研究关注洱海流域的生态效率和自然资源价值对经济社会的贡献。就区域可持续发展的相关研究而言，绝大多数立足于单一视角，如平衡经济与环境的土地利用模式、政策影响或河流健康，对社会经济的整体性和水资源这一流域内关键自然资源的研究尚不足够，这可能导致研究结果的片面性。因此，亟须借助一种系统性的方法认知流域发展的全貌。

能值理论作为一种生态学方法，能有效衡量自然资源对经济社会的贡献，搭建自然生态系统和人类社会经济系统之间的桥梁。目前，能值理论已被广泛应用于评估以人类为主体的复合生态系统的可持续性水平，例如森林、草原和农牧交错地带等。有部分研究已将能值理论运用于流域分析，例如流域的可持续性评估、土地变化对生态系统服务的影响、水资源能值转换率计算和水体服务恢复成本计算等。其中，Dang 和 Liu[②] 运用能值理论分析了中国 Yangou 流域 1998 ~ 2005 年的可持续水平和承载力。但是 Yangou 流域以农业为主，相同的研究框架无法很好地贴合洱海流域这样一个兼顾农

① 李新、石建屏、曹洪：《基于指标体系和层次分析法的洱海流域水环境承载力动态研究》，《环境科学学报》2011 年第 6 期，第 1338 ~ 1344 页。

② Dang, X. & Liu, G., “Energy Measures of Carrying Capacity and Sustainability of a Target Region for an Ecological Restoration Programme: a Case Study in Loess Hilly Region,” China, *Journal of Environmental Management*, 2012, 102: 55 - 64.

业、工业和服务业的复合大系统。与此同时，对于水资源这一流域生态系统的重要自然资源，鲜少有能值研究将水资源的贡献纳入系统可持续研究的考虑。

在此背景下，本文为了更全面地了解洱海流域的发展状况，选用能值理论分析洱海流域整体的可持续水平，进而识别影响其可持续发展的关键因素，为流域的可持续管理提供政策建议。

二 方法

（一）案例区介绍

洱海流域位于中国云南省大理白族自治州，属澜沧江—湄公河水系。流域面积为2565平方千米，平均海拔1796千米，涵盖了大理市的10个乡镇（下关镇、大理镇、银桥镇、湾桥镇、喜洲镇、上关镇、双廊镇、挖色镇、海东镇、凤仪镇）和洱源县的6个乡镇（茈碧湖镇、邓川镇、右所镇、三营镇、凤羽镇、牛街乡）。洱海湖面面积为250平方千米，平均水深和最大水深分别为10.8米和21.3米。当洱海运行水位1965米时，湖容量27.1亿立方米。洱海大小河溪共117条，其中以北部永安江、弥苴河、罗时江，西部苍山十八溪，南部波罗江为主，占入湖水量的80%左右。洱海天然唯一的出湖河流为西洱河，位于洱海南部偏西。

苍山洱海是国家自然保护区和国家级风景名胜区。洱海是大理市主要饮用水源地，具有景观旅游、农业灌溉、城市用水和气候调节等多种功能，是大理市乃至整个流域社会经济可持续发展的基础，享有“高原明珠”的美誉。

洱海流域属低纬度高原季风气候，寒暑适中，气候温和，气温年较差小，日较差大；日照充足；雨热同季，干湿季分明。流域多年平均气温15.1℃，日照时数2227.4小时，降雨量1054.9毫米。大理市属多风区，风能资源丰富，下关镇素有“风城”之称。洱源县地处滇西高温热水区，地热资源得天独厚，是闻名遐迩的“温泉之乡”。

洱海全湖在2015年的平均水质为Ⅲ类，富营养化综合指数为40.6，处于中营养水平。水质监测断面数据显示洱海主要入湖河流断面水质多为Ⅳ类或Ⅴ类，永安江江尾东桥断面水质甚至为劣Ⅴ类。洱海水生植物种类数与生物量也急剧减少，近年仅维持在8%左右的水生植被覆盖度。目前，洱海流域植被覆盖度降为50.36%，森林覆盖度为37.0%，且林分结构简单，中幼林多、成林少，森林生态系统功能大大减弱。流域污染日渐严重，主要来源于工业、城镇生活、农村生活、养殖业、农业面源、服务业、水土流失、干湿沉降等。

（二）方法介绍

能值理论是由美国著名生态学家Odum，H. T.①于20世纪80年代提出的用以衡量自然资源对经济社会真实贡献的一种理论体系。能值定义为“一种产品和服务在生产过程中直接和间接耗用的所有的某种有效能的数量”。它认为任何能量均始于太阳能，通过能值转化率可将不同的环境资源、商品、服务和信息等转换为统一度量的能值，并以太阳能焦耳（sej）作为单位，极大方便了不同类别能量间的比较分析，也便于判断各能量对同一系统的贡献程度。公式（2.1）给出了能值的计算方法：

$$E_i = M_i \times UEV_i \tag{2.1}$$

其中，E_i 是物质 i 包含的能值量（sej）；M_i 是物质 i 的数量值（g 或 J）；UEV_i 是物质 i 的能值转换率（sej/g 或 sej/J）。

其中，能值转换率（UEV，Unit Emergy Value）是能值方法中的关键参数。它指单位能量或物质所含能值，单位为 sej/J 或 sej/g。UEV 表征着系统中各能流的能量等级，UEV 越高，该能流的能质越高，需求的能量越多，在系统中其等级阶层相对较高，数量相对较少，功能作用性相对更为重要。

① Odum，H. T.，*Environmental Accounting：Energy and Environmental Eecision Making*，New York：John Wiley and Sons，Inc，1996.

另一重要参数是能值基准（GEB，Geobiosphere Emergy Baseline）。能值理论认为地球生物圈归根结底受三种可用能驱动，即太阳能、地热能和潮汐能，三者之和便是GEB。Odum于1996年给出了GEB的值为9.44E+24seJ/yr。随后，Odum及其学生对GEB进行了多次的更新和优化。截至目前，Odum教授的学生Brown① 教授及其团队于2016年更新的GEB（12.0E+24seJ/yr）是目前最新的认可度较高的版本。GEB是能值计算的基础，基于不同GEB计算的能值结果，只有通过系数转换方能进行比较。例如，若研究A采用的GEB为9.44E+24seJ/yr，研究B采用的GEB为12.0E+24seJ/yr，则研究A的能值结果需乘以1.27（=12.0/9.44）方能和研究B的能值结果进行比较分析。

系统的能值分析可包含如下步骤。

①资料收集：通过统计年鉴、官方文件、现场调研、文献析出等方式收集整理研究对象所需的自然地理和经济社会的数据资料。

②能量系统图绘制：确定研究对象边界、输入和输出条目后，根据“能量系统语言”绘制能量系统图。边界外，从左下顺时针到右下各能流的能质等级逐渐升高；边界内为系统各主体的运作交互过程。

③能值分析表制作：列出研究对象的输入和输出条目，包括可更新资源、不可更新资源、劳动、服务等；确定各条目的原始量和对应的UEV；计算各条目的能值，从而分析整个系统的运作情况；也可进一步计算各条目的能值—货币价值，加入经济社会的分析视角。

④能值综合指标体系构建：基于前述的计算和分析，建立能值综合指标体系，以分析系统的现状，评估自然系统与社会经济的相互作用关系。

本研究根据洱海流域经济结构和湖体功能将洱海流域大系统分为5个子系统，包括洱海子系统、渔业子系统、农业子系统、工业子系统和居民子系统（见图1）。各子系统互为供需关系，关联密切，共同维持着整个流域系

① Brown, M. T., Campbell, D. E., De Vilbiss, C. & Ulgiati, S., "The Geobiosphere Energy Baseline: A Synthesis," *Ecological Modelling*, 2016, 339: 92-95.

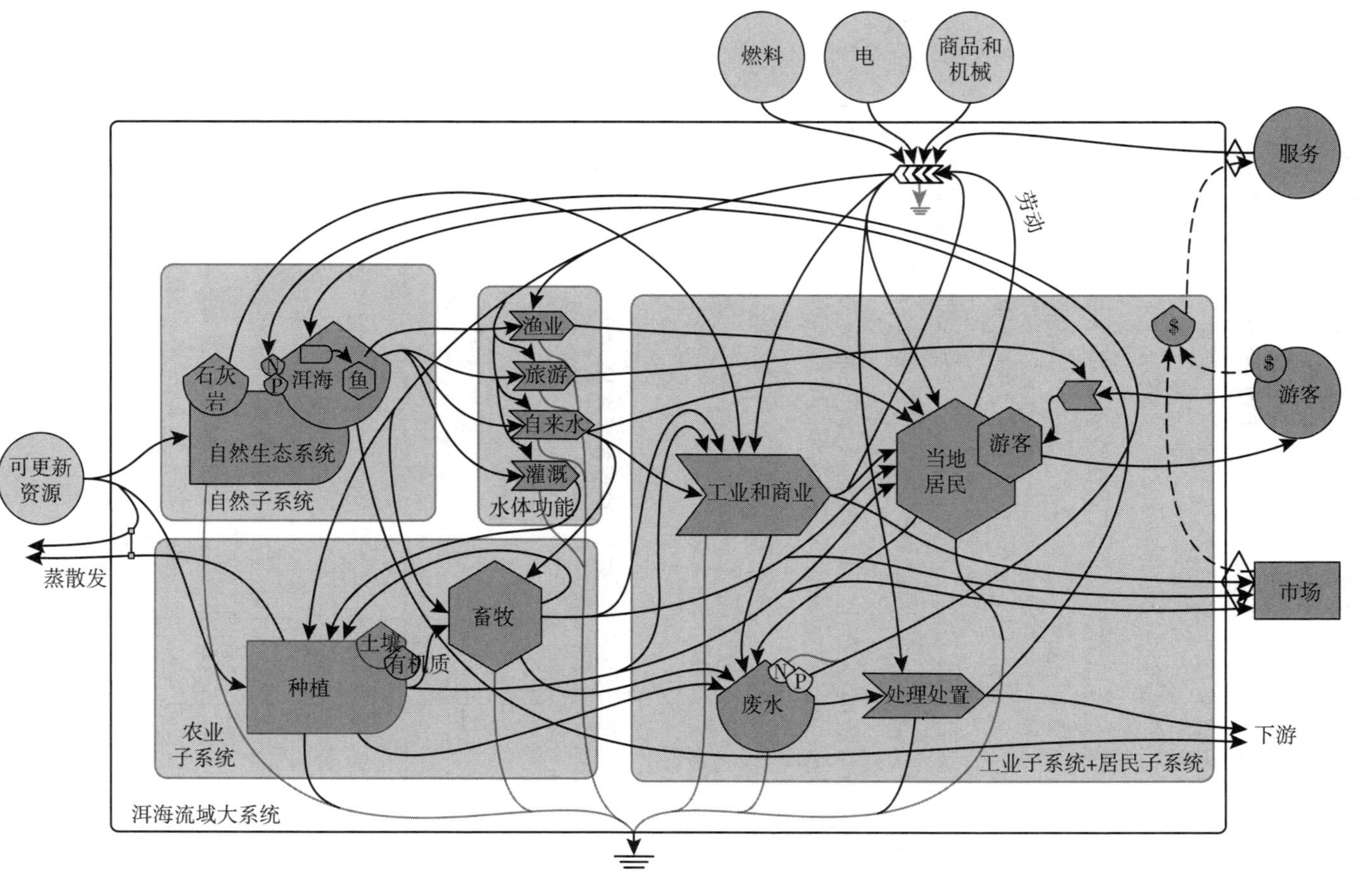

图 1　洱海流域能量系统示意

统的运作和发展。例如，洱海子系统为其他子系统提供着水资源；农业子系统为当地生产生活提供着基础物资，同时农业子系统产生的污染物经由自然生态系统或人工建的污水处理厂/垃圾填埋场等进行处理处置；工业子系统生产所需的原材料来自自然生态系统和农业生态系统，也有部分来自系统边界外部，生产的产品除供给本地消费外，大部分流通到边界外的市场。

本研究所需数据主要来自流域所在地州、市、县的官方年鉴和公报，包括《大理统计年鉴》（州）、《大理市年鉴》、《洱源县国民经济和社会发展统计年鉴》和《大理州水资源公报》。此外，洱海水资源开发利用及保护管理的相关资料来自实地走访，调研的主要单位有大理州洱海流域局、大理市洱海管理局、洱源县洱海管理局等。因数据可获取的难度，本研究在对洱海流域进行能值分析时，简化了系统的输入流和输出流，只考虑了数量大或关键性的输入输出。

本研究选用的能值基准为 12.0E + 24seJ/yr。本研究运用到的主要能值指标如表 1 所示。

表 1　能值指标体系

指标	单位	计算	说明
R 可更新资源	sej	—	—
N 不可更新资源	sej	—	—
IMP 系统购入资源	sej	—	—
EXP 系统输出	sej	—	—
U 系统总能值	sej	*R* + *N* + *IMP*	—
REN 可更新资源占比	%	*R*/*U*	表示系统内可更新资源对系统的贡献。该值越低，说明密集的经济活动造成了环境压力
IMP 购入资源占比	%	*IMP*/*U*	表示系统外部购入资源对系统的贡献。该值越高，说明系统活动越依赖于外部资源，相应的给系统带来的环境压力也会越大
EIR 能值投资率	—	*IMP*/(*R* + *N*)	衡量经济发展程度和环境压力大小。该值越大，说明系统经济发展发展程度越高，承受的环境压力也越大

续表

指标	单位	计算	说明
EYR 能值产出率	—	*U/IMP*	衡量系统产出对经济贡献的大小。该值越大,说明系统在单位经济投入下产出能值越高,生产效率越高
ELR 环境负载率	—	(*IMP*+*N*)/*R*	反映系统的环境压力。该值越大,说明以能值为核算对象的区域经济活动强度越大,区域环境负荷越大。若环境负载长期较高,将可能造成不可逆的生态功能退化或丧失
ESI 能值可持续指标	—	*EYR/ELR*	衡量区域的可持续性。一般而言,区域 *EYR* 高且 *ELR* 低,则是可持续的,但不是 *ESI* 值越大,系统可持续水平越高。1 < *ESI* < 10 表明系统富有活力和发展潜力,可持续性较好;*ESI* < 1 表明是消费性生态经济系统;*ESI* > 10 表明区域经济不发达

三　结果

（一）洱海流域能值分析

洱海流域 2014 年能值分析如表 2 所示。根据能值理论，为避免重复计算，取可更新资源流中的最大值为可更新资源 *R* 的值。本研究可更新资源流有 4 种：太阳能、雨水、风能和地热能。比较大小后取雨水能值，即雨水化学能和雨水势能之和为最终的 *R* 值（2.2*E*+22sej）。流域不可更新资源 N（2.99*E*+21sej）包括表层土壤侵蚀和石灰岩两种。前者源于流域种植业活动造成的耕地表层土壤流失，在 *N* 中占比极小；后者服务于流域的水泥行业，是 *N* 的主要贡献者。流域购入资源 *IMP*（1.05 *E*+22sej）包括当地生产生活所需能源、渔业所需原料设备、种植业的化肥农药和机械、工业加工所需原料以及这些购入资源伴随的服务。其中，服务占到了 *IMP* 的 59.19%，是主要的贡献者，随后依次为燃料、电力和钢铁。这说明当地的发展模式多依靠于从系统外部购入高价格和高能值的制造资源。

综上，洱海流域2014年总的能值 U 为 1.37E+22sej。

表2　2014年洱海流域能值核算

序号	条目	原始数据	单位	UEV(sej/单位)	能值(sej)
投入					
可更新资源 *R*					
1	太阳能	1.04*E*+19	J	1	1.04*E*+19
2	雨水化学能	5.45*E*+15	J	7.00*E*+03	3.82*E*+19
3	雨水势能	1.42*E*+16	J	1.28*E*+04	1.82*E*+20
4	风能	5.25*E*+15	J	8.00*E*+02	4.20*E*+18
5	地热能	5.07*E*+14	J	4.90*E*+03	2.49*E*+18
R 合计					2.21*E*+20
不可更新资源 *N*					
6	表层土壤侵蚀	8.40*E*+13	J	9.41*E*+04	7.90*E*+18
7	石灰岩	2.35*E*+12	g	1.27*E*+09	2.99*E*+21
N 合计					2.99*E*+21
购入资源 *IMP*					
8	燃料				
	原煤	1.29*E*+16	J	9.59*E*+04	1.24*E*+21
	汽油	2.21*E*+15	J	1.48*E*+05	3.26*E*+20
	煤油	4.91*E*+11	J	1.45*E*+05	7.14*E*+16
	柴油	4.32*E*+14	J	1.43*E*+05	6.17*E*+19
	天然气	1.24*E*+15	J	1.41*E*+05	1.74*E*+20
9	电力	4.92*E*+15	J	2.21*E*+05	1.09*E*+21
10	增殖放流	3.73*E*+11	J	4.25*E*+05	1.58*E*+17
11	渔网(PE)	1.80*E*+07	g	3.56*E*+09	6.40*E*+16
12	渔具/船(铁)	4.62*E*+07	g	9.10*E*+09	4.20*E*+17
13	车辆组装(钢)	1.93*E*+11	g	5.25*E*+09	1.01*E*+21
14	化肥				
	氮肥	6.17*E*+09	g	3.06*E*+10	1.89*E*+20
	磷肥	1.48*E*+09	g	2.80*E*+10	4.13*E*+19
	钾肥	2.54*E*+09	g	2.21*E*+09	5.61*E*+18
15	农药	3.37*E*+08	g	1.88*E*+10	6.34*E*+18
16	种子	1.21*E*+10	g	9.10*E*+08	1.10*E*+19
17	农用薄膜	6.76*E*+08	g	2.43*E*+09	1.64*E*+18

续表

序号	条目	原始数据	单位	UEV(sej/单位)	能值(sej)
18	机械(农业)	4.11E+08	g	8.52E+09	3.50E+18
19	茶叶	3.74E+13	J	4.12E+04	1.54E+18
20	烤烟	1.22E+14	J	1.75E+05	2.14E+19
21	大麦	9.68E+13	J	2.21E+05	2.14E+19
22	棉花	2.85E+13	J	2.82E+05	8.03E+18
23	食物				
	谷物	2.04E+14	J	2.21E+05	4.51E+19
	蔬菜水果	2.00E+13	J	2.21E+05	4.42E+18
	鱼	4.89E+12	J	1.25E+05	6.10E+17
24	服务	1.86E+09	$	3.32E+12	6.19E+21
25	旅游	2.86E+09	$	3.32E+12	9.50E+21
IMP 合计					1.05E+22
U 合计					1.37E+22
输出 *EXP*					
26	食物				
	谷物	1.62E+15	J	2.21E+05	3.58E+20
	蔬菜水果	5.16E+14	J	2.21E+05	1.14E+20
	肉类	4.81E+14	J	2.54E+06	1.22E+21
	奶类	1.54E+15	J	2.80E+05	4.33E+20
	鱼	1.89E+13	J	1.25E+05	2.35E+18
27	电力	2.34E+15	J	2.21E+05	5.18E+20
28	水泥	3.76E+06	J	1.93E+15	7.25E+21
29	卷烟	5.10E+14	J	1.75E+05	8.93E+19
30	精制茶	5.15E+13	J	4.12E+04	2.12E+18
31	啤酒	1.82E+14	J	1.32E+05	2.40E+19
32	织物	6.32E+08	g	9.78E+10	6.18E+19
33	载货汽车	1.74E+11	g	8.52E+09	1.48E+21
EXP 合计					1.16E+22

（二）能值指标分析

一个系统的可更新资源占比（%*REN*）是系统可持续发展程度的表征。可以发现，所有区域的%*REN* 均较小，而外部购入资源（%*IMP*）的占比却较高。洱海流域表现得尤为明显。它的%*REN*仅为1.61%，不到云南省的1/5，而它的%*IMP*却达到了76.48%，是云南省的近5倍。这说明洱海流域目前的发展高度依赖于外部资源的购入，而云南省有相对较多的内部资源可供调配使用。与其他流域相比（Yangou 流域%*REN*为20.51%，%*IMP*为79.39%），洱海流域的%*REN*仍然较低，这更多的归因于流域的工业结构。

洱海流域能值产出率（*EYR*）为1.31，低于云南省的6.25。与此同时，洱海流域的能值投资率（*EIR*）为3.25，高于云南省整体水平的0.19；并且流域的环境负载率（*ELR*）为60.98，远高于云南省的8.92。这说明，对洱海流域这一小范围区域而言，人类的活动已极大干扰了流域本身自然生态系统的正常运转，造成了显著的环境压力。此外，洱海流域的能值可持续指标（*ESI*）仅为0.002，远低于1，表明流域非常不乐观的可持续发展状态。

以上分析说明洱海流域在研究期间内的经济发展模式是不利于流域长期可持续发展的，很大部分原因在于流域可更新资源（*R*）、不可更新资源（*N*）和购入资源（*IMP*）比例的失衡。为了发展经济，洱海流域大量耗用当地不可更新资源和外部资源，超出了流域自然生态系统的承受能力，需要引起当地政府、企业和居民的重视。

（三）子系统分析

由上述分析可知，洱海流域发展不可持续的原因主要在于对当地和外部不可更新资源*TNR*（$=N+IMP$）的大量使用和过度依赖，而*TNR*主要来自工业子系统和农业子系统。在工业子系统中，石灰岩是占比最大的不可更新资源，其次为燃料、钢铁和电力。其中，石灰石和钢铁是水泥行业和车辆装配行业的主要原料，他们在生产过程中伴随大量的能源消耗，由此更增加了环境负担。就农业子系统而言，环境压力主要来自化肥的过度施用，其次为农民的劳动投入、电力和水资源消耗。虽然它们的绝对值低于工业子系统的主要贡献者，但其造成的环境影响仍不容忽略。当地农业活动对化肥的依赖，是农业面源污染的重要来源，为后续的污染治理造成了极大负担。劳动占比情况说明当地农业仍属于劳动密集型农业，规模化和工业化程度低。此外，农作活动中对电力和水资源的消耗也增加了环境负荷。

（四）水资源利用

洱海流域的水资源利用方式主要有三种，即农业用水、工业用水和生活用水。表3给出了各类水资源利用方式的具体情况。可以发现，农业是主要的用水大户，其水资源消耗总量分别是工业用水和生活用水的1.4倍和4.8倍。然而它们对应的水资源能值情况不尽相同。由于不同水体的能值转换率不同，工业用水和生活用水消耗的工程水体的能值转换率是农业用水的7.0倍，工业用水的能值最高，分别是农业用水和生活用水的3.6倍和3.1倍。这说明工业用水伴随着更多的自然资源和人类劳动消耗。

在关注水耗总量的同时，本研究也关注了水资源的利用效率，即支持单位子系统能值需要的水资源，分别以水量和能值量的方式表征。该值越高表明水资源利用效率越低。可以发现，农业用水的效率最低，且远低于工业用水效率。

综上，为实现节水和水资源的高效利用，既需要考虑用水量，也需要关注消耗水体的水资源价值，关注消耗水体整个过程中的资源投入，这样将更有利于水资源的可持续利用和区域的可持续管理。

表3　洱海流域2014年水资源利用情况

条目	农业用水	工业用水	生活用水
体积（m^3）	1.26E+08	8.89E+07	2.63E+07
能值（sej）	2.37E+19	8.55E+19	2.79E+19
水耗（m^3/sej）	1.18E−13	6.14E−15	8.52E−15
水耗（sej/sej）	2.23E−02	5.90E−03	9.04E−03

四　政策建议

近年来，洱海流域地区生产总值快速增加，其产业结构也从以农业为主逐渐转变为依靠工业和服务业。2014 年，洱海流域三次产业比重为 9∶47∶44。然而，根据前述的分析，尤其是 *ESI* 指标的表征结果发现，流域当前的发展模式严重超过了其本身的生态承载力。这将极大地阻碍流域的可持续发展，导致自然资源的衰竭和环境问题的滋生。对此，本研究给出了如下建议，希望帮助流域促进可持续发展。

（一）发展循环经济，升级产业结构

工业是洱海流域的主要产业，也是洱海流域可持续发展的关键影响因素。水泥行业对当地不可更新资源的大量消耗和缺失/不足的生态修复措施造成了严重的生态破坏；机械制造行业因从流域外大量购入原材料和普遍的粗加工组装流程给流域带来了极大的环境负担。此外，流域发展过程中产业布局的不合理以及对现有产业园监管把控的不到位，让环境污染和破坏逐渐累积至爆发。目前，当地政府本着生态保护的目的已着手调整产业结构，有意识地关停或迁移污染型产业，规范工业园的环境友好行为。例如，2018 年底祥云县政府出台了《祥云县承接洱海流域保护治理产业转移行动计划》，其中就包括了对水泥产能和装备制造业的承接项目；洱源县 2018 年政府工作报告中总结了对邓川工业园区的优化改进工作，推行清洁生产和生态工业园创建。但以环境为导向的产业结构调整是一项长期且艰巨的任务，需要政府的统筹规划、严格监管，更需要企业的高度配合、自觉自愿。

产业结构调整不仅是对现有企业的整改，也需要融入循环经济和产业共生等创新理念。一方面，依托现有的绿色、特色、高端、优势产业，将产品向精深加工方向发展，延长产业链，借助“新平台”努力打造“生产—加工—销售—出口”一体的全产业链发展；另一方面，通过物质、能量，乃至“废弃物”的循环利用，提高资源效率，减少污染排放和环境破坏，从而真正实现产业的绿色转型。

（二）促进绿色农业

农业是洱海流域的重要产业，它为工业和当地居民生活提供基本的原材

料。当地大多数为农业人口，但农作方式较为原始，农民的技术水平不高。当下，洱海流域大部分的传统作物（如大蒜）消耗大量的化肥和农药，环境影响远大于相应的经济效益。洱海流域农业子系统中化肥的大量施用和水资源的大量低效使用是影响洱海流域可持续发展的重要原因之一。因此，调整流域的种植结构迫在眉睫。当地政府应引导农户种植经济附加值较高、环境污染较低的作物（如茶），减少农户对农业和化肥的过度依赖。对此，大理州在近几年出台了多项规章制度予以应对。例如，《“十三五”洱海流域高效生态农业建设与面源污染防治规划（2016～2020年）》《大理白族自治州洱海流域农药经营使用管理办法》《关于开展洱海流域农业面源污染综合防治打造“洱海绿色食品牌”三年行动计划（2018～2020年）》，以及近期推出的“三禁四推”工作。

在此过程中，少不了当地农户的支持和参与，但要转变他们根深蒂固的农业生产理念和方式并非易事，宣传教育和技术教授是非常必要且有效的手段，当地政府在科学规划农业绿色生态转型的过程中要注重对农户的合理引导。此外，鉴于当地农户较低的经济收入，建议政府考虑给予财政补贴和经济奖励，帮助农户改善耕种设备，提升能源利用效率，加快农业的绿色转型。同时，建议在推进农业绿色发展的过程中，积极探索农业升级转型之路，发展休闲农业、观光农业，打造“种养＋加工＋销售”全产业链，以科技促产量创收入，提升农户收入水平，让其主动参与到农业绿色转型当中，以短期阵痛换取长远利益。

（三）提升水资源利用率，发展节水社会

近年来，由于气候变化和人类活动强度的增加，洱海的天然来水逐渐减少，流域的水资源消耗总量却在不断增加。这降低了洱海本身的生态功能，例如自净能力和气候调节能力。对此，应通过加装节水设备、促进水资源的重复利用和提升节水技术（如喷灌和滴灌）等方式提高用水效率。这些措施需要的经济投入必然不小。考虑到当地的实际情况，适当的经济手段必不可少，例如增加收费、设置水资源税和排污费、设定用水配额等。此外，有

效的监管措施也有助于减少漏水和浪费水的可能性。

这也与我国当下“坚持节水优先，强化水资源管理”的理念十分吻合。积极践行“节水优先、空间均衡、系统治理、两手发力”的治水方针，清醒认识我国治水的主要矛盾转变为人民群众对水资源、水生态、水环境的需求与水利行业监管能力不足的矛盾，把坚持节水优先、强化水资源管理贯穿于治水的全过程，融入经济社会发展和生态文明建设的各方面。把节约用水作为水资源开发利用的前提，处理好水与经济社会发展和生态系统保护的关系，实现水资源的可持续利用。

（四）提升能源效率

国际能源署（IEA）在其“2017 年能源效率”全球报告中指出，能源效率是推进全球能源系统转型，改善能源消费引起的环境问题的关键之一。洱海流域密集的人类活动消耗了大量的化石燃料和电力资源，而且这些资源大多来自系统外部，增加了当地环境的负担。因此，通过鼓励当地可更新能源和清洁能源利用（如太阳能和风能）优化当地能源结构，通过技术和设备的升级换代提升能源利用效率显得十分重要。此外，还应加强技术培训，从而让不同的利益主体了解节能技术，促进低碳行为。

（五）强化社会建设

洱海流域的生态建设离不开社会各界的参与。政府的领导、企业和农户的配合、居民的参与，缺一不可。这需要政府对生态环境重要性的大力宣传、对环境保护行为的引导、对配套基础设施和规则制度的完善。对此，当地政府已开始了系列举措。例如，随处可见的保护洱海、爱护生态的提示语，通过亲切俏皮的表达，强化人们的环保意识；大理州“讲个洱海故事给您听”的巡回演讲，通过讲述周边朴实感人的洱海故事，增强民众洱海保护意识。单者易折，众则难摧。保护环境，人人有责。建议当地政府进一步完善全民参与的长效机制，充分发挥社会各界的主体作用，开展多形式、多层次、多方位立体化宣传教育，不断充实科普教育基地，开展环保志愿者活动，引导公众积极参与环保社会实践，提升公众生态文化意识。

五　结论

面对洱海流域资源和环境的压力，本研究运用能值理论分析了洱海流域的可持续发展现状，并识别了流域可持续发展的限制因素。结果显示，洱海流域2014年可更新资源占比（%REN）、能值产出率（EYR）、环境负载率（ELR）和能值可持续指标（ESI）分别为1.61%、1.31、60.98和0.002，表明流域较大的环境负荷和长期不可持续的发展状态。这主要源于流域对不可更新资源的过度依赖，尤其是外部不可更新资源的大量购入。购入的资源主要用于支持流域的工业活动，尤其是水泥行业和车辆装配行业，这导致材料和能源的大量消耗。另外，农业生产过程中化肥的大量消耗和水资源的低效利用也是导致流域不可持续发展的主要因素之一。为了改善流域的不可持续现状，本文提出了调整产业结构、开展循环经济、发展绿色农业、提升水资源和能源利用效率等政策建议，以期帮助洱海流域降低环境负荷，提升可持续水平。

此外，本研究也存在着一些不足。例如，因为数据可获得性的原因，在运用能值理论评估洱海流域系统可持续水平时只选取了对系统贡献较大的资源流；文中选用的部分能值转换率存在着地域性和不确定性问题。然而，这些并不影响本文最终的研究结果，可在后续的研究中进一步完善和优化。本研究提出的分析框架可为相似领域的研究者提供一定的理论参考。

Emergy-based Sustainability Assessment of Erhai Lake Basin

Zhong Shaozhuo

Abstract: With the increase of population and economic development, the environmental quality of Erhai Lake Basin is gradually declining. In order to assess the present sustainability of Erhai Lake Basin, an emergy-based framework was used. It can help to understand the relationship between natural ecosystem and socioeconomic system, so that the key factors which influence the sustainable development of Erhai Lake Basin can be found. Results show that the whole basin is far away from sustainable development in 2014. The main contributors are cement industry and chemical fertilizers. Policy insights for improving the overall sustainability of Erhai Lake Basin are proposed, including adjusting industrial structure and promoting circular economy, facilitating green agriculture, improving water efficiency and increasing renewable energy use.

Keywords: Erhai Lake Basin; Sustainable Development; Emergy Theory; Water Resource; Policy Implication

气候变迁、再生能源与低碳政策研究

非政府组织在中国气候变化治理中的角色*

刘 磊　王 溥　邬 桐**

摘　要： 非政府组织一直是国际气候谈判中重要的参与者。除了在国际层面上担任《联合国气候变化框架公约》的观察员，非政府组织在各国的气候变化治理中扮演着不同的角色。作为全球最大的温室气体排放国，中国正面临着低碳转型的挑战，而应对这个挑战仅仅依靠自上而下的命令控制和私营部门的自愿行动是难以成功的。非政府组织作为公民社会的行动者参与气候变化治理具有重要意义。然而，气候变化对于中国的非政府组织来说仍然是一个相对较新的议题，而且严格区分非政府组织在气候变化问题和一般意义上的环境问题中的作用存在一定困难。总体来看，非政府组织在中国的气候变化治理中所扮演的角色具有四个明显特征：有限政治空间中的政府合作伙伴关系、缺乏专业能力的组织建设、国内资金支持力度逐渐加大，但依然对国际资金高度依赖，以及公共倡导的社会认可度依然较低。

关键词： 非政府组织　气候治理　国家－社会关系

---

* 本文部分内容发表于 Liu, L., Wang. P., & Wu. T., et al., "The role of nongovernmental organizations in China's climate change governance," *Wiley Interdisciplinary Reviews: Climate Change*, 2017, 8 (6): e483.

** 刘磊，四川大学公共管理学院副教授，硕士生导师，主要从事环境政策与治理研究；王溥，中国科学院科技战略咨询研究院副研究员，博士生导师，主要从事环境经济学与政策研究；邬桐，中国科学院生态环境研究中心博士后研究员，主要从事环境经济学研究。

一 引言

20 世纪 80 年代后期以来，气候变化作为一个全球公共问题，广泛驱动了司法、行政和政治层面由国家主导、私营部门参与的治理活动。传统上，国家是气候治理中的首要参与者。然而，随着气候治理体系愈来愈繁杂，国家和非国家的行动者在许多方面的互动开始逐渐重塑各个国家气候政治的表现形式和制度化进程。在这个过程中，非政府组织作为说客、活动者、教育者、倡导者和监督者，正在对各个国家和国际气候政策以及公众观念产生越来越大的影响。①

从 1995 年《联合国气候变化框架公约》第一次缔约方会议以来，非政府组织一直是气候变化跨国倡导网络和国际气候谈判的关键参与者。而由于不同的政治和法制背景，非政府组织在不同国家内部的气候治理中扮演的角色也是不同的，尽管非政府组织运动的发展可能倒逼国家的制度变革。例如，Schipani 比较了越南和玻利维亚的环保运动，发现越南的环保 NGO 更倾向于通过进一步完善政府政策来解决当前的实际问题，而玻利维亚的环保 NGO 更倾向于监督政府，制定宏伟的政策目标，并强

① Bäckstrand, K. & E., Lövbrand., "Climate governance after Copenhagen: research trends and policy practice," *Research Handbook on Climate Governance*, 2015, *Edward Elgar Publishing*; Bulkeley, H. & P, Newell., "Governing climate change, 2015: Routledge; Bernauer, T. Climate change politics," *Annual Review of Political Science*, 2013, 16: 421 -448; Dryzek, J. S., Downes, D., Hunold, C., Schlosberg, D. & Hernes, H. K., *Green states and social movements: environmentalism in the United States, United Kingdom, Germany, and Norway*, OUP Oxford, 2003; Newell, P., *The international politics of global warming: a non-governmental account*, University of Keele, 1997; Betsill, M. M. & Corell, E., "NGO influence in international environmental negotiations: a framework for analysis," *Global Environmental Politics*, 2001, 1 (4): 65 - 85; Keck, M. E. & Sikkink, K., *Activists beyond borders: Advocacy networks in international politics, 2014*, Cornell University Press; Friedman, E. J., Hochstetler, K. & Clark, A. M., *Sovereignty, democracy, and global civil society: State-society relations*, UN world conferences, SUNY Press, 2005; Betsill, M. M. & Corell, E., *NGO diplomacy: the influence of nongovernmental organizations in international environmental negotiations*, MIT Press, 2008.

调社会公平和部分人群的脆弱性。Dolšak 研究了欧洲的 26 个国家与其环保组织，发现国内的非政府组织力量是各国签署《京都议定书》时间的重要预测指标。①

目前，关于非政府组织在西方国家气候变化治理中的作用研究已不胜枚举。然而，关注亚洲地区和其他不发达地区同样具有重要意义，这些地区的非政府部门发展相对缓慢并且往往面临更多的社会政治限制。作为全球最大的温室气体排放国，中国正面临着来自国内外的低碳转型压力。为此，2015 年，中国在巴黎气候大会上承诺二氧化碳排放在 2030 年达峰，单位碳排放强度在 2005 年的基础上降低 60% ~65%。根据既有经验和研究成果，仅仅依靠自上而下的命令控制和私营部门的自愿行动来达成这个目标是十分困难的。公民社会，特别是非政府组织，在这个过程中是不可或缺的。②

迄今为止，关于非政府组织在中国气候治理中所扮演的角色还缺

① Pandey, C. L.,"Managing Climate Change: Shifting Roles for NGOs in the Climate Negotiations," *Environmental Values*, 2015, 24 (6): 799 - 824; Kuyper, J. W. & Bäckstrand, K., "Accountability and Representation: Nonstate Actors in UN Climate Diplomacy," *Global Environmental Politics*, 2016, 16 (2): 61 - 81; Schipani, S., "Green Talk: Comparing the Discourse on Climate Change and Sustainable Development between Environmental NGOs and the State in Vietnam and Bolivia," *Consilience: The Journal of Sustainable Development*, 2014, 13 (1): 180 - 195; Dolšak, N., "Climate Change Policies in the Transitional Economies of Europe and Eurasia: The Role of NGOs," *Voluntas: International Journal of Voluntary and Nonprofit Organizations*, 2013, 24 (2): 382 - 402.

② Hall, N. L. & Taplin, R., "Solar Festivals and Climate Bills: Comparing NGO Climate Change Campaigns in the UK and Australia," *VOLUNTAS: International Journal of Voluntary and Nonprofit Organizations*, 2007, 18 (4): 317 - 338; Laestadius, L., *Encouraging reduced meat consumption to mitigate climate change: Toward an understanding of NGO campaign and messaging choices in the U. S., Canada, and Sweden*, The Johns Hopkins University, 2013; Szarka, J., "Non-governmental Organisations and Citizen Action on Climate Change: Strategies, Rationales and Practices," *Open Political Science Journal*, 2014, 7 (1): 1 - 8; Star, C., "A tale of two movements? Environmental non-government organisations and community action on climate change," *Social Alternatives*, 2012. 31 (1): 10 - 15; Kuhn, B., *Climate protection and civil society organisations in the P. R. China*, in *Newsletter für Engagement und Partizipation in Europa*, BBE Europa - Nachrichten, 2015.

乏充分研究。对于中国的环保 NGO 来说，气候变化仍然是一个相对较新和抽象的议题。此外，区分非政府组织参与气候变化和一般性的环境保护问题的行为和性质存在很大困难。在许多情况下，包括学术界和媒体都将这两个问题视为在科学属性、社会影响或政治含义方面没有差异。十多年前，McCargo 认为中国是一个“国家领导的公民社会，在协调国家和公民间的互动中存在一个组织的灰色地带”[①]。经过十多年的政治改革、经济的快速发展和社会的多元化，这样的论断是否仍然成立，特别是非政府组织在参与治理中国的气候变化过程中发挥了什么样的作用？

二 中国的环保组织发展

从 1994 年在中国出现以来，环保 NGO 一直是中国最活跃和最具有社会影响力的非政府组织。首先，与劳工维权和艾滋病防治等非政府组织相比，环保 NGO 在政治和文化上的敏感性较低。其次，由于与政府的关系更加积极和互补，环保 NGO 在参与决策以及开展政策游说中处于更加有利的地位，有助于推动更加开放的治理进程和改善国家与社会的关系。最近对中国 80 家活跃的环保组织的一项调查显示，71% 的组织都曾获得政府的支持。改革开放以来，各级政府经济增长优先的战略导致环保部门履行行政职能面临一系列障碍，这为环保组织的发展创造了空间。最后，由于社交媒体的快速发展和政府行政改革力度的加大，各级政府开始更加重视对于公众舆论的回应性。例如，2013 年以来，中国主要城市的 PM2.5 浓度都可以在网络上实时获取。2015 年的新环保法则允许符合规定的非政府组织提起环境污染公益诉讼。尽管西方媒体很少注意到这些重大变化，但它们对中国的环境治理进程以及非政府组织和整个公民社会的发展都产生了实质

① McCargo, D., *Reforming Thai Politics*, Copenhagen, Denmark: NIAS Press, 2002.

性影响。①

中国的环保组织大致可以分为三类：（1）政府举办的非政府组织；（2）草根非政府组织：根据注册状态，这类组织可以进一步划分为几种类型，包括民政注册、工商注册及未注册；（3）国际非政府组织在中国的分支机构。一般来说，政府举办的非政府组织在资金和政策影响力方面具有较大优势，而大多数的草根非政府组织则面临较大的人力财力短缺问题：47.73%的草根非政府组织工作人员不足10人，41%的组织工作人员不足5人。国际非政府组织受益于来自国外的大量资金支持，但同时其行动也面临着更大的限制。截至2008年，中国大陆共有3289个环保组织，其中政府举办的1309个、草根组织1890个（包括1382个大学生社团和民间组织）、国际组织90个，其余250个则主要在香港、澳门和台湾地区活动。另一数据源显示，在民政部登记的生态、环境和气象方面的社会组织从2007年的5700个已经增加到2012年的7041个。②

根据Dryzek等对“国家对公民社会的导向”分类，中国属于“积极/排

① Schwartz, J., "Environmental NGOs in China: Roles and Limits," *Pacific Affairs*, 2004, 77 (1): 28 - 49; Percival, R. V. & Zhao, H., "The Role of Civil Society in Environmental Governance in the United States and China," *Duke Environmental Law & Policy Forum*, 2013, 24: 141 - 182; Chen, J., "Transnational Environmental Movement: impacts on the green civil society in China," *Journal of Contemporary China*, 2010, 19 (65): 503 - 523; Deng, G., "Several Developmental Indicators for China's Environmental NGOs," *China Non-profit Review*, 2010, 2: 200 - 212; Parry, J., "Global Fund pressures China to engage with civil society groups," *Bmj*, 2011, 342 (may26 1): d3327 - d3327; Yang, G., "Environmental NGOs and Institutional Dynamics in China," *The China Quarterly*, 2005, 181: 46 - 66; Cooper, C. M., "'This is Our Way In': The Civil Society of Environmental NGOs in South - West China," *Government and Opposition*, 2006, 41 (1): 109 - 136; Tang, S. Y. & Zhan, X., "Civic Environmental NGOs, Civil Society, and Democratisation in China," *Journal of Development Studies*, 2008, 44 (3): 425 - 448; By, A. C. & Staphany, W., *Chinese Civil Society on Climate Change Policies: Problem-fixers versus trouble-makers*, *in I could feel climate change*, *Climate change and China: Civil Society Perspectives*, 2010, Werkstatt Ökonomie e. V. and EU - China Civil Society Forum: Heidelberg, Germany.

② All - China Environment Federation, China's Environmental Non-governmental Organization Development Status (2008 Environment Blue Book), 2009; Liu, X., "Fighting climate change, what can NGOs do?" *China Environment News*, 2013.

外”的类型，即国家一方面需要预防和打击对政府议程构成威胁的社会运动；而另一方面也认为至少需要一些重要的其他行动者来平衡社会发展。因此，中国的非政府组织注册制度相对复杂。例如，在当地或国家民政部门注册的非政府组织可以进一步划分为：社会团体、民办非企业单位，以及基金会。而且，由于非政府组织要接受民政部门和业务主管部门的双重审批，大量难以在民政部门注册登记的社会组织选择在工商行政管理部门注册，以“非营利性企业”的身份运营，形成了中国非政府组织发展的一种特殊现象。与正式注册的组织相比，“非营利性企业”受政府干预和管控较少，但由于不是合法的非营利性组织，无法享受相应的财政优惠政策。未注册的志愿组织和基于网络的公民组织通常会选择挂靠合法的非政府组织来运作，但是总体来说面临着被禁止的风险。根据一项对全国 128 家草根非政府组织的调查，其中 51% 在民政部门注册，16% 在工商行政管理部门注册，26% 处于未注册状态，剩下的 7% 则挂靠在其他组织。①

虽然可以将中国语境下的非政府组织分为上述三种类型，但由于缺乏系统的统计资料，很难对它们各自的影响进行单独分析。此外，尽管政府举办的非政府组织在中国的气候治理中占有重要的一席之地，但由于这些组织通常是政府功能的延伸，甚至是下属机构，很难将它们与政府部门区分开来。国际非政府组织主要是通过其国内的合作伙伴来发挥作用，而不是直接与中国政府进行互动。② 因此，本文关注的重点是草根非政府组织。从传统的非政府组织的定义和功能来看，草根组织也是最具代表性的非政府组织。

三　环保组织在中国应对气候变化中的角色

2007 年，中国的 8 个非政府组织共同发起了“中国公民社会应对气

① Ma, J., Feng, L., Chen, Y. & Ding, S., “Basic Survey Report of Chinese Environmental NGOs,” *Beijing Xicheng Enpai Non-profit Organization Development Center*: *Beijing*, 2010.

② Jr. Michael, G. & Ariane, C. R., “Two-Level Games of International Environmental NGOs in China,” *William & Mary Policy Review*, 2012, 3: 270 - 294.

候变化”项目，旨在提高公众对气候变化的认识，并寻求共同立场、战略和行动。该项目被视为是中国非政府组织参与应对气候变化的第一步。同年，中国公民气候行动网络（CCCAN）和中国青年应对气候变化行动网络（CYCAN）也相继成立。CCCAN 由 Heinrich Boell 基金会资助，并挂靠中国国际民间组织合作促进会（CANGO）。目前，CCCAN 有 17 个组织成员。作为 CCCAN 的一部分，CYCAN 以企业身份注册，致力于宣传、教育和研究支持来提高青年人的低碳意识。总体来说，中国的非政府组织在应对气候变化中的作用主要包含三个方面：与政府开展合作交流以影响气候政策、专业性和财政能力建设，以及塑造公众舆论和意识。相应地，面临的主要问题包括：有限的政治空间、资金短缺和公众的气候意识淡薄。①

（一）有限的政治空间中的政府合作伙伴关系

理解中国的气候变化治理，以及更广泛意义上的政府治理，就必须考虑这个国家的规模和政治体制。一方面，政府已经意识到气候变化问题的复杂性，并发现非政府组织可以在监督地方政府和企业活动、提高公众意识、推动先进政策和教育方面发挥积极作用。在这种情况下，政府与非政府组织的伙伴关系为决策者提供了一个政策优化的学习平台。中国的环保部与非政府组织有着长期的合作传统。尽管环保部在气候政策方面的发言权有限（2018 年国务院机构改革前），但它仍然为非政府组织提供了进入政府内部关系网络的机会。国家发改委也一直强调非政府组织对于链接政府行动与公众期望的重要性，并重视与非政府组织加强合作。经过长期的信任建设，CCCAN 成员已经与国家发改委的气候政策代表建立了稳定交流关系。中国可持续发展工商理事会制定并发布了许多温室气体核算导则，其中《石油化工生产企业 CO_2 排放量计算方法》（SH/T5000 - 2011）已经被政府采纳为

① Naumann, J., *China Civil Climate Action Network (CCAN) Evaluation*, Friends of Nature, 2013; Moe, I., *Setting the Agenda. Chinese NGOs: Scope for Action on Climate Change*, Fridtjof Nansen Institute: Lysaker, 2013.

国家标准。此外，能源与交通创新中心（iCET）与国家标准化管理委员会合作为交通部门设计了国家燃料标准。与此同时，中国的非政府组织经常参与气候谈判，为政府提供政策支持；作为观察员，在国际上积极倡导气候公平；通过出版刊物和召开新闻发布会传播气候信息和培养公众气候意识；并通过与国外非政府组织的民间外交活动促进中国与其他国家在气候治理中的交流与合作。①

另一方面，在政府与非政府组织的互动中，前者需要对后者的活动进行监督和指导，以确保他们不会对社会和政治稳定产生威胁。与环境问题相比，气候变化看起来不是一个容易引发社会不稳定的问题，特别是在地方层面。但事实上，气候变化不仅是一个国家的内部问题，更是一个重大的国际性议题，通常会牵涉国家层面的政治经济利益，这在一定程度上缩小了非政府组织的活动空间。对于政府来说，主要的担心是如果给予国内的环保组织充分的自治权，可能带来不必要的甚至是毫无根据的外部批评，特别是西方媒体已经习惯于强调和夸大关于中国的社会和政治问题。①全国政协的一位官员曾经表示：非政府组织应该帮助政府塑造一个更加真实和正面的国家形象，以缓解中国在国际谈判中面临的压力。否则，舆论和媒体对中国的看法总是停留在重污染和工业化上，而对能源效率和污染控制方面取得的进步选择性地忽略。此外，环保组织参加联合国气候大会需要该组织注册国政府的批准。而 CCCAN 和 CYCAN 目前还没有得到官方的正式批准，所以不能作为联合国气候大会的正式组织成员，尽管他们可以作为其他国家官方认可的非政府组织的个人成员参加会议。此外，由于几乎所有有关气候变化的信息和数据都被政府掌握，对政府资源的依赖性使得包括 CCCAN 在内的非政府组织倾

① Mendle, R. S. , "Civil Society Organizations as Actors in Climate Politics, in I could feel climate change. Climate change and China: Civil Society Perspectives, *A. N. G. C*," By, K. Heidel, and W. Staphany, *Editors*, 2010, Werkstatt Ökonomie e. V. and EU-China Civil Society Forum: Heidelberg, Germany; Yu, J. , *China will develop more ways for NGOs to participate in fighting climate change*, China Economic Herald, 2013.

向于与政府合作。①

总之，非政府组织通过不要求更严格的气候目标和政策来减轻政府的内部压力，因为一味谴责政府的经济政策可能导致双方的潜在冲突。况且，这些经济政策带来的也不全是消极影响，虽然它们导致了二氧化碳排放的大量增长，但也极大地促进了中国的经济社会发展。通过与政府的合作，非政府组织可以获得政治合法性，并提高公共活动的有效性。国际非政府组织常常批评中国的环保组织在联合国气候大会上往往只是呼应官方的立场，与非政府组织所应该扮演的角色背道而驰。这种批评忽略了中国的非政府组织实际上面临着不同的约束和激励，因此中国的非政府组织尚不清楚如何在国际谈判中表达自己的观点，并且到目前为止一直遵循着不直接影响谈判的原则。中国的非政府组织，尤其是草根组织，相比于修复制度缺陷，更倾向于为具体问题寻求技术解决方案，如被动式房屋节能技术和可再生能源发展等。换句话说，在一个规则模糊的敏感政治环境下，中国的环保组织总是试图在政治动员和公众倡导之间寻求一种恰当的平衡。②

（二）缺乏足够专业能力的组织发展

为了在议题构建、议程设置、政府游说、公众意识塑造和资金筹集

① Richerzhagen, C. & Scholz, I., "China's Capacities for Mitigating Climate Change," *World Development*, 2008, 36 (2): 308 - 324; Mendle, R. S., "Civil Society Organizations as Actors in Climate Politics, in I could feel climate change. Climate change and China: Civil Society Perspectives, *A. N. G. C.*," By, K. Heidel, and W. Staphany, *Editors*, 2010, Werkstatt Ökonomie e. V. and EU - China Civil Society Forum: Heidelberg, Germany; Tao, F., *Civil society approaches, perspectives in China on climate change*, China Development Brief: Bonn, Germany, 2010.

② Schröder, P., "Civil Climate Change Activism in China - More than Meets the Eye", German Asia Foundation and Heinrich - Böll - Foundation (Beijing Office), 2011; Tao, F., "Civil society approaches, perspectives in China on climate change," China Development Brief: Bonn, Germany, 2010; Heidel, K., "European - Chinese Civil Society Cooperation on Climate Change: Differences and Similarities, in I could feel climate change. Climate change and China: Civil Society Perspectives, *A. N. G. C.*," By, K. Heidel, and W. Staphany, Editors. 2010, Werkstatt Ökonomie e. V. and EU - China Civil Society Forum: Heidelberg, Germany; Lux, S. J. & Straussman, J. D., "Searching for balance: Vietnamese NGOs operating in a state-led civil society," *Public Administration & Development*, 2004, 24 (2): 173 - 181.

等方面提升自身能力，自从2002年一个小型的非政府组织代表团参加约翰内斯堡峰会以来，中国的非政府组织就积极地通过各种国际网络进行民间外交活动。在2003年10月至2004年1月的一项调查中，Yang发现126个非政府组织中有90个（71%）都曾与国外的非政府组织有过接触，而其中环保组织是参与国际交流最频繁的。2007年，CCCAN成立，旨在推动一个更加协调的非政府组织网络，并为国内的非政府组织提供一个提升能力建设的平台，包括在国际气候谈判中介绍中国的非政府组织。在2007年巴厘岛会议至2015年巴黎会议期间，CANGO和CCCAN先后派出18个非政府组织的78名代表参加了联合国气候大会。2010年10月，在《联合国气候变化框架公约》天津会议上，60多个中国的非政府组织以“绿色中国，迈向未来”为主题开展了一系列活动。2013年，环境友好公益协会在中国举办了第三届低碳东亚论坛。2015年，在德国Robert Bosch Stifung发起的“中欧非政府组织结对交流项目”中，来自中国和欧洲的10个非政府组织成为2015年“气候变化结对组织”。此外，中国与“基础四国”等其他发展中国家和非洲的非政府组织对话也在逐步启动。①

对国际非政府组织来说，在国际气候变化倡导网络中，与中国非政府组织建立伙伴关系有助于获得有关中国的数据资料。对中国的非政府组织来说，国际非政府组织能够帮助他们提升参与全球气候治理的能力，组织海外交流，提供项目管理和评估培训，并帮助他们应用国际标准进行财务审计和资金申请。国际非政府组织在联合国的专门机构、条约机构和项目中有很多机会参与立法进程。通过国际标准和国外经验来进行议题构建有助于中国的非政府组织在行动中塑造公众意识、激发社区兴趣。有关专家调查显示，国际合作对中国非政府组织议程设置的影响要大于国内合作。另外，国际非政府组织比国内组织更加了解中国政府参

---

① Yang, G., “How Do Chinese Civic Associations Respond to the Internet? Findings from a Survey,” *The China Quarterly*, 2007, 189: 122－143; Huang, H., “Chinese NGOs warm to climate change issue,” *China Daily*, 2015.

与国际标准制定的过程，所以他们能够帮助中国的非政府组织监督政府的决策过程并促使政府对已签订和批准的国际公约负责。不过，需要指出的是，虽然中国的环保组织积极与国际非政府组织建立合作，但绝大部分的组织仍然缺乏国际视野，更关心国内或地方的问题而很少在国际公民运动中崭露头角。①

除了对外交流，中国的气候非政府组织还充分利用媒体、个人网络和有影响力的赞助者来获得更大的自治权和议程设定权。受到政府和环保组织的议程影响，媒体已成为传播有关气候变化信息的重要渠道，并被有效地用于公共信息运动。然而，许多中国的非政府组织还处于起步阶段，专业能力有待提升。虽然中国有 7000 多家环保组织，但据估计其中活跃的最多可能只有 150 家。中国的气候非政府组织面临的最大困难之一就是缺乏有关气候变化的专业知识和经验，并且在衔接公众参与和政策倡导方面也存在较大不足。很少有非政府组织能够准确监测企业二氧化碳减排量和能源效率的提高，致使其很难与企业进行有效互动。专业能力建设对于 CCCAN 来说更是一个难题，而且因为与北京总部以外的组织成员接触较少，目前的组织结构受到广泛批评。②

因此，中国的非政府组织参与气候变化谈判的能力仍然相对薄弱。他们并不熟悉谈判过程，也没有能力像绿色和平组织（Greenpeace）或世界自然基金会（WWF）等国际非政府组织那样充分理解谈判的复杂性。大多数组织认为他们在缔约方大会上的目标只是跟踪谈判过程并向国际社会提供解决气候变化问题的典型案例。此外，英语水平也一直是国内非政府组织参与气候谈判相关工作的一大障碍。目前，历届联合国气候大会已有近 10 万名代表参加，其中一半以上来自全球 1300 多个非政府组织而其中来自中国的代表屈指可数。“国际气候行动网络”目前有来自 120 多个国家的 1100 多个

---

① Kuhn, B. & Zhang, Y., "Survey of Experts on Climate Change Awareness and Public Participation in China," *Journal of Current Chinese Affairs*, 2014, 43 (1): 177.

② Meng, S.,"Turning point in Tianjin," 2010, Available from: https://www.chinadialogue.net/article/show/single/en/3894 - Turning - point - in - Tianjin.

非政府组织成员，其中来自美国的非政府组织有 187 家，而来自中国的仅有 9 家。①

此外，Hsu 与 Hasmath 对中国 102 家非政府组织代表的调查显示，与国际非政府组织不同，中国的非政府组织不认为他们在生产和创造新的知识中扮演任何重要的角色。由于限制性的政治环境和不成熟的非政府部门，中国的非政府组织更注重于与政府部门发展关系，而不是通过知识和信息的共享来强化非政府部门。

（三）对国际资金的依赖性和日益增长的国内支持

资金匮乏是中国非政府组织面临的另外一个重大挑战，或者说最大的挑战。目前，许多草根非政府组织的活动经费主要来自国外基金会。例如，2005～2006 年，自然之友 60% 的运营资金都来自国际非政府组织和基金会。2010 年，具有里程碑意义的“绿色中国，迈向未来”活动也得到了“全球气候行动运动”（Global Campaign for Climate Action）的大量资金支持。2013 年，在 CCCAN 的 7 个赞助单位中，只有阿拉善 SEE 基金会（ASEEA）来自中国，约占其年度预算的 17%。为了方便从美国的基金会筹集资金并进行周转，最初位于北京的 iCET 专门在美国开设了两个办事处。近年来这种情况有所好转，越来越多的中国经济精英开始建立慈善机构并为中国的非政府组织提供资助，尽管目前的制度机制还不完善。ASEEA 和阿里巴巴基金会等国内基金会的支持在一定程度上减少了中国非政府组织对国外资金的依赖。然而，到目前为止，相比于国际资金，国内的捐助额依然不大。根据中

---

① By，A. N. G. C. and F. Yang，“Still a long way to go：Remarks on the European－Chinese Civil Society Organizations' Roundtable during the COP 16 in Cancun，in I could feel climate change. Climate change and China：Civil Society Perspectives，A. N. G. C.，” By，K. Heidel，and W. Staphany，Editors. 2010，Werkstatt Ökonomie e. V. and EU－China Civil Society Forum：Heidelberg，Germany；Cabré，M. M.，“Issue-linkages to Climate Change Measured through NGO Participation in the UNFCCC，” *Global Environmental Politics*，2011，11（3）：10－22；Hsu，J. Y. J. & Hasmath，R. A.，*Maturing Civil Society in China? The Role of Knowledge and Professionalization in the Development of NGOs*，China Information，2016：30.

国基金会研究设施（Research Infrastructure of China Foundations）的统计，在3345个中国基金会中，只有126个（3.8%）涉及环境问题，而仅有两个明确涉及气候变化问题。对于中国的非政府组织来说，私人捐助是缓解财政约束并获得更大自治权的一种办法，因为接受公共捐助通常需要与有资质的基金会合作并支付管理费。在上述的126个环境基金会中，只有44个（35%）具有公募资格。此外，许多环境非政府组织还需要为项目资金缴税，且来自国内的资金支持往往附加资金使用条件，特别是涉及员工报酬的问题。①

财政能力上的局限性导致中国非政府组织专业人才的大量流失。通常情况下，只有非政府组织的创始人和领导人保持相对稳定。不稳定的人员结构会严重削弱组织文化并加速组织瓦解。

（四）社会认可度较低的公共倡导

中国气候非政府组织的另一个共同关注点是塑造公众舆论和提升公众的节能低碳意识。2011年，40家中国非政府组织发起了一项名为“C+行动：超越政府承诺、超越气候、超越中国”的长期性气候运动，旨在动员企业、社区、校园以及个人在节能减排方面采取积极行动。另外，随着对气候变化认识的加深，越来越多的非政府组织开始从事气候变化适应工作。适应气候变化的主要任务是把低碳发展和地方生态保护结合起来，因此传统的环保非政府组织得以发挥作用。例如，山水自然保护中心（SNCC）长期在中国西部山区开展植树造林、传统农业管理和调水引流等项目，不仅提高了当地社区适应气候变化的能力，而且降低了贫困发生

---

① Deng, G., "The Influence of Elite Philanthropy on NGO Development in China," *Asian Studies Review*, 2015, 39 (4): 554 - 570; Moe, I., *Setting the Agenda. Chinese NGOs: Scope for Action on Climate Change*, Fridtjof Nansen Institute: Lysaker, 2013; Lu, Y., *Non - Governmental Organizations in China: The Rise of Dependent Autonomy*, New York: Routledge, 2009; Ma, J., Wang, Q. & Dong, C., *The Research Infrastructure of China Foundations: Database Introduction and User Manual*, 2015; Xi, Y., The difficult survival of environmental NGOs, *Innovative Finance Observation*," 2015, Tianjin.

率。对于非政府组织来说，他们期望这些活动能够促进与决策者的互动并通过公众舆论压力来促进政府行动。例如，2004 年，6 个非政府组织发起了“26 度运动”，倡导家庭和公共建筑在夏季将空调温度控制在 26 摄氏度以上。2007 年，国务院采纳了这一倡议，并增加了一项要求：公共区域的空调在冬季温度不超过 20 摄氏度①。

虽然中国社会对传统环境问题的意识已经有了很大的改观，但像很多其他国家一样，对气候变化的关注仍然处于一种“冷漠”状态，这对气候非政府组织开展工作构成了重大挑战。与传统的污染问题不同，气候变化并不是人们日常生活中面临的紧迫问题，因此很难吸引公众的关注。此外，气候变化本身在科学上被认为存在的不确定性也影响了公众的认知。即使是在受气候变化影响最严重的国家之一——孟加拉国，当地的非政府组织成员也意识不到他们的生活和居住环境在未来几十年将如何变化。而且，气候变化经常被描述成一个全球性和国际性的问题，因此地方官员和公众很难意识到在地方可以开展的工作。一项对尼日利亚 11 个非政府组织的 35 名工作人员的调查显示，60% 的非政府组织成员未意识到气候变化问题，而 63% 的受访者表示气候变化问题并不在他们的项目计划内。②

更重要的是，非政府组织在应对气候变化中的作用很少受到关注和重视。作为公民社会的一部分，公众认知影响着气候非政府组织发展的潜力、

① Huo, W., “China Needs Green Consumption, But Also Less Consumption, in I could feel climate change,” *Climate change and China: Civil Society Perspectives*, A. N. G. C. By, K. Heidel, and W. Staphany, Editors. 2010, Werkstatt Ökonomie e. V. and EU - China Civil Society Forum: Heidelberg, Germany.

② Chen, J., “Non-profit power,” 2011, Available from: https://www.chinadialogue.net/article/show/single/en/4108 - Non - profit - power; Lönnqvist, L., Huda, N., Kabir, N., Kaisari, R. Z., Khandker, M. & Chandra, S. S., “Shortcut to the frontline: supporting local NGOs on climate change in Bangladesh,” International NGO Training and Research Centre, 2010; Ogbonna, O. I., “Knowledge and Roles of Non Governmental Organizations (NGOs) in Climate Change Mitigation and Adaptation in Anambra State,” *Journal of Agricultural Extension*, 2015, 18 (2).

合法性和专业性。凤凰网的一项调查显示，在19594名受访者中，45.4%认为非政府组织在应对气候变化中的作用有限。2009年“中国发展简报”的另一项调查显示，在3785名受访者中，72.3%认为政府是应对气候变化中最重要的行动者，而74.1%同时也认为政府是造成气候变化问题的主要责任人；在这两项调查中，非政府组织分别以9.7%和10.9%位列第二。中国气候变化传播中心对4169名中国成年人进行的调查显示，只有1%的受访者认为非政府组织应在应对气候变化中发挥最重要的作用；而与非政府组织相比，绝大多数受访者更加相信科研机构、政府和新闻媒体作为了解气候变化信息的来源。①

显然，公众仍然认为政府应当并且也将是应对气候变化的主导力量。但是，中国公众对非政府组织的不信任与20世纪90年代东欧和欧亚共产主义国家的情况有所不同：在这些国家，公众不信任非政府组织主要是因为大部分非政府组织是由政府建立并控制的。② 而对大多数中国公众来说，非政府组织比政府更加的陌生；雾霾污染比气候变暖更加令人担忧（虽然这两者是相关的）。

四　趋势与展望

在某种程度上，气候变化是社会生态系统中不同参与者共同利用大气环境的失败结果。在面对公共池塘资源使用困境时，学者们在许多中小尺度的案例中发现，基于相互信任和互惠互利，资源使用者能够超越传统的政府和市场框架，自主解决困境并持续履行协议。当面对包含更复杂的多元参与者之间的相互作用和资源类型的大尺度公共池塘资源问题时，例如国际和国家气候治理，McGinnis 和 Ostrom 建议制度设计者对

① China Center for Climate Change Communication, Public climate change awareness and climate change communication in China, 2012: Beijing, China.

② Baker, S., "Environmental protection capacity in post-communist Bulgaria," *Capacity Building in National Environmental Policy*, 2002, Springer: 97 - 122.

私人组织、公共组织、自愿组织和社区组织进行创造性的重组，以模仿成功的小尺度公共池塘资源管理的动态过程。而在这个过程中，多中心治理是一个不可或缺的原则。一个多中心系统，或类似的，如麦迪逊系统（Madisonian system），通常包括多个自愿合作的决策中心，这些中心彼此间保持充分的自主性。事实上，全球气候谈判在经过多年的僵持后，真正的进步反而由全球范围内分散的、多层次的和不同程度的微观治理而达成。这些理论和事实为非政府组织作为重要的分权力量参与国家气候治理开辟了渠道。①

近年来，随着经济快速发展和生态环境的恶化，公众环境意识和环境诉求不断提高。中国政府也越来越意识到单纯的行政命令在公共管理中的局限性，因此开展了大刀阔斧的简政放权改革。全球化和新公共管理理念在中国的传播也促使专家学者、社会公众和政府寻求更有效和更高效的治理模式。针对《巴黎协定》，中国国家主席习近平就指出：除各国政府，还应该调动企业、非政府组织等全社会资源参与国际合作进程，提高公众意识，形成合力。这些变化都在促进中国气候治理中非政府部门的不断发展与成熟。然而，充分发挥非政府部门的作用还需要以下几个方面的努力。

（一）确保政治合法性

虽然随着2016年9月中国第一部《慈善法》的生效，非政府组织的注册程序得到了大幅优化，从事慈善事业、社会福利和社会服务的社会组织不再需要业务主管部门就可以在民政部注册，但非政府组织活动的政治

---

① Ostrom, E. A., "polycentric approach for coping with climate change, in Policy Research Working Paper 5095," World Bank: Washington, 2009; Ostrom, E., Gardner, R. & Walker, J., *Rules, Games, and Common - Pool Resources*, Ann Arbor: University of Michigan Press, 1994; Sandell, R. & Stern, C., "Group size and the logic of collective action: a network analysis of a Swedish temperance movement 1896 - 1937," *Rationality and Society*, 1998, 10 (2): 327 - 345; Ostrom, E., "Beyond Markets and States: Polycentric Governance of Complex Economic Systems," *American Economic Review*, 2010, 100 (3): 641 - 72;

合法性仍然存在不确定性。只有通过国家立法明确非政府组织的权利，对非政府组织的活动进行明确规定和保障，才能充分发挥非政府组织作为地方政府环境行为监督者的作用，并形成多层次、多中心的治理体系，而不能让非政府组织在一个看似灵活但实际上具有风险的环境中运作。同时，要尽可能保证非政府组织的相对独立性，对登记注册和活动开展减少行政控制与干预，因为“政府之外”（outside of governments）是非政府组织存在的本质①。

（二）提升专业能力

作为一个相对较新的议题，气候变化要求非政府组织提高专业知识和能力以更有效地与政府和企业进行互动，并在国际社会发出声音。政府机构也愿意与有充分研究能力和能提供专业建议的非政府组织合作。例如，目前政府开始关注碳排放与农村发展之间的关系，而具有这方面专长和经验的非政府组织，如全球环境研究所就有机会与决策者进行合作。为了能够识别这些关键问题，非政府组织就需要具有较强的专业素养和洞悉政府内部动态的能力。除了低碳发展的技术问题，应对其他潜在的敏感话题，如日益增长的人均排放量和未来对气候变化的贡献或绿色贸易壁垒等，需要环保组织更强的政府动员和议程设定能力。这需要环保组织通过自下而上的战略来克服来自地方政府的阻力，包括争取更高层政府的支持、提高社交能力和开展运动的技巧。目前，非政府组织的最佳战略是优先考虑生存和持续增长，同时重视不间断的运作，使自身能够在政策问题上发挥最大的影响，避免与政府冲突并建立一种富有成效的互利关系。②

---

① Young, O. R., Guttman, D., Qi, Y., Bachus, K., Belis, D., Cheng, H., Lin, A., Schreifels, J., Van Eynde S. & Wang, Y., "Institutionalized governance processes: Comparing environmental problem solving in China and the United States," *Global Environmental Change*, 2015, 31: 163 - 173.

② Jie, K., *Chinese NGOs bound for Paris*, Global Times, 2015.

（三）多元化资金来源

国内外对新兴慈善家阶层的期望正敦促富有的中国企业和商业精英承担社会责任，支持非政府组织的活动。但显然，少数富裕阶层远远不足以支持中国庞大的非政府部门。尽管国际非政府组织仍然有较强的动力来支持他们的中国同行以促进未来的合作，但随着中国经济和地缘政治实力的持续增长，国际非政府组织已将更多的注意力转向欠发达国家。与此同时，国际机构已经开始更多地与中国的政府机构和智库合作，而不是非政府组织。因此，必须加强国内对环保组织可持续发展的资金支持。中国的《慈善法》规定注册满两年的“慈善组织”就可以申请公募资格。对于已经注册的非政府组织，可以向相应的民政部门申请认定为“慈善组织”。这对于中国的非政府组织来说是一项史无前例的政策。但是，“慈善组织”的身份认定对于环保组织来说可能是一个艰难的过程，并且应该出台更具体和明确的认定规则。

（四）增强公共动员能力

如果缺乏基层创新和集体行动，那么即使成功地实施经济和技术政策也无法实现二氧化碳减排目标。Meng 批评许多中国非政府组织没有看到国际气候谈判、国家政策和地方行动之间的联系，而仅仅把社区开展的日常活动视为真正的工作。但事实上，中国非政府组织的实地活动无论是在对于气候治理做出有意义的贡献方面，还是在获得必要的公众信任方面，都远远不够。目前，大多数环保人士已经认识到工业污染和气候变化之间的联系，但公众总是认为前者更为重要。正如 Lindenberg 和 Steg 所建议的，环境目标必须转化为与人们日常生活所遵循的目标相容的决策情况。例如，将二氧化碳排放与雾霾联系起来的公共政策倡导可能比仅仅呼吁低碳的生活方式更加有效。因此，对于环保组织来说，目前的最佳战略可能是将重点转移到气候和环境的关系，以连接和协调国家战略与公众需求。此外，由于运营标准的缺乏，大多数中国非政府组织并没有将研究和普及知识作为自身的主要责任。

因此，有必要制定更为详细和具体的法律法规来为非政府组织设定运营标准，这不仅可以为非政府组织的发展带来更多的机遇，而且可以加强其合法性和责任心。①

五　结论和讨论

虽然非政府组织在中国的气候变化治理中发挥了一定作用，但中国目前还没有很大的空间让“第三部门”来推动自下而上的低碳转型。正如Tendler所描述的那样，国家与非政府组织的关系仍然是一种缺乏竞争的非对称合作关系，而这种竞争被认为可以改善公共产品的供给并避免自治权的丧失。由于政治敏锐性和缺乏保护合法活动家的法律机制，与西方的非政府组织相比，中国非政府组织的主要角色是说客和政策实施者，而不是活动者和监督者。同时，中国的环保组织也面临着更多的现实问题，包括专业能力不足、资金不足、社会认可度低等。②

目前中国的国家与非政府组织的关系根源于政治、法律和文化等历史传统。因此，考虑到制度的路径依赖性，按照西方模式来建设中国的非政府组织可能并不适合。尽管如此，中国的决策者十分善于学习国外政策，并能够对其进行加工和重构以适应中国传统。因此，在过去的几十年，中国的政治和行政体制都已经发生了很大的变化。虽然这种变化并不是西方学者眼中完

① Janssen, M. A., Anderies, J. M., Ostrom, E., Tobias, R. & York, A., “Crafting local opportunities to meet global challenges,” *Notes prepared for The Long Haul: Navigating the Energy Transition to Limit Climate Change*, Dunsmuir Lodge, United States, 2008: 11 - 13; Lindenberg, S. & Steg, L., “Normative, gain and hedonic goal frames guiding environmental behavior,” *Journal of Social Issues*, 2007, 63 (1): 117 - 137; Mayhew, S., “Hegemony, Politics and Ideology: the Role of Legislation in NGO - Government Relations in Asia,” *Journal of Development Studies*, 2005, 41 (5): 727 - 758.

② Tendler, J., *Turning private voluntary organizations into development agencies: questions for evaluation*, U. S. Agency for International Development, 1982; Fisher, D. R., “COP - 15 in Copenhagen: How the merging of movements left civil society out in the cold,” *Global Environmental Politics*, 2010, 10 (2): 11 - 17.

全的“分权化”或“民主化”，但它的确给中国社会带来了实质性的变革。因此，如果新的政策理念能够嫁接现有的制度实践中，并作为一种全新改革而引入，新政策就可以良好运行。从近几年的发展来看，中国的非政府组织在气候政策领域正享有越来越多的话语权。配合中国的行政改革，非政府组织应当在减缓气候变化和气候变化适应中，为监督地方政府和工业企业以及动员公众支持做出更大贡献。①

基于不同的社会、经济和文化背景，将中国与西方国家进行简单直接的比较是不可能也是不公平的。事实上，Star 指出，即使是在澳大利亚、美国和英国等西方发达国家，由于非政府组织始终未能促成有效的气候政策，仅仅靠组织自身发展并满足于微小的、渐进式的政策变革，公众已开始逐渐远离非政府组织。这些都表明非政府组织并不是解决气候变化和集体行动困境的万灵药。当然，尽管如此，由于制度独立性和公共合法性，非政府组织在中国的气候治理中仍然扮演着关键角色。

The Role of NGOs in China's Climate Change Governance

Liu Lei, *Wang Pu*, *Wu Tong*

Abstract: NGOs have been a key player in international climate negotiations. In addition to working internationally as UNFCCC observers, the role of NGOs in domestic climate change governance has differed across countries due to varying political, legislative, and even cultural contexts. As the

① Offe, C., *Designing institutions in East European transition*, *The theory of institutional design*, Cambridge University Press: Cambridge, UK, 1996; Shambaugh, D. L., *China's Communist Party: atrophy & adaptation*, University of California Press, 2008; De Jong, M., "China's art of institutional bricolage: Selectiveness and gradualism in the policy transfer style of a nation," *Policy and Society*, 2013, 32 (2): 89 - 101.

largest CO2 emitter in the world, China is engaged in the challenging process of low-carbon development, which may not be achievable through exclusive reliance on top-down management and voluntary actions by the private sector. The participation of NGOs as a civil society actor is important. However, current understanding about the role of NGOs in China's climate change governance has been under-studied. Climate change is still a relatively new topic for China's NGOs, and it has also been difficult to differentiate the involvement of NGOs in climate change issues from their involvement in environmental issues more generally. Overall, the role NGOs play in China's climate change governance has had four main features: government partnership with restricted political space, organization development with inadequate professional capacity, strong international financial reliance with increasing domestic support, and public advocacy with low social recognition.

Keywords: Non-governmental Organization; Climate Change Governance; State Society Relationship

环境规制工具实现节能减排的路径分析

谢子雄　张明香*

摘　要：“十一五”时期以来，中国政府为了实现对环境污染问题的有效控制，首次将节能减排目标层层分解，作为约束性指标写入了五年规划纲要，并在实践中取得了不错成效。研究“十一五”“十二五”期间各省份通过何种方式和手段完成节能减排目标，可以为未来各地方政府在深化结构改革和目标责任考核的双重压力下完成节能减排任务提供经验借鉴。本文对政府控制命令型和市场激励型两种环境规制工具的节能减排效果进行了实证检验，侧重分析了节能目标考核压力下两种规制工具实现节能减排的作用机制，并找出了实现单位国内生产总值能耗和二氧化碳排放下降的主要作用路径。实证结果表明，从总体看来，五年规划期间节能减排目标实现更多的是依赖于控制命令型规制工具，政府的直接控制干预依然是实现节能减排目标的有效手段。从长期看来，环境规制对节能减排目标的实现最终是依靠技术进步来达到的，环境规制工具通过促进清洁技术的研发、引进优质外商投资来有效实现节能减排目标，而通过传统的控制能源价格、调整能源消费结构、产业结构等方式难以取得理想的环境污染治理效果。

* 谢子雄，暨南大学经济学院副教授，硕导，主要研究方向为资源环境、计量经济学、经济预测；张明香，暨南大学经济学院硕士研究生。

关键词： 环境规制工具　政府控制命令型　市场激励型　节能减排　路径分析

一　引言

全球温室气体减排与能源安全已逐渐成为国际社会高度关注的热点，作为全球温室气体排放第二大国，中国在社会发展中长期规划中提出了自主的节能减排计划，承诺截至2020年实现单位国内生产总值二氧化碳排放在2005年的基础上逐步下降40%～45%。因此为了实现这一节能减排目标，全国范围内省级层面的节能减排成为了我国的基本国策。中央政府在“十一五”规划纲要中首次将减排目标进一步层层分解至各省（自治区、直辖市），并将单位国内生产总值能耗下降的完成情况以目标责任考核的形式纳入地方政府绩效考核指标中。中央政府在节能减排综合工作方案中分别提出了全国范围内“十一五”时期单位GDP能耗在“十五”基础上下降20%，“十二五”时期单位GDP能耗在“十一五”基础上下降16%的约束性指标，并且国务院成立了专门的领导小组负责各省节能减排工作的落实与考核。从表1及表2可知，截至2010年底，全国单位GDP能耗在2005年的基础上下降19.06%，各省份基本完成了“十一五”规划纲要制定的节能减排目标任务；截至2015年底，全国单位GDP能耗在2010年的基础上下降18.4%，各省份超额完成“十二五”规划纲要的节能减排目标任务；截至2015年底全国单位GDP能耗在2005年的基础上累计下降32.01%，实践表明，2005～2016年全国单位GDP能耗、二氧化碳排放呈现显著的逐年下降趋势，全国范围的节能减排取得显著成效。该现象反映出自“十一五”纲要首次将节能减排目标责任制作为地方政绩考核的约束性指标，对各省份节能减排能力提升具有显著的正向激励效果。

由此，节能目标责任制作为一项重要的自上而下的政策任务用来保障我国实现单位GDP能耗和二氧化碳排放降低的约束性政策考核，在我国“十一五”和“十二五”期间发挥了重要的作用。中央政府在“十三五”节能减排综合工作方案中提出了新一阶段的节能减排目标，即单位 GDP 能耗和二氧化碳排放量分别在“十二五”时期的基础上下降 17% 和 18%。目前我国产业结构不断优化升级，第三产业占比增加，能源消费量的增长速度减缓，经济发展步入新常态阶段。但伴随着城镇化和工业化进程带来的环境污染和治理问题依旧是经济发展关注的重点，“十三五”时期的节能减排任务依然艰巨。研究各地方政府在“十一五”“十二五”期间通过何种方式和手段实现节能减排目标，对各省份完成节能减排任务寻求新动力和环境政策制定提供经验具有重要意义。

表 1　节能减排目标和完成情况

地区	能耗强度降低目标(%)			单位 GDP 能耗降低率(%)	
	“十一五”时期	“十二五”时期	“十三五”时期	2010 年累计	2015 年累计
全国	20	16	17	19.06	32.01
北京	20	17	17	26.59	39.07
天津	20	18	17	21.00	35.22
河北	20	17	17	20.11	33.69
山西	22	16	15	22.66	35.03
内蒙古	22	15	14	22.62	34.23
辽宁	20	17	15	20.01	33.61
吉林	22	16	15	22.04	34.51
黑龙江	20	16	15	20.79	33.46
上海	20	18	17	20.00	34.40
江苏	20	18	17	20.45	34.77
浙江	20	18	17	20.01	34.41
安徽	20	16	16	20.36	33.10
福建	16	16	16	16.45	29.82
江西	20	16	16	20.04	32.83
山东	22	17	17	22.09	35.33
河南	20	16	16	20.12	32.90
湖北	20	16	16	21.67	34.20
湖南	20	16	16	20.43	33.16
广东	16	18	17	16.42	31.46
广西	15	15	14	15.22	27.94
海南	12	10	10	12.14	20.93
重庆	20	16	16	20.95	33.60
四川	20	16	16	20.31	33.06
贵州	20	15	14	20.06	32.05

续表

地区	能耗强度降低目标(%)			单位 GDP 能耗降低率(%)	
	"十一五"时期	"十二五"时期	"十三五"时期	2010 年累计	2015 年累计
云南	17	15	14	17.41	29.80
西藏	12	10	10	12.00	20.80
陕西	20	16	15	20.25	33.01
甘肃	20	15	14	20.26	32.22
青海	17	10	10	17.04	25.34
宁夏	20	15	14	20.09	32.08

资料来源：国家发改委、国家统计局公布的节能减排综合工作方案。

表 2　2005～2016 年全国单位 GDP 能耗和二氧化碳排放

年份	单位 GDP 能耗均值(吨标准煤/万元)	二氧化碳碳排放均值(吨/万元)
2005	1.64	1.080
2006	1.54	1.071
2007	1.39	1.039
2008	1.21	1.042
2009	1.18	1.053
2010	1.06	1.066
2011	0.96	1.079
2012	0.92	1.072
2013	0.82	1.076
2014	0.79	1.063
2015	0.77	1.054
2016	0.74	1.054

资料来源：国家发改委、国家统计局公布的节能减排综合工作方案。

二　环境规制对节能减排的作用机制

（一）不同环境规制工具的比较

大量学者研究表明，环境规制工具的运用在各地方政府实现环境污染问题的治理中发挥了巨大作用。目前主流学者们依据地方政府在环境规制政策实施过程中的干预程度不同，主要将环境规制工具划分为三类：政府控制命令型、市场激励型、自愿型环境规制。政府控制命令型环境规制是指各省份设定不同程度的环境投资标准、生产技术和设备的规定、污染物排放要求等，通过命令要求和行政法规制度对环境污染行为进行有效管理，这是目前最传统并且运用范围最广泛的环境治理手段（王班班等，2016；涂正革，2008）。市场激励型环境规制主要是指各省份通过征收排污费、实行交易许可、碳排放权交易等方式利用市场机制自动调节环境资源，并对环境污染行为进行惩罚的一种经济手段，近年来国内正在进行大规模的市场型环境规制工具的实践试点，因而市场型环境规制也逐渐成为国内学者关注的重点（Kemp and Pontoglio，2011；Jaffe、Newell and Stavins，2005）。自愿型环境规制工具实现环境污染控制的方式主要表现为地方政府运用一些非强制性的手段如利用网络舆论、环境污染治理知识宣传等方式鼓励市民积极参与环境污染治理，发挥监督作用等（Zhou and Zhang，2014）。但目前国内自愿型环境规制主要试用于发达省份地区，从全国范围来看自愿型环境规制工具的运用在国内还处于起步阶段。大量学者研究证实政府型和市场型环境规制工具都对环境污染治理具有明显效果，但关于哪种规制工具更为有效的争论从未停止。关于不同环境规制工具在中国的作用效果，研究地方政府如何利用不同环境规制工具实现单位 GDP 能耗和二氧化碳排放量降低的作用机制，可以为各省未来实现减排目标提供充分的理论和实践经验。[①]

环境规制工具作用对象的差异对预期带来的环境污染治理效果的不同，大量学者表明环境规制工具往往通过生产端管理和需求端管理来实现环境污染的有效控制。生产端管理要求污染厂商在社会生产过程中使用清洁的生产技术，在生产过程中通过提高能源使用效率，来降低单位

① 王班班、齐绍洲：《市场型和命令型政策工具的节能减排技术创新效应——基于中国工业行业专利数据的实证》，《中国工业经济》2016 年第 6 期，第 91 ~ 108 页；涂正革：《环境、资源与工业增长的协调性》，《经济研究》2008 年第 2 期，第 93 ~ 105 页；Kemp，R. & Pontoglio，S.，"The Innovation Effects of Environmental Policy Instruments – A Typical Case of the Blind Men and the Elephant?" *Ecological Economics*，2011，72：28 – 36；Jaffe，A. B.，Newell，R. G. & Stavins，R. N.，"A Tale of Two Market Failures：Technology and Environmental Policy，" *Ecological Economics*，2005，54（2 – 3）：164 – 174；Zhou，L.，Zhang，X. & Qi，T.，"Regional Disaggregation of China's National Carbon Intensity Reduction Target by Reduction Pathway Analysis，" *Energy for Sustainable Development*，2014，23：25 – 31.

GDP 能耗和减少空气污染物的排放，从而达到污染的综合治理。即地方政府要求企业按照严格的环境标准推广清洁技术、不断改革创新，通过运用先进的设备和清洁生产技术实现平衡经济增长、环境保护“双赢”的目标（张平等，2016）。需求端管理可以通过调控能源价格、能源消费结构等，减少需求端能源使用和浪费，促使能源需求方选用更加清洁的能源，减少高污染能源使用造成的污染事件，在一定程度减缓对环境造成的污染和破坏（李平等，2013；蒋伏心等，2013；Alwi、Klemeš and Varbanov，2016）。但部分学者认为需求端管理其作用本质并未涉及能源使用效率以及生产技术的提高，只能在短时间内达到目的但并不能从根源上降低单位 GDP 能耗和二氧化碳排放，因此只能减轻环境恶化程度但不能解决根本问题（Liu and Sajid，2018）。而通过生产端管理如制定减免税收政策、引进具有先进生产技术的优质外商，鼓励生产者申请技术创新项目，对新技术研究开发提供无偿拨款或补贴等可以从生产源头上促进企业环境技术创新减少污染排放，实现区域环境绩效和经济绩效的双赢目标（Karunanithi，2017）。①

（二）环境规制工具作用于生产端

1. 环境规制对技术创新的影响

环境规制通过促进生产端技术创新来实现对单位 GDP 能耗和二氧化碳

① 张平、张鹏鹏、蔡国庆：《不同类型环境规制对企业技术创新影响比较研究》，《中国人口·资源与环境》2016 年第 4 期，第 8 ~ 13 页；李平、慕绣如：《波特假说的滞后性和最优环境规制强度分析——基于系统 GMM 及门槛效果的检验》，《产业经济研究》2013 年第 4 期，第 21 ~ 29 页；蒋伏心、王竹君、白俊红：《环境规制对技术创新影响的双重效应——基于江苏制造业动态面板数据的实证研究》，《中国工业经济》2013 年第 7 期，第 44 ~ 55 页；Alwi, S. R. W., Klemeš, J. J. & Varbanov, P. S., “Cleaner Energy Planning, Management and Technologies: Perspectives of Supply-demand Side and End-of-pipe Management,” *Journal of cleaner production*, 2016, 136: 1 - 13; Liu, F., Lv, T. & Sajid, M., “Optimization for China's Coal Flow based on Matching Supply and Demand Sides,” *Resources, Conservation and Recycling*, 2018, 129: 345 - 354; Karunanithi, K., Saravanan, S. & Prabakar, B. R., “Integration of Demand and Supply Side Management Strategies in Generation Expansion Planning,” *Renewable and Sustainable Energy Reviews*, 2017, 73: 966 - 982.

排放的影响一直是理论界关于环境污染问题关注的热点。波特假说认为政府采取严格的环境规制会使污染企业承受较高的生产成本以及支付额外的污染治理费用，成本的增加迫使企业投资于创新研发活动，提高生产技术以及污染治理技术，从而实现对环境污染的有效控制。波特假说受到了大量学者的支持，并从不同角度进行了实证验证（Yue、Long and Chen，2013；Zhou、Zhang and Qi，2014；Hamamoto，2006）。地方政府对能源密集型大中型工业制定严格的技术标准和排污标准会对污染厂商生产技术创新产生积极的激励效果，带来节能减排相关的科研创新支出以及专利研发申请的增加（柴建等，2012；赵红，2008），技术进步带来的能源使用效率提高是减缓中国二氧化碳排放强度以及能耗强度的主要原因（Fisher et al.，2004；Crompton and Wu，2005；齐志新，2006）。①

2. 环境规制对外商投资的影响

一般说来发展中国家的技术创新主要通过两种手段实现，一方面发展中国家可以根据本国的具体资源特征和发展需求自主地进行技术研究和开发，另一方面可以通过向发达国家学习模仿实现技术创新（Ghebrihiwet，2017）。但开发尖端新技术需要大量的资金投入，风险较高，因而通过吸引外商投资、引进先进的生产技术设备和管理经验等方式提高生产技术是发展中国家实现技术进步的主要手段。因此鉴于与技术创新的直接相关性，地方政府环境规

① Yue，T.，Long，R. & Chen，H.，“The Optimal CO_2 Emissions Reduction Path in Jiangsu Province：An Expanded IPAT Approach，” *Applied energy*，2013，112：1510－1517；Zhou，L.，Zhang，X. & Qi，T.，“Regional Disaggregation of China's National Carbon Intensity Reduction Target by Reduction Pathway Analysis，” *Energy for Sustainable Development*，2014，23：2－31；Hamamoto，M.，“Environmental Regulation and the Productivity of Japanese Manufacturing Industries，” *Resource and Energy Economics*，2006，28（4）：299－312；柴建、郭菊娥、汪寿阳：《能源价格变动对中国节能降耗的影响效应》，《中国人口·资源与环境》2012 第 2 期；赵红：《环境规制对产业技术创新的影响——基于中国面板数据的实证分析》，《产业经济研究》2008 年第 3 期，35～40 页；Fisher，V. K，Jefferson，G. H. & Liu，H.，“What is Driving China's Decline in Energy Intensity?” *Resource and Energy Economics*，2004，26（1）：77－97；Crompton，P. & Wu，Y.，“Energy Consumption in China：past Trends and Future Directions，” *Energy Economics*，2004，27（1）：195－208；齐志新、陈文颖：《结构调整还是技术进步？——改革开放后我国能源效率提高的因素分析》，《上海经济研究》2006 年第 6 期，第 16 页。

制作用于外商直接投资实现节能减排也一直是学者们关注的重点。各省份采取不同的环境规制工具会直接影响外商投资对东道国的区位选择，规制工具的严格程度会影响外商投资的强度和类型（成金华等，2010）。学者们认为在政府环境规制的约束下，FDI 对东道国技术创新具有双重效应（Dong、Gong and Zhao，2012；蒋伏心等，2013）。一方面“污染避难所假说”认为外资生产企业具有追求利润最大化的动机，政府环境管制强制要求企业进行污染治理，导致企业生产成本增加，迫使污染密集型的产业转移到对环境规制相对较弱的地区进行生产来减少企业的治污支出，因此相对严格的环境规制可能会阻碍一个地区 FDI 的流入（Ederington，2001）。另一方面，随着地区环保意识的提高，相对严格的环境规制会提高外资进入的“环境门槛”，对外资企业生产技术有着更高的要求。地方政府可以通过调整外资引进政策有选择地引入外资企业，如设置外资企业进入标准来限制具有污染密集型特征的外资企业的进入，鼓励具有技术密集型和资本密集型特征的外资企业的流入，外资企业先进的管理理念和技术水平能促使生产消耗更少的能源，能源使用效率得到提高，二氧化碳排放带来的环境污染得到控制（Hübler，2009；Chen and Chen，2010）。同时优质外资流入会为本土生产企业带来竞争压力，环境规制有助于营造良好的市场氛围刺激促进本土企业生产技术的创新（Levinson，1996）。①

---

① Ghebrihiwet，N.，“Acquisition or Direct Entry，Technology Transfer，and FDI Policy Liberalization，” *International Review of Economics & Finance*，2017，51：455－469；成金华、李世祥：《结构变动，技术进步以及价格对能源效率的影响》，《中国人口·资源与环境》2010 年第 20 期，第 35～42 页；Dong，B.，Gong，J. & Zhao，X.，“FDI and Environmental Regulation：Pollution Haven or a Race to the Top?” *Journal of Regulatory Economics*，2012，41（2）：216－237；蒋伏心、王竹君、白俊红：《环境规制对技术创新影响的双重效应——基于江苏制造业动态面板数据的实证研究》，《中国工业经济》2013 年第 7 期，第 44～55 页；Ederington，J.，“International Coordination of Trade and Domestic Policies，” *American Economic Review*，2001，91（5）：1580－1593；Hübler，M.，*Energy Saving Technology Diffusion via FDI and Trade：a CGE Model of China*，Kiel working paper，2009；Chen，G. Q. & Chen，Z. M.，“Carbon Emissions and Resources Use by Chinese Economy 2007：a 135 － sector Inventory and Input-output Embodiment，” *Communications in Nonlinear Science and Numerical Simulation*，2009，15（11）：（转下页注）

（三）环境规制工具作用于需求端

1. 环境规制对城镇化的影响

近年来中国政府大力推进城镇化进程对单位 GDP 能耗强度和二氧化碳排放有着极为显著的影响。一方面，全国范围内城市基础设施的施工建设导致了大量钢材、水泥等高耗能产品消费，大规模的生产活动需要消耗大量化石能源（Zheng and Kahn，2013）；同时城镇居民人均商品能源消费量远远高于普通的农村生活用能，人们交通出行等生活习惯的改变也带来了大量的能源消费，城镇生活对高碳商品的消费是单位 GDP 能耗和二氧化碳排放增加的主要原因（Liu、Wu and Wang，2011；Cai、Mou and Fang，2011）。另一方面，从表面看城镇化的过程会加速能源的消费增速导致单位 GDP 能耗增长，但伴随着城镇化的推进政府可以利用健全的城镇基础设施来提高公共用能的集中利用效率，鼓励清洁能源的组合使用，减少高污染能源的使用，从而提高能源使用效率减少化石能源带来的污染（Lin and Zhu，2018）；并且城镇化可以实现对各种污染物进行分类，并且集中有效地处理污染物，由此通过环境规制手段推进城镇化进程更能有助于单位 GDP 能耗的降低和污染物排放的减少。因此，要真正理解中国工业化进程中地方政府环境规制和城镇化建设对降低能源消费以及能源利用情况的作用效果有待进一步探讨。①

（接上页注①）3647 – 3732；Levinson，A.，"Environmental Regulations and Manufacturers' location Choices：Evidence from the Census of Manufactures，" *Journal of Public Economics*，1996，62（1 – 2）：5 – 29.

① Zheng，S.，Kahn，M. E. & Liu，H.，"Towards a System of Open Cities in China：Home Prices，FDI Flows and Air Quality in 35 Major Cities，" *Regional Science and Urban Economics*，2009，40（1）：1 – 10；Liu，L. C.，Wu，G. & Wang，J. N.，"China's Carbon Emissions from Urban and Rural Households during 1992 – 2007，" *Journal of Cleaner Production*，2011，19（15）：1754 – 1762；Cai，S.，Mou，D. & Fang，M.，"A Study on Driving Forces of China's Industrial Structure Optimization under the Carbon-intensity Abatement Objective，" *Chinese Journal of Management Sciences*，2011，19（4）：167 – 173；Lin，B. & Zhu，J.，"Changes in Urban Air Quality during Urbanization in China，" *Journal of Cleaner Production*，2018，188：312 – 321.

2. 环境规制对能源消费结构及能源价格的影响

大量学者表示中国能耗强度与发达工业化国家存在差距的主要原因之一在于能源消费结构的差异，能源消费结构的调整和产业结构变化是导致单位GDP能耗和二氧化碳排放下降的主要因素（Fan、Liu and Wu，2007）。煤炭消费在我国一次能源消费结构中一直以来占有很大比重，而非化石能源的增长却很缓慢，能源消费结构的不合理会降低能源利用效率，消耗大量的化石能源，带来大量的工业污染和废气排放（成金华，2010；Chen and Chen，2010）。中国20世纪90年代以来制造业单位GDP能耗强度的下降主要得益于煤炭消费量的减少，以及电力及天然气能源使用的增加，针对性的环境规制政策可以实现以煤炭消费为主的高污染能源消费结构比重下降（Fang and Deng，2011；Long、Yang and Song，2015）。[①]

能源价格的调整对能源消费有着直接的影响效果，提高能源价格能够有效降低单位GDP值能耗强度（Birol and Keppler，2000），政府通过调控工业和制造业中能源的市场价格，导致煤炭、电力、天然气等能源相对价格变动，可以对不同化石能源的消费量进行调控。节能减排规制工具的运用可以对能源价格、能源消费结构进行直接调整，在短时间内有效实现单位GDP能耗和二氧化碳排放的减少。但大量学者表示，近年来中国严格的能源价格管制导致市场上能源价格过低，由此带来的能源使用的浪费是单位GDP能耗增加的主要原因（Hang and Tu，2007），能耗强度的高低取决于能源价格的高低以及环境规制政策力度的大小，过低的能源价格会导致制造业能源的大量浪费和环境污染（柴建等，2012；Miketa，2001）。政府逐渐放松管制促进能源价格市场化，随着能源价格逐步回归为市场价格，才

① Fan, Y., Liu, L. C. & Wu, G., "Changes in Carbon Intensity in China: Empirical Findings from 1980 - 2003," *Ecological Economics*, 2007, 62 (3 - 4): 683 - 691; Fang, Y. & Deng, W., "Affecting Elements and Regional Variables Based on the Objective of Carbon Intensity Reduction in China," *International Journal of Sustainable Development & World Ecology*, 2011, 18 (2): 109 - 117; Long, R., Yang, R. & Song, M., "Measurement and Calculation of Carbon Intensity Based on ImPACT Model and Scenario Analysis: A Case of Three Regions of Jiangsu Province," *Ecological Indicators*, 2015, 51: 180 - 190.

能有效地提高能源利用效率。①

3. 环境规制对产业结构的影响

重工业在各省份第二产业中扮演重要角色，第三产业比第二产业能耗相对较小，故产业结构的调整如第三产业的增长、第二产业占比下降对国内单位 GDP 能耗强度和二氧化碳排放有着显著影响（Fu、Pietrobelli and Soete，2011；Cooray et al.，2014）。改革开放以来中国能耗强度降低的主要原因是能源使用效率的提高，其次是对外开放程度、产业结构、能源消费结构调整，这是导致中国能耗强度显著下降的主要原因（Tsai，2014）。第二产业在产业结构中的占比是影响各地区单位 GDP 能耗和二氧化碳排放的主要因素，环境规制工具对产业结构的调整虽然短期内作用效果不明显但在中长期看来对降低单位 GDP 能耗和二氧化碳排放具有重要意义（史丹等，2002；齐志新等，2007）。②

（四）环境规制工具对节能减排的作用机制分析

基于以上研究建立理论模型如图 1，箭头方向描述核心变量之间的因果影响。地方政府在面临中央层层分解下来的省级层面节能减排目标考核压力（Progress of energy Conservation Targets，PECT）下，为了控制污染并顺利完成

① Birol，F. & Keppler，J. H.，"Prices Technological Development and the Rebound Effect，" *Energy Policy*，2000，28（6）：460－463；Hang，L. & Tu，M.，"The Impacts of Energy Prices on Energy Intensity：Evidence from China，" *Energy Policy*，2007，35（5）：2978－2988；柴建、郭菊娥、汪寿阳：《能源价格变动对中国节能降耗的影响效应》，《中国人口资源与环境》2012 年第 2 期；Miketa，A.，"Analysis of Energy Intensity Developments in Manufacturing Sectors in Industrialized and Developing Countries，" *Energy Policy*，2001，29（10）：769－775.

② Fu，X.，Pietrobelli，C. & Soete，L.，"The Role of Foreign Technology and Indigenous Innovation in the Emerging Economies：Technological Change and Catching-up，" *World Development*，2011，39（7）：1204－1212；Cooray，A.，Tamazian，A. & Vadlamannati，K. C.，"What Drives FDI Policy Liberalization? An Empirical Investigation，" *Regional Science and Urban Economics*，2014，49：179－189；Tsai，S. F.，"Analysis of Influencing Factors on Regional Carbon Emission Intensity in China-Based on Empirical Rsearch with Provincial Panel Data，" *Journal of Sustainable Development*，2014，7（3）：83；史丹：《我国经济增长过程中能源利用效率的改进》，《经济研究》2002 年第 9 期；齐志新、陈文颖、吴宗鑫：《工业轻重结构变化对能源消费的影响》，《中国工业经济》2007 年第 2 期，第 35 页。

五年计划中的节能减排绩效考核，主要采取了政府控制命令型（Command and Control Regulation，CAC）和市场激励型（Market-based Regulation，MB）两种环境规制工具来直接和间接影响单位GDP能耗（Energy Intensity，EI）和二氧化碳排放（Carbon Intensity，CI），其通常采取以下两种作用机制：一是利用环境规制工具作用于生产端（Supply Side Management，SSM），即政府通过环境规制手段制定和执行严格的技术标准、环境基础设施建设投资额等促进企业进行研发清洁技术，引进优质外资，改进生产工艺，提高能源使用效率和减少污染物的排放，伴随着企业生产率水平的提高和生产工艺的改进，企业利润的增加可以弥补污染治理技术研发支出，最终减少污染物排放和污染治理成本。二是利用环境规制工具作用于需求端（Demand Side Management，DSM），即政府通过环境规制手段如征收排污费等对能源使用价格加价，利用能源价格波动促使消费者选用更加清洁的能源推动对清洁能源以及对多种能源的组合使用，同时减少能源的浪费，迫使能源消费结构进行调整；推进城镇化进程，提高能源的集中使用效率和实现污染物的集中处理机制。

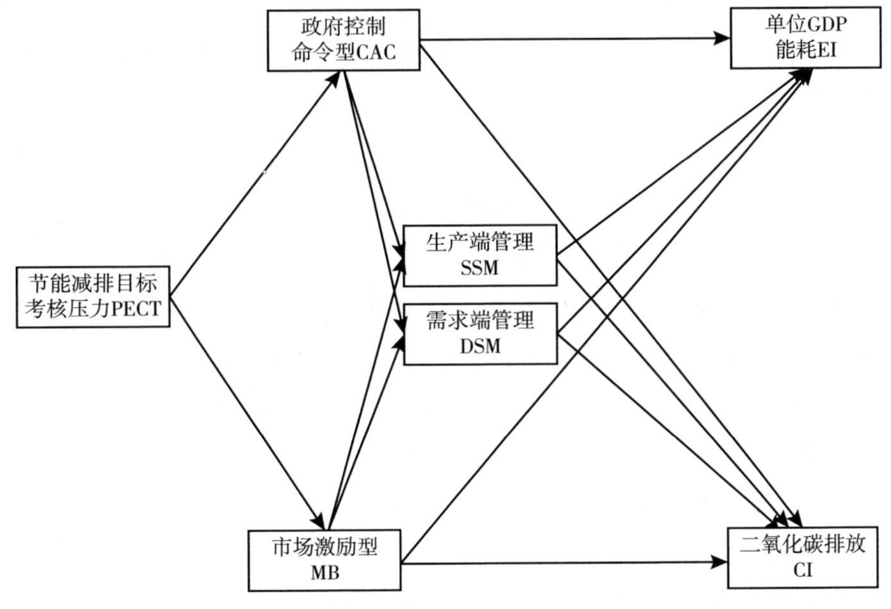

图1　理论模型

传导机制迫使排污厂商权衡采取减排技术与支付环境污染费用的成本。采取清洁技术要求厂商对生产工艺进行重大调整，当厂商研发技术成本较高而支付能源使用费用以及排污费成本相对较小的话，那么对于污染厂商来说研发清洁技术是不划算的，最终宁愿选择支付相对小额的排污费和能源使用价格。虽然能源加价和排污费征收会使企业的生产成本上升，但当这种成本的上升与企业保持原有高污染高利润的生产方式相比显得微不足道时，企业更愿意认缴罚金以及支付更高的能源使用价格而不愿进行技术创新。相反，当支付能源使用费用以及排污费成本等相对较高，缴纳越来越高排污费会导致企业生产成本也越来越大，那么对于污染厂商来说为了长远利益，最终会选择增加技术创新投入来减少污染，改进生产工艺，提升企业的生产率水平。一般情况下企业经过一次性清洁技术研发投入，污染排放得到有效控制最终符合地方环境标准后，企业就可免于缴纳排污收费和相关环境污染罚款等经济惩罚，从长期来看企业进行技术创新有利于真正减少企业的经济负担。综上所述，我们可以发现环境规制工具通过影响污染厂商的决策行为来达到控制环境污染的目的，环境规制工具不同作用机制的效果受污染厂商应对环境规制的投机取向以及决策的机会成本所影响。

三　模型设定和估计

本文利用中国2006~2015年即“十一五”“十二五”期间的省际面板数据对节能目标考核压力下各省份利用不同环境规制工具实现节能减排目标的作用机制进行深入研究，主要对以下两方面问题进行探讨：（1）利用实证分析比较政府控制命令型和市场激励型两种规制工具影响单位GDP能耗和二氧化碳排放作用效果，分析两种规制工具作用于不同变量实现节能减排目标的影响机制；（2）基于技术创新、外商投资、城镇化、能源价格、能源消费结构、产业结构等影响单位GDP能耗和二氧化碳排放的主要变量，探讨了在“十一五”“十二五”期间环境规制工具通过作用于这一系列中介变量降低单位 GDP 能耗和二氧化碳排放的作用路径，并找出其中实现节能减排的最佳路径。

路径分析是一种通过联结自变量、中介变量、因变量等，利用回归分析来描述变量之间背后的因果关系从而得出经济理论的一种方法，在学者间广泛运用于研究影响单位 GDP 能耗和二氧化碳排放变量间的因果关系（Lin et al.，2009；Chen and Lei，2017）①。鉴于路径分析不能同时考虑和处理多个因变量，本文所牵涉的变量关系较为复杂，且存在多个中介变量多个因变量，因此采用更为通用、复杂的路径分析模型即结构方程模型（structural equation modeling）来进一步度量节能减排目标考核压力下不同环境规制工具作用于多个中介变量，实现单位 GDP 能耗和二氧化碳排放降低的作用机制。结构方程模型进行路径分析能够更加系统性的同时处理多个因变量、多个原因、多个结果变量之间的因果关系，以及不可直接观测的变量之间的关系，该分析方法常用于社会学、统计学及管理学等来解释变量之间复杂的因果关系和社会现象，在对能源消费和环境污染问题的研究中也被学者们广泛使用（Nagase and Kano，2017；Kreiberg et al.，2016；Giovanis and Ozdamar，2016）。②

基于图 1 传导机制，其对应的结构方程模型如下：③

---

① Lin，S.，Zhao，D. & Marinova，D.，“Analysis of the Environmental Impact of China Based on STIRPAT Model，” *Environmental Impact Assessment Review*，2009，29（6）：341－347；Chen，W. & Lei，Y.，“Path Analysis of Factors in Energy-related CO_2 Emissions from Beijing's Transportation Sector，” *Transportation Research Part D：Transport and Environment*，2017，50：473－487.

② Nagase，M. & Kano，Y.，“Identifiability of Nonrecursive Structural Equation Models，” *Statistics & Probability Letters*，2017，122：109－117；Kreiberg，D.，Söderström，T. & Yang，W. F.，“Errors-in-variables System Identification Using Structural Equation Modeling，” *Automatica*，2016，66：218－230；Giovanis，E. & Ozdamar，O.，“Structural Equation Modelling and the Causal Effect of Permanent Income on Life Satisfaction：The Case of Air Pollution Valuation in Switzerland，” *Journal of Economic Surveys*，2016，30（3）：430－459.

③ 结构方程模型中，为了能使用矩阵方式表达，式中的0°向量代表与其后乘的向量的运算方向采用矩阵乘法哈达马积（Hadamard product），即其元素定义为两个矩阵对应元素的乘积。因此，$0^{\circ} \times m^{SSM} = [0 \times m_1^{SSM}, 0 \times M_2^{SSM}, \cdots]'$。

$$\begin{bmatrix} CAC \\ MB \\ m^{SSM} \\ m^{DSM} \\ EI \\ CI \end{bmatrix} = \begin{bmatrix} 0 & 0 & 0' & 0' & 0 & 0 \\ 0 & 0 & 0' & 0' & 0 & 0 \\ \beta_{CAC\to SSM} & \beta_{BM\to SSM} & 0^{\circ} & 0^{\circ} & 0 & 0 \\ \beta_{CAC\to DSM} & \beta_{BM\to SSM} & 0^{\circ} & 0^{\circ} & 0 & 0 \\ \beta_{CAC\to EI} & \beta_{MB\to EI} & \beta'_{SSM\to EI} & \beta'_{DSM\to EI} & 0 & 0 \\ \beta_{CAC\to CI} & \beta_{MB\to CI} & \beta'_{SSM\to CI} & \beta'_{DSM\to CI} & 0 & 0 \end{bmatrix} \begin{bmatrix} CAC \\ MB \\ m^{SSM} \\ m^{DSM} \\ EI \\ CI \end{bmatrix} + \begin{bmatrix} \gamma_{PECT\to CAC} \\ \gamma_{PECT\to MB} \\ 0 \\ 0 \\ 0 \\ 0 \end{bmatrix} PECT + \begin{bmatrix} \varepsilon^{CAC} \\ \varepsilon^{MB} \\ \varepsilon^{SSM} \\ \varepsilon^{DSM} \\ \varepsilon^{EI} \\ \varepsilon^{CI} \end{bmatrix} \tag{3.1}$$

中央政府的节能减排目标考核压力（*PECT*）会影响地方政府对不同环境规制工具即政府控制命令型规制工具（*CAC*）和市场激励型规制（*MB*）的选择和运用，并且地方政府两种环境规制工具的作用效果主要通过一系列中介变量来实现节能减排，其中作用路径主要通过一系统对生产端管理（m^{SSM}）和需求端管理（m^{DSM}）的变量，进而实现单位 GDP 能耗（*EI*）和二氧化碳排放（*CI*）的降低。因此，基于理论模型研究的多元回归变量间的因果关系。各变量与变量之间关系的回归系数称为路径系数，在结构方程模型中变量之间的关系为线性并且具有可加性，选取的变量是可量化的连续变量，误差项为正态且独立。不同环境规制工具对单位 GDP 能耗和二氧化碳排放的影响除了直接作用外还具有间接作用，间接作用的强度可以由变量之间的直接效应标准的回归系数相乘可得，结构方程模型主要基于变量的协方差矩阵来分析变量之间关系，本模型参数用极大似然法来估计。

四　变量说明和数据来源

（一）解释变量

节能减排目标考核压力（*PECT*），用地方政府当年节能目标完成进度来描述。伴随着五年规划节能减排目标的制定和逐步完成，地方政府处在每个五年规划的不同年份不同阶段将面临不同程度的节能减排目标考核压力（$PECT$）。以“十一五”时期为例，我们定义 $\% EI^{*}_{i,十一五}$ 为中央政府分解到第 i 省份应该完成的“十一五”期间单位 GDP 能耗下降的约束性目标（即中央政府规定的各省区五年计划中应当完成的节能减排目标）。因此，根据表 1 所示，北京“十一五”规划的能耗强度降低目标，因此，$\% EI^{*}_{北京,十一五} = -20\%$ 。因此我们第 i 省在“十一五”期间的第 t 年的节能目标完成进度（即节能目标完成率）定义如下：

$$节能目标完成率^{十一五}_{i,t} = \left[\frac{(EI_{i,t} - EI_{i,2005})/EI_{i,2005}}{\% EI^{*}_{i,十一五}}\right] \times 100\%, \quad t \in “十一五”期间$$

其中 $EI_{i,t}$ 表示第 i 省在第 t 年的单位 GDP 能耗，因此（$EI_{i,t} - EI_{i,2005}$）表示相较于 2005 年（即“十一五”计划初期即基年的单位 GDP 能耗）该省在第 t 年的单位 GDP 能耗下降的量。本文定义节能减排目标考核压力（$PECT$）的替代变量为下式所示。

$$PECT^{十一五}_{i,t} = 节能目标完成率^{十一五}_{i,t} - 节能目标完成率^{十一五}_{i,t-1}。$$

“十二五”阶段的 $PECT$ 的计算方式与“十一五”相似。

（二）被解释变量

政府控制命令型规制工具（CAC），由“环境保护投资总额”来描述各地方政府控制命令型规制工具对单位 GDP 能源消费和二氧化碳排放影响的宽严程度。考虑到各省份需强制完成一定额度的环境保护项目投资来进行清洁技术的研发，投资于完善城市基础设施，投资于环境污染治理等一系列环境保护投资可以体现地方政府在环境问题管理上，政府法定要求的干预程度和环境问题管理付出的努力和决心，故选择用地方政府城镇环境基础设施建设投资、工业污染源治理投资、完成环保验收项目环保投资数据进行加权用以衡量政府命令型规制工具。

市场激励型规制工具（MB），由各省排污费征收额来衡量市场型环境规制工具对单位 GDP 能耗和二氧化碳排放的影响。自 2003 年起开始全国范围内实行排污费收费制度，排污费的征收作为一种重要的市场型环境规制工具可以针对不同程度的污染行为带来的污染量进行惩罚，地方政府通过市场中征收排污费价格的调整影响不同程度排污者的决策行为，能直接有效地对环境污染行为进行管制，因此具有很强的数据可得性和代表性，用各省份排污费征收总额来描述市场激励型环境规制工具对单位 GDP 能耗和二氧化碳排放的影响程度。

单位 GDP 能耗（*EI*），即生产单位国内生产总值所消耗的化石能源，由各省当年实际能源消费总量与地区 GDP 的比值表示，能耗强度的大小具体表示为化石燃料消费总量除以单位国内生产总值，其中每个省的化石能源消费（包括原煤，石油，天然气和电力）数据来自《中国能源统计年鉴》(2005 ~2016)。单位 GDP 能耗可以综合地反映国民经济中一个省份或地区生产对单位化石能源的使用效率情况，是描述能源使用效率的重要指标，也是节能减排目标的重要指标。

二氧化碳排放（*CI*），即生产每单位国内生产总值所排放的二氧化碳，国内主要的二氧化碳排放来自大量的化石燃料（包括原煤、天然气、石油和电力等）的消费，二氧化碳排放量的大小可以通过由各省份煤炭、天然气，石油等化石能源的消费量与对应的碳排放系数的乘积与该省份 GDP 的比值所得。各类能源消费量数据的计算和折算标准煤采用《中国能源统计年鉴》中发布的折标系数，计算二氧化碳排放量所用的二氧化碳排放系数借鉴宋明智（2016)① 中《2006 年 IPCC 国家温室气体清单指南》公布的计算标准。

（三）生产端管理与需求端管理的中介变量

本文的中介变量（*mediators*)，主要分为在环境规制工具影响下一系列在生产端（m^{SSM}）和需求端（m^{DSM}）影响单位 GDP 能耗和二氧化碳排放的变量。生产端（m^{SSM}）的中介变量包括：(1）技术创新（Technology

① 宋明智：《北京城市碳排放量与影响指标分析》，《环境工程》2016 年第 S1 期。

Progress, *TP*)。用各地区专利研发申请数量来衡量，地方政府投入大量资金和人力进行技术创新的主要产出形式是对发明成果进行专利保护申请，因此各地区专利研发数量可以侧面反映出不同省份间技术创新能力的差异，是地方技术进步的重要指标，因此我们采用各省（自治区、直辖市）发明专利申请数量作为各省技术创新的衡量指标。（2）各地区接受的外商投资额(Foreign Direct Investment, *FDI*)。

需求端（m^{DSM}）的中介变量则包含：（1）城镇化（urbanization, *URBAN*）由地区城镇人口比重占总人口的比重组成表示。（2）能源价格(Energy Price, *EP*)，由各地区主要消费的化石能源，煤、石油、天然气、电力消费量占总的能源消费量的比重，乘以各类能源对应的工业品出厂价格指数来计算综合的能源价格（由于国家统计局并未公布能源价格的绝对量数据，借鉴王班班和齐绍洲的方法[①]）。（3）能源消费结构（Energy Structure, *ES*）由各省份煤炭能源的消费量占该地区能源消费总量的比重进行描述，反映了各省份间以煤炭为主的能源消费总量之间的差异。（4）产业结构（Industry Structure, *IS*）由各地区第二产业增加值占 GDP 的比重表示。

因此，式（3.1）模型的生产端的中介变量为 $m^{SSM}=(TEP,FDI)'$，需求端的中介变量则为 $m^{DSM}=(URBAN,EP,ES,IS)'$。

（四）数据来源

基于数据的可得性和完整性，本文选取了全国 29 个省区市 2005～2016 年即“十一五”“十二五”期间的省际面板数据来研究各省区市不同环境规制工具对节能减排目标的动态实现（其中新疆和西藏部分年份数据不完整，为了保持数据的有效性和连续性，在实际计量估计的过程中已删除）。所用的数据主要来源于全国及各省份历年统计年鉴和中国国家统计局官方网站以及高校财经数据库。其中各省份化石能源消费量和能源价格的估计数据来源

① 王班班、齐绍洲：《有偏技术进步、要素替代与中国工业能源强度》，《经济研究》2014 年第 2 期。

于《中国能源统计年鉴》；排污费征收额、城镇环境基础设施建设投资、工业污染源治理投资、完成环保验收项目环保投资等来源于《中国环境年鉴》《中国环境统计年鉴》；节能减排目标及完成进度数据来自国家发改委、国家统计局各年公布的节能减排综合工作方案；各地区专利研发申请数量来源于《中国科技统计年鉴》；各省份城镇化比重数据来源于《中国城市（镇）生活与价格年鉴》；各省份 GDP、产业结构、外商投资额等主要来源于全国历年统计年鉴。本文对所用到的价格数据如能源价格等均以 2005 年为基期，用工业品出厂价格指数对数据作了平减来消除物价变动对分析结果的影响进行初步的设定，所用变量具体详情见表 3。

表 3　变量定义

	变量名称	符号	定义	单位
解释变量	节能减排目标考核压力	*PECT*	地方政府五年计划中当年节能目标的完成进度	%
被解释变量	政府控制命令型	*CAC*	城镇环境基础设施建设投资,工业污染源治理投资,完成环保验收项目环保投资总额	亿元
	市场激励型	*MB*	各省排污费征收总额	亿元
	单位 GDP 能耗	*EI*	各省当年实际能源消费总量与地区 GDP 的比值	吨标准煤/万元
	二氧化碳排放	*CI*	煤炭石油天然气等能源消费量乘以对应的碳排放系数与地区 GDP 的比值	吨/万元
中介变量	技术创新	*TP*	用各地区专利研发申请数量表示	
	外商投资	*FDI*	各地区接受的外商直接投资额	亿元
	城镇化	*URBAN*	城镇人口比重占总人口的比重组成	%
	产业结构	*IS*	各地区第二产业增加值占 GDP 比重	%
	能源消费结构	*ES*	各地区煤炭消费占该地区总能源消费总量的占比	%
	能源价格	EP	能源价格指数	

五 实证结果及分析

（一）环境规制对单位 GDP 能耗和二氧化碳排放作用效果分析

中央政府将节能减排目标分解到各省份，以节能目标责任考核的形式将各省区市节能减排目标完成情况与地方绩效考核挂钩，促使地方政府采取一系列的环境规制工具来实现对单位 GDP 能耗和二氧化碳排放的控制。从表 4 可知，节能减排目标考核压力（PECT）能有效促进节能减排目标的实现，对单位 GDP 能耗（EI）和二氧化碳排放（CI）的影响效果显著且回归系数均为负值，对政府控制命令型规制工具（CAC）和市场激励型规制工具（MB）的作用效果显著且回归系数为正值，说明节能目标责任考核的压力越大，地方政府采取的环境规制手段力度越大，对减少能源消费和污染气体排放的作用效果越大。

从表 5 可见，命令型和市场型环境规制工具对实现中国节能减排目标至关重要，实证结果表明 2006～2015 年政府采取的一系列环境规制工具作用对降低单位 GDP 能耗和二氧化碳排放取得了显著成效，解释变量中两种环境规制工具对被解释变量单位 GDP 能耗、二氧化碳排放显著相关。具体表现为政府控制命令型规制工具（CAC）对单位 GDP 能耗（EI）和二氧化碳排放（CI）的回归系数在 5% 的显著性水平下分别为 -0.619（95% 置信区间 -0.699，-0.546）、-0.759（95% 置信区间 -0.867，-0.663），其回归系数为负值说明采取越严格的政府控制命令型的环境规制手段，单位 GDP 能耗越少、单位 GDP 碳排放量越少。该结果说明政府控制命令型环境规制促使地方政府加大力度投资于城市环境基础设施投资、环境保护项目投资、工业污染治理等可以有效地降低单位 GDP 能耗和二氧化碳排放。同时，市场激励型规制工具（MB）对单位 GDP 能耗（EI）和二氧化碳排放（CI）的回归系数在 5% 的显著性水平下分别为 0.351、0.517，其回归系数为正值说明地方各省征收排污费额越高会带来单位 GDP 能耗增加、二氧化碳排放量增多。

具体来说，征收排污费在我国已经实施了20多年，是我国相对较为成熟的市场型规制工具，但本文发现排污费的征收会导致单位GDP能耗和二氧化碳排放上升，说明五年计划期间市场型规制手段对环境污染的控制并不能达到预期的节能减排效果。这可能因为虽然排污费的征收能在短期内对减少污染排放起到立竿见影的效果，但其规制手段的本质是对能源使用价格带来外生加价，随着环境规制力度的加强，高污染的中小企业在承受生产成本的同时需要缴纳越来越高的排污费，企业生产成本也越来越高，最终增加企业生产的经济负担和成本，不利于企业的技术研发；另外，对于具备规模的大型生产企业来说，支付一定的排污费比起花费大量的清洁技术研发投资是更为简易廉价的选择。因此，通过市场价格的手段，以征收排污费的方式来实现控制环境污染不能达到理想的效果。从排污厂商权衡进行节能减排技术创新与支付能源使用费用和污染治理费用的成本的决策来看，市场型环境规制工具一定程度上可以筛选掉不具有社会责任感、只关注经济利益的企业，命令型规制工具则可以有目的的引导实力较强的企业重视环境问题，并将资金用于技术创新，实现环境规制与企业环境绩效的良性互动。因此，总体看来，政府的直接控制干预依然是实现节能减排目标最有效的手段，五年计划期间节能减排的实现更多的是依赖于行政手段和命令规制型政策工具。

表4　节能减排目标考核压力的作用效果

	估计时间	估计值	95%置信区间	
			下界	上界
PECT→EI	2006～2015年	-0.177*	0.766	0.094
PECT→CI	2006～2015年	-0.182*	0.943	0.075
PECT→CAC	2006～2015年	0.519*	0.369	1.541
PECT→MB	2006～2015年	0.409*	0.271	1.246

注：*表示显著水平为5%。

表 5　环境规制对单位 GDP 能耗和二氧化碳排放的作用效果

	估计时间	估计值	95% 置信区间	
			下界	上界
CAC→EI	2006～2015 年	-0.619*	-0.699	-0.546
	"十一五"	-0.548*	-0.668	-0.453
	"十二五"	-0.732*	-0.880	-0.612
MB→EI	2006～2015 年	0.351*	0.294	0.412
	"十一五"	0.298*	0.228	0.378
	"十二五"	0.379*	0.293	0.474
CAC→CI	2006～2015 年	-0.759*	-0.867	-0.663
	"十一五"	-0.662*	-0.813	-0.544
	"十二五"	-0.981*	-1.228	-0.794
MB→CI	2006～2015 年	0.517*	0.450	0.589
	"十一五"	0.437*	0.360	0.529
	"十二五"	0.598*	0.475	0.738

注：* 表示显著水平为 5%。

（二）环境规制对生产端的作用效果分析

从表 6、表 7 可知，政府控制命令型环境规制工具通过影响技术创新（TP）、外商投资（FDI）对被解释变量单位 GDP 能耗（EI）和二氧化碳排放（CI）的回归系数均在 5% 的显著性水平。2006～2015 年政府控制命令型规制工具通过促进技术创新，影响单位 GDP 能耗和二氧化碳排放的回归系数为分别为 -0.128（95% 置信区间 -0.252，-0.016）、-0.352。从实证研究结果看来，回归系数为负值说明政府命令型环境规制工具通过制定一定的污染治理的技术标准，投入大量环境保护项目资金，从而迫使污染厂商进行清洁生产技术研发，促进技术创新水平和能源使用效率的提升，降低对环境的污染程度。因此，命令型环境规制工具对促进企业技术创新实现节能减排目标有着巨大的贡献，各省在适当提高命令型规制强度的同时，制定相应针对企业技术创新的激励政策，加大企业采用清洁生产技术的激励力度。同时，政府控制命令型规制工具通过吸引外商投资影响单位GDP能耗和二氧化碳排放的回归系数分别为-0.194、-0.330，实证结果中环境规制通过作用于FDI对单位GDP能耗和二氧化碳排放的回归系数均为负，表明环境规制通过作用于外商投资对能源消费和二氧化碳排放具有负向影响，这可能因为伴随着地方政府加大环境规制的力度，实施一系列招商引资政策，投入大量资金在城市基础设施、环境保护项目、工业污染治理项目等营造了良好的外商投资的市场环境，吸引了更多优质外商投资流入，优质的外商投资有着先进生产技术和设备，具有能源使用效率高且污染物排放少的特征；同时外资的引入可以对本土污染企业产生竞争作用，排挤掉高污染、高能耗的生产企业，迫使本土企业改变原有方式，提高生产技术、改善生产工艺，从而提高能源使用效率，减少能源消费和污染物排放。因此，命令型环境规制能有效地吸引优质的外商投资的流入，通过与本土企业市场竞争、互相学习影响等促进本土企业主动进行技术研发创新，与国内企业实现良性互动，提高东道国生产技术水平。

市场激励型规制工具通过影响技术创新（TP）、外商投资（FDI）对被解释变量单位GDP能耗（EI）和二氧化碳排放（CI）的回归系数均在5%的显著性水平显著。2006~2015年市场激励型规制工具通过影响技术进步、外商投资对二氧化能耗的回归系数为分别为0.019、0.058，对二氧化碳排放的回归系数为分别为0.053、0.099。从实证研究结果看来，回归系数为正值说明排污费的征收并没有达到预期控制单位GDP能耗和二氧化碳排放的效果。一方面提高市场型环境规制强度会给企业带来生产成本的增加，进而缩减了企业营业利润，同时可能导致企业原本用于技术创新的资金用于缴纳排污费，挤占了企业研发资金和环保治理资金，对企业积极进行生产技术创新产生了抑制作用。另一方面也阻碍了外资企业的流入，降低了本土企业的技术吸收能力。其原因可能因为我国工业污染主要来源于中小企业，而中小企业大多数集中在技术水平低、污染治理难的行业，在自身资金融通和研发能力等方面一直处于劣势，排污费的征收让企业在承受生产成本的同时需要支付额外的排污费用，加大了企业生产的经济负担和成本。因此从生产管理端来看，比起市场型环境规制工具，命令型规制工具可以更好地促进企业技术创新，并有效地吸引优质的外商投资，实现对环境污染问题的有效控制。

表 6　环境规制通过生产端对单位 GDP 能耗的作用效果

	估计时间	估计值	95% 置信区间	
			下界	上界
CAC→TP→EI	2006～2015 年	-0.128*	-0.252	-0.016
	“十一五”	-0.154*	-0.329	-0.025
	“十二五”	-0.204*	-0.420	-0.009
MB→TP→EI	2006～2015 年	0.019*	0.002	0.044
	“十一五”	0.013	-0.004	0.047
	“十二五”	0.038*	0.001	0.090
CAC→FDI→EI	2006～2015 年	-0.194*	-0.295	-0.560
	“十一五”	-0.480*	-0.751	-0.285
	“十二五”	-0.646	-4.030	1.542
MB→FDI→EI	2006～2015 年	0.058*	0.016	0.093
	“十一五”	0.142*	0.066	0.248
	“十二五”	0.204	-0.479	1.193

注：* 表示显著水平为 5%。

表 7　环境规制通过生产端对二氧化碳排放的作用效果

	估计时间	估计值	95% 置信区间	
			下界	上界
CAC→TP→CI	2006～2015 年	-0.352*	-0.529	-0.152
	“十一五”	-0.351*	-0.660	-0.118
	“十二五”	-0.501*	-0.899	-0.121
MB→TP→CI	2006～2015 年	0.053*	0.017	0.093
	“十一五”	0.030	-0.010	0.088
	“十二五”	0.940*	0.020	0.178

续表

	估计时间	估计值	95%置信区间	
			下界	上界
CAC→FDI→CI	2006～2015年	-0.330*	-0.513	-0.153
	"十一五"	-0.659*	-1.494	-0.394
	"十二五"	-1.232	-8.139	1.750
MB→FDI→CI	2006～2015年	0.099*	0.054	0.159
	"十一五"	0.195*	0.102	0.365
	"十二五"	0.389	-0.562	2.405

注：*表示显著水平为5%。

（三）环境规制对需求端的作用效果分析

从表8、表9可知，2006～2015年命令型环境规制和市场型环境规制工具通过作用于城镇化（URBAN）对单位GDP能耗和二氧化碳排放的影响在5%的显著性水平显著。政府控制命令型规制工具通过作用于城镇化进程来影响单位GDP能耗和二氧化碳排放的回归系数为分别为0.154、0.258；市场型规制工具通过作用于城镇化进程影响单位GDP能耗和二氧化碳排放的回归系数为分别为-0.102、-0.171。实证结果表明，中国城镇化进程是导致大量能源消费和二氧化碳气体排放的重要因素，政府控制命令型规制工具回归系数为正值，说明地方政府在加大城镇基础设施建设，推动城镇化大规模扩张的同时，会加速能源的消费和污染气体排放。市场激励型规制工具回归系数为负值说明，排污费的征收可以对城镇化进程中能源浪费和污染物排放进行惩罚，迫使地方政府减少能源浪费，提高能源的集中利用效率，统一集中处理城市污染物，从而达到减少能源消费和污染物排放的目的。

同时，两种规制工具通过作用于能源消费结构（ES）、能源价格（EP）、产业结构（IS）影响单位GDP能耗和二氧化碳排放的作用效果并不如预期。解释变量两种规制工具对被解释变量单位GDP能耗和单位二氧化碳排放的回归系数整体都不显著。这可能因为从需求端管理减少能源的消费和污染气体的排放，其政策手段的治理目的更多为控制污染情况在最低要求内，很难促使企业自主主动地进行减排技术创新。从产业结构调整来看，中国处于工业化起步阶段时重工业化的趋势明显，产业增长伴随着大量的能源消费，因此地方政府可以通过环境规制对产业结构进行调整，来达到降低能源消费和二氧化碳排放的目的。但“十一五”“十二五”以来中国整体产业结构调整已经得到发展，重工业在第二产业中的占比相对稳定，因此通过环境规制促进产业结构升级的效果并不明显。如今，第三产业份额的提升与生产技术提高息息相关，要真正利用产业结构调整降低我国的能耗强度和二氧化碳排放，有待未来由生产科技的进步引导的第三产业结构的优化升级，实现更深程度的节能减排。

环境规制手段可以对能源消费结构进行优化，煤炭消费在能源消费中的比重下降在一定程度上能降低能耗强度。“十一五”时期以来中央政府通过环境规制工具对能源消费结构进行调整，逐步降低煤炭消费在能源消费中的比重，增加天然气、电能、石油等能源需求的多种组合，对单位 GDP 能耗和二氧化碳排放下降有一定影响但效果不太显著。结果表明，在生产设备和生产技术没有提高，能源节约使用、能源使用效率提高等观念没有在全国范围内普及的情况下，依靠立竿见影的环境规制政策手段进行调整，将能源消费由以煤炭为主向其他能源转移可能是统计结果不显著的原因。只有实质上提高生产技术、改善能源的利用效率才可能带来能源消费的显著下降和环境污染气体排放量的减少。

理论认为政府可以通过控制能源的市场价格等政策手段来调整需求端对化石能源的消费，因此能源价格提高在一定程度上能降低能源消费。但从实证结果来看，政府对能源价格的调控并不能有效地实现单位 GDP 能耗和二氧化碳排放的显著降低。这可能是长期以来我国的能源价格一直受国家管制，能源市场不健全，导致能源定价体系不合理，能源使用价格长期偏低，能源价格的变动无法真实反映能源市场中的供需关系，因此对能源消费的影响并不显著。同时，政府长期压低能源产品价格造成了大量能源的廉价使用和浪费，能源的过度需求和资源利用效率不高制约了社会对原油、天然气及可再生能源等清洁能源的使用，最终导致现行的能源价格管理机制并不能有效实现能源消费和二氧化碳排放的降低。中国能源价格市场化建设是国内能源安全和节能政策顺利实施的必要保障，也是实现节能减排目标的一个关键。因此，政府在实行能源价格市场化控制时需要慎重考虑能源市场规则不健全的因素，不能单纯地通过提高能源价格水平来引导企业与个人的能源消费。

对于处于工业化中后期的中国，政府通过对需求端能源消费结构、能源价格以及产业结构的调整对单位 GDP 能耗和二氧化碳排放降低的影响作用都相对较弱，这可能因为一方面中国能源价格制定长期受政府管控，另一方面能源消费结构和产业结构等结构转型升级需要长时间的积累，难以在短期内呈现明显的节能减排政策反应。实证结果表明，经济结构的调整和优化最终还是要依靠对生产端能源使用技术的研发提高来实现，生产端技术进步和优质外资流入对于能耗强度和二氧化碳排放降低的影响是从本质上提高能源利用效率和降低污染物排放的方式。因此，采取环境规制工具对环境污染问题的治理应当通过立足于长远的政策效果，依靠技术进步从生产端根本地解决问题，不能期望在短时间内对能源价格和结构调整等获取短暂立竿见影的效果。

表 8　环境规制通过需求端对单位 GDP 能耗的作用效果

	估计时间	估计值	95% 置信区间	
			下界	上界
CAC→URBAN→EI	2006～2015 年	0.154*	0.089	0.230
	“十一五”	0.148*	0.670	0.246
	“十二五”	0.147*	0.012	0.273
MB→URBAN→EI	2006～2015 年	-0.102*	-0.151	-0.060
	“十一五”	-0.095*	-0.157	-0.044
	“十二五”	-0.086*	-0.162	-0.007
CAC→IS→EI	2006～2015 年	-0.008	-0.030	0.012
	“十一五”	-0.013	-0.041	0.005
	“十二五”	-0.008	-0.067	0.040
MB→IS→EI	2006～2015 年	0.014	-0.022	0.049
	“十一五”	0.031	-0.015	0.072
	“十二五”	0.010	-0.057	0.076

续表

	估计时间	估计值	95%置信区间	
			下界	上界
CAC→EP→EI	2006~2015年	-0.009	-0.022	0.000
	"十一五"	-0.011*	-0.030	-0.002
	"十二五"	0.000	-0.015	0.003
MB→EP→EI	2006~2015年	0.003	-0.006	0.012
	"十一五"	0.004	-0.006	0.016
	"十二五"	0.000*	-0.009	-0.009
CAC→ES→EI	2006~2015年	-0.005	-0.039	0.041
	"十一五"	0.025	-0.018	0.079
	"十二五"	-0.031	-0.146	0.067
MB→ES→EI	2006~2015年	0.006	-0.050	0.053
	"十一五"	-0.033	-0.097	0.002
	"十二五"	0.032	-0.071	0.133

注：* 表示显著水平为5%。

表9　环境规制通过需求端对二氧化碳排放的作用效果

	估计时间	估计值	95%置信区间	
			下界	上界
CAC→URBAN→CI	2006~2015年	0.258*	0.160	0.379
	"十一五"	0.220*	0.100	0.365
	"十二五"	0.318*	0.105	0.578
MB→URBAN→CI	2006~2015年	-0.171*	-0.249	-0.107
	"十一五"	-0.141*	-0.230	-0.064
	"十二五"	-0.185*	-0.339	-0.058
CAC→IS→CI	2006~2015年	0.019	-0.014	0.053
	"十一五"	-0.004	-0.034	0.002
	"十二五"	0.065	-0.026	0.139
MB→IS→CI	2006~2015年	-0.033	-0.091	0.026
	"十一五"	0.008	-0.048	0.074
	"十二五"	-0.083	-0.175	0.029
CAC→EP→CI	2006~2015年	-0.006	-0.020	0.002
	"十一五"	-0.023*	-0.058	-0.003
	"十二五"	-0.016	-0.056	0.004
MB→EP→CI	2006~2015年	0.002	-0.005	0.010
	"十一五"	0.008	-0.015	0.030
	"十二五"	0.008	-0.005	0.033

续表

	估计时间	估计值	95%置信区间	
			下界	上界
CAC→ES→CI	2006～2015年	0.033	-0.031	0.105
	“十一五”	0.126*	0.030	0.222
	“十二五”	-0.109	-0.321	0.068
MB→ES→CI	2006～2015年	-0.044	-0.141	0.039
	“十一五”	-0.168*	-0.293	-0.036
	“十二五”	0.112	-0.072	0.296

注：*表示显著水平为5%。

六　结论和政策含义

“十三五”节能减排综合工作方案中，中央政府提出了各地区能耗总量和强度“双控”目标，在深化结构改革和节能减排考核的双重压力下，各地方政府“十三五”时期的节能减排任务依然艰巨。本文针对五年规划期间市场激励型和政府控制命令型两种环境规制工具的节能减排效果和作用机理进行了实证检验，并进一步分析了影响单位GDP能耗和二氧化碳排放的不同作用路径，主要结论如下：(1)“十一五”“十二五”期间节能减排目标的实现更多依赖于政府控制命令型规制工具，政府直接的环境控制干预依然是实现节能减排目标最有效的手段。市场激励型规制工具中排污费的征收虽然能在短期内对减少污染物排放起到立竿见影的效果，但其规制手段本质是对能源使用价格带来外生加价，最终导致企业生产成本越来越高，增加了企业生产的经济负担和成本。(2)生产端管理会促使企业生产率水平的提高和生产工艺的改进，技术进步、优质外资的流入等带来能源使用效率的提高，进而减少单位GDP能耗和二氧化碳排放，从源头解决能源消费和环境污染问题；需求端管理其治理目的主要是通过直接的手段限制能源消费，将环境污染情况控制在最低要求内，最终企业宁愿支付能源消费加价、缴纳排污费也不愿主动进行环境污染治理。(3)从长期来看，节能减排目标最终是依靠技术进步实现的。地方政府设定环境投资标准、生产技术和设备的规定等可以为企业提供明确有效的技术创新方向，减少企业生产技术创新过程的不确定性并降低风险，对企业节能减排技术创新产生激励作用，进行清洁生产技术的运用与推广，最终实现单位 GDP 能耗和二氧化碳排放降低。

本文的政策含义在于：（1）一方面，命令要求和行政法规制度更容易实现对环境污染行为的监控和管理，是实现节能减排目标最有效的手段。各省份可以通过设定不同程度的环境投资标准、污染物排放要求、工业污染源治理投资等手段来有效实现“十三五”阶段节能减排目标。另一方面，市场型规制工具的应用还需要在具体的实施过程中不断尝试，完善节能减排市场监督和惩罚的管理机制，营造可执行的市场环境。如设定科学的排污费收费标准，对现行排污费的征收、管理、使用等进行综合改革；中国碳交易市场、碳排放权、排污许可等市场型规制工具有待未来不断试点尝试，积累经验再推广普及。（2）技术进步是实现节能减排目标的根本手段。地方政府应当将环境规制的重点聚焦于有利于引导和鼓励污染厂商提高能源使用效率、清洁能源开发使用、促进清洁生产技术的创新和应用推广等方面，进行积极的节能减排。同时，地方政府应进一步加大开放力度，通过制定合适的招商引资政策来引进优质外资企业，先进的技术和管理理念的引进会促使本土企业自主创新能力的提高，从而降低单位 GDP 能源消费和二氧化碳排放，减少污染物排放，最终实现区域环境绩效和经济绩效的双赢目标。

A Path Analysis of Transmission Mechanism Among Environmental Regulations and Energy Consumption and CO_2 Emissions

Xie Zixiong, Zhang Mingxiang

Abstract: Since the “Eleventh Five – Year Plan” period, the Chinese government has published an energy conservation target as a binding indicator for the first time to achieve effective control of environmental pollution problems, and finally achieved good results in practice. Studying the transmission mechanism by how the provinces achieved the energy conservation and emission reduction targets during the "Eleventh Five – Year Plan" and "Twelfth Five – Year Plan" period, it is good experience for the local governments to complete the emission reduction targets under the dual pressure of deepening structural reform and energy conservation and emission reduction goal. This paper conducts an empirical test on the energy conservation and emission reduction effects of command and control and market-based regulations, focusing on the analysis of the mechanism of energy-saving and emission reduction of two regulatory tools under the pressure of energy conservation target, and finds out the realization. The main role of energy intensity and carbon dioxide emissions decline. The empirical results show that, from the overall perspective, the realization of the energy saving and emission reduction targets during the five-year plan is more dependent on command and control regulations, and the government's direct control intervention is still an effective means to achieve energy conservation and emission reduction targets. In the long run, the realization of energy conservation and emission reduction targets by environmental regulations is ultimately achieved by technological progress. Environmental regulations effectively achieve energy conservation and emission reduction targets by influencing the development of clean technologies and the inflow of high quality foreign investment. While traditionally ways are difficult to achieve an ideal environmental pollution control effect in terms of energy prices, adjustment of energy consumption structure, and industrial structure.

Keywords: Environmental Regulations; Command-and-control Regulations; Market-based Regulations; Energy Consumption and Emissions Reduction; Path Analysis

页岩气产业发展的风险利益感知与态度研究*

余津嫺　吴秀琴　谭慧敏**

摘　要： 通过对四川省威远县和珙县730名当地公众的实地调研与对292位页岩气专家的网络调查显示，专家与当地公众这两个群体整体上对我国页岩气项目的发展持支持态度，但专家群体普遍认为页岩气开采的潜在风险超过利益，而当地公众却认为利益大于潜在风险。此外，专家群体与当地公众都认为水污染与地质灾害是页岩气开采所导致的最主要的环境风险，而促进当地经济发展是页岩气开采可能带来的主要利益。

关键词： 页岩气开采　态度　风险感知　利益感知

一　引言

随着能源消费与需求的不断攀升，非常规能源的勘探与开发越来越受到重视，页岩气即为其一。开采页岩气不仅为各国履行《京都议定书》与巴

---

* 本文部分内容发表于 Yu, C. H., Huang, S. K., Qin, P. & Chen X., Local Residents' Risk Perceptions in Response to Shale Gas Exploitation: Evidence from China, *Energy Policy*, 2018；部分内容则发表于陈晓兰、秦萍：《中国页岩气产业发展研究》，四川大学出版社，2017。感谢四川省战略性研究课题“中美页岩气开发比较研究对四川省的启示”项目的支持。

** 余津嫺，西南财经大学发展研究院，副教授、博士生导师，主要研究方向为气候变迁、绿色发展、能源等；吴秀琴，西南财经大学经济学院，博士生，研究方向为发展经济学；谭慧敏，西南财经大学工商管理学院副教授，硕士生导师，主要研究方向为消费行为。

黎协议的减碳承诺提供了更好的途径（Burnham et al.，2012；Liu et al.，2015；Newell & Raimi，2014，2015；2017a，2017b；Zhang & Peng，2017）[①]，也对促进当地经济发展、创造就业机会、增加收入和税收、发展商业等产生了直接或间接的影响（Anderson & Theodori，2009；Boudet et al.，2014；Kay，2011；Theodori，2009）[②]。但同时，页岩气的开采还将伴随一定程度的环境风险。首先，开采过程中使用到的水平井钻井与水力压裂技术需要消耗大量的水资源，很有可能对地表水和地下水造成污染；其次，开采过程中产生的油泥、油污和含有多种有害化学物质的废水会对生态环境产生不利影响（Brown et al.，2013；Osborn et al.，2011；Rabe & Borick，2011；Vengosh et al.，2014；Warner et al.，2013；Willits et al.，2016）[③]；再者，空气污染、噪声污染、滑坡和地震等也是在开采页岩气过程中所面临

---

① Burnham，A.，Han，J.，Clark，C. E.，Wang，M.，Dunn，J. B. & Palourivera，I.，"Life-cycle Greenhouse Gas Emissions of Shale Gas，Natural Gas，Coal，and Petroleum，" *Environment Science & Technology*，2012，46：619 – 627；Liu，L. C.，Wu，G. & Zhang Y，J.，"Investigating the Residential Energy Consumption Behaviors in Beijing：a Survey Study，" *Natural Hazards*，2015，75（1）：243 – 263；Newell，R. G. & Raimi，D.，"Implications of Shale Gas Development for Climate Change，" *Environmental Science & Technology*，2014，48（15）：8360 – 8368；Zhang，Y. J. & Peng，H. R.，"Exploring the Direct Rebound Effect of Residential Electricity Consumption：An Empirical Study in China，" *Applied Energy*，2017，196：132 – 141.

② Anderson，B. J. & Theodori，G. L.，"Local Leaders' Perceptions of Energy Development in the Barnett Shale，" *South Rural Sociol*，2009，24：113 – 129；Boudet，H.，Clarke，C.，Bugden，D.，Maibach，E.，Roser – Renouf，C. & Leiserowitz，A. "'Fracking'" Controversy and Communication：Using National Survey Data to Understand Public Perceptions of Hydraulic Fracturing，" *Energy Policy*，2014，65：57 – 67；Kay，D.，"The Economic Impact of Marcellus Shale Gas Drilling what have we Learned? What are the Limitations?" *Working Paper Series：A Comprehensive Economic Analysis of Natural Gas Extraction in the Marcellus Shale*，Cornell University，Ithaca，NY，2011；Theodori，G.，"Paradoxical Perceptions of Problems Associated with Unconventional Natural Gas Development，" *Southern Rural Sociology*，2009，24（3）：97 – 117.

③ Brown，E.，Hartman，K.，Borick，C. P.，Rabe，B. G. & Ivacko，T. M.，"The National Surveys on Energy and Environment Public Opinion on Fracking：Perspectives from Michigan and Pennsylvania，" *Center for Local，State，and Urban Policy*（*CLOSUP*），'Survery Report：Climate Policy Options'. Available at SSRN：〈https：//ssrn. com/abstract = 2313276〉，2013；Osborn，S. G.，Vengosh，A. & Warner，N. R.，"Methane Contamination of Drinking Water Accompanying Gas-well Drilling and Hydraulic Fracturing，" *Proceedings of the National Academy of Sciences*，（转下页注）

的主要环境挑战（Finkel，2011；Howarth et al.，2011；Israel et al.，2015；Stedman et al.，2012）①。

近年来学界针对页岩气商业开采的风险与利益感知及态度等有广泛的关注与研究（Boudet et al.，2014；Brasier et al.，2013；Clarke et al.，2016；Whitmarsh et al.，2015；Willits et al.，2016）。例如 Brasier 等（2013）将风险感知的影响因素分三类，分别是对技术的认知、制度信任以及被调研者的人口统计学与地理特征。此外，公众对环境问题的态度、政治意识形态、媒体曝光频率等因素也是影响页岩气风险认知的重要因素（Clarke et al.，2016；Sjöberg，2000；Whitmarsh et al.，2015）。Boudet 等（2014）探究了美国公众对于水力压裂技术的感知情况，发现有一半的受访者听说过此技术，但只有22%对其持积极态度；此外，支持水力压裂技术的群体具有年龄较大、受教育水平较高、政治上更保守，且多有女性的特点。Willits 等人（2016）特别研究了美国马塞勒斯页岩气田地区公众对安全使用水力压裂技

（接上页注③）2011，108（20）：8172－8176；Rabe，B. G. & Borick，C. P.，*Fracking for Natural Gas：Public Opinion on State Policy Options*，Social Science Electronic Publishing，2013；Vengosh，A.，Jackson，R. B. & Warner，N. A.，“Critical Review of the Risks to Water Resources from Unconventional Shale Gas Development and Hydraulic Fracturing in the United States，” *Environmental Science & Technology*，2014，48（15）：8334－8348；Warner，N. R.，Christie，C. A. & Jackson，R. B.，“Impacts of Shale Gas Wastewater Disposal on Water Quality in Western Pennsylvania，” *Environmental Science & Technology*，2013，47（20）：11849－11857；Willits，F. K.，Theodori，G. L. & Luloff，A. E.，“Correlates of Perceived Safe Uses of Hydraulic Fracturing Wastewater：Data from the Marcellus Shale，” *The Extractive Industries and Society*，2016，3，727－735.

① Finkel，M. L.，“The Rush to Drill for Natural Gas：A Public Health Cautionary Tale，” *American Journal of Public Health*，2011，101（5）：784－785；Howarth，R. W.，Santoro，R. & Ingraffea，A.，“Methane and the Greenhouse-gas Footprint of Natural Gas from Shale Formations A Letter，” *Climatic Change*，2011，106（4）：679；Israel，A. L.，Wong－Parodi，G.，Webler，T. & Stern，P. C.，“Eliciting Public Concerns about an Emerging Energy Technology：The Case of Unconventional Shale Gas Development in the United States，” *Energy Research & Social Science*，2015，8：139－150；Stedman，R. C.，Jacquet，J. B. & Filteau，M. R. “Environmental Reviews Case Studies：Marcellus Shale Gas Development and New Boomtown Research：Views of New York and Pennsylvania Residents，” *Environmental Practice*，2012，14（04）：382－393.

术所产生的废水的看法，结果表明相较于男性，女性更反对将废水进行处理后再利用，但受访者对水力压裂技术的熟悉度将提高其对废水再利用的接受程度。Whitmarsh 等人（2015）针对英国公众的研究发现，大约 1/3 的受访公众认为使用水力压裂技术开采页岩气的风险大于收益，1/4 的受访公众认为收益大于风险。同时有学者发现，认为页岩气开采的收益大于风险并且政治意识形态较为保守的公众支持页岩气开采的可能性更大（Clark et al.，2016）。Israel 等（2015）的研究表明，在页岩气开采中公众最关注的风险是环境退化、水资源污染、空气污染、社会和卫生系统等方面的风险。此外，受访者对页岩气的态度很大程度上还受到他们对信息来源的信任程度的影响（Willits et al.，2016；Boudet et al.，2014）。①

中国在 2014 年已经成为继美国与加拿大后，世界上第三个完成页岩气商业化开采的国家。一方面，页岩气在中国进行商业化开采的时间仍然较短，公众对页岩气开采的认识还存在局限；另一方面，在"稳定压倒一切"的宏观社会发展方针的指导下，当地公众对地方项目开发的意见与态度越来越受到政府重视。许多工业项目的稳定、成功推进与正面积极的民意态度是分不开的。同样，我国页岩气项目的成功开采也离不开当地公众的支持。尤其当该项目潜在的环境影响将牵涉当地公众的利益时，深入理解并正确引导当地公众的态度成为我国页岩气发展的重要保障条件。

目前国内对页岩气的研究尚处于起步阶段，研究内容主要集中于页岩气开采对环境的影响、页岩气开采相关政策法规以及中美开采页岩气经验比较

① Brasier，K.，Mclaughlin，D. K.，Rhubart，D.，Stedman，R. C.，Filteau，M. R. & Jacquet，J. B.，"Research Articles：Risk Perceptions of Natural Gas Development in the Marcellus Shale，" *Environment Practice*，2013，15：108 – 122；Clarke，C. E.，Bugden，D.，Hart，P. S.，Stedman，R. C.，Jacquet，J. B.，Evensen，D. & Boudet，H.，"How Geographic Distance and Political Ideology Interact to Influence Public Perception of Unconventional Oil/Natural Gas Development，" *Energy Policy*，2016，97：301 – 309；Whitmarsh，L.，Nash，N.，Upham，P.，Lloyd，A.，Verdon，J. P. & Kendall，J. M.，"UK Public Perceptions of Shale Gas Hydraulic Fracturing：The Role of Audience，Message and Contextual Factors on Risk Perceptions and Policy Support，" *Applied Energy*，2015，160：419 – 430；Sjöberg，L.，"Factors in Risk Perception，" *Risk Analysis*，2000，20（1）：1 – 12.

等内容。关于当地公众对页岩气开采的风险认知与态度的研究目前仍相对缺乏，因此本研究将致力于弥补这一空白。此外，专业人士与非专业人士在同一问题上的认知通常有所差异（Fischhoff et al.，1982；Siegrist & Cvetkovich，2000）[①]，故本研究团队分别针对专家和页岩气开采地的公众进行了调研，希望通过对专家与当地公众关于页岩气开采的风险、利益感知与态度的了解，能为我国页岩气政策制定者提供有助于未来页岩气稳定发展有效的参考依据。

二　问卷设计

本研究分别对专家和当地公众这两个群体发放问卷，测量其有关页岩气开采的总体态度、页岩气开采所涉及的环境风险、页岩气可能产生的经济利益、以及潜在环境风险与经济利益对比等几个方面的具体认知。其中页岩气开发的环境风险和经济利益两部分在问卷中是以随机的方式先后出现，从而避免调研结果受到框架效应的干扰。在问卷题项的设计上，除了专家问卷中直接使用有关页岩气的专业词汇之外，专家调查问卷与当地公众问卷是基本匹配的，因此可以通过问卷调研结果观察两个群体之间的差异性。

（一）对页岩气开采的态度

1. 专家对页岩气开采的态度衡量

本问卷以三个问题来衡量专家对页岩气开采的态度，具体包括：对国家发展页岩气的态度（选项为赞成、无所谓、反对）；是否看好投资页岩气的前景（选项为看好、看不清、不看好）；是否支持家乡建设和开采页岩气（选项为赞成、无所谓、反对）。此外，问卷还从短期和长期两个方面询问

① Fischhoff，B.，Slovic，P. & Lichtenstein，S.，"Lay Foibles and Expert Fables in Judgments about Risk，" *American Statistician*，1982，36（3）：240－255；Siegrist，M. & Cvetkovich，G.，"Perception of Hazards：The Role of Social Trust and Knowledge，" *Risk Analysis*，2000，20（5）.

专家有关限制中国页岩气发展的主要因素，影响因素主要包括地质条件、产业结构、价格、管理体制问题、水或者其他环境约束、页岩气资源丰富地区人口稠密等。

2. 当地公众对页岩气开采的态度衡量

当地公众对页岩气开采的态度通过问卷问题中的“您对开采页岩气的总体态度是支持还是反对”（选项为完全反对、比较反对、一般、比较支持、完全支持）来衡量。考虑到当地公众对页岩气开采的态度可能受到居住地与项目所在地距离这一变量的影响，问卷分别询问了“您对在您村里或村子附近开采页岩气的态度是支持还是反对?”与“如果页岩气是在远离您的村子的地方开采，您的态度是支持还是反对?”两个问题，由此识别出当地公众对于不同地理位置的页岩气项目的态度。

（二）对页岩气开采的风险认知

1. 专家对页岩气开采的风险认知衡量

问卷主要通过以下两个问题来衡量专家对页岩气开采所产生的环境风险的认知。首先，请专家选择页岩井在开采过程中可能产生的环境风险（可多选）：（1）水污染风险——压裂液进入含水层、污染饮用水；（2）水污染风险——压裂液和废水在储存和运输过程中污染地表水；（3）水污染风险——地下岩层所含放射性物质和重金属进入返排水；（4）空气污染风险——开采过程产生甲烷泄漏；（5）空气污染风险——在运行各阶段产生非甲烷气体的排放（PM2.5、PM10、氮氧化物、臭氧、挥发性有机化合物）；（6）破坏动物栖息地；（7）破坏当地植被；（8）引发地震、塌陷等地质灾害；（9）引起交通拥堵；（10）产生噪声。其次，请专家对以上页岩气开采过程中可能产生的风险选择最主要的一项风险。

为了更清楚地评估页岩气开采过程中各种风险的大小，问卷针对以下几个风险种类询问了专家其发生的可能性和严重性（选项为不确定、较不可能/严重、一般、较可能/严重、非常不可能/严重、非常可能/严重），分别是饮用水污染、地表水污染、空气污染、引发地震与塌陷等地质灾害及影响当地居民健康。

2. 当地公众对页岩气开采的风险认知衡量

当地公众对页岩气开采的风险认知主要通过以下几个问题进行衡量。首先，当地公众需表明是否担心页岩气的开采会造成负面影响（选项为完全不担心、比较不担心、一般、比较担心、非常担心）；其次，当地公众需判断页岩气开采是否会引起以下的负面影响，包括地下水污染、地表水污染、空气污染、破坏动物栖息、破坏当地植被、地质灾害、损害页岩气井附近居民健康、损害远离页岩气井居民健康、交通拥堵以及噪声污染等十项；最后，当地公众再进一步对其所选负面影响的危害程度进行评估，程度分别为非常不严重、比较不严重、一般、比较严重、非常严重 5 个等级。针对当地公众未选的负面影响，其危害程度则记为没影响。

此外，问卷在假设页岩气开采存在负面影响的前提下，还请当地公众衡量了页岩气井附近居民、其他公众（其他人）和整个社会这三个不同受体所面临负面影响程度的大小，影响程度分为危害非常小、危害比较小、一般、危害比较大和危害非常大 5 个等级。

（三）对页岩气开采的利益认知

1. 专家对页岩气开采的利益认知衡量

除调查了专家对页岩气开采的态度以及风险认知外，问卷还设计了关于页岩气开采带来的可能利益相关问题，请专家针对在页岩气开采过程中的三种潜在获利者（当地政府、当地居民和开采企业）的可能利益进行评估，具体如下：(1）当地政府在页岩气开采过程中可能获得的利益，包括促进当地经济发展、促进当地基础设施建设、增加当地人口数量、发展当地服务业；(2）当地居民在页岩气开采过程中可能获得的利益，包括增加当地就业机会、减少能源消费开支、增加地产收入如房屋出租、增加对家乡的自豪感；(3）开采企业在页岩气开采过程中可能获得的利益，包括降低天然气生产成本、提高燃气供给的稳定性、增加赢利。针对以上选项，专家可进行多选。此外，如专家认为还存在其他重要利益选项，可继续列出其他选项。

2. 当地公众对页岩气开采的利益认知衡量

当地公众对页岩气开采的利益认知并不进行潜在获利者的区分，当地公众只需对以下可能利益选项进行选择：促进当地经济发展、增加当地就业机会、促进当地基础设施建设（如道路、学校、医院等）、降低能源降格（如气价、电价）从而节约支出、增加地产收入（如房屋出租）、增加当地人口数量、发展当地服务业、增加生活在页岩气井附近居民的自豪感、其他（需进行说明）。与专家问卷一致，受访公众可对可能获得的利益进行多选。此外，受访公众还需对其所选择的好处（利益）的大小打分，分为非常小、比较小、一般、比较大、非常大 5 个等级。

（四）对页岩气开采的风险与利益比较

在了解专家与当地公众对页岩气开采的风险与利益认知后，问卷还设计了有关页岩气开采风险与利益比较的问题。专家与当地公众需针对页岩气开采的环境风险与经济利益进行比较，通过潜在环境风险大于利益、潜在风险和利益大致相等、潜在环境利益大于风险以及不确定 4 个选项进行衡量。

三　调研执行

（一）专家调研

在 2016 年 3 月，研究团队依托《南方能源周刊》的网络平台执行了公众评估与认知调查问卷，共回收 292 份有效问卷。由于该平台的受众大多为能源行业的从业人员，对整体能源行业的专业知识水平较高，故可认为从该网络所获取的问卷样本是专家群体。问卷调查的结果也确认这一点：受访者的教育程度普遍偏高，其中本科以上学历者达到 95%；42% 的受访者中就职于研究单位、49% 的受访者有关于页岩气的专业经验和技术，其中 31% 的受访者具有关于页岩气的政策法律方面的专业经验和技术，18% 的受访者分别具有关于页岩气的工程技术方面的专业经验和技术。在问卷调查样本中，男性占66.3%，而女性占33.17%。其中中等收入水平（年收入为8万~18万元）的样本人数占到48%。

（二）当地公众调研

本研究选取了四川省威远县与珙县进行在地调研。调研地位于“四川长宁—威远国家级页岩气示范区”和“滇黔北昭通国家级页岩气示范区”的核心交汇地带，开发了中国第一个商业页岩气井（宁201 - H1），并于2012年7月开始产出页岩气。长宁—威远国家级页岩气示范区是我国页岩气开采最早的地区之一，并于2012年被评选为第一个国家级页岩气示范区。选择长宁—威远地区作为研究区域，不仅因为该地区在未来页岩气开采中的重要战略地位，还考虑到该地区复杂的地理环境。长宁—威远地区地质特征为山麓构造，地形丘陵起伏，地表松散，沟壑纵横，存在大量的地下暗河及溶洞，特殊的地理环境使页岩气的钻探面临着巨大的挑战。其中一个重要问题是钻探需要重复注油和侧钻，在特殊的地质条件下容易引发泄漏、喷涌和塌陷，这将伴随着一定程度的水污染、空气污染以及地层污染。而长宁—威远地区的页岩气井周围聚集着居民，邻避冲突风险较大，这也体现了将该地区作为页岩气公众风险感知及态度研究区域的紧迫性和必要性。

2016年5月，本研究团队在威远县境内的13个村以及珙县境内的15个村进行了调研，其中还包括了14个非页岩气项目地村。共访问了超过700个当地居民，回收有效问卷共730份。其中男性占58%，女性占42%。被访公众普遍受教育水平较低，近87%的被访者学历水平在高中以下。就被访者职业而言，农民所占比重较大。近65%被访公众家庭总收入在1万~8万元，其中约一半家庭年收入少于1万~4万元。多数受访者没有亲戚或朋友在能源行业工作，仅14.4%的受访者有亲戚或朋友从事能源行业的工作；受访者中86.2%为非党员，仅12.4%担任干部。23.6%的被访当地公众因为页岩气开采面临拆迁或搬迁，这些人几乎都拿到补贴或赔偿。

四　分析与讨论

（一）专家对页岩气开采的态度与发展评估

从回收的292份专家问卷中来看，大多数专家对页岩气的开采抱着积极支持的态度。52.8%的专家明确表明支持页岩气开采，19.5%的人对页岩气开采持反对态度，而27.7%持中立态度。无论哪个工作单位，赞成页岩气开采的专家人数比例都显著高于反对者，但就职于政府机构的专家持反对意见的绝对人数最少。相比对页岩气开采的总体积极态度，专家们对于页岩气在家乡建设和开采抱有较为谨慎的态度。有35.3%的专家反对在其家乡开采页岩气，21.2%的专家对此持无所谓的态度，只有43.5%的被访专家表达赞成态度。被访专家的受教育程度与对页岩气发展的态度成正相关，专业知识较强的人更加倾向于赞成中国发展页岩气。

整体而言，专家对页岩气开采的态度是支持的，但绝大多数专家认为开采页岩气的风险超过利益。如图1所示，约47.9%的被访专家认为开采页岩气所造成的潜在环境风险大于其利益，25.7%的专家认为潜在利益大于风险，另外有11.3%认为潜在风险和利益大致相等，而表示不确定利益与风险之间的相对关系的专家占25.3%（本题为多选题）。由此可见，专家对页岩气开采的风险评估总体持谨慎态度。

此外，从项目投资的角度而言，大多数的专家对于页岩气的投资前景问题仍是模糊不清。例如只有37%的被访专家看好页岩气的投资前景，而23%的专家持相反态度、约40%的专家对投资前景不肯定。这可能是因为专家对于长短期内限制中国页岩气发展主要因素的看法略有不同。如图2所示，在短期中，约占55.5%以及58.6%的专家受访者认为地质条件和价格为中国页岩气发展的主要限制因素，另外约有41.8%和40.4%的受访专家则认为管理体制问题、水或者其他环境约束这两种因素短期内限制了中国页岩气的发展，而选择产业结构和人口过于稠密的受访者占比

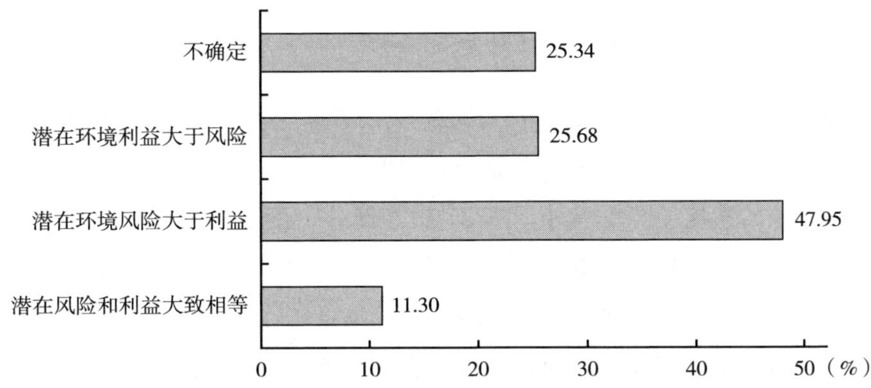

图1　专家对中国页岩气的环境风险和经济利益之间的关系认知

相对略低。在长期中，有约 57.2% 及 44.2% 的受访者认为管理体制问题以及水或者其他环境约束的限制作用最大，其他因素选择率相对较低。由上可知专家对于限制中国页岩气发展的长短期因素有不同看法，短期限制的主要因素来自开采技术是否能够符合地质条件因素以及与开采量和开采成本高度相关的市场价格因素，长期限制因素则更着重于考量页岩气整体产业的管理问题和对环境的影响。而这也影响了专家对页岩气投资前景的看法。

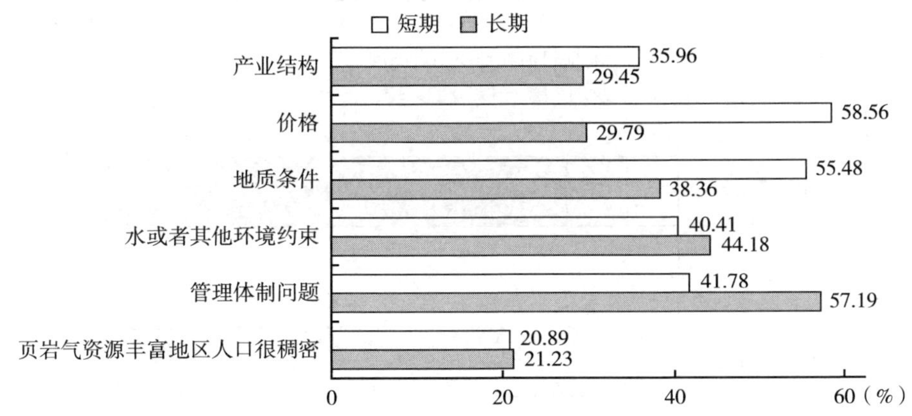

图2　专家对长短期内限制中国页岩气开采的因素评估

（二）当地公众对页岩气开采的态度

与专家样本相仿，当地公众对页岩气的开采整体是持支持态度的，约72%的受访者对页岩气的第一印象较为积极。并且项目地与非项目地公众对页岩气开采的态度差异非常小（见图3）。此外，不论页岩气的开采地位于还是远离被访公众所在的村子，当地公众对于页岩气项目都普遍持支持态度，但当页岩气项目距离被访居民较远时，项目所在地反对页岩气开采的公众数量明显下降。因此，当地公众对页岩气开采项目的态度可能受到公众与开采地距离这一变量的影响。

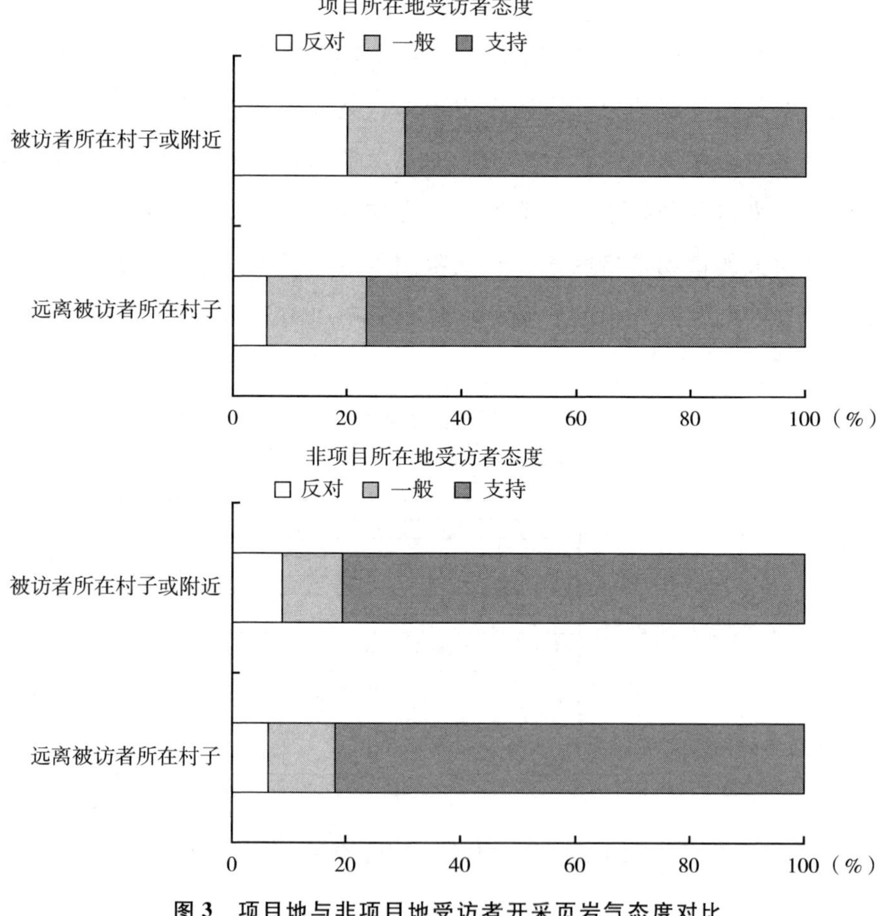

图3　项目地与非项目地受访者开采页岩气态度对比

从页岩气开采中潜在的风险和可能的利益之间的对比关系来看，当地公众对此的认知与专家群体显著不同。相较大多数专家认为潜在风险超过利益，大多数当地公众却认为利益更大，约 65.7% 的受访者认为页岩气开采的利益大于风险，12.3% 的受访者认为风险与利益相等，只有 22% 的受访者认为风险超过利益。无论受访者是居住在页岩气项目地还是非项目地，均普遍认为页岩气开采的利益超过风险。同时，当地公众对页岩气开采风险与利益的看法还有可能影响到其对页岩气开采支持与否的态度。如图 4 所示，认为利益超过或等于风险的绝大多数受访者对页岩气开采均持支持态度，但认为风险大于利益的受访者中则有半数以上持反对或一般的态度。

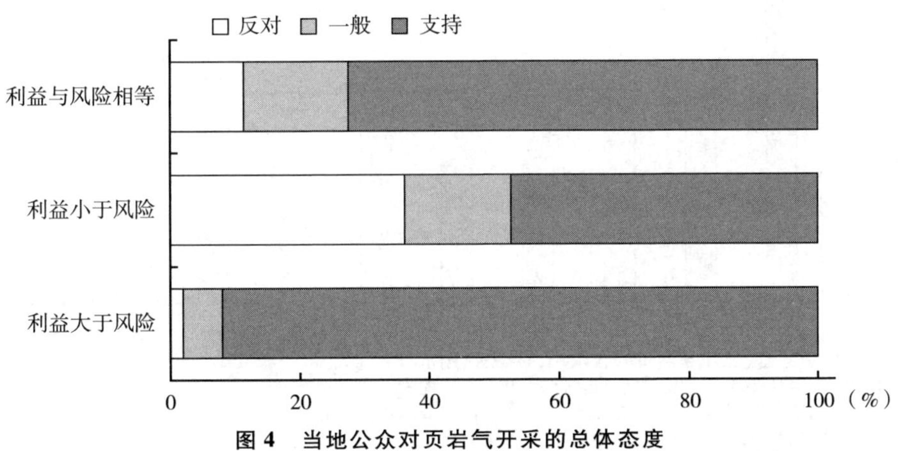

图 4　当地公众对页岩气开采的总体态度

（三）专家对页岩气开采的环境风险认知

专家在评估页岩气开采过程中可能产生的环境风险时，普遍认为水污染、地质灾害以及开采地植被破坏等是主要潜在风险（见图 5）。其中，水污染是最受关注的一类环境风险。由于水污染可能发生在页岩气开采的不同阶段，根据水污染的具体成因，本问卷对此进行了甄别。有 82.5% 的专家认为页岩气开采中水污染的最主要成因是开采所用压裂液可能进入含水层而污染饮用水。其次，有 61.3% 的专家认为开采所导致的地下岩层所含放射性物质和重金属进入返排水可能导致水污染。此外，有 56.2% 的专家认为压裂液和废水在储存和运输过程中污染地表水也可能造成水污染。除了水污染风险受到专家广泛关注之外，页岩气开采所导致的地质灾害也是专家考虑的主要潜在风险之一，有 57.5% 的专家认为开采页岩气可能引发地震、塌陷等地质灾害。同时，专家还指出一些其他环境污染的种类也可能与页岩气开采过程相联系。例如，约 39% 的专家指出页岩气开采会导致空气污染；近一半的专家认为页岩气开采可能会破坏动物栖息地与当地植被；仅有少数专家认为开采页岩气会带来交通污染和噪声。

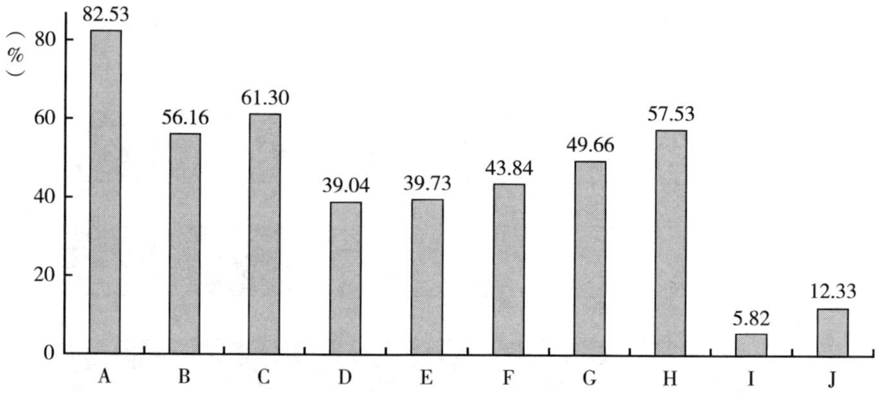

A、水污染风险（压裂液进入含水层，污染饮用水）；
B、水污染风险（压裂液和废水在储存和运输过程中污染地表水）；
C、水污染风险（地下岩层所含放射性物质和重金属进入返排水）；
D、空气污染风险（开采过程产生甲烷泄漏）；
E、空气污染风险（产生PM2.5、PM10、氮氧化物、臭氧、挥发性有机化合物等气体排放）；
F、破坏动物栖息地；
G、破坏当地植被；
H、引发地震、塌陷等地质灾害；
I、引起交通拥堵；
J、产生噪声。

图 5　专家认为页岩气开采过程中可能产生的环境风险的类别

风险的大小是由风险发生的可能性以及此类风险的危害大小所共同决定的，因此在问卷调研中也请专家评估各风险发生的可能性和危害性，图 6 为最受专家关注的五大风险的评估结果。

如图 6 所示，饮用水污染与地表水污染是专家认为最有可能发生且一旦发生造成影响最为严重的两类风险。对于页岩井在开采过程中发生饮用水污

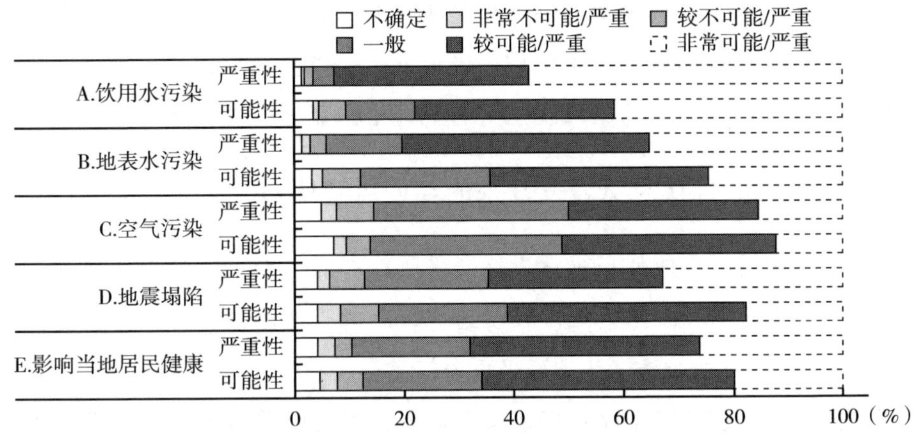

图 6　专家对页岩气开采风险的可能性与严重性评估

染风险的可能性，分别有 41.8% 和 36.3% 的专家认为可能性非常高和较高，而且 57.2% 和 35.6% 的专家认为后果会非常严重和较严重。相比饮用水污染，专家对于页岩开采中发生地表水污染风险的可能性评估较为保守，分别有 24.7% 和 39.7% 的受访专家认为开采页岩气非常可能和较可能污染地表水。但对于页岩气开采中地表水污染风险的危害程度，如饮用水污染风险一样，绝大多数专家仍表明后果严重。综合水污染风险的可能性和危害大小两个方面，我们发现专家普遍认为页岩气开采中潜在水污染风险较大，而且对这类风险的确定程度较高，因此水污染亟待各方的深入关注。

如前所述，在专家的风险评估中，地质灾害是开采页岩气的三大主要风险之一。就页岩开采引发地震、塌陷等地质灾害的可能性与严重性而言，超过 60% 的专家认为开采页岩气引发地震、塌陷等地质灾害的可能性较大或非常大，并且近 65% 的专家认为一旦页岩气开采引发地质灾害，其危害程度较为严重或者非常严重。

除了上述环境风险之外，绝大多数专家认为页岩气开采还存在人体健康与空气污染方面的风险。就健康风险而言，分别有 19.9% 和 46.2% 的专家认为存在健康风险的可能性非常大和较大，近 67% 的专家认为健康风险产生的后果较为严重或非常严重。由此可见，专家所评估的页岩气开采中潜在的环境风险大小与人体健康风险大小是相关的。此外，空气污染是这五类风险中，发生可能性与危害严重性排序中最低的一类。但尽管如此，也有超过半数的专家都认为空气污染风险是页岩气开采中显著的潜在威胁。

（四）当地公众对页岩气开采的环境风险认知

从总体来看，当地公众对页岩气开采所存在的风险担忧程度比较高，担忧程度较高的受访者占比达 63.2%。约 97.6% 的受访者认为开采页岩气存在风险，只有 2.4% 的受访者认为开采页岩气完全没有风险。如表 1 所示，若按照风险的危害大小进行排序，当地公众认为页岩气开采引起的最严重三类风险依次是：噪声污染、饮用水污染、地质灾害，而开采地植被破坏和动物栖息地破坏被认为是危害最小的两类风险。与专家存在较大差异的是，一半以上的当地居民认为噪声污染将产生比较严重的影响。这也许是因为当地公众距离页岩气开采地较近，能够切实感受到页岩气开采所带来的噪声污染，专家由于远居于页岩气开采地因而容易造成忽略。此外我们也关注到，被访当地公众所居住地与页岩气项目之间的距离并不显著影响其对于风险的危害大小的评估。针对各项风险，非项目地受访者认为没有影响的人数都比项目地多。

表 1　当地公众对页岩气开采潜在风险的危害程度的评估

单位：%

风险	没影响	非常不严重	比较不严重	一般	比较严重	非常严重
污染地下水	26.85	1.99	12.36	12.64	23.72	22.44
污染地表水	39.09	3.28	8.84	13.27	19.54	15.98
空气污染	37.84	3.70	14.08	14.65	17.21	12.52
破坏动物栖息	65.04	3.60	8.06	8.63	9.78	4.89
破坏当地植被	53.77	4.98	11.66	10.11	12.80	6.69
地质灾害	32.34	2.85	8.83	10.13	23.22	22.65
损害附近居民健康	41.73	3.45	8.49	10.36	22.59	13.38
损害远离井居民健康	50.50	10.24	17.21	12.09	6.83	3.13
交通拥堵	47.14	3.91	7.95	9.76	17.15	14.09
噪声污染	21.02	3.04	10.37	14.11	24.76	26.69

值得注意的是，被访当地公众认为开采页岩气的风险对不同受体的影响程度是有差异的。如表2所示，如果页岩气开采造成负面影响，约52%的受访当地公众认为居住在页岩气井附近的居民受到的危害偏大，而70%的受访者认为远离页岩气井的居民受到的危害偏小，66%的受访者认为页岩气开采给整个社会带来的危害偏小。这一认知在项目地样本与在非项目地样本中基本一致。由此看出，当地公众的总体观点是，页岩气的开采将对整个社会以及远离页岩气井附近居民的危害偏小，而对居住于页岩气井附近的居民危害较大。换而言之，当地公众已经意识到页岩气开采的风险在不同公众群体之间存在差异。

表2　当地公众对不同群体所承受的页岩气开采风险的评估

单位：%

影响程度	对页岩气井附近居民	对远离页岩气井居民	对整个社会
非常小	10.15	32.67	41.27
比较小	18.78	36.89	24.54
一般	19.47	17.25	18.87
比较大	31.85	10.24	13.33
非常大	19.75	2.95	1.99

（五）专家与当地公众对页岩气开采的经济利益认知

页岩气开采所产生的经济利益对于不同个体是有显著区别的，不管是利益种类还是大小均存在差异，因此问卷中请专家针对三种潜在获利者（当地政府、当地居民和开采企业）在页岩气开采过程中的可能获利进行评估。调研结果首先指出，受访专家普遍认为对于当地政府而言，开采页岩气的利益首先集中在促进当地经济发展上（84.9%）；其次，相关利益还将来自基础设施的建设（64.0%）；再次是源于当地服务业的发展（45.5%）；较少专家认为增加当地人口数量是开采地政府获得的利益之一（24.3%）。专家认为开采页岩气带给当地居民的利益主要依次来源于增加就业机会（85.3%）、增加地产收入（52.4%）、以及减少能源消费开支（39.7%）

等。从开采企业的所获利益而言，专家认为增加盈利（59.6%）、提高燃气供给的稳定性（57.2%）、降低天然气生产成本（52.7%）分别是最主要的利益来源。

多数当地受访公众认可开采页岩气会带来一些利益，只有2.4%的受访者认为开采页岩气完全没有好处。总体来看，认为开采页岩气能够促进当地经济发展的受访者比较多，占比约75%；而认为开采页岩气能够降低能源价格，节约支出的受访者最少，占比约50%。如表3所列，当地公众对开采页岩气可能带来的不同利益的大小进行了打分，结果表明受访者认为开采页岩气对促进当地经济发展、发展当地服务业和促进基础设施建设的作用是比较大的，而对增加就业、增加地产收入、增加当地人口的作用比较小。此外，受访者还提到页岩气开采能带来以下利益，比如增加新的能源品种、提供更清洁的能源、替代较不方便且不清洁的其他能源（比如柴）。

表3　普通公众对开采页岩气的利益大小的评估

单位：%

利益	没作用	非常小	比较小	一般	比较大	非常大
促进当地经济发展	24.89	4.64	8.16	15.75	27.43	19.13
增加当地就业机会	37.06	6.43	12.17	15.11	19.72	9.51
促进当地基础设施建设	37.64	4.63	6.88	11.52	24.16	15.17
降低能源价格，节约支出	49.64	4.13	5.83	9.82	17.78	12.80
增加地产收入	43.97	6.95	10.21	15.46	16.88	6.52
增加当地人口	43.34	5.81	9.07	16.71	19.97	5.10
发展当地服务业	37.73	4.63	7.15	14.31	23.56	12.62
增加居民自豪感	44.10	4.35	4.50	15.31	18.40	13.34

对于页岩气开采所带来的利益，专家与当地公众的看法存在着一定差异。如图7所示，仅有16.78%与24.32%的专家认为开采页岩气可以增加居民自豪感与增加当地人口，却有超过55%的当地公众认为开采页岩气可能产生这两项收益。此外，相对于专家而言，更多的当地公众认为开采页岩气有利于发展当地服务业与降低能源价格。相反的是，认为开采页岩气有利

于促进当地经济发展与增加当地就业机会的专家比例要明显高于当地公众。总体来看，专家对开采页岩气的利益认知主要集中于经济利益，而当地公众的利益认知除了在经济利益之外还包括人文情怀，他们认为页岩气开采是一个给他们和他们的家乡带来自豪感的国家项目。

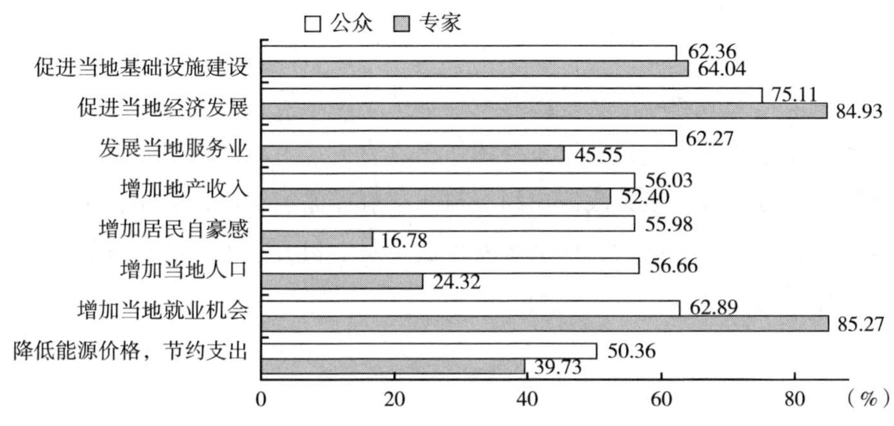

图7　专家与当地公众对页岩气开采的利益认知比较

五　结论

随着能源消费需求的不断攀升与环境日益恶化的紧迫形势，我国政府开始对页岩气开采给予积极的关注。由于页岩气的生产将使用水平井钻井与水力压裂技术，人们普遍认为相较于常规天然气开采，开采页岩气带来的环境风险要更高。本研究为了解专家与当地公众对于页岩气开采的风险、利益感知与态度，对专家与当地公众分别进行了在线调查与实地调研。

通过对专家和当地公众关于页岩气开采的认知与态度的系统讨论，我们发现虽然这两个群体在整体上都表现为支持我国页岩气项目的发展，但专家群体普遍认为潜在风险超过利益，而当地公众却认为利益大于潜在风险。这可能与专家群体对于页岩气开采的过程以及其潜在的环境影响的知识较当地公众更为丰富有关。此外，专家群体与当地公众在页岩气开采所导致的风险种类上并不完全一致。专家认为相关的风险按后果大小排序分别是水污染、地质灾害、以及开采地植被破坏，而当地公众则认为噪声污染、水污染、地质灾害为最主要的三类风险。专家和当地公众都认为促进当地经济发展是页岩气项目产生的最主要利益。

从页岩气的未来发展来看，专家认为短期内限制中国发展页岩气的主要因素包括地质条件和价格；从长期来看，管理体制问题以及水或者其他环境约束则是更主要的制约因素。因此，在未来页岩气的开采中，中央和地方政府的密切监督及管理起到至关重要的作用。为了让当地公众正确认识开采页岩气的风险与收益，地方政府应积极与非政府环保组织进行合作，帮助当地公众普及相关知识。同时，中央政府层面应制定相关政策，启动对能源开发和环境保护的环境风险协同监测。

Study on Risk and Benefit Perception and Attitude of Shale Gas Industry Development

Yu Chin-Hsien, Wu Xiuqin, Tan Huimin

Abstract: We conducted both a field study on 730 local residents in Weiyuan County and Gong County and an online survey on 292 energy experts to understand their attitudes toward shale gas exploitation and associated perceived risks and benefits. Results show that both local publics and experts generally support shale gas development in China. The expert group believes that the potential risks of shale gas exploitation outweigh the benefits, while the local public holds the opposite view. For both local public and experts, water pollution and geologic hazards are among the most commonly perceived risks, while local economic stimulation is the major perceived benefit.

Keywords: Shale Gas Exploitation; Attitude; Risk Perception; Benefit Perception

中国制造业碳排放的经验分解与达峰路径

——广义迪氏指数分解和动态情景分析*

邵 帅 张 曦 赵兴荣**

摘 要： 制造业是中国的支柱产业和碳排放大户，其碳减排效果直接决定了中国总体碳减排目标能否顺利实现。本文以《中国制造2025》和中国2030年减排目标为背景，首次使用广义迪氏指数分解法考察了1995～2014年制造业碳排放演变的驱动因素，并基于蒙特卡洛模拟对2015～2030年制造业碳排放的潜在演化趋势进行了动态情景分析，进而比较了碳排放达峰过程中相关因素的贡献差异。结果显示：投资规模是导致制造业碳排放增加的首要因素，而投资碳强度和产出碳强度则是引致碳排放减少的关键因素；在基准情景和绿色发展情景下，制造业碳排放在2030年之前均将持续增长，而在技术突破情景下，碳排放将有较大可能在2024年提早达峰；除绿色发展情景难以实现“中国制造2025”目标外，其他两种情景设定下的制造业产出碳强度均可实现各阶段的预期下降目标；规模效应的减弱为碳排放达峰提供了有利条件，而投资碳强度和产出碳强度则为碳排放达峰提供了关键驱动力。政府需要进一步引导激励

* 本文原文发表于《中国工业经济》2017年第3期。基金项目：国家自然科学基金面上项目“能源依赖与中国区域经济发展效率的关联机制及其实证研究”（项目批准号：71373153）；上海市曙光计划项目“碳排放约束下的中国绿色经济发展绩效评估”（项目批准号：14SG32）。

** 邵帅，上海财经大学城市与区域科学学院教授，博士生导师，国家“万人计划”青年拔尖人才；张曦，中国石油大学硕士研究生；赵兴荣，中国石油大学硕士研究生。

制造业企业增加以节能减排为目的的投资活动，在严格执行节能减排措施和大力发展低碳技术创新的条件下，制造业将具有可观的碳减排潜力。

关键词： 中国制造2025　碳排放　广义迪氏指数　动态情景分析　达峰路径

一　问题提出

《巴黎协定》的签署开启了全球气候变化治理工作的新阶段，中国政府承诺到2030年将单位GDP碳排放在2005年基础上降低60%～65%，并且碳排放总量在2030年左右达到峰值。近三十年来，中国一直处于经济中高速发展阶段，碳排放主要来源于经济活动，尤其是制造业的生产过程。2000～2014年，中国制造业的能源消费量年均增长率为8.65%，碳排放年均增幅高达8.23%①，为中国节能减排工作的开展带来了巨大的压力。中国于2015年出台了制造强国战略第一个十年行动纲领《中国制造2025》，明确提出到2025年将单位增加值碳排放在2015年基础上降低40%的目标。这一目标的提出不仅对于制造业本身的碳减排工作具有战略指导作用，而且成为中国2030年碳减排目标实现的重要保障。显然，准确识别制造业碳排放演变的基本驱动因素，并据此针对上述特定的碳减排目标选择合适的减排路径进而制定相应的减排政策，是中国制造业顺利实现低碳转型发展的必要条件。

尽管学界已开展了大量关于中国碳排放变化影响因素的指数分解研究

① 能源消费数据来源于《中国能源统计年鉴》，碳排放数据来自作者自行估算，请见原文相关说明。

(陈诗一等，2010；鲁万波等，2013；Shao et al.，2016)[①]，但专门针对中国制造业碳排放驱动因素的研究较少。与其他指数分解方法相比，对数平均迪式指数（LMDI）分解法因其独特的优势（Shao et al.，2016）而在研究碳排放问题上得到了广泛的应用。然而，Vaninsky（2014）[②] 指出包括 LMDI 在内的现有指数分解方法均以 Kaya 恒等式为基础，将目标变量分解成多个因素相乘的形式，各因素之间存在着形式上的相互依赖性，而其分解结果也取决于影响因素的选取，使得基于 Kaya 恒等式的不同因素分解形式可能产生相悖的分解结论。此外，现有的指数分解法至多只能考察一个绝对量因素（如经济规模），而不能揭示其他绝对量因素（如能源消费）的变化对碳排放变动的影响，并且对分解过程中隐含着的碳排放影响因素难以被充分考虑。针对这些缺陷，Vaninsky（2014）提出了一个新的指数分解框架，即广义迪氏指数分解法（Generalized Divisia Index Method，GDIM），克服了上述现有指数分解法的缺陷，能够更加全面准确地量化不同因素对碳排放演变的实际贡献。

一些学者尝试结合因素分解与情景分析来探讨中国的碳排放问题（如 Guan et al.，2008；Lin and Ouyang，2014）[③]。但是，现有文献中的情景分析均局限于各影响因素的固定变化率设定，而现实中变量的未来演化趋势通常具有不确定性，其潜在变化率理应为一个取值范围而非特定取值。蒙特卡

① 陈诗一、严法善、吴若沉：《资本深化、生产率提高与中国二氧化碳排放变化》，《财贸经济》2010 年第 12 期，第 111 ~ 119 页；鲁万波、仇婷婷、杜磊：《中国不同经济增长阶段碳排放影响因素研究》，《经济研究》2013 年第 4 期，第 106 ~ 118 页；Shao，S.，Yang L.，Gan，C.，Cao，J.，Geng，Y. & Guan，D.，"Using an Extended LMDI Model to Explore Techno-economic Drivers of Energy-related Industrial CO_2 Emission Changes：a Case Study for Shanghai（China），" *Renewable and Sustainable Energy Reviews*，2016，55：516 – 536.

② Vaninsky，A.，"Factorial Decomposition of CO_2 Emissions：a Generalized Divisia Index Approach，" *Energy Economics*，2014，45：389 – 400.

③ Guan，D.，Hubacek，K.，Weber，C. L.，Peters，G. P. & Reiner，D. M.，"The Drivers of Chinese CO_2 Emissions from 1980 to 2030，" *Global Environmental Change*，2008，18（4）：626 – 634；Lin，B. & Ouyang，X.，"Analysis of Energy-related CO_2（Carbon Dioxide）Emissions and Reduction Potential in the Chinese Non-metallic Mineral Products Industry，" *Energy*，2014，68：688 – 697.

洛模拟作为一种不确定性分析方法，因其全面性和灵活性而被广泛应用于不确定性事件的分析研究，但在中国碳减排路径研究中的应用还不多见。如能将蒙特卡洛模拟与情景分析有机结合，则可以发挥出二者的互补优势，科学地预判不同政策导向下的碳排放演化趋势及其概率分布情况，以期识别出最优的减排路径。

有鉴于此，本文首先使用 GDIM 对中国制造业碳排放的历史演变进行经验分解，进而基于蒙特卡洛模拟对其潜在演变趋势进行动态情景分析，并进一步识别各驱动因素在碳排放达峰过程中的贡献差异，以期掌握促使碳排放达峰的关键推动力。本文可能的贡献在于：（1）首次采用 GDIM 考察了中国制造业碳排放演变的驱动因素，特别考察了现有文献较少关注但不容忽视的三个投资因素，即投资碳强度、投资效率和投资规模；（2）利用蒙特卡洛模拟技术，首次在考虑不确定性的条件下，对不同政策和技术发展情形下的碳排放潜在演变趋势进行了动态情景分析，进而通过分解分析就相关因素对碳排放达峰的贡献差异进行了比较，实现了分解分析与情景分析的有机结合；③首次针对“中国制造 2025”减排目标及中国 2030 年减排目标开展了中国制造业碳减排路径讨论，为其未来碳减排政策的合理制定和实施提供了必要的参考依据。

二　制造业碳排放历史演变的经验分解

（一）因素影响机理、指数分解模型与变量数据说明

以固定资产投资为代表的增量投资活动对于制造业碳排放具有不可忽视的重要影响，考察其相关因素对碳排放的影响方向和影响程度，有助于为制造业部门有效制定碳减排政策提供重要的决策依据。各因素对碳排放演变的影响机理和作用路径如图 1 所示。

本文采用 Vaninsky（2014）提出的广义迪氏指数分解法（GDIM）开展研究，根据 GDIM 的基本原理，可以将制造业碳排放及相关因素表达为如下形式。

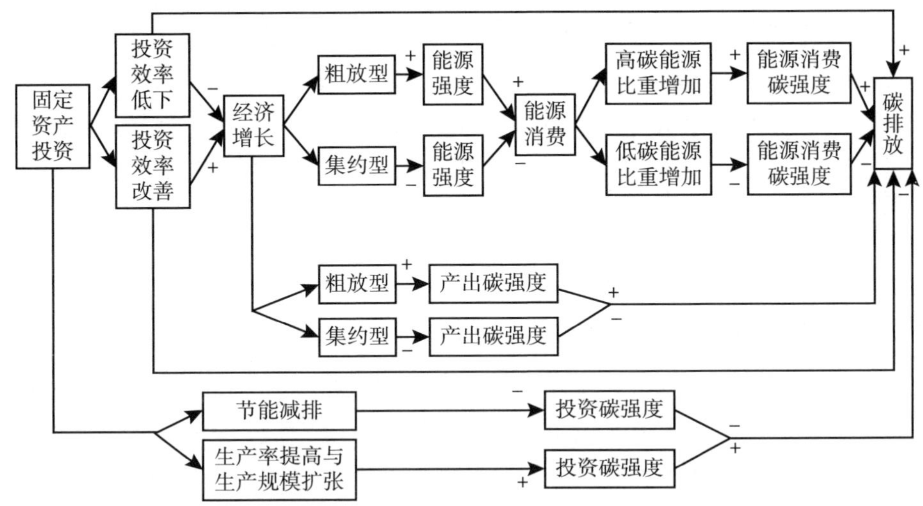

图 1　各因素对碳排放演变的影响机理路径

注："+"表示具有正向的促进作用，"-"表示具有反向的抑制作用。

资料来源：作者绘制。

$$CE = GV \cdot (CE/GV) = E \cdot (CE/E) = I \cdot (CE/I) \tag{2.1}$$

$$E/GV = (CE/GV)/(CE/E) \tag{2.2}$$

$$GV/I = (CE/I)/(CE/GV) \tag{2.3}$$

其中，CE 为碳排放量，E 为能源消费总量，GV 为增加值，I 为固定资产投资；$ECI = CE/E$，表示能源消费碳强度；$GCI = CE/GV$，表示产出碳强度；$ICI = CE/I$，表示投资碳强度；$EI = E/GV$，表示能源强度；$IE = GV/I$，表示投资效率。

进一步地，可将式（2.1）-（2.3）变换成以下形式：

$$CE = GV \cdot GCI \tag{2.4}$$

$$GV \cdot GCI - E \cdot ECI = 0 \tag{2.5}$$

$$GV \cdot GCI - I \cdot ICI = 0 \tag{2.6}$$

$$GV - I \cdot IE = 0 \tag{2.7}$$

$$E - GV \cdot EI = 0 \tag{2.8}$$

令因素 X 对碳排放变化的贡献表示为函数 CE（X），由式（2.4）-

（2.8）可以构造一个由相关因素所组成的雅可比矩阵 Φ_X：

$$\Phi_X = \begin{pmatrix} GCI & GV & -ECI & -E & 0 & 0 & 0 & 0 \\ GCI & GV & 0 & 0 & -ICI & -I & 0 & 0 \\ 1 & 0 & 0 & 0 & -IE & 0 & -I & 0 \\ -EI & 0 & 1 & 0 & 0 & 0 & 0 & -GV \end{pmatrix}^T \tag{2.9}$$

这样，根据 GDIM 的原理，碳排放的变化量 ΔCE 可以分解成以下各因素贡献加总的形式：

$$\Delta CE[X|\Phi] = \int_L \nabla CE^T (I - \Phi_X \Phi_X^+) dX \tag{2.10}$$

其中，L 表示时间跨度；$\nabla CE = (GCI \quad GV \quad 0 \quad 0 \quad 0 \quad 0 \quad 0 \quad 0)^T$；I 表示单位矩阵；“+”表示广义逆矩阵；如果雅可比矩阵 Φ_X 中的列为线性无关，那么 $\Phi_X^+ = (\Phi_X^T \Phi_X)^{-1} \Phi_X^T$。碳排放的变化可被分解为 8 种效应之和：$\Delta CE_{GV}$、$\Delta CE_{GCI}$、$\Delta CE_E$、$\Delta CE_{ECI}$、$\Delta CE_I$、$\Delta CE_{ICI}$、$\Delta CE_{IE}$、$\Delta CE_{EI}$。

基于数据的最大可得性，本文选择 1995～2014 年中国制造业整体数据作为研究样本，各变量数据由 28 个制造业分行业相应数据加总而得。相关数据主要来源于《中国工业经济统计年鉴》、《中国工业统计年鉴》、《中国能源统计年鉴》及《中国统计年鉴》。制造业的增加值参考陈诗一（2011）① 的方法进行构造，碳排放的估算说明详见附录。为保证数据的可比性，增加值和固定资产投资均平减为 2000 年不变价格。

（二）分解结果与讨论

首先，基于中国每五年制定实施一个社会经济发展规划的事实，本文将考察时间段 1995～2014 年划分为 4 个子阶段：1995～2000 年（“九五”时期）、2000～2005 年（“十五”时期）、2005～2010 年（“十一五”时期）、2010～2014 年（“十二五”初期），由式（2.10）可以计算得到驱动因素分

① 陈诗一：《中国工业分行业统计数据估算：1980～2008》，《经济学》（季刊）2011 年第 3 期，第 735～776 页。

解结果（见图2）。可以看到，在所考察的8个因素中，投资规模（I）、产出规模（GV）和能源消费规模（E）对碳排放一直保持促增效应，而投资碳强度（ICI）、产出碳强度（GCI）、能源强度（EI）和投资效率（IE）一直保持促降效应，能源消费碳强度（ECI）的促增效应和促降效应均有出现。这说明随着社会经济的快速发展，更多的生产投资被用于创造社会财富，因此制造业产出规模的扩张引致大量的能源消耗及相应的碳排放。在技术效率和能源结构保持不变的情况下，生产规模的扩大将导致碳排放增加，即存在明显的“规模效应”。而强度效应和效率效应的分解结果则意味着节能减排技术的研发和利用，促使碳生产率和碳排放效率得到了一定程度的提升，发挥了促进碳减排的作用。

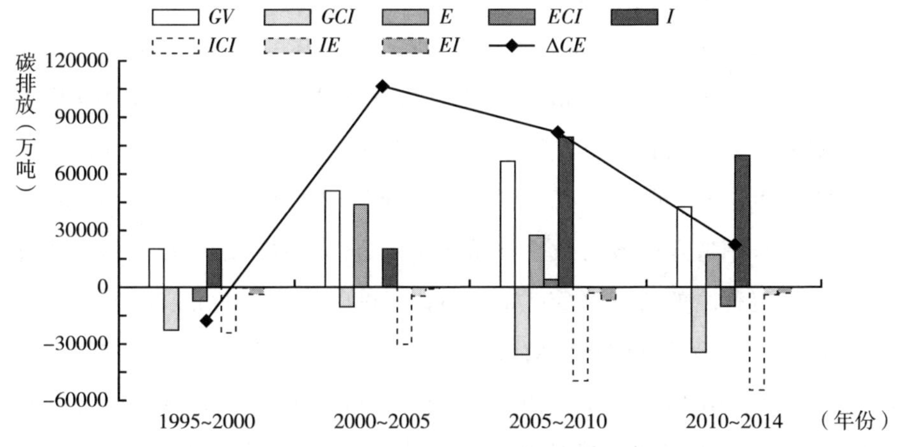

图2　制造业碳排放演变的分阶段因素分解结果

资料来源：作者绘制。

在各规模因素中，投资规模（I）的促增效应先增强后减弱，在“十五”、“十一五”和“十二五”初期均是对碳排放增加贡献最大的因素。这一结果与中国再次步入重化工业阶段持续高速增长的固定资产投资和与之相关的经济粗放增长模式存在密切联系。产出规模（GV）的促增效应也呈先增强后减弱趋势，在“十一五”时期达到最大值。投资规模（I）和产出规模（GV）的促增效应呈十分相近的趋势，表明固定资产投资和经济增长具有联动作用，在我国改革开放以来投资拉动型经济增长模式的背景下，投资的增加充当着产出增长的首要推动力。能源消费规模（*E*）促增效应的演变趋势与上述两者略有差异，在“十五”时期达到最大值，接近投资规模效应和产出规模效应。这是因为这一时期中国加入了 WTO 而引致出口急剧增加，带动中国迅速成为“世界工厂”，导致能源消费和相应的碳排放明显增加。

在各促降因素中，投资碳强度（*ICI*）的促降效应随着时间逐步增强，表明制造业用于节能减排设备的投资逐渐增加，尤其是“十一五”规划以来，中央和各地方政府更加重视生产过程的节能减排，提出了一系列节能减排约束性指标。产出碳强度（*GCI*）对碳排放的促降效应呈现较大波动性，这说明制造业在“十五”期间表现为更加粗放式的发展模式，这与该期间中国再次出现重工业化倾向以及节能减排政策不及“九五”时期执行严格有关（Chen and Santos – Paulino，2013）①。而“十一五”时期，在我国首次在五年发展规划中提出节能约束性指标及碳减排约束性指标的政策引导下，制造业开启了低碳经济发展模式，因此碳生产率的有效提升促使其碳排放也显著减少。投资效率（*IE*）的促降效应从“十五”时期开始明显增强，这说明近年来制造业的投资效率开始改善，过热投资逐渐被抑制，产能过剩情况得到一定程度的缓解（Qin and Song，2009）②，资本生产率的提高对能源要素产生了一定程度的替代效应而使得碳排放有所减少。能源强度（*EI*）对碳排放的抑制作用在“十一五”时期能源强度效应尤其显著，这可归因于中国政府首次将能源强度约束指标纳入“十一五”规划，因此，随着能源效率的逐渐提升，可以预期能源强度的降低在未来一段时间内将持续促进制造业的碳减排。能源消费碳强度（*ECI*）在“九五”时期和“十二五”初期的促降效应较为明显。我国的能源结构在“十二五”期间开始表现出明显的低碳化调整，这一时期我国提出煤炭占比从 70% 下降到 63% 的目标

① Chen，S. & Santos – Paulino，A. U.，“Energy Consumption Restricted Productivity Re-estimates and Industrial Sustainability Analysis in Post-reform China，” *Energy Policy*，2013，57：52 – 60.

② Qin，D. & Song，H.，“Sources of Investment Inefficiency：the Case of Fixed-asset Investment in China，” *Journal of Development Economics*，2008，90（1）：94 – 105.

和天然气占比从3.9%上升到8.3%的目标。因此，“十二五”初期能源消费碳强度的大幅下降对制造业的碳减排做出了重要贡献。

为更加清楚地反映各因素在1995～2014年对碳排放演变的动态影响，本文将1995年设定为基期，将各因素对碳排放的贡献值逐年累加计算出各因素的累积效应值，结果见图3。可以看出，1995～2014年，制造业的碳排放累计增加了19.29亿吨，而2002年之后的累计增长量为19.60亿吨。这可归因于2002年起中国城市化进入全面推进阶段，以城市建设、小城镇发展和建立经济开发区为主要动力的城市化进程（林伯强和刘希颖，2010）①，对钢铁、水泥、化工材料等重工业的依赖程度逐渐增大，同时WTO的加入在短期内促使中国迅速成为“世界工厂”，轻工业同样随之繁荣发展。这些因素共同推动了制造业的蓬勃发展而产生了大量的能源消耗，引致制造业碳排放在2002～2014年年均增长了8.48%。

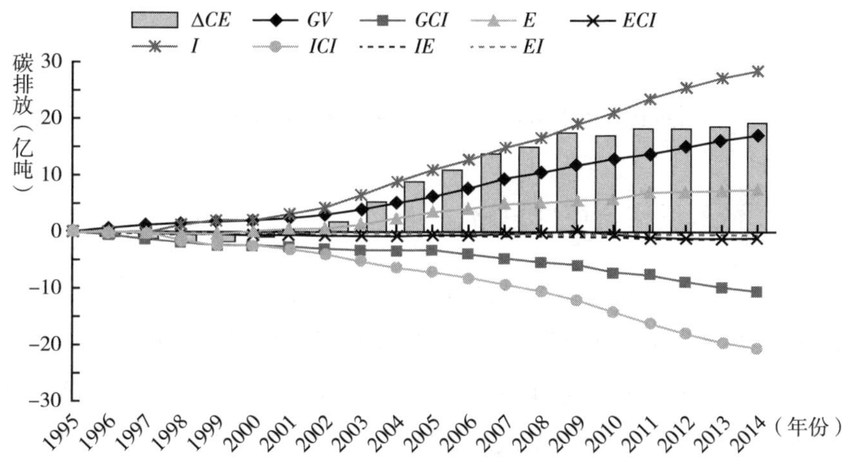

图3 制造业碳排放变化驱动因素的累积贡献

资料来源：作者绘制。

① 林伯强、刘希颖：《中国城市化阶段的碳排放：影响因素和减排策略》，《经济研究》2010年第8期，第66～78页。

由图 3 可知，投资规模（I）是碳排放增加的首要因素，产出规模（GV）也是促使碳排放增加的重要因素，但其促增效应在 1999 年被投资规模效应超越。能源规模（E）效应在 2003 年后逐渐显现，其增长幅度较为平缓。投资碳强度（ICI）和产出碳强度（GCI）是促进碳排放减少的主要因素。其中，投资碳强度的促降效应以年均 29.69% 的速率保持高速增长，于 2001 年超越产出碳强度效应，2004～2014 年其促降贡献保持在产出碳强度的两倍左右。能源消费碳强度（ECI）、投资效率（IE）和能源强度（EI）对碳排放的促降效应相对较弱。以上结果表明，我国大力倡导的能源强度和能源结构调整还远未达到促进碳减排的预期程度，仍然具有很大的改善空间。由于以减缓投资和经济增长速度为代价的碳减排策略并不符合以发展为第一要务的发展中国家的可持续发展诉求，从上述结果来看，未来中国制造业的碳减排政策应主要围绕提高能源效率、促进能源结构清洁化和低碳化，以及改善资本生产率的策略予以优化实施。

三　制造业碳排放潜在演变的动态情景分析

（一）情景设定与模拟思路

由因素分解结果可知，制造业碳排放演变的最主要促增因素和促降因素分别是投资规模（I）和投资碳强度（ICI），而投资效率（IE）、能源强度（EI）和能源消费碳强度（ECI）具有很大驱动减排空间，未来的碳减排政策应该主要围绕这三方面因素制定实施。因此，本文构建以下含有相关因素的表达式用于进一步的情景分析：

$$CE = I \times \frac{CE}{I} = I \times \frac{GV}{I} \times \frac{E}{GV} \times \frac{CE}{E} \tag{3.1}$$

如果投资规模（I）、投资效率（IE）、能源强度（EI）和能源消费碳强度（ECI）的变化率分别为 α、β、δ、φ，那么 $I_{t+1} = I_t \times (1+\alpha)$，$IE_{t+1} = IE_t \times (1+\beta)$，$EI_{t+1} = EI_t \times (1+\delta)$，$ECI_{t+1} = ECI_t \times (1+\varphi)$，因此存在如

下关系：

$$CE_{t+1} = I_{t+1} \times IE_{t+1} \times EI_{t+1} \times ECI_{t+1}$$
$$= I_t \times (1+\alpha) \times IE_t \times (1+\beta) \times EI_t \times (1+\delta) \times ECI_t \times (1+\varphi) \quad (3.2)$$

碳排放的变化率可表示为：

$$\omega = (1+\alpha) \times (1+\beta) \times (1+\delta) \times (1+\varphi) - 1 \quad (3.3)$$

可以看出，制造业碳排放的演变与投资规模（I）、投资效率（IE）、能源强度（EI）和能源消费碳强度（ECI）的演化趋势密切相关。为预判制造业碳排放未来可能的演化趋势以识别合理的减排路径，本文基于各因素过去的演化趋势、现有政策实施的有效性以及潜在减排空间构建了三种情景。

（1）基准情景。基准情景是以制造业过去发展特征为基础，假定当前经济环境和技术水平保持不变，不采取新的减排措施，根据制造业发展的惯性趋势外推而得到的可能情景。本文参考 Lin and Ouyang（2014）对基准情景的惯性趋势分析，并充分考虑中国存在的五年发展规划等周期性调整特征(郑石明，2016)①，来设定制造业相关因素未来的潜在变化情况（见表 1)。尽管 2015 年制造业的碳排放在现实中已经发生，但限于数据的可得性，目前尚无法对其具体数据进行准确估算②，因此本文只能根据官方已经发布的相关文件和数据对其进行推算。

表 1　基准情景下各因素的潜在年均变化率

单位：%

因素	2015 年	2016～2030 年		
		最小值	中间值	最大值
I	10.08	19.93	23.13	30.50
IE	-2.80	-11.15	-7.60	-7.31

① 郑石明：《政治周期、五年规划与环境污染——以工业二氧化硫排放为例》，《政治学研究》2016 年第 2 期，第 80～94 页。

② 本文估算碳排放所需的能源消费种类具体数据来源于《中国能源统计年鉴》，而目前该年鉴发布的最新版本为 2015 年版，即其公布的最新数据年份为 2014 年。

续表

因素	2015 年	2016～2030 年		
		最小值	中间值	最大值
EI	-5.97	-7.86	-6.30	-6.03
ECI	-1.34	-2.18	-0.56	-0.39

资料来源：作者整理。

（2）绿色发展情景。中共十八届五中全会进一步明确了加强生态文明建设的可持续发展观，以坚持节约资源和保护环境为基本国策，构建绿色制造体系，逐步走向绿色发展之路。本文据此构建如下绿色发展情景：政府加强对气候变化的干预措施，促使能源结构进一步优化、节能技术水平有所提升、资本生产率有所增强、固定资产投资增长进入平稳的中速阶段。各因素潜在年均变化率的情景设定如表 2 所示。

表 2　绿色发展情景下各因素的潜在年均变化率

单位：%

因素	2015 年	2016～2020 年			2021～2025 年			2026～2030 年		
		最小值	中间值	最大值	最小值	中间值	最大值	最小值	中间值	最大值
I	10.08	9.00	10.00	11.00	7.00	8.00	9.00	5.00	6.00	7.00
IE	-2.80	-3.90	-2.90	-1.90	-2.67	-1.67	-0.67	-1.47	-0.47	0.53
EI	-5.97	-4.29	-3.89	-3.49	-3.83	-3.43	-3.03	-3.83	-3.43	-3.03
ECI	-1.34	-1.35	-1.15	-0.95	-0.80	-0.60	-0.40	-0.81	-0.61	-0.41

资料来源：作者整理。

（3）技术突破情景。技术创新是节能减排的必要途径，尤其在能效提升和低碳能源利用方面，生产和储能技术的重大突破尤为关键。本文在绿色发展情景的基础上，对投资效率、能源强度、能源消费碳强度的预期变化率参数进行强化，进而得到在能源技术实现突破情形下的强化低碳情景，称之为技术突破情景。由于未来技术发展的较大不确定性，本文设定的技术突破情景旨在提供一条加大绿色技术创新、促使能源强度和能源消费碳强度下降并进一步推动碳减排的可行思路，并非涵盖所有可能的技术突破情景。技术突破情景中各因素的潜在年均变化率如表3所示。

表3 技术突破情景下各因素的潜在年均变化率

单位：%

因素	2015年	2016~2020年			2021~2025年			2026~2030年		
		最小值	中间值	最大值	最小值	中间值	最大值	最小值	中间值	最大值
I	10.08	9.00	10.00	11.00	7.00	8.00	9.00	5.00	6.00	7.00
IE	-2.80	-4.90	-3.90	-2.90	-3.67	-2.67	-1.67	-2.47	-1.47	-0.47
EI	-5.97	-4.29	-3.89	-3.49	-4.29	-3.89	-3.49	-4.29	-3.89	-3.49
ECI	-1.34	-1.35	-1.15	-0.95	-1.01	-0.81	-0.61	-1.03	-0.83	-0.63

资料来源：作者整理。

基于上述三种情景中各因素潜在变化率的设定，根据其各自的发生概率，采用蒙特卡洛模拟技术分别对其进行随机取值，然后通过式（3.3）可计算得到碳排放的潜在变化率，进而计算得到制造业未来的潜在碳排放、产出碳强度及碳减排潜力。本文使用 Matlab 7.10.0 软件对基准情景、绿色发展情景、技术突破情景中的碳排放、产出碳强度下降幅度及碳减排潜力分别进行10万次模拟，并以概率分布的形式展现所有可能的结果及相应概率密度。

（二）演变路径分析

本文绘制了三种不同情景下制造业碳排放演化趋势图①。在基准情景中，即不实施新政策的条件下，制造业碳排放将极有可能在2016~2030年间持续大幅度增长。2016年碳排放范围为30.46亿~35.05亿吨，而概率最大的排放值约为33亿吨。到2030年，碳排放在50亿~62亿吨发生的概率最大，与2016年相比可知，碳排放未来的年均增长率约为3.01%~4.61%。这一结果意味着如果保持过去的减排措施和经济发展趋势而不加大减排力度，制造业产生的碳排放将会持续增加。这种以牺牲环境为代价换取

① 限于篇幅，仅展示绿色发展情景下的演化趋势。

的高速经济增长从长期来看并不可取，因此政府有必要在现有相关政策的基础上，进一步采取一系列更加严格的节能减排政策来转变制造业过去长期以来的粗放式增长模式。

在绿色发展情景下，制造业碳排放的增长速度明显放缓（见图4）。2016年碳排放出现概率最大的范围为30.99亿~32.37亿吨，而2020年和2030年分别为32.13亿~35.47亿吨和36.25亿~42.15亿吨。2016~2030年碳排放年均增长率范围为0.81%~2.22%。可见，在政府采取了积极的气候变化应对措施和宏观调控政策后，制造业碳排放的快速增长可以得到有效抑制。但是，从图4中展现的碳排放分布演化趋势来看，碳排放由上升到下降的拐点尚未出现。这说明中国制造业的绿色发展规划对于2030年以前实现碳排放的达峰目标还显得力度不够。

而在技术突破情景下，分布中概率密度最大处的碳排放在2024年之后出现了明显的下降趋势。2024年碳排放在32.13亿吨出现的概率较大，到2030年则下降到31.72亿吨，与2016年碳排放最可能出现的值（31.67亿吨）十分相近。2016~2024年制造业碳排放最有可能出现的年均增幅约为0.18%，而2024~2030年其年均下降率约为0.21%。由此可见，低碳技术创新甚至突破可以促使制造业超额完成国家制定的能源结构调整和能源效率提升等战略性规划，从而推动制造业碳排放提前实现达峰目标。因此，政府加强对制造业生产过程节能减排相关研发投资的宏观调控，是促使制造业大力推动低碳技术创新从而有效进行碳减排的必要途径。

除碳排放总量外，产出碳强度（以下简称碳强度）也是中国政府制定的一个重要政策指标。本文绘制了不同情景下2005~2020年、2015~2025年和2005~2030年制造业碳强度的下降幅度图①。2005~2020年基准情景下碳强度的下降幅度最大，为69.72%~74.72%，而绿色发展情景和技术突破情景下的碳强度下降幅度非常接近，分别为66.34%~68.28%和66.35%~68.30%。由此可知，三种情景都能超额完成2020年碳强度较

① 限于篇幅，未列示下降幅度变化图。

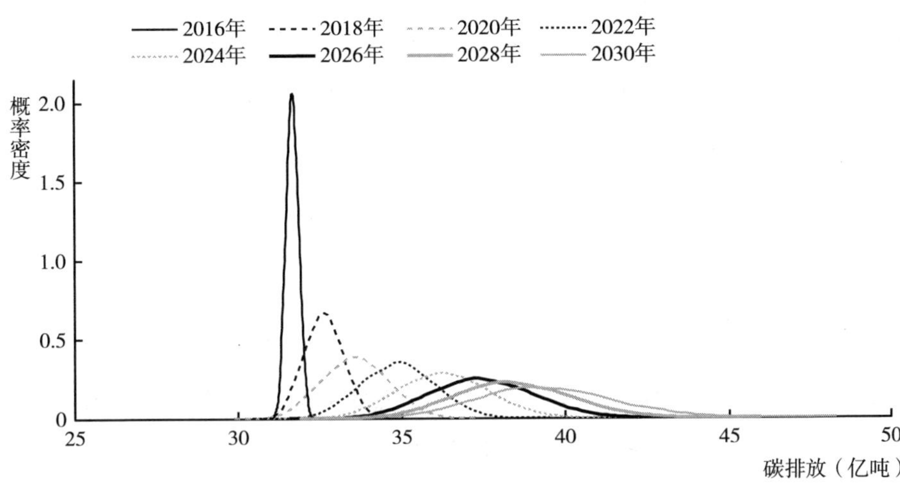

图 4 绿色发展情景下制造业碳排放分布演化趋势（2016～2030）

资料来源：作者绘制。

2005 年下降 40%～45% 的目标。虽然基准情景中的碳排放增速最快，但是由于基准情景中制造业产出保持过去二十年的高速增长，其碳强度下降幅度高于其他两种情景。2016～2020 年，技术突破情景中更多的投资用于节能减排领域，但是由于技术突破是一个逐渐积累的过程，能源结构和能源效率在这五年里相对于绿色发展情景并未获得非常明显的改善，技术突破情景中的碳强度下降程度与绿色发展情景接近。①

可以看出，虽然只有技术突破情景能提前实现 2030 年碳峰值目标，但三种情景均可能实现 2020 年、2025 年（除绿色发展情景）和 2030 年碳强度下降目标。这说明碳峰值目标较碳强度下降目标实现难度更大，需要中国政府出台实施更加强化的减排政策和更加严格的规制措施。从现有政策实施力度来看，目前中国实施的与节能减排相关的能源结构调整、能源效率提升、抑制过度投资、提高投资效率等政策，虽然有助于促进碳强度下

① 限于篇幅，2015～2025 年、2005～2030 年不再展开分析，可参见《中国工业经济》网站附录。

降、减缓碳排放总量增速，但对于实现碳排放的峰值目标还显得力度不够，还有必要出台实施针对能源消费总量（尤其是煤炭消费总量）和碳排放总量控制得更加严格有效的减排政策措施，以确保中国碳排放的达峰承诺如期甚至提前实现。

四　制造业碳排放达峰的因素贡献分解

情景模拟分析显示，技术突破情景能在2030年前实现制造业的碳排放峰值目标，并且其碳减排效果比绿色发展情景更好，为掌握其背后的驱动因素及其贡献差异，这里进一步利用前文所述的广义迪氏指数分解模型对2015～2030年绿色发展情景和技术突破情景下的制造业碳排放演变进行因素分解及比较分析。由于设定的各相关因素的变化率是一个取值区间，本文以其中间值（最可能出现的情况）为例进行指数分解，如图5所示。虽然各因素在这两种情景下对碳排放的影响方向完全一致，但是在影响程度上存在明显的差异。在绿色发展情景中，投资规模（*I*）、产出规模（*GV*）和能源消费规模（*E*）对碳排放具有促增效应，其中投资规模（*I*）对碳排放增长的贡献最大，能源消费规模（*E*）的促增效应最小；在碳排放的促降因素中，投资碳强度（*ICI*）、产出碳强度（*GCI*）、能源碳强度（*ECI*）的碳减排效果最为明显，能源强度（*EI*）和投资效率（*IE*）的促降效应较弱。而在技术突破情景中，投资规模（*I*）、产出规模（*GV*）和能源消费规模（*E*）对碳排放的促增效应均比绿色发展情景明显减弱，所有促降因素产生的促降效应也较绿色发展情景有所增强，其中投资效率（*IE*）效应的增强幅度最大。这一结果再次表明节能减排技术的突破可以促进能源效率提升，从而使得在产出增长保持不变的条件下能源消费增速显著降低，并且推动能源消费总量中的清洁能源得到更多的有效利用，同时也会引致投资的绿色程度和投资效率均有所提升，从而使得这些碳排放的抑制因素发挥出更加有效的促降效应，可以在更大程度上保证碳排放强度下降和达峰双重目标的成功实现。

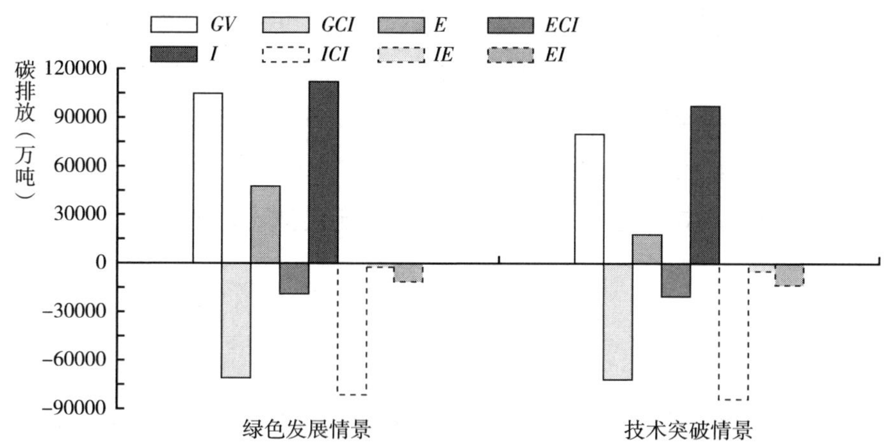

图 5　制造业未来碳排放演变的驱动因素分解（2015～2030 年）

资料来源：作者绘制。

进一步利用 GDIM 模型对 1995～2030 年技术突破情景下制造业的碳排放演变进行逐年分解①。可以看到，规模效应，尤其是投资规模（*I*），在 2011 年之后的碳排放促增效应明显减弱，从而为碳排放达峰提供了有利条件。过去几十年间中国经济经历了粗放型增长模式，固定资产投资、能源消费增长过快，导致碳排放持续快速增加。而“十二五”规划和“十三五”规划制定的应对气候变化的有力干预措施在一定程度上抑制了规模因素对碳排放的促增效应，规模效应（投资规模、产出规模和能源消费规模的总和）引致的碳排放预期从 2011 年的 4.61 亿吨降低到 2020 年的 1.78 亿吨。在继续保持类似干预措施并在能源结构和能源效率方面取得技术突破的条件下，规模效应引致的碳排放将在 2030 年减少到 1.12 亿吨。在各促降因素中，投资碳强度（*ICI*）和产出碳强度（*GCI*）在 2006 年之后一直扮演着碳减排关键驱动力的角色，二者在 2006～2030 年年均分别减少了 1.06 亿吨和 0.64 亿吨的碳排放，共同成为促使碳排放达峰的关键因素。由于投资碳强度的下降速度较快，预期该因素在 2020 年之后下降的空间将明显缩小，从而对碳

① 限于篇幅，该结果未展示，可登录中国工业经济网站下载。

排放的促降效应将有所减弱。但绿色固定资产投资的增加仍将推动能源结构优化、能源效率及投资效率改善而取得技术突破性成果，推动碳排放持续下降。能源消费碳强度（*ECI*）、能源强度（*EI*）、投资效率（*IE*）三者总计带来的碳排放促降效应在2011年达到最大值，为0.83亿吨，在2015~2030年保持在0.1亿~0.2亿吨，协助推动了制造业碳排放的提早达峰。

五 结论与政策含义

制造业作为中国的支柱产业和碳排放大户，应该率先为中国碳减排目标的实现付诸必要的努力。能否为中国制造业探寻出合理有效的碳减排路径，在很大程度上决定着中国低碳经济发展目标能否顺利实现。本文首先采用GDIM对1995~2014年制造业的碳排放演变进行了驱动因素分解，进而基于蒙特卡洛模拟对2015~2030年其碳排放潜在演变路径进行了动态情景分析，并进一步比较了碳排放达峰过程中各相关因素的贡献差异，得到如下主要发现。①对于制造业而言，投资规模是导致碳排放增加的首要因素，投资碳强度和产出碳强度是引致碳排放减少的两个关键因素；在其他因素中，产出规模和能源消费规模对碳排放具有促增效应，而能源消费碳强度、投资效率和能源强度则对碳排放具有促降效应。②不同情景设定下的碳排放潜在演变路径存在明显的差异，在基准情景和绿色发展情景下，制造业碳排放在2030年之前均将持续增长，2016~2030年碳排放潜在年均增长率范围分别为3.94%~7.09%和0.81%~2.22%；在技术突破情景下，制造业碳排放有很大可能在2024年达到32.13亿吨的峰值。三种情景下的制造业产出碳强度均可实现2020年下降40%~45%的目标和2030年下降60%~65%的目标，但是绿色发展情景难以实现“中国制造2025”提出下降40%的目标，如果低碳技术有所突破，制造业将有可能实现这一目标；在严格执行节能减排措施和大力发展低碳技术创新的条件下，制造业将具有可观的碳减排潜力。③技术突破情景中各促增因素的效应均小于绿色发展情景，而各促降因素的效应均大于绿色发展情景，因此技术突破情景的碳减排潜力大于绿色发展情景；规模效应的减弱为碳排放达峰提供了有利条件，而投资碳强度和产出碳强度则为碳排放达峰提供了关键驱动力。

基于上述研究结果，本文得到如下政策含义。第一，如果延续现有减排政策和执行力度，制造业在2030年实现碳排放达峰目标存在不小困难，而投资碳强度和产出碳强度是影响制造业碳排放变化的主要因素，因此在发展为第一要务的前提下，政府应该进一步引导激励制造业企业增加以节能减排为目的的固定资产投资以实现生产模式的绿色升级。制造业企业以往通常倾向于以提高基本要素生产率及扩大生产规模为目的而增加投资，从而未能将节能减排纳入其生产目标函数。因此，政府应采取适当政策干预，通过财政税收政策和相应激励及监管措施，如清洁生产企业税收优惠、“绿色”低息贷款、实行碳标签制度及强化碳审计，促使企业更加注重节能减排技术的研发和应用及生产设备的“绿色”升级。第二，目前制造业能源效率的提升和能源结构的调整程度对碳减排的促进作用还无法令人满意，能源效率和能源结构仍具有很大优化空间。与优化能源结构相比，提高能源效率是短期内促进制造业碳减排更加行之有效的选择。为此，应采取适当的政策措施引导企业减少高能耗产品的生产，加速淘汰落后产能，关闭或限制生产能力落后、能效水平偏低的企业，并推行合同能源管理等新型的市场化节能机制，同时通过推进化石能源定价机制的市场化改革而有效限制能源改进过程中的潜在回弹效应（邵帅等，2013）①。长期来看，促进能源结构逐步向非化石能源过渡可以预期发挥出更大的碳减排效应。限于中国的能源禀赋特征，短期内以煤为主的能源结构不易改变，企业缺乏优化能源结构的能动性，只有当化石能源价格能够真正反映其环境外部性成本时，企业才会主动减少对化石能源的依赖，转而使用风能、太阳能等绿色能源。因此，加速推进能源定价机制市场化改革、将能源消费的环境外部性成本在其价格中予以反映，可以成为促进碳减排的长效之策。第三，投资过度、资本效率低下一直是中国

① 邵帅、杨莉莉、黄涛：《能源回弹效应的理论模型与中国经验》，《经济研究》2013年第2期，第96～109页。

长期以来存在的现实问题，大规模低效的固定资产投资同时也产生了大量碳排放，未来必须改善这种粗放型经济增长模式。政府应加强对固定资产投资的宏观调控，改善固定资产投资结构，降低高能耗重污染产业投资比重、有效抑制其投资过快增长，进而使其能源消费规模近年来的过高增速也能够得到控制。同时，应建立完善的激励机制引导投资者选择技术密集型的低碳产业进行投资，以提高制造业整体的绿色投资效率。第四，优化制造业内部的产业结构，传统重工业的大规模、高速度发展虽然在特定时期为我国经济的快速发展提供了必要支撑，但随着我国工业化逐步完成和减排压力日益凸显，重工业优先发展战略已经无法满足时代发展需要，技术密集型、知识密集型、低能耗和高附加值现代制造业的优先发展应该成为未来制造业产业结构调整的明确方向。第五，注重碳减排的“胡萝卜”与“大棒”政策的有机结合，即要对节能减排效果显著的企业给予税收抵免、津贴、拨款等奖励，以引导企业积极减排，还应该采取一系列的惩罚措施，对违反能源环境政策法规的企业实施一定力度的处罚，以促使企业主动承担起社会责任，将节能减排纳入其决策规划，才可能有效实现中国经济发展的低碳转型。

Empirical Decomposition andPeaking Pathway of Carbon Dioxide Emissions of China's Manufacturing Sectorover 1995 – 2030：Generalized Divisia Index Method and Dynamic Scenario Analysis

Shao Shuai，*Zhang Xi*，*Zhao Xingrong*

Abstract：Manufacturing sector plays a significant role in China's economic growth and carbon dioxide （CO_2） emissions，and thus its emission-reduction performance has a crucial effect on whether China's emission-reduction targets would be realized. Under the background of “Made in China 2025” and China's

2030 emission-reduction targets, this paper first employs the generalized Divisia index method to investigate determinants of CO_2 emission changes of manufacturing sector during 1995 - 2014, and then adopts the Monte Carlo simulation to conduct a dynamic scenario analysis on potential trajectories of CO_2 emissions of manufacturing sector during 2015 - 2030. Furthermore, we explore contributions of various drivers to peaking CO_2 emissions. The results show that investment scale is the primary driver for the increase in CO_2 emissions, while investment carbon intensity and output carbon intensity are leading contributors to the reduction in CO_2 emissions. Heavy industry and light industry present different effects of drivers on CO_2 emissions due to their different development characteristics. CO_2 emissions will consistently increase by 2030 under the business-as-usual scenario and green-development scenario. In contrast, CO_2 emissions are very likely to hit the peak in 2024 under the technological-breakthrough scenario. All the scenarios will achieve intensity-reduction targets, except the green-development scenario for "Made in China 2025" target. The weakening scale effect provides a prerequisite for peaking CO_2 emissions, while investment carbon intensity and output carbon intensity play a key role in peaking CO_2 emissions. The government should further encourage manufacturing enterprises to increase investment activity aimed at energy-saving and emission-reduction. Under the condition of strict energy-saving and emission-reduction measures and vigorous development of low-carbon technology innovation, manufacturing sector will have substantial CO_2 mitigation potentials.

Keywords: Made in China 2025; Carbon Dioxide Emissions; Generalized Divisia Index Method; Dynamic Scenario Analysis; Peaking Pathway

中国电力行业低碳发展的激励政策

郑雪梅*

摘　要： 本文回顾了在规制和政策框架内推进中国电力行业低碳发展的激励性措施。首先描述了产业结构和规制框架，其次回顾了为促进能源效率和可再生能源发展而制定的政策。这些政策的范围从制定法律以要求采取特定行动，到制定定价机制和财政激励措施。在此基础上，梳理出一个由各种复杂的安排、不同的机构和代理人管理的部门所面临的挑战，这些机构和代理人在追求环境和能源效率目标时面临着不同的、相互矛盾的激励。最后，提出科学制定低碳政策的建议，从而以最小的社会成本实现预期目标。

关键词： 规制激励　能源效率　可再生能源　电力行业

一　引言

对煤炭的高度依赖是中国电力行业的一个众所周知的特点。中国超过70%的电力来自煤炭。为了减少对煤炭的依赖，实现减少碳排放的目标，中国政府采取了一系列提高能源效率和可再生能源的政策。这些政策包括覆盖全国范围的举措（如制定标准的立法、定价机制、财政激励和排放交易计

---

* 郑雪梅，西南财经大学经济学院副教授，博士生导师，研究方向为能源经济学和规制经济学。

划），以及针对特定地理区域的试点项目（如节能电力调度和需求侧管理）。本文的目的是对这些政策进行综述，并着重识别这些政策对提高能源效率或推动可再生能源发展产生的激励作用。

尽管人们对旨在促进中国可再生能源发展和能源效率提高的政策有很大兴趣，但现有文献主要侧重于对某些特定政策进行研究。例如，Cherni 和 Kentish（2007）① 在中国电力部门改革的背景下研究了可再生能源政策。根据与主要利益相关者的访谈收集的信息，Cherni 和 Kentish（2007）确定了可再生能源发展的障碍，包括可再生能源的高成本、电力上网的限制以及体制方面的障碍（例如薄弱的规制框架）。Li 等人（2011）② 以节能减排为研究重点，指出了中国在政策成果方面达到发达国家的水平所需要面对的一些挑战，其中包括地方政府对节能减排支持的缺乏、不适当的电力定价机制、对政策结果评估的缺乏，以及不发达的法律体系。Zhang（2015）③ 提出了一个考察中国电力规制框架与环境目标关系的概念框架。

本文与 Zhang（2015）在本质上是互补的。本文的贡献是从规制和激励经济学理论的视角，综述目前中国电力行业为促进可再生能源发展和能源效率提高实施的规制和政策。本文的重点不是对各种政策的绩效进行评估，而是着眼于梳理存在于复杂的中国电力市场设计和规制框架中的激励机制。鉴于本文要考虑中国电力行业低碳规制政策制定的不同维度，将在分析不同维度的过程中分别参考相关文献。换句话说，不是简单地回顾文献，还将分析在当前规制和政策制定中对碳减排产生积极影响的激励机制。在此基础上，本文提出了一些政策建议，以避免不同激励措施之间的相互冲突，并在市场和直接管制干预之间达成更有效的平衡。

---

① Cherni, J. A. & Kentish, J., "Renewable Energy Policy and Electricity Market Reforms in China," *Energy Pol*, 2007, 35 (7): 3616-3629.

② Li, L., Tan, Z., Wang, J., Xu, J., Cai, C. & Hou, Y., "Energy Conservation and Emission Reduction Policies for the Electric Power Industry in China," *Energy Pol*, 2011, 39 (6): 3669-3679.

③ Zhang, Y. F., "The Regulatory Framework and Sustainable Development of China's Electricity Sector," *China Q*, 2015, 222: 475-498.

本文的结构安排如下。第二部分是对中国电力行业的概述。第三部分至第六部分回顾中国电力行业低碳发展的规制激励措施，包括总体立法框架、能源五年计划（FYP）、命令控制政策、定价机制和试点激励措施。第七部分总结主要结论。

二 中国电力行业

过去20年，中国电力行业发展迅速，2011年发电量超过美国，成为世界第一。2017年中国的总发电量达到6417.9千瓦时（TWh），比2007年增加了100%以上，是同年美国产量的1.6倍。[①] 截至2017年，中国电力行业的发电总装机容量达到1777.03GW，同比增长7.6%，居世界首位。[②] 本章将简要概述中国电力行业，并重点介绍燃料组合、需求、行业结构、规制框架和机构以及能源效率水平。

（一）装机容量与发电量

中国的发电量和装机容量的一个重要特征是对热能的高度依赖。特别是煤炭，在发电结构中所占的比重甚至高于其在装机容量中的比重。可再生能源的间歇性特点使得可再生能源的装机容量得不到充分利用是一部分原因，煤电厂作为基本负荷和峰值负荷调整的传统调度也可以部分解释这一特征。为了减少发电对煤炭的高度依赖，以及由此带来的碳排放后果，中国采用了一种试点调度方法，即节能电力调度（这一政策将在第六章详细讨论）。中国电力行业的另外一个特征是可再生能源的快速发展，这使得中国成为世界上最大的可再生能源发电国。

对煤炭的高度依赖和可再生能源的迅速发展，对中国能源的战略发展具有重要意义。简而言之，对煤炭的高度依赖意味着能源效率措施可以通过降

① 美国能源信息管理局（http：//www. eia. gov/）。

② 国家能源管理局（http：//www. nea. gov. cn/）。

低总体消费来获得高回报。可再生能源的高速扩张需要重新审视调度规则（及相关价格），并在配电和输电方面制定配套的安排，以确保及时接入电网，并促进高效投资。

另一个与中国电力行业装机容量相关的问题是产能过剩和潜在的投资泡沫。随着“新常态”的到来，电力消费总体增速明显放缓，而煤电投资并未以合理的速度减少。Yuan 等（2016）[①] 指出，如果所有提交环境影响评价审批的煤电项目在 2020 年全部投入运行，产能过剩将达到 200GW。这会产生一系列不良后果，包括大量的投资浪费、发电机经济效益低下、低碳能源转型滞后等。

（二）需求

在中国的电力需求中，第二产业占总消费的 70% 以上，而居民消费只占 13% 左右。这与过去十年美国 35% 的居民消费比例形成鲜明对比。[②] 过去十年里，中国的电力消费增长率平均在 12% 左右，远远高于其他国家（IEA，2014）[③]。随着经济增长放缓，中国服务业的比重超过制造业，电力消费的总体增速也将放缓，但居民和服务业在电力总需求中的比重将上升。此外，随着收入的增加，越来越多的人使用电器，这意味着居民的电力消费不仅将占全部消费的更大比例，而且在今后几十年将继续迅速增长。

将中国的人均用电量与其他国家进行比较，可以发现中国居民用电量的增长潜力很明显。例如，目前中国的人均用电量处于发达国家和其他大型发展中国家（如印度）之间。根据 Hu（2013）[④] 的研究，中国的居民人

---

① Yuan, J., Li, P., Wang, Y., Liu, Q., Shen, X., Zhang, K. & Dong, L., "Coal Power Overcapacity and Investment Bubble in China during 2015e2020," *Energy Pol*, 2016, 97: 136 - 144.

② 根据经合组织图书馆的统计数据计算。

③ IEA. World Energy Outlook 2014, *Technical Report*, 2014, International Energy Agency.

④ Hu, Z., *Exploration into China's Economic Development and Electricity Demand by the Year* 2050, Elsevier, 2013, London.

均用电量低于巴西、埃及等发展中国家，其与发达国家的差距更大。2012年，中国的居民人均用电量约为美国的1/10、澳大利亚的1/6、日本和法国的1/5、韩国的1/3。[①] 如果中国的居民人均用电量在2012年达到韩国的水平，需要增加10%以上的装机容量，这将增加1103.95千瓦时的需求。

居民消费的绝对增长和相对增长都会对能源政策产生影响，因为这些消费者对价格变化的反应可能比制造商更敏感。[②] 由于消费者受到价格激励后会节约能源或减少高峰需求，居民用电消费占电力总消费比例的增加，与需求侧管理计划相关的效益可能会因此增加。

（三）产业结构

2002年之前，中国的电力行业由1997年成立的国家电力公司负责管理。2002年之后，国家电力公司被拆分为11家独立的国有企业，其中包括五家发电公司（即“五大”）、两家电网公司和四家辅助服务公司。[③]

中国电力行业的一个特点是国有企业占主导地位。例如，由中央政府控制的“五大”发电企业拥有全国约一半的装机容量。中央政府管理的其他发电企业和地方政府管理的大型发电企业约占总装机容量的20%。中国最大的国有电网公司中国国家电网公司（State grid corporation of China）在26个省份拥有输电网，而南方电网只在南方的5个省份运营。[④] 这两家电网公

① 这种比较是基于经合组织、世界银行和中国统计局的数据，经合组织国家的居民用电量来自 http://stats.oecd.org/BrandedView.aspx? oecd_bv_id = elect - data - en&doi = data - 00462 - en，人口数据来自 http://data.worldbank.org/indicator/SP.POP.TOTL。

② 例如，He et al.（2011）基于可计算的一般均衡模型，计算出中国居民用电价格弹性为0.3，而工商业价格弹性约为0.018。

③ “五大”是指华能集团、大唐集团、华电集团、国电集团和电力投资公司。两家电网公司分别是中国国家电网公司和中国南方电网。四家辅助服务公司包括中国电力工程咨询集团、中国水电工程咨询集团、中国水利水电建设集团、中国葛洲坝集团。辅助服务公司负责电力系统的设计、建造和维护。

④ 全国共有六个省级区域电网。其中五个（即东北、华北、西北、华中和华东）由中国国家电网公司运营，一个由南方电网公司所有。此外，内蒙古和西藏还有两个省级网络，由地方政府所有，不属于任何区域性公司。内蒙古电网的西部由一家独立公司管理。

司控制着全国输电容量的90%以上（IEA，2006）[①]。政府部门普遍拥有电力行业的所有权，这与其运作效率和生产力低下有关。

在目前的电力系统中，电网公司同时控制着输电和配电，并直接向最终消费者出售电力。[②] 每年电网公司会根据其与发电厂之间签署的批发合同和调度协议来调度电力，并通过合同向各发电厂分配运行小时数。[③] 调度协议用来规定如何根据合同金额安排调度，并兼顾电力的需求和供应、发电机的可用性以及在调度时的其他条件。[④]

（四）规制机构

中国电力部门由一个复杂的机构网络管理，在不同的政府层面上，有时会出现不同部门之间的职责重叠。在中央政府层面，主要机构包括国务院及国家发展和改革委员会（简称国家发改委）、国家能源管理局。其他相关机构包括生态环境部和国有资产监督管理委员会（简称国资委）。

国务院是中国经济的最高行政权力机构，负责向中央和省级规制机构分配责任和任务。虽然国务院不直接参与电力行业的管理，但它对电力行业的发展和运行拥有最终决定权。国家发改委是控制电力行业价格和投资的主要规制机构。国家发改委审查电力公司的成本，并通过其定价部门控制价格。它还有权决定大型发电厂的建设。小型发电厂的建设由国家发改委的省级对口部门控制（即省发展和改革委员会）。[⑤] 国家能源管理局是国家发改委管辖的一个部门，负责起草和实施能源发展战略、计划和政策，就能源体系改革提出建议，并对该部门进行规制。国家能源管理局成立于2008年，2013

① IEA.，“China's Power Sector Reforms e where to Next?” Technical Report，2006，International Energy Agency.

② 省区市电网公司在各省境内经营输配电业务。区域电网公司控制着区域电网和区域电力市场的开发和运营，以及区域电力调度。中国国家电网公司负责区域电网之间的互联和交易，包括中国南方电网。

③ 有关《促进电力调度工作透明度、公平性和公正性暂行办法》的详情，参见 http：//www. sgcc. com. cn/fgbz/dlfg/37302. shtml。

④ 有关示例调度协议，参见 http：/www. mianfeiwanc. com/doc/4ed2a10a10a4a0c6efc6195cdc 6/5。

⑤ 近年来，省级发改委获得了更多的厂房建设授权。

年进行了重组，整合了国家电力监管委员会（简称国家电监会，SERC），其中包括设计和监督发电市场以及实施电力部门改革。[①] 生态环境部负责制定环境政策，并进行环境实施和监督。在电力部门方面，该部评估项目对环境的影响和电力生产造成的污染。[②] 国资委是国务院直属专门委员会，对中央控制的企业的国有资产进行监督管理。国资委代表国务院任命高级管理人员，并向被规制公司派出监事会。[③]

各规制机构与政策机构之间的关系如图 1 所示。一个重要的特征是不同国家级机构之间以及国家和地方机构之间存在着目标冲突（Zhang，2015）。例如，国家发改委的主要目标是促进经济发展，而生态环境部的目标是保护环境。同样，在大多数省份，大型发电厂是国有的，而中小型发电厂是省级企业。当实施节能调度等机制时，大型电厂会获得额外的运营时间，从而产出更多的能源，产生更多的收益。发电从中小型电厂向大型电厂的转移，会导致税收收入从省级企业向国有企业的转移。尤其在缺乏补偿中小企业机制的情况下，节能调度机制等举措可能导致经营亏损和资产搁置（Fredrich，2013）[④]，并导致地方政府的收入损失。毫无疑问，在这些情况下地方政府会通过针对国有企业的行政措施来扭转这种转移。

（五）能源效率

能源效率的定义是每单位能源所提供的物质服务。能源效率通常也被定

---

① 国家电监会成立于 2003 年，曾为独立的电力规制机构，并于 2013 年解散。国家电监会领导电力部门改革，包括打破垄断，促进市场竞争和监督政策执行。然而，它在制定电价和确定公司是否可以进入市场上缺乏权力，这意味着国家电监会无法独立地规制电力部门。在认识到电力行业不适合被单独监管以后，政府解散了国家电监会，并将其部分职能纳入了国家能源局。

② 根据 2018 年 3 月举行的第十三届全国人民代表大会，环境保护部被生态环境部拆除和替换。新部负责中国生态环境政策、规划和标准的编制和实施，以及生态环境监测和执法。参见 http：//english. mep. gov. cn/News_ service/media_ news/201803/t20180314_ 432393. shtml。

③ 参见 http：//en. sasac. gov. cn/n1408028/n1408521/index. html。

④ Fredrich，K.，Williams，J. H. & Hu，J.，"The Political Economy of Electricity Dispatch Reform in China，" *Energy Pol*，2013，53（1）：361 – 369.

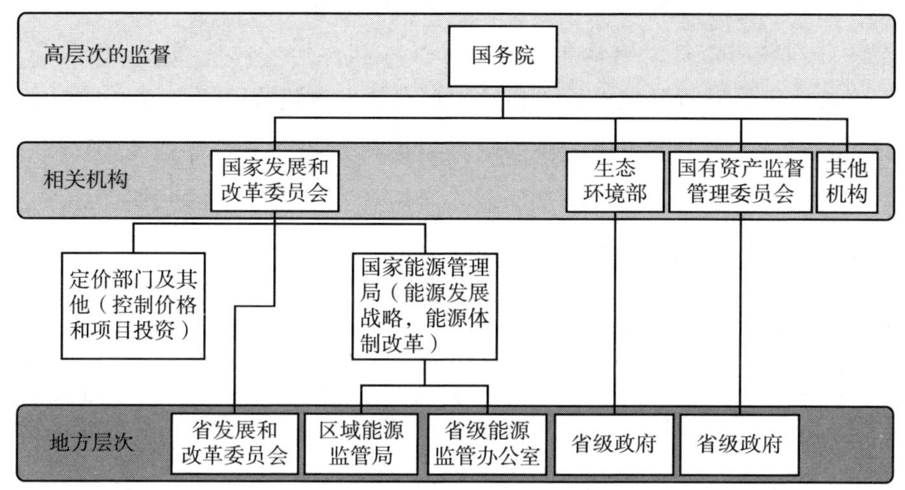

图 1　电力部门的规制机构

义为“用更少的能源提供同样的服务”。这两个定义说明，能源效率的概念和衡量随着环境的变化而变化。

就白色家电和电子产品而言，最节能的产品使用的能源最少。就发电厂而言，能源效率通常是通过热效率（即发电厂生产 1 千瓦时电力所使用的能量）来衡量的。在电力的传输和分配中，能源效率是通过线路损耗（即发电厂发电量与可供最终消耗的电量之间的差额）来衡量的。

提高能源效率是以更可持续的方式满足电力需求增长的一个关键组成部分。在中国，公共政策的发展很普遍，有许多不同的项目可以提高能源效率。在消费者端，几个城市引入了需求侧管理（DSM）计划。在发电领域，自 2008 年以来，容量超过 6 兆瓦的热电厂的能源效率（例如，热效率）一直在提高。如图 2 所示，能源效率超过 45%，其中 28% 的燃煤发电厂采用超临界和超超临界技术，通过在越来越高的温度和压力下运行，使煤粉燃烧系统的效率高于传统装置。目前，中国的燃煤电厂平均能源效率高于美国的燃煤电厂。

为提高发电厂的能源效率，不同的政策和计划被结合使用。例如，“以大替小”（LSS）计划用大型高效发电机替代小型低效发电厂。[①] 除“以大替小”计划外，还有一项补充发电权交易计划。根据该计划，小型低效热电厂将被关闭，并将其发电权出售给大型高效发电机或可再生发电机。据估计，2005 年至 2014 年关闭的小型热力发电机组总装机容超过 95GW。[②] 然而，现在的普遍看法是，“以大替小”计划产生最大影响的时期已经过去，因为要找到替代小型、低效的电厂将越来越困难。

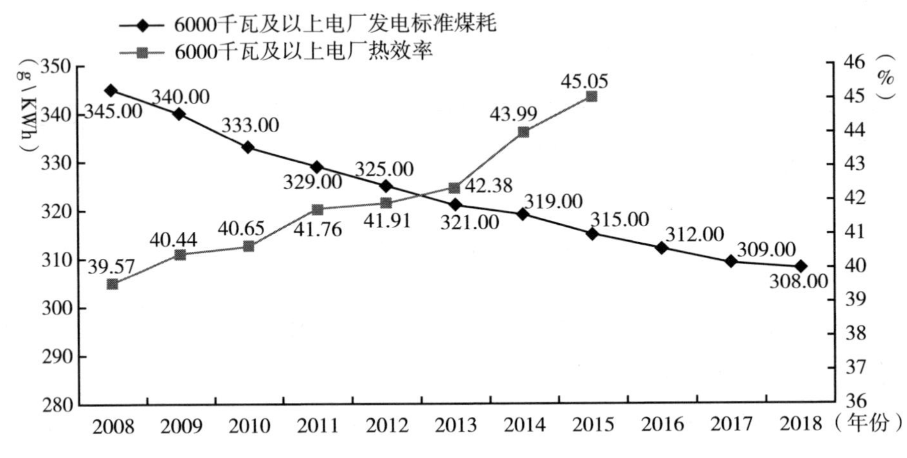

图 2　发电能源效率

资料来源：中国电力企业联合会。

目前，在“以大替小”政策达到其影响极限的情况下，在现存的约 500 千兆瓦的机组中推行清洁和高效改造的政策非常重要。于是，国家发改委和国家能源局于 2015 年 12 月共同发布了“燃煤电厂超低排放和节能改造实施文件”，要求燃煤超低排放改造单位分别于 2017 年、2018 年和 2020 年在东

① 该项目于 20 世纪 90 年代启动；然而，由于电力短缺，鼓励发电投资很必要，在 2007 年以前“以大替小”计划没有得到足够重视。在这里，小而效率低的发电机组包括如下情况：低于 50 兆瓦的发电机组，低于 100 兆瓦且运行 20 年以上的发电机组，低于 200 兆瓦且使用寿命快到期的发电机组，以及不符合环保标准和法律法规的发电机组。http://www.gov.cn/zwgk/2007-01/26/content_509911.htm。

② 中国电力委员会，http://www.cec.org.cn/yaowenkuaidi/2015-03-10/134972.html。

部、中部和西部地区完成改造。该政策要求新建的燃煤发电厂使用超过600兆瓦的超超临界（USC）装置。如果超临界（SC）和1000兆瓦USC装置的热耗率到2020年可达到理论水平（分别为每千瓦时300克标准煤和284克标准煤），Yuan等（2017）① 估计煤电节能总量可达1500万吨标准煤，二氧化碳减排量可超过3600万吨标准煤。

此外，中国也在积极推进输电和配电的能源效率。在这些方面，中国的能源效率水平目前与澳大利亚、美国等地理分布较为分散的发达国家相当，如图3所示。值得注意的是，电网的线损每降低一个点，就相当于节省了54640千瓦时的电，这几乎相当于希腊、瑞士和葡萄牙等一些经合组织国家的国家消费量。②

综上所述，虽然近年来能源效率有所提高，但它仍然是实现经济可持续增长的关键。在以下章节中，本文将审查旨在提高能源效率的规制安排，包括立法框架、指挥和控制能源计划、定价机制以及相关的试点激励措施。

三　立法框架

为促进电力部门发展及节能减排，中国实施的有关法律主要包括《电力法》《节约能源法》《大气污染防治法》《可再生能源法》。

（一）《电力法》

《电力法》于1996年颁布，并于2015年进行了修订，旨在促进电力部门的发展。该法建立了一个设定上网电价、零售价格和网间交易价格的框

① Yuan, J., Wang, Y., Zhang, W., Zhao, C., Liu, Q., Shen, X., Zhang, K. & Dong, L., "Will Recent Boom in Coal Power Lead to a Bust in China? a Micro-economic Analysis," *Energy Pol*, 2017, 108, 645 -656.

② 参见IEA（2014）。

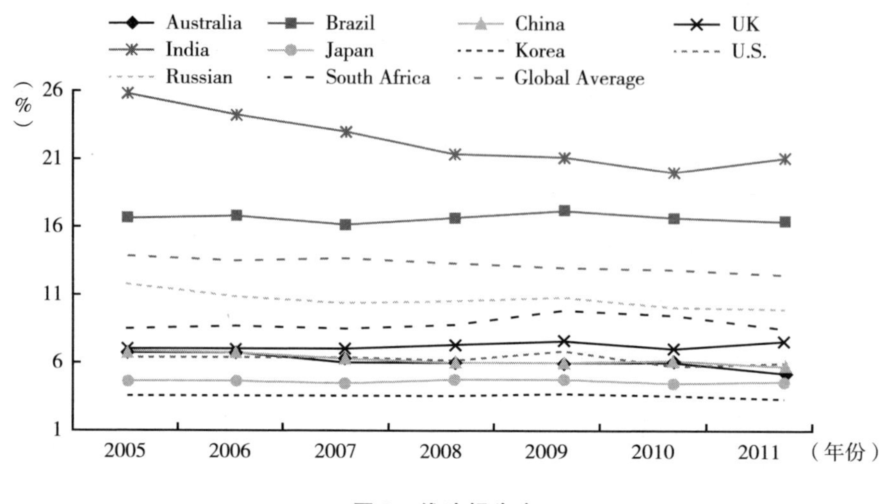

图 3　线路损失率

资料来源：世界银行；全球平均数根据 165 个国家的数据计算。

架。① 根据这一法律，价格应反映包括资本和税收回报在内的成本，并有助于电力部门的扩张。使用同一发电技术、连接同一电网的发电价格应该是相同的。② 在同一电网中，对电压水平相同的消费者，零售价格也是相同的，但价格会随着用电时间的不同而变化。③ 不同电网的电力调度由中央和地方两级政府集中管理。④ 在公平互利的基础上鼓励电网互联，达成电网互联协议。发电机接入电网的要求，应当得到电网公司的认可。

《电力法》作为我国第一部能源法律，具有重要的里程碑意义。但是该法未能跟上自颁布以来发生的重大经济和技术变化。一个明显的例子是法律未能解决环境问题。虽然《电力法》规定，应鼓励和支持利用可再生能源和清洁能源发电，但它没有建立促进其发展的规制框架。

作为 2015 年电力改革的一部分，《电力法》已经进行了修订。然而，

① 请注意，《电力法》的定价机制并不包括电力研发价格。

② 例外情况可以由国务院批准。

③ 消费者的分类标准和划分时间的方法也由国务院规定。

④ 中国的电力调度由五个不同层次的机构管理国家、多省区域、省、市、县。下级机关必须服从上级机关的指示。

还需要做更多的工作，例如，“每个地区只允许一个电力供应商”的规定，是竞争的一个关键障碍，尚未得到改变。与任何改革进程一样，包括规制该行业的政府机构在内的既得利益者在该行业无处不在。

（二）《节约能源法》

《节约能源法》于 1997 年通过，并于 2007 年修订，以促进能源节约和提高能源效率。根据其修订版本，节能目标被纳入地方政府和领导干部的考核范围，更多部门被要求减少能源消耗，以实现地方政府制定的节能目标。

该法律禁止新建不符合节能标准的燃油或燃煤火力发电厂，并通过财政补贴、税收优惠和优惠贷款等各种措施，鼓励发展生物质能、太阳能、风能和小规模水力发电。该法律确定采用高峰电价、季节性电价和可中断电价来调整负荷。在能源密集型行业，不同公司根据各自的能源强度实施不同的价格。电网公司被要求给符合法律规定的新发电厂联网。

总体而言，通过为可再生能源的电网连接和清洁能源的优先利用提供立法保障，《节约能源法》在促进可再生能源和清洁能源的发展方面发挥着重要作用。然而，它的实施受到仍在改革之中的规制体系和需要改进的市场机制的影响。

（三）《大气污染防治法》

《大气污染防治法》于 1987 年制定，在 1995 年、2000 年分别进行了修订，并于 2016 年 1 月颁布实施。法律规定，所有企业（包括发电企业）的大气污染物排放必须取得许可证，并且必须控制大气污染物的排放总量。[①] 与修订前的法律相比，空气污染物的清单扩大，不仅包括二氧化硫和一氧化二氮，还包括温室气体、挥发性有机化合物和其他物质。此外，目前的版本加强了对排放量超标的公司的处罚。

---

① 这使得目前的法律版本不同于以前的版本，以前的版本只要求酸雨控制区和二氧化硫污染控制区的公司这样做。

（四）《可再生能源法》

《可再生能源法》于2005年制定，2009年修订，该法确立了发展可再生能源的关键机制。根据该法，中央政府制定了可再生能源开发利用的国家计划。根据这一国家计划，省级部门确定各自地区内的可再生能源发展计划。

2009年修正案要求电网公司从可再生能源生产商处购买其总需求的一小部分，并扩大电网以满足可再生能源发电上网的需求。此外，要求电网公司开发智能电网，并发展能源存储技术。可再生能源和传统电力的采购成本的任何差额将由对全国电力销售征收的额外费用来弥补。可再生能源电力并网的额外成本包括在输电成本中，并计入电价。该法还对价格制定提供了指导。价格应根据可再生能源的类型（例如，风能与太阳能）和不同地区的条件（例如可再生能源的可获得性）而变化，以应促进可再生能源的有效供应和投资。

尽管有法律要求，但电网公司发现很难将可再生能源发电机接入电网。原因之一是现有的电网不够灵活和智能。需求大的地区和可再生资源丰富的地区之间的地理不匹配加剧了这一问题。法律本身也是导致这一问题的原因之一，因为它没有明确规定监管电网连接的过程，也没有明确规定未能连接到电网的可再生发电机应支付的补偿（Hong等，2013）①。电网公司缺乏财务激励是另一个原因。虽然原则上电网公司可以从消费者那里收取可再生能源的联网成本，但额外收费不足以让公司覆盖投资费用和较高的购电成本。此外，地方政府缺乏促进可再生能源发展的激励措施，因为增值税由地方政府保留，而可再生能源的销售无须缴纳增值税。②

表1总结了法律框架的主要特征。需要注意的是，当不同的法律发生冲

① Hong, L., Zhou, N., Fridley, D. & Raczkowski, C., "Assessment of China's Renewable Energy Contribution during the 12th Five Year Plan," *Energy Pol*, 2013, 62, 1533-1543.

② 有关《可再生能源法》实施情况的报告，参见 http://www.npc.gov.cn/npc/xinwen/2013-08/27/content_1804270.htm。

突时，例如，当按机组发电小时数进行调度的原则与可再生能源电力全部收购的要求相冲突时，根据国家发改委的规定将给予可再生能源优先考虑。①

表 1　与电力部门有关的主要立法

	《电力法》（1996 年颁布，2015 年修订）	《节约能源法》（1997 年颁布，2007 年修订）	《大气污染防治法》（1988 年颁布，1995 年、2000 年和 2015 年修订）	《可再生能源法》（2005 年制定，2009 年修订）
目标	促进电力部门发展	促进节能，提高能效	减少主要大气污染物	推广可再生能源，优化能源结构
电价	· 反映成本 · 同一类别的电相同 · 同一类别的消费者相同 · 随时间变化	· 采用高峰电价、季节性和可中断负荷价格 · 能源密集型产业的差异价格		· 不同可再生能源发电的价格不同 · 电网连接成本部分分配给用户
调度原则	中央和地方各级集中管理，鼓励电网互联，鼓励可再生能源和清洁能源发电的电网连接	如未能连接合格的发电机组，电网公司需补偿发电机的经济损失	优先考虑清洁能源发电的电网连接	要求保证可再生能源的收购和上网
作用	里程碑：管理中国能源部门的第一部法律	对促进可再生能源和清洁能源的发展具有重要意义	控制大气污染，保护和改善环境	为发展可再生能源建立了关键机制
内在问题	· 未能跟上经济和技术变革的步伐 · 未能解决环境问题	· 实施受到阻碍	· 技术上难以实施	· 没有明确规定电网公司支付的经济激励和补偿 · 由于技术和地理原因，难以连接可再生资源的发电

四　关于能源的五年计划和命令控制式能源政策

中国政府制定了一系列强制性目标，包括可再生能源发电、能源消费上限、能源效率和技术标准。

① 《电力体制改革配套文件解读》，http：//www. ndrc. gov. cn/zcfb/jd/201512/t20151201_ 761159. html。

（一）可再生能源目标

国家能源管理局于2016年发布的“电力部门第十三个五年计划”（第十三个五年计划—电力）确定了未来五年发电组合的发展指导方针和目标。总体而言，煤炭和非化石燃料在发电容量中的份额分别为59%和39%。表2总结了指定的目标。

与中国电力企业联合会此前制定的电力行业发展规划相比，“十三五”规划在可再生能源发展目标上与“能源发展规划”更加一致。然而，“十三五”规划与国务院制定的“能源发展战略行动计划”仍存在较大差距。这意味着由于政府设定的目标发生了意想不到的变化，在原有强制性目标的基础上进行优化投资的公司其决策可能变得低效。①

表2　第十三个五年计划期间的装机容量目标

单位：GW

能源	电力行业第十三个五年计划			能源发展战略行动计划
	到2015年累计	增量(2016~2020年)	到2020年累计	到2020年累计
煤炭	900	200	1100	
水能	320	40	340	350
风能	131	79	210	200
太阳能	42	69	110	100
核能	27	30	58	58
天然气	66	50	110	
生物质能	13	2	15	

（二）能源强度和能源使用总量

中国还为能源强度和能源使用总量设定了强制性目标。在2015年提交给巴黎气候变化峰会的国家自主贡献计划中，中国承诺到2030年将能源强

① 如果国务院设定的装机容量强制性目标低于此前其他计划设定的目标，就会出现低效率，因为会有输电投资变得多余（这些投资原本用于新的发电容量上网的）。

度在 2005 年的基础上降低 60% ~65%。“十三五”规划还规定，到 2020 年，年度能源消费总量控制在 40 亿吨以下。“十三五”能源需求规划和“十三五”电力规划均预计，到 2020 年，年用电量将控制在 6.8 万亿 ~7.2 万亿千瓦时。此外，火电厂的标准煤耗将下降到 310 克/千瓦时以下，电网的总线损率将下降到 6.5% 以下。

根据能源发展战略行动计划，从 2014 年至 2020 年，一次能源的年度消耗上限为 48 亿吨，到 2020 年年度煤炭消耗量将保持在 42 亿吨以下。这意味着到 2020 年中国一次能源消费年增长率必须不超过 3.5%。

（三）技术标准

中国还为发电厂的建设和运营制定了一系列的技术标准。[①] Ma 等（2015）[②] 研究了技术标准和市场结构调整对中国发电厂能效的贡献。他们发现，从 1997 年到 2010 年，技术标准对所观察到的效率提高做出了至少一半的贡献。他们还指出，技术要求具有短期效应。这与 Dutra 等（2016）[③] 研究中关于强制性目标规制的发现相一致，该研究表明强制性目标规制是一种相对粗糙的工具，在激励供给侧能效投资方面较差。

在各种计划或规划中设定目标的做法应该是有效的。Wang 等（2014）[④] 发现，地方政府对节能政策的初始态度各不相同，并反映在他们事先制定的自愿目标上。[⑤] 然而，中央政府的可靠承诺可以推动各省不同的初始态度最

---

① 技术标准可以在以下有代表性的计划中找到：国家能源局发布的“国家能源技术五年计划”明确了电力行业技术发展的目标，风电发展的五年计划，太阳能发展的五年计划，以及核电发展的中长期计划。

② Ma，C. & Zhao，X.，“China's Electricity Market Restructuring and Technology Mandates：Plant-level Evidence for Changing Operational Efficiency，” *Energy Econ*，2015，47，227 -237.

③ Dutra，J.，Menezes，F. M. & Zheng，X.，“Price Regulation and the Incentives to Pursue Energy Efficiency by Minimizing Network Losses，” *Energy J*，2016，37（4）：45 -61.

④ Wang，Y.，Zhao，J. & Chi，C. S.，“China's Energy Reduction Policy System：Outcomes and Responses of Local Governments，” *China World Econ*，2014，22（3）：56 -78.

⑤ 一些省份明确提出在“十一五”期间将能源强度降低 20% 或以上，一些省份计划将能源强度降低 20% 以下，而另一些省份没有自愿减排的目标。

终趋同，因为在该承诺下，降低能源强度的决心得到了明确的阐明。[①]

但是，制定计划目标也有局限性。为了减少地方政府的战略反应，需要采用更灵活的方法以提高政策执行的质量，并且不将时间的框架严格限制在5年内（Wang等，2014）。此外，制定计划目标的方式从经济角度来看不划算，需要加以改正。Zhao等（2017）[②] 对中国煤炭发电的经济性进行了评估，发现如果煤电的容量安装目标得以实现（按照“电力部门第十三个五年计划”，该容量是1100 GW），到2020年，在大多数省份煤电的内部收益率将低于社会平均回报率，甚至会由于需求疲软出现负增长。命令与控制方法的另一个重要缺点是，设定的标准可能会受到寻租者的影响。在中国，这种情况尤其严重，标准制定过程不透明，最终标准在很大程度上是由地方官员的政治关联决定的。

五　定价机制

过去30年，中国实行了复杂的电价制度。[③] 在现行制度下，包括发电价格（或上网电价）、输配电价格和零售价格在内的电价由各级政府调控。

（一）发电价格

在大多数情况下，电力公司以批发合同的形式向电网公司售电，而不是直接出售给最终用户，批发的价格是由国家发改委批准并经地方物

① 根据地方政府提出的自愿性目标，中央政府可以区分不同省级政府的态度，从而推动意愿较低的省份，以确保整体节能效果。

② Zhao, C., Zhang, W., Wang, Y., Liu, Q., Guo, J., Xiong, M. & Yuan, J., “The Economics of Coal Power Generation in China,” *Energy Pol*, 2017, 105: 1-9.

③ 在改革初期，上网电价的设定需要考虑对发电投资的吸引。后来，为了建立市场机制，将竞争引入发电环节。2004年，为降低能源强度，对能源密集型产业实施差别化电价政策。2007年，为了逐步淘汰老旧的小型燃煤发电厂，降低了发电价格。近年来，随着人们对环境保护和清洁能源利用的日益关注，可再生能源发电的上网电价也逐步提高。

价局推荐确定的。[①] 2003 年，中国政府在东部和南部的一些省份成立了竞争性批发市场的试点。[②] 这些试点于 2006 年结束，此后多年里政府没有在发电价格的设定中引入其他市场机制。[③] 但是在 2015 年的电力改革中，竞价机制被重新引入批发价格的设定中，虽然竞争性拍卖的市场规则尚不明确。

在现行制度下，政府推荐的电力基准价格通常与煤炭价格挂钩。由于靠近煤矿的距离不同，不同地区和省份火电厂的发电价格也不同。总的来说，华东地区价格最高，其次是华南、华北和华中地区，西北地区最低。在一个特定的省份，火电厂的发电价格因电厂的技术类型而异。例如，具有相同脱硫技术的燃煤电厂获得的价格相同。

虽然煤炭价格在市场上波动很大，但电价由规制机构决定。为了解决这种不匹配，中央政府在 2004 年批准了煤炭和燃煤电厂发电之间的价格挂钩。根据这项政策，如果煤炭的平均价格在六个月内上涨 5% 或更多，那么下一个时期的电价将上涨。然而，这一政策并没有如预期的那样得到执行，在过去十年中只进行了几次联合调整。关于煤电价格联动机制的影响，Fan 等 (2018)[④] 通过 Stackelberg 博弈模型评估了其对中国企业利润的影响。他们发现，煤电价格联动机制有利于减少燃煤电厂在煤价上涨时的利润损失。

水力发电的价格是根据成本计算的，而且因项目而异。影响价格的因素包括发电厂的水文地质条件，水库的调水能力，以及建设过程中为安置居民需要支付的费用。大型水电站的价格由国家发改委批准，小型水电站的价格

---

① 物价局是负责地方定价工作的行政机关。在一些省份，物价局与地方发改委同时存在，而在其他地方，物价局与相关的地方发改委合并。这与中央政府的情况形成了对比，在中央政府，负责定价问题的定价部门是国家发改委的一部分，如我们在第二章第四节中所论述。

② 参与其中的发电厂最多可通过市场交易 10% ~20% 的电力。

③ 发电需要支持过去十年的快速经济增长，这很可能影响了集中定价办法的实施。这种方法可以确保及时进行投资，而不是仍然受市场力量的影响。

④ Fan, J. L., Ke, R. Y., Yu, S. & Wei, Y. M., "How Does Coal-electricity Price Linkage Impact on the Profit of Enterprises in China? Evidence from a Stackelberg Game Model," *Resour. Conserv. Recycl*, 2018, 129: 383 -391.

由省级政府决定。与煤炭、风能和核能发电相比，水力发电的价格分别降低了 30%、60% 和 44%。尽管人们普遍认为，“连接到同一电网的电力应该得到相同的单位价格”。

2013 年中期以后建成的核电站的发电价格是根据全国基准价格设定的，基准价格为 0.43 元/千瓦时。[①] 核电基准价格低于热电或可再生能源的价格。根据国家发改委制定的规制规定，在核电基准价格超过当地热电价格（含脱硫脱硝成本）的地方，新建核电站将按照当地热电价格标准运行。这个基准价格是根据市场供求、发电成本和技术的变化而调整的。[②] 由于核电会产生外部性，其价格应该反映出社会对核电发展的态度（Sun and Zhu，2014）[③]。然而，在中国，核电的价格并没有体现公众对核电的关注。[④]

对于风能、太阳能和生物质能等可再生能源产生的电力，采用上网电价（FITs）。燃煤电力的基准价格被吸收到上网电价中，构成可再生能源发电基准价格。可再生能源的基准价格因技术、地理位置和资源的可用性不同而存在差异。

对于生物质电厂，在脱硫燃煤电厂的基准价格上增加 0.25 元/千瓦时的补贴。在这种定价机制下，中国只有少数生物质发电项目是赢利的，这主要是由于生物质原料成本的快速上升（Zhou 等，2012）[⑤]，生物质燃料（如农作物）的分散和季节性资源供应，以及生物质项目缺乏融资渠道（Liu 等，2014）[⑥⑦]。

---

① 这与以前的方法形成了对比，以前的方法是根据单个核电站的成本来计算核电的价格。

② http：//www. gov. cn/zwgk/2013 -07/08/content_ 2442397. htm。

③ Sun，C. & Zhu，X.，“Evaluating the Public Perceptions of Nuclear Power in China：Evidence from a Contingent Valuation Survey，” *Energy Pol*，2014，69（6）：397 -405.

④ 正如 He 等在 2013 年指出，中国核电决策由国家政府机构、国有核电企业和科学专家主导。

⑤ Zhou，Z.，Yin，X.，Xu，J. & Ma，L.，“The Development Situation of Biomass Gasifi-cation Power Generation in China，” *Energy Pol*，51：52 -57.

⑥ Liu，J.，Wang，S.，Wei，Q. & Yan，S.，“Present Situation，Problems and Solutions of China's Biomass Power Generation Industry，” *Energy Pol*，2014，70（7）：144 -151.

⑦ 鉴于生物质发电项目的不利形势，目前仍有许多生物质发电项目在建。这主要是因为投资者估计，由于此类项目的社会效益，政府将大幅增加生物质电力。当他们做出投资决策时，他们考虑的主要因素是技术可行性，而不是赢利能力。参见 http：//paper. people. com. cn/zgnyb/html/2014 -06/16/content_ 1442228. htm。

风能或太阳能发电的基准价格在地区上是固定的。中国大陆分为四个不同的风能区域，每个区域都有一个固定的基准价格，从2018起，从0.40元/千瓦时到0.57元/千瓦时不等。[①] 太阳能发电的价格也根据地区特征制定了三种类型的价格，即0.9元/千瓦时，0.95元/千瓦时和1元/千瓦时。太阳能分布式发电补贴0.42元/千瓦时。虽然不同地区的价格确实存在差异，但目前的上网电价方案过于死板，无法充分考虑到不同地区的巨大资源差异（Zhang and He，2013）[②]。[③]

总体来说，可再生能源发电价格下调的一个原因是技术进步降低了边际发电成本。另一个原因是近年来化石燃料价格的下降（尤其是相对较低的石油价格），这给可再生能源的使用带来了挤出压力。以陆上风电定价为例，在原有价格水平下，上网电价政策对风电投资者具有吸引力，但不适合在风电部署中引入市场机制。因此，随着涡轮机和化石燃料价格的降低，对新投入使用的风电场进行适当的政策改革是有意义的（Yuan 等，2016）[④]。

（二）输配电价格

输配电价格不是根据输配电成本单独设定的，而是间接计算的，是支付给发电厂的发电价格与电网公司向终端用户收取的零售价格之间的差额。根据2015年推出的最新改革，输配电价格将根据类似于服务成本规制的制度（即成本加回报率）单独设定。

在深圳和内蒙古西部进行试验之后，其他省区（如安徽、湖北、宁夏、

---

① 这是自2018年1月以来最新的价格水平。在本轮价格下调前，内蒙古西北部和新疆西北部风力资源最丰富地区的固定电价为0.51元/千瓦时，内蒙古东部、河北北部和甘肃西部风力资源相对较少的地区，电价为0.54元/千瓦时，新疆南部、甘肃南部、宁夏全境、吉林、黑龙江部分地区电价为0.58元/千瓦时，而中国绝大多数风力资源相对较少的地区，电价固定在0.61元/千瓦时。

② Zhang，S. & He，Y.，"Analysis on the Development and Policy of Solar PV Power in China，" *Renewable and Sustainable Energy Reviews*，2013，21：393－401.

③ 例如，虽然中国的平均太阳辐射为4千瓦时/（平方米/天），但不同地区的资源差异很大，从不足2千瓦时/（平方米/天）到9千瓦时/（平方米/天）不等。参见Zhang and He（2013）。

④ Yuan，J.，Na，C.，Xu，Y. & Zhao，C.，"Feed-in Tariff for Onshore Wind Power in China，" *Emerg. Market. Finance Trade*，2016，52（6）：1427－1437.

贵州和云南）已经对输配电价格进行了改革。以中国第一个经济特区深圳为例，电网公司的总收入和输配电价格都通过收入上限进行调控。从本质上讲，总收入包括允许的成本和允许的资本及税收回报是有上限的，以使电网公司的收入与销售量脱钩。由电压水平决定的输配电价格，是通过总收入除以输配电总量来计算的。

输配电电价改革在中国是一项特别艰巨的任务，作为一家大型国有企业，电网公司肩负着从盈利到政治、社会等多方面的责任。这使得经济规制难以将重点放在输电特有的成本和收入上。

（三）零售价格

电力零售价格包括上网电价，输配电费用以及各种税费和附加费。总体而言，能源采购成本占65% ~70% （Teng 等，2014）①，而税收和附加费的总和占10% ~15% （Edwards，2012）②③。理论上，零售价格的调控是基于成本加成原则（Teng 等，2014），这与服务成本规制机制类似。④ 然而，由于缺乏独立的输配电定价机制，中国电力行业的实际输配电成本并不为人所知，国家发改委以现有价格为起点，而不是详细审查成本。⑤

零售价格分为三类（居民、农业生产和工业/服务），根据电压要求适

① Teng，F.，Wang，X. & Zhiqiang，L.，"Introducing the Emissions Trading System to China'sElectricity Sector：Challenges and Opportunities，" *Energy Pol*，2014，75：39 -45.

② Edwards，T. J.，"China's Power Sector Restructuring and Electricity Price Reforms，" *Technical Report*，Brussels Institute of Contemporary China Studies.

③ 国家一级的附加费例子包括：（1）三峡大坝建设；（2）受大坝工程影响人员的移民补贴；（3）农村电网维护；（4）城市公用事业服务；（5）可再生能源项目补贴。

④ 根据成本加成原则，单位价格 = 单位成本 + 加价，其中单位成本计算为总成本除以单位数量，加价是单位成本和为企业提供可接受利润的百分比的乘积。注意，总成本是指发电总成本（包括社会成本）。参见 http：//paper. people. com. cn/zgnyb/html/2013 - 10/28/content_ 1316574. htm。相反，根据服务成本规制，企业获得投资回报率，企业的总收入计算如下：收入 = 收益率 × 利率基数 + 营业成本 + 折旧 + 税率，其中利率基数是用于提供服务的资本和资产。

⑤ 通常，零售价格是根据国家发改委提供的指导意见制定的，最终由地方政府决定，并在不同省份有所不同。

用于不同类型的消费。[①] 居民和农业生产的用电价格低于平均电价。

总体而言，不论在哪个省，针对相同类型消费者的电力零售价格是相同的。然而，为了鼓励节约能源和保护低收入家庭，自2013年起，中国在全国范围内引入了累进电价。在这一机制下，如果总用电量超过阈值水平，用电较多的消费者需要支付更高的单价。不同省份的累进电价在等级定义和每一级的单位价格水平方面存在差异。尽管阶梯电价机制有助于缓解电力需求增长的压力，但还需要额外的政策改革和工具加以辅助，因为这种定价机制本身可能无法有效节约能源（Khanna 等，2016；Zhang 等，2017；Zhang and Lin，2018），特别是在经过一段时间，消费者感知到的心理压力下降后（Wu and Zhang，2017）。Yu 等（2016）的研究甚至发现，中国农村家庭对当前电价没有反应，因为他们的大部分用电都是基本需求。[②]

在工业领域，从2004年开始，中国对能源密集型产业实行差异化价格。[③] 在这些行业中，能源效率高的公司支付的电价为普通的工业电价，而能源效率较低的公司除了基本电价外，还需要支付额外费用。在零售方面，中国的电价具有工业部门对居民电价进行交叉补贴的特点，因为与世界其他地区相比，中国的居民零售电价相对较低，而工业部门的电价相对较高。

---

① 参见 http：//www. gov. cn/zwgk/2013 -06/09/content_ 2423501. htm。

② Khanna，N. Z.，Guo，J. & Zheng，X.，"Effects of Demand Side Management on Chinese Household Electricity Consumption：Empirical Findings from Chinese Household Survey，" *Energy Pol*，2016，95：113 -125；Zhang，Z.，Cai，W. & Feng，X.，"How Do Urban Households in China Respond to Increasing Block Pricing in Electricity? Evidence from a Fuzzy Regression Discontinuity Approach，" *Energy Pol*，2017，105：161 -172；Zhang，S. & Lin，B.，"Impact of Tiered Pricing System on China's Urban Residential Electricity Consumption：Survey Evidences from 14 Cities in Guangxi Province，" *J. Clean. Prod*，2018，170：1404 -1412；Wu，Y. & Zhang，L.，"Evaluation of Energy Saving Effects of Tiered Electricity Pricing and Investigation of the Energy Saving Willingness of Residents，" *Energy Pol*，2017，109：208 -217；Yu，Y. & Guo，J.，"Identifying Electricity-saving Potential in Rural China：Empirical Evidence from a Household Survey，" *Energy Pol*，2016，94：1 -9.

③ 2004年，选择铝、铁合金、电石、烧碱、水泥、钢铁等六个行业作为能源密集型产业。国际能源署在2006年还将磷、锌冶炼等行业纳入其中。为了鼓励省级政府实施这一政策，2007年允许地方政府保留通过这一定价机制获得的收入。

尽管保持零售电价的稳定可以促进经济发展，保护低收入消费者，但这种定价机制扭曲了消费者的行为，使其偏离了有效结果。例如，零售价格既没有反映煤炭价格的变化，也没有反映可再生能源发电与电网连接的成本。为了引入市场机制，2015 年的电力改革允许大型终端用户直接与发电商进行交易。此外，符合零售标准的私营企业可以从发电厂购买电力，然后卖给最终消费者。

除了定价机制，还有其他财政措施来激励能源效率和可再生能源的发展，包括补贴、优惠贷款和税收优惠。这些财政激励措施有助于提高可再生能源在能源消费中所占的份额，提高能源效率，并解决距离主要负荷中心较远的发电中心的问题（Ouyang and Lin，2014）①。然而，这些影响被化石燃料行业用于消除能源贫困和促进经济增长的大量补贴和低息贷款所抵消。②

针对财政激励，需要担忧的另外一个问题是，如何将政策支持与一个行业的生命周期有机结合。政府的支持为产业在初始阶段获得利润提供了有利条件，并有助于鼓励企业在产业扩张时期增加研发投入（虽然增速有所放缓）。然而，政府的持续干预可能会吸引过多的企业进入市场，导致后期产量过剩（Zhou 等，2015）③。目前，我国在供给侧结构性改革中正在减少产业产能过剩，发电行业也被纳入其中。

六　试点激励措施

除了在全国范围内采取的措施外，还有一些特定领域的试点项目。这些措施包括节能电力调度（Energy Saving Principle of Dispatch，ESPD）、需求

① Ouyang, X. & Lin, B., "Impacts of Increasing Renewable Energy Subsidies and Phasing out Fossil Fuel Subsidies in China," *Renewable and Sustainable Energy Reviews*, 2014, 37: 933.

② 通过价格差距方法——即计算世界能源价格与国内（补贴）最终用户价格之间的差距，Lin 和 Jiang（2011）估计 2007 年中国的能源补贴达到 3567.3 亿元人民币，相当于 GDP 的 1.43%。

③ Zhou, Y., Pu, Y., Chen, S. & Fang, F., "Government Support and Development of Emerging Industries e a New Energy Industry Survey," *Econ. Res. J*, 2015, 6: 147 - 161.

侧管理（Demand Side Management，DSM）和排污权交易计划（Emissions Trading Scheme，ETS）。本节将描述和回顾这些试点项目的主要特征。

（一）节能电力调度(ESPD)

中国电力调度系统的主要特点是20世纪80年代实行的平均调度原则。在这一原则下，同类型的发电机组，不论其规模、能源效率和污染物排放水平如何，均分配相同的工作时间。也就是说，这种调度模型允许低效的发电机组和高效的发电机组运行同样多的时间。

虽然这种调度方式可以通过保证投资者的收益鼓励发电投资，但既不经济也不环保。针对这些担忧，政府于2007年推出节能电力调度计划。[①] 该计划优先使用可再生能源和具有更高的能源效率和更少的污染物排放的化石燃料发电机组。每个级别内的热能发电单元按照其能源效率进行排序，优先考虑能效更高的机组。对于具有相同能源效率的机组，污染物排放水平决定其调度顺序。只有在排名较高的单位满负荷运行时，才会调度排名较低的单位。迄今为止，已有五个省（即河南、江苏、四川、贵州和广州）和中国南方电网开展了节能电力调度试点项目。上网电价是根据第五章中描述的定价机制设定的。

节能电力调度带来了显著的节能减排效果（Ding and Yang，2013）[②]。例如，从2008年到2011年，贵州标准煤的累计节约量达到3.41亿吨，使二氧化碳排放量减少了1048万吨。2009年，通过节能电力调度，广东节约标准煤

---

① 通过节能电力调度，根据调度清单安排发电调度，将所有类型的发电机组按以下顺序排列：（1）使用风能、太阳能、潮汐和水电等可再生能源的单一发电机；（2）水力发电、生物质发电、地热发电等可再生能源和满足环保要求的固体废物发电机组；（3）核电站；（4）燃煤热电联产机组和资源综合利用单元，包括余热、余气、残余压力、煤矸石和煤层气/煤层气；（5）天然气和煤气化发电机组；（6）其他燃煤发电机组，包括无热负荷的热电联产机组；（7）石油和石油产品发电。

② Ding，Y. & Yang，H.，“Promoting Energy-saving and Environmentally Friendly Generation Dispatching Model in China：Phase Development and Case Studies，” *Energy Pol*，2013，57：109－118.

90 万吨，减少二氧化碳排放 198 万吨（Dong，2011）①。然而，随着低热效率的大型机组在总热发电量中所占比例的增加，节能电力调度的影响正在减小。

尽管 2015 年的改革希望建立一种更有利于环保和高效单位的调度机制，但节能电力调度在全国范围内的推出面临着制度、技术和财政方面的障碍。节能电力调度作为一种集中调度机制，与市场机制并不兼容（Chang and Wang，2010；Gao and Li，2010）②。此外，节能电力调度对电网公司来说在技术上具有挑战性，并且会增加整个电力系统的可靠性和稳定性问题。如第二章第四小节所示，中央和地方政府之间重新分配财政资源也妨碍了节能电力调度的全面实施。如果地方政府优先考虑直接的地方经济利益，而不是可能产生更广泛地区的环境效益，它们也可能阻碍节能电力调度等政策的实施。③ 这扭曲了社会最优的结果。

（二）需求侧管理 (DSM)

用电需求侧管理（DSM）旨在降低消费者总体能源需求或将需求从高峰转向低谷。该政策已作为试点项目在五个城市开展。④

需求侧管理措施包括能效管理、负荷管理和用电订单管理（Zeng 等，2013）⑤。能源效率管理是通过消费者使用更有效率的高耗能电器（例如

---

① Dong，J.，"Implementation Analysis and Policy Recommendation for the Energy Saving Power Dispatch，" Report. May. North China Electric Power University，2011.

② Chang，Y. C. & Wang，N.，"Environmental Regulations and Emissions Trading in China，" *Energy Pol*，2010，38（7）：3356 - 3364；Gao，C. & Li，Y.，"Evolution of China's Power Dispatch Principle and the New Energy Saving Power Dispatch Policy，" *Energy Pol*，2010，38（11）：7346 - 7357.

③ 例如，由于调度时间的分配不透明，地方政府可能可以避免遵守节能电力调度安排，而是优先考虑在其所有权下派遣能效较低的工厂。参见 http：//www. chinapower. com. cn/newsarticle/1205/new1205841. asp。

④ 五个城市分别是北京、苏州、唐山、佛山和上海。参见 http：//www. sdpc. gov. cn/zcfb/zcfbtz/201504/t20150409_ 677004. html.

⑤ Zeng，M.，Song，X.，Ma，M.，Li，L.，Cheng，M. & Wang，Y.，"Historical Review of Demand Side Management in China：Management Content，Operation Mode，Results Assessment and Relative Incentives，" *Renewable and Sustainable Energy Reviews*，2013，25：470 - 482.

电冰箱、空调和热水器）来实现的。负荷管理通过价格信号和负荷调整技术来实现，以降低电网的最大负荷。用电订单管理是指在满足部分用户用电需求的同时，限制其他用户用电，以行政手段解决用电短缺问题。[①]

目前非试点省份也开始实施需求侧管理计划。它们建立了相关设施和制度，对节能服务业务进行监督，对用电需求管理项目的实施情况进行评估，对能源利用秩序进行管理。[②] 20 多个省份已采用定价机制，如使用时间价格，高峰和非高峰价格以及季节性价格，并在 10 个地区建立了专门针对需求侧管理的基金（Zeng 等，2015）[③]。

需求侧管理在我国节能减排中发挥着重要作用。据估计，2007～2009 年，用电需求管理节省的电力约为 90～100 千瓦时，避免了使用 5400 万吨煤炭，减少了多达 90 万吨的二氧化硫排放。70% 以上的国家电力短缺问题通过用电需求管理得到解决，主要是通过用电订单管理，每天不同时段的用电转移多达 1600 万千瓦时。[④] 据国际能源署 2014 年统计，通过 DSM 实现的节电为 13.1 千瓦时，避免了增加 2950 兆瓦装机容量的需要。[⑤] 在“十二五”期间，累计节省的潜力可达到 46.334 千瓦时的发电量，从而节省装机容量 18356 兆瓦（Zeng 等，2013）。Yuan 等（2016）[⑥] 也估计，如果中国能够利用市场机制实施用电需求侧管理，到 2020 年至少可以减少 3% 的总电力需求（或 243 千瓦时），相当于 76 兆特一次能源。

---

① 中国电力需求侧管理的努力可以追溯到 20 世纪 90 年代，当时电力供应紧张，每天需要多次调整负荷。在 2002 年电力行业改革之前，负荷管理手段包括直接负荷控制、负荷调整、高峰负荷定价和使用时间定价。但当时这些方法与目前应用的方式不同。例如，消费者没有自由的选择；相反，他们必须接受执行。

② 例如，青海、山东、四川和辽宁。以辽宁为例，参见 http：//www. sdpc. gov. cn/fzgggz/jjyx/dzxqcgl/ index. html。

③ Zeng，M.，Shi，L. & He，Y. Status，“Challenges and Countermeasures of Demand Side Management Development in China，” *Renewable and Sustainable Energy Reviews*，2015，47：284－294.

④ 参见 http：//yxj. ndrc. gov. cn/dlxqgl/201011/t20101130_ 383703. html。

⑤ 国家发展和改革委员会（NDRC），http：//www. jsdsm. gov. cn/dsmsite/info/1215. jhtml。

⑥ Yuan，J.，Na，C.，Hu，Z. & Li，P.，“Energy Conservation and Emissions Reduction in China's Power Sector：Alternative Scenarios up to 2020，” *Energies*，2016，9（4）：266.

在全国范围内推行需求侧管理计划也面临许多挑战。定价显然是一个问题（Zhang，2011；Zhou and Yang，2015①）。由于电力缺乏真实的市场价格或实时价格，价格信号的范围有限，无法激发需求的变化。例如，高峰负荷价格仅为非高峰价格的2～3倍，而在发达国家，这一比例为8～10倍。为了激励消费者改变他们的峰值需求，有必要提高这一比例（Zeng等，2015）。

对需求侧管理缺乏强有力的经济激励也限制了其实施（Zeng等，2013，2015）。需求侧管理项目通常会导致电力销售下降，从而降低电网公司的收入。因此，在缺乏足够的经济补偿的情况下，负责实施电力需求侧管理的电网公司将不会这样做。缺乏足够的需求侧管理专用资金是另一个制约因素（Yu，2012②；Zeng等，2015），只有少数地区引入了此类资金（Yu，2012）。③

除了上述关于节能电力调度和需求侧管理障碍的讨论外，还存在一些制度性问题，包括：（1）电力系统灵活性与可再生能源并网保障之间的关系。由于可再生能源的间断性，很难同时实现这两个目标，必须在电力需求与供应、发电与输配电之间，以及传统能源与可再生能源发电的份额之间，保持良好的平衡；（2）经济效率与环境保护之间的权衡。由于热能的成本相对较低，热能的使用更加经济有效。因此，为了促进可再生能源的发展，有必要通过税收或配额贸易等经济措施将热能的环境成本内部化；（3）发展容量市场，使可再生能源更具竞争力。

（三）排污权交易计划（ETS）

排污权交易计划通过市场机制解决碳排放的环境外部性问题。根据这个

---

① Zhou，K. & Yang，S.，"Demand Side Management in China：the Context of China's Power Industry Reform，" *Renewable and Sustainable Energy Reviews*，2015，47：954－965.

② Yu，Y.，"How to Fit Demand Side Management（DSM）into Current Chinese Electricity System Reform?" *Energy Econ*，2012，34（2）：549－557.

③ 该基金可以从预算拨款、多边捐助者、清洁发展机制收入等来源获得资金（Yu，2012）。以山西省为例，DSM专项基金通过征收公用事业20%的附加费来筹集资金。参见 http：//www.sxfzb.gov.cn/Article/ShowArticle.aspArticleID＝1974。

计划，每个公司被分配一个排放配额，如果他们的碳排放量低于配额，可以向其他公司出售多余的配额。中国碳排放交易体系试点于2008年启动，自2013年在7个省份进行试点后，于2017年12月在全国范围内启动。[①] 2015年，根据这些计划交易的二氧化碳当量约为3786万吨，价值10亿元人民币。[②] 目前，尽管中国的碳排放交易市场取得了一定的减排成就，但总体而言配额供应过剩。因此，碳排放权的价格较低，碳排放许可交易不频繁。

电力部门作为温室气体的主要排放主体，受到强制性碳交易机制的保护，在中国碳定价体系中发挥着直接和间接的重要作用。然而，高度管制的电力批发和零售价格，以及平等的份额分配原则，成为全国范围内碳排放交易计划成功实施的障碍（Teng等，2014）。

中国于2017年启动了全球最大的全国碳排放许可交易计划。这一碳排放许可市场由中央和地方政府共同管理，由中央政府制定标准和碳排放总量，地方政府向企业分配配额。一个统一的国家市场有助于限制区域保护主义。[③] 然而，各省区市经济发展水平和经济结构存在差异，中央政府很难公平分配配额，依赖地方政府报告数据的分配方案可能导致一种新型的区域博弈。目前，尚缺少系统研究对全国碳排放交易市场在实现能源效率和减少排放方面的表现进行有力的评价。

七　结论

鉴于中国电力行业的规模及其对煤炭的依赖，能源效率和可再生能源效率必将在实现减排目标和确保经济增长走可持续道路方面发挥重要作用。

在本文中，回顾了各种旨在用更高效的发电机组取代低效机组的方案，

① 北京、天津、上海、重庆、广州、深圳和湖北等地实施了碳排放权交易制度，涵盖2000家能源密集型企业。

② 参见 http：//www. tanpaifang. com/tanguwen/2017/0117/5830. html。

③ 地方保护主义源于政治锦标赛制度，在这种制度下，经济表现最好的地方官员更有可能从政治晋升中获益。

这些方案已经取得了较好的成果。此外，在减少线路损失方面也取得了稳步进展。总而言之，供给侧节能计划至少取得了一定的成功。

相比之下，需求侧的能源效率举措似乎进展甚微。例如，在许多城市启动的需求侧管理试验没有产生显著影响。这并不奇怪，因为最终消费者面临的价格与实际生产成本几乎没有关系，而是反映了很多其他的目标（如控制通胀）。这是发展中经济体普遍存在的一个缺陷，它们追求现代化、高效的电力系统来支持可持续发展，但往往试图控制最终电价以实现其他目标。要解决这一问题，应稳步推进电力行业的市场机制建设，特别是每个细分市场的电价定价。

虽然可再生能源发电的装机在过去十年中也有显著增长，但实际可再生能源发电量的增长并不那么显著。这既与太阳能和风能等可再生能源的间歇性有关，也因为能源资源丰富的地区往往远离现有的输配电线路。此外，这也源于电力调度系统的局限性和激励机制，以及用于促进可再生能源上网的财政激励和稳定的规制机制的缺乏。电网公司面临的诸多目标以及各种相互矛盾的信号，也解释了可再生能源发电量增长有限的原因。因此，政府应该重视对可再生能源发电市场的塑造，应更加注重可再生能源的电网接入和调度。

中国在提高能源效率和可再生能源方面面临的最大挑战是缺乏协调一致的规章制度。中国远远落后于发达国家（甚至同为发展中国家的巴西），这些国家通过将发电、输电、配电以及某些情况下的零售业务拆分，改革了电力行业，并引入对发电和零售业务的竞争。在一些情况下，在现货市场的基础上引入容量市场，以解决实际调度能力和需求之间不一致的问题，而在另一些情况下只使用能源市场。此外，市场还被用于为需求侧管理和分布式发电等能源效率机会定价。在垄断的输配电部门，建立了独立的规制机构，其职责是制定价格，确保消费者的长期利益。虽然 2015 年的《电力法》可推进中国电力行业的改革进程，但仍有很长的路要走，因为该法律没有提供足够的指导，而现有机构可能有太多的既得利益，无法制定必要的规制和体制框架。也就是说，为了更好地支持决策过程，需要做很多工作。

最后，国有企业的主导作用可能会阻碍改革进程。在提高能源效率和可再生能源方面的投资往往是为了实现政治或社会目标，而不是对适当设计的经济激励措施的回应。这就解释了为什么其他国家在进行电力改革的同时也进行私有化和国有企业改革，以便有效地使它们免受政治压力，并实行竞争中立原则。此外，考虑到中国经济形势的“新常态”，中国电力产能过剩和过度投资也令人担忧。

RegulatoryIncentives for a Low-carbon Electricity Sector in China

Zheng Xuemei

Abstract: This paper reviews the incentives for pursuing a low-carbon electricity sector that are embedded in China's regulatory and policy framework. To do so, we first describe the industry structure and the regulatory framework. Second, we explicitly review the policies that were developed to promote energy efficiency and renewable energy. These policies range from the introduction of legal requirements to undertake particular actions to pricing mechanism and financial incentives. Based on this, we tease out the challenges faced by a sector governed by a myriad of complex arrangements, different institutions and agents who face different and often conflicting incentives for pursuing environmental and energy efficiency objectives. Finally, we provide suggestions to scientifically set up low-carbon policies and to achieve the expected goals with minimum social cost.

Keywords: Regulatory Incentives; Energy Efficiency; Renewable Energy; Electricity Sector

后　记

《新时代绿色经济与可持续发展报告》的编写，得到了社会各界的支持、启发、帮助和指导，首先要感谢西南财经大学党委书记赵德武与校长卓志、副校长史代敏对发展研究院工作的大力支持，感谢西南财经大学发展研究院与全球化智库（CGG）对本报告出版的支持与帮助。

本报告得以顺利推出，离不开西南财经大学发展研究院同事的支持与配合，同时要感谢北京师范大学、北京师范大学珠海分校、江西财经大学、西南科技大学、中山大学、河北经贸大学、上海交通大学、四川大学、暨南大学、上海财经大学等参与本书编写的所有研究人员和工作人员，最后，我们还要感谢社会科学文献出版社的谢寿光社长，皮书出版分社邓泳红社长、陈晴钰编辑薛铭洁编辑对本书的顺利完成所提供的积极支持。

由于本报告撰写和编辑时间匆促，加之水平能力有限，书中难免出现纰漏。欢迎社会各界批评指正，以使我们在未来的研究中改进。衷心希望本书能为社会大众、学者专家和政策制定者对新时代绿色经济发展的各方面了解起到一定的帮助作用，对政府建言献策有所参考，以促进我国对此领域进行深入研究，推动中国经济的可持续发展。

王辉耀　李起铨　余津娴

2019 年 11 月

图书在版编目(CIP)数据

新时代绿色经济与可持续发展报告 / 王辉耀主编
. -- 北京：社会科学文献出版社，2020.6
ISBN 978 - 7 - 5201 - 2939 - 8

Ⅰ.①新… Ⅱ.①王… Ⅲ.①绿色经济 - 经济可持续
发展 - 研究 Ⅳ.①F062.2

中国版本图书馆 CIP 数据核字（2019）第 255927 号

新时代绿色经济与可持续发展报告

主　　编 / 王辉耀
副 主 编 / 李起铨　余津娴

出 版 人 / 谢寿光
责任编辑 / 陈晴钰
文稿编辑 / 薛铭洁

出　　版 / 社会科学文献出版社 · 皮书出版分社（010）59367127
地址：北京市北三环中路甲 29 号院华龙大厦　邮编：100029
网址：www.ssap.com.cn
发　　行 / 市场营销中心（010）59367081　59367083
印　　装 / 三河市龙林印务有限公司

规　　格 / 开 本：787mm × 1092mm　1/16
印 张：22.75　字 数：342 千字
版　　次 / 2020 年 6 月第 1 版　2020 年 6 月第 1 次印刷
书　　号 / ISBN 978 - 7 - 5201 - 2939 - 8
定　　价 / 128.00 元